普通高等学校知识产权专业规划教材

总主编　吴汉东

商标法

中国人民大学出版社
· 北京 ·

作者简介

王太平，法学博士，博士生导师，广东外语外贸大学云山杰出学者、法学院教授，兼任中国法学会知识产权法学研究会常务理事等。河北财经学院工业经济系经济学学士（1992），中国人民大学法学院法学硕士（1999）和法学博士（2003），中南财经政法大学知识产权研究中心博士后（2010），美国叶史瓦大学卡多佐法学院访问学者（2013），主要研究知识产权法基础理论、商标法、专利法等，运用经济学、符号学、心理学等跨学科方法进行研究。主持国家社科基金项目 2 项、省部级项目 2 项，发表学术论文近 50 篇，其中 CSSCI 论文 30 余篇、《法学研究》3 篇，在法律出版社、北京大学出版社、知识产权出版社出版个人专著 5 本，参与马克思主义理论研究和建设工程教材《知识产权法学》的研究与编写，承担《知识产权法专题研究》等课程教学。

姚鹤徽，男，法学博士，湖南师范大学法学院副教授、民法研究所所长、湖南师范大学“世承人才计划”首批入选者、湖南省普通高校青年骨干教师，主要研究方向为知识产权法。主持国家社科基金后期资助项目、国家体育总局项目、湖南省社科成果评审委员会项目、湖南省教育厅科学研究项目等国家级、省部级课题。在《法学家》《法律科学》《政法论坛》《华东政法大学学报》《东方法学》《体育科学》《知识产权》等中文核心期刊上发表论文三十余篇，出版专著《商标混淆可能性研究》《商标法基本问题研究》《数字网络时代著作权保护模式研究》。研究成果曾荣获中国知识产权法学研究会青年学者论文评比优秀论文奖、全国知识产权类优秀博士论文评选第一名。

总　序

当前，我国正在深入推进知识产权强国建设，知识产权人才作为建设知识产权强国最基本、最核心、最关键的要素日益受到高度重视。近年来，我国相继发布了《深入实施国家知识产权战略行动计划（2014—2020年）》《关于新形势下加快知识产权强国建设的若干意见》《国家创新驱动发展战略纲要》《“十三五”国家知识产权保护和运用规划》《知识产权人才“十三五”规划》等重要政策文件，对我国知识产权人才培养提出了新的要求。

知识产权作为一门独立的学科，有自己独特的研究对象，有自己特有的由基本范畴、理念、原理、命题等所构成的知识体系；知识产权作为一种特定的专业，有自己特殊的人才培养目标，也有自己特定的人才培养规格。结合知识产权的学科特点，知识产权人才培养应当符合以下三个基本定位。

首先，知识产权人才应当是复合型人才。知识产权归属于法学，但与管理学、经济学、技术科学等有着交叉和融合，因此知识产权人才应当具备多学科的知识背景。他们除了掌握法学的基础知识外，还应当能够理解文、理、工、医、管等学科的基本原理和前沿动态，成为懂法律、懂科技、懂经济、懂管理的复合型人才。

其次，知识产权人才应当以应用型人才为主。知识产权是一门实践性极强的学科，无论是知识产权的确权与保护，还是知识产权的管理与运营，都是实践性工作。立法、司法机关、行政管理部门、公司企业、中介服务机构等实务部门对知识产权人才有着广泛的需求。

最后，知识产权人才应当是高端型人才。知识产权跨学科的特点，意味着单一的本科学历根本无法实现知识产权专业的目标要求，要使知识产权人才有较高的起点、较广博的知识，双学士、硕士、博士、博士后等高学历人才应当成为今后知识产权人才培养的主流。

知识产权人才培养是我国高校中最年轻、最有生命力的事业。但从总体上看，当前高校知识产权人才培养在复合型师资、培养方案、课程设置、实验条件等方面存在的诸多困难与问题，导致我国知识产权人才数量和能力素质与上述目标定位还存在一定差距，特别是高层次和实务型知识产权人才严重缺乏。因此，要以知识产权人才培养定位为目标，提升知识产权人才培养的软硬件条件，实现知识产权人才培养工作的科学化、体系化和制度化，为知识产权强国建设提供坚实的智力支撑。

本套系列教材正是基于上述背景由序者约请知识产权领域有专长、有影响的一批学者撰写的。该系列教材共9本，分别为《知识产权总论》《著作权法》《专利法》《商标法》《反不正当竞争法》《知识产权管理》《知识产权文献检索与应用》《知识产权的国际保护》《技术转移法》。

从学科背景上看，该系列教材涵盖了法学、管理学、情报学、技术科学等不同学科知识，符合"知识产权人才应当是复合型人才"的要求；从课程设置上看，该系列教材注重知识产权诉讼、专利文书撰写、专利检索分析等知识产权实务技能的培养，符合"知识产权人才应当以应用型人才为主"的要求；从适用对象上看，该系列教材既可作为高校知识产权专业本科生和研究生的课程教学教材，也可作为企事业单位知识产权高级法务人员和管理人员的参考教材，符合"知识产权人才应当是高端型人才"的要求。我们希望通过该套教材的出版发行，总结出我国复合型、应用型、高端型知识产权人才培养的先进经验，以期为加快知识产权强国建设贡献力量。

是为序。

中南财经政法大学文澜资深教授、博士生导师　吴汉东

2020年3月

前言

商标法是调整商标注册、使用、保护、管理等法律关系的部门法，是知识产权法的重要组成部分之一，商标法课程也是知识产权本科专业的核心和必修课程之一。本书是两位作者多年商标法教学与研究的产物，它不仅试图全面分析和阐释商标法的基本概念、基本原理和主要制度，也尝试融入两位作者长期以来研究商标法的心得体会。相对于市面上的商标法教材，本书具有以下特点。

第一，体系性较强，体系设计别具特色。目前市面上的商标法教材体系各异，各有特色，本书以商标、商标权、商标权的保护为主线构建教材的内容体系，以商标实体法为主兼及商标权取得程序、商标管理和国外商标保护，同时兼顾与注册商标有密切关系的未注册商标、商号、地理标志等识别性商业标记保护，具有体系性较强的特点。本书在体系设计上尤为独特之处在于驰名商标保护相关内容的安排，既不像多数教材那样将驰名商标保护作为一种特殊制度单独设章讲解，也不像个别教材那样仅仅将驰名商标淡化作为和《商标法》第57条列举的各种具体商标侵权行为并列的一种商标侵权行为，而是将驰名商标保护的相关内容安排在商标侵权构成与认定部分，将驰名商标淡化侵权和传统混淆侵权并列，突出当今消费社会和品牌经济下商标法的整体构造与基本格局。

第二，兼顾理论性与实用性，理论与实践相结合。简单性不仅是科学理论的一个重要特点，而且是科学理论的重要评价标准。本书侧重对商标法基本概念、基本原理和主要制度的准确讲解，以求以尽量少的篇幅透彻把握商标法基础原理。为了突出教材的理论色彩，本书还设置了理论延伸板块，对商标法中的重要理论与重要问题进行深入阐释，这对于有志于在相关问题上继续研究或者想要继续攻读知识产权法硕士学位的学生具有较大的参考价值和启发意义。同时，商标法又是一门实用性非常强的学科，本书设置了典型案例板块，对商标法中的一些实践问题展开分析，精选商标法领域有代表性和影响力的案例，将商标法中的知识点与具体案例相结合，使得教材内容生动形象，兼具理论性和实用性。

第三，较为开阔的国际视野。本书不仅详细分析中国商标法的主要制度，还关注国际公约关于商标法主要制度的规定以及美国、欧盟、日本等国家或地区的商标立法，同时追踪国际上商标理论与商标立法的最新进展，具有较为开阔的国际视野。

当然，以上这些特点是作者归纳的，能否得到广大读者认可还有待本书面世后读者的评价。本书反映了两位作者对商标法的特有认识，但错误认识恐怕难以避免，期待广大读者批评指正。

最后，感谢总主编吴汉东教授邀请两位作者编写本书，感谢编辑老师们的辛勤工作。

王太平　姚鹤徽

2020年10月

目　录

第一章　商标法概述

本章导言

作为知识产权法的重要组成部分，商标法在市场经济中发挥着越来越重要的作用。市场经济不同于传统熟人社会中的简单商品经济，市场经济是由远距离、大规模的工业化生产、运输和销售活动构成的经济形态。在市场经济中，商品交易的主体彼此陌生，缺乏基本的了解和信任，存在交易信息的不对称。由此，商标的重要性就凸显出来。作为商品或服务之上的标志，商标实际上起着指示商品或服务来源、降低消费者搜寻成本的功能。由于商标在市场经济中起着联系卖方和买方、将卖方信息传递给买方的重要作用，调整商标法律关系的商标法，在市场经济中占据重要的地位。

本章是商标法的基础理论章节，是学习整个商标法的起点和基础，其重要性不言而喻。在内容上，本章第一节主要介绍商标的概念、商标的特征与分类、商标的本质与功能以及商标发展演变的历史。在充分把握商标的基础上，本章第二节介绍商标法的主要目的及其实现的机理、商标法的基本构造以及商标法与其他知识产权法的关系。

第一节　商标概述

商标是商标权的客体，是商标法律制度的支点，是商标法律制度设计与构造的出发点。因此，学习研究商标法必须从商标的概念和功能出发。

一、商标的概念、特征与分类

符号现象是与人类社会相伴而生的，正如恩斯特·卡西尔所指出的那样，“人是符号的动物”①。商标这种符号是人类所创造的符号类型之一，作为商品的标记，商标这种符号是随着商品交易的发展而出现的，是商品经济的产物。

---

① 恩斯特·卡西尔. 人论. 甘阳，译. 上海：上海译文出版社，1985：34.

(一) 商标的概念

简单地说，商标就是商品的标志。《与贸易有关的知识产权协定》(以下简称《TRIPS协定》)规定："商标是任何能够将一个企业的商品或服务区别于另一个企业的商品或服务的符号或者符号组合。"英国《商标法》规定："在本法中'商标'是指任何能够用图像来表示的记号，这种记号能够把某一企业、事业的货物或服务和其他的货物或服务区别开来。"《德国商标和其他标志保护法》规定："一切标识，尤其是包括人的姓名在内的文字、图片、字母、数字、听觉标识，包括商品或其包装的形式的三维设计以及包括颜色或颜色组合在内的其他装潢，只要适宜于把一个企业的商品或服务同另一个企业的商品或服务相区别，均可以作为商标受到保护。"日本《商标法》规定："本法所称'商标'，是指文字、图形、符号或立体的形状及其组合以及其与色彩的组合(以下称为'标志')。包括下列事项：一、作为业务，从事商品的生产、证明以及转让者就其商品所使用的；二、作为业务提供服务以及证明者就其服务所使用的。"① 这些定义的共同点在于：在主体上，商标主要为工商企业所用；在功能上，商标发挥识别或者区别的作用；在识别对象上，商标识别的是商品或服务；商标所使用的标志，均是可感知的。本书认为，这些商标定义基本上符合商标法原理，但又不是很精确，尤其是随着商标功能的发展，商标与其使用者的关系越来越疏离而日益紧密地与商品结合在了一起。因此，商标已经不再或不再主要用于区分生产者，而是主要用于区分商品或服务，包括同一企业生产的同种类但不同风格或质量的商品，如宝洁公司在同类商品上(如洗发水上)就使用多个商标。因此，本书认为，所谓商标是指商品的生产者、经营者或服务的提供者在某商品或服务上使用的使该商品或服务与其他同种商品或服务相区别的可感知性标志，即由任何可感知要素及其组合所构成的标志。

因此准确地理解，商标应有两个基本要素：一个是商标所使用的标志；另一个是商标所蕴含的有关商品或服务的信息。缺乏这两个要素中的任何一个要素都不构成商标。美国著名商标法专家麦卡锡教授指出：商誉和它的商标记号之间之不可分离，就像暹罗双胎一样至死不可分离。②

理论延伸

商标概念的符号学分析

索绪尔认为，任何符号都包含两个方面的内容。一个是外在的可为人们所感知的能指，另一个是能指所指代的所指。符号是能指和所指的统一。③ 皮尔士认为，符号是由三项要素所组成的，包括符号、对象和意义。符号、对象和意义大致对应于索绪尔所称的能指和所指。实际上，索绪尔所言的符号是能指和所指的统一，更为直观。能指是符号的外在表现形态，所指是该外在表现形态所蕴含的意义。在符号中，能指只是外在的可供人们

---

① 当代外国商标法. 李萍，等译. 北京：人民法院出版社，2003：71，189，298.

② J. Thomas McCarthy, *McCarthy on Trademarks and Unfair Competition*, Fifth Edition March 2020 Update, §18：2.

③ 皮埃尔·吉罗. 符号学概论. 怀宇，译. 成都：四川人民出版社，1988：2.

感知的工具或媒介，真正重要的是该能指所指代的信息即所指。“正由于符号的这种功能，符号成为表现、传达思想、感情和信息的手段。”① 例如“花”这个符号，是由“艹”和“化”这两部分组成的，在人们尚没有赋予这个符号意义时，这个符号并不代表任何意义。而当人们赋予了“花”这个符号特定意义时，这个符号就可以用来传递该特定意义的信息。目前，“花”的意义就是“一种用来欣赏的植物”。当人们说出或写下“花”这个字时，别人就了解到了“花”的意义，信息的交流传递就得以完成。

在商标这个符号中，能指是外在的可被人们所感知的符号形态即外在标志，而所指则指代的是该标志所标示的商品信息。正如学者所言，“商标应有两个构成要素：商标所使用的商标标志、商标标志所蕴含的有关商品的信息”。“商标就是商标标志与其所代表的商品信息的混合物或统一体。”② 巴顿·碧比教授也指出，商标是一种有形的符号，用来指代商品或服务。③ 文字、图形等外在的形态仅是符号的能指，只有该能指包含“能区分一企业和其他企业的商品或服务”的信息，“与特定的商品或服务相联系”④，才构成商标。“任何文字、图案或符号不与特定的商品或服务相联系，就不是商标。”⑤

在商标这种符号之中，最重要的是商标标志所蕴含的有关商品的信息，即外在可感知的符号形态仅仅是商标标志，商标标志所负载的信息才是商标符号的所指。从理论上说，任何人可以选择任何商标标志来代表其商品的信息，商标标志的选择具有一定的偶然性。但是，一旦选定某一标志并将之附于商品之上投入市场，该商标标志就开始负载商品来源和其他相关信息，成为企业及其所提供的商品的指代标志，为消费者所认识。“商标不是一般的符号，而是始终发挥着指代功能的符号。它的价值，永远来自被指代物——商品或服务的出处。”⑥ “离开商标所使用的商业，在一个商业标志中是没有财产权的。”⑦ 不仅如此，由于商标是由商标标志和商标标志所代表的商品信息所组成的，而商品信息则是由商品在市场上的表现所决定的，因而商标标志所代表的信息处于不断的变动之中。当商品质量优良，消费者对其评价较高时，这些评价较高的信息都会贮存在商标标志之中，演化为商标标志背后的商誉。反之，当商品质量低劣，消费者对其评价较低时，这些评价较低的信息也会贮存在商标标志之中，这种评价较低的信息会引导消费者避免再次购买该商品。正是在企业和消费者之间的互动中，商标标志背后所代表的商品信息随着商品在市场上的表现不断发生着变动。正如学者所言：“商标的意义的生成与演变均是通过商标标志与具体商品之间的不断的联系而进行的。”⑧

（二）商标的特征

所谓商标的特征，是指商标不同于其他类似事物的特有征象，包括如下方面。

第一，商标是一种识别性的符号。商标是一种符号，是一种识别性的符号。它和著作

---

① 王太平. 狭义信息论与商标保护理论. 电子知识产权，2005（1）.

②⑧ 王太平. 商标概念的符号学分析——兼论商标权和商标侵权的实质. 湘潭大学学报（哲学社会科学版），2007（3）.

③ Barton Beebe, The Semiotic Analysis of Trademark Law, *51 UCLA L. Rev.* 621, 646 (2004).

④ 陶鑫良，单晓光. 知识产权法纵论. 北京：知识产权出版社，2004：104.

⑤ 刘春田. 商标与商标权辨析. 知识产权，1998（1）.

⑥ 李琛. 商标权救济与符号圈地. 河南社会科学，2006（1）.

⑦ Am. Steel Foundries v. Robertson 269 U. S. 372, 380 (1926).

权客体——作品以及专利权客体——发明创造均不相同。作品和发明创造均属于创造性智力成果，本身即可直接提供美感、功能等，直接提高商品价值。商标的作用和价值似乎是间接的，它一般并不直接提高商品或服务本身的价值，而是通过识别商品或服务以降低交易成本而体现出自身的价值。

第二，商标是一种可感知的标志。商标必须有可感知的标志，只有有可感知的标志，厂商才能够通过形象具体可感知的标志传递抽象的商品或服务信息，消费者才能够通过形象具体的标志来识别商品或服务。我国《商标法》规定的商标标志的范围是逐渐拓宽的。1982年和1993年《商标法》规定的商标标志仅仅包括"文字、图形或者其组合"，2001年《商标法》将商标标志的范围扩大为"包括文字、图形、字母、数字、三维标志和颜色组合，以及上述要素的组合"的"可视性标志"，2013年《商标法》进一步将商标标志的范围扩大为"包括文字、图形、字母、数字、三维标志、颜色组合和声音等，以及上述要素的组合"的"标志"。至于其中的"等"是否包括之前没有明确列举的气味、全息图等商标标志，留有解释的余地。

第三，商标是商品或服务的标志。商标是经营者用来表彰其特定商品或服务的标志，不同于表彰企业的商号、表彰奥林匹克运动的奥运标志等标志。正是由于商标是经营者用来表彰其特定商品或服务的标志，消费者才能够根据商标识别该商标所表彰的商品或服务。商标应当与商品或服务紧密相连，它不能脱离商品或服务而存在。单独的商标标志在符合著作权法独创性的要求时充其量只能作为一件作品而存在，但却并不构成商标。就商标标志本身来说，如果与其意义和指示物相隔离，那么商标标志就不配称为享有"商标权"的"商标"[①]。不过这里"不能脱离"并非商标标志实际上与商品或服务相联系，或贴在商品上。商标标志只要被用来传达有关商品或服务的信息就属于商标，就符合这里的"不能脱离"标准，如用商标做广告等。学界对商标这一特征的理解往往强调商标区别商品来源[②]，但需要注意的是，商标表彰和识别的来源是商品或服务本身的来源，而不是指示作为商品或服务来源的生产者或经营者，否则商标与商号将无法区分。

（三）商标的分类

从不同的角度，根据不同的标准，可以对商标进行不同的种类划分。这里主要谈一下几种最重要的商标分类。

1. 按照商标的构成要素，可以将商标分为文字商标、图形商标、颜色商标以及组合商标。这是我国最经典的一种商标分类方法，是以2001年修正之前的《商标法》只承认文字、图形及其组合为商标构成要素为前提的。（1）文字商标。文字商标是指构成商标的标志是由文字构成的。构成商标的文字可以是汉字或者外文，也可以是拼音或字母，凡是人类所使用的文字均可以作为文字商标使用。文字商标的优点在于便于口头称谓，易于记忆、传诵，但是不够形象，视觉冲击力不太强。（2）图形商标。图形商标是指单纯由图形，即点、线、面所构成的商标。图形商标的优点是，商标标志本身可能就是一件艺术作品，不受语言的约束，生动、鲜明、形象，利于跨国界传播。但它也有缺点，与文字商标

---

① Barton Beebe, The Semiotic Analysis of Trademark Law, *51 UCLA L. Rev.* 621, 650 (2004).

② 刘春田. 知识产权法. 北京：高等教育出版社，北京大学出版社，2003：238.

相比较而言，图形商标不便于口头称呼，不便于相互交流。(3) 颜色商标。颜色商标是指构成商标的标志是由颜色构成的。颜色商标可以分为单色商标和颜色组合商标。单色商标是由一种颜色构成的商标。颜色组合商标是由两种或两种以上颜色构成的商标。我国《商标法》第 8 条在界定颜色商标的构成要素时，使用了“颜色组合”一词，表明目前我国的商标立法只承认颜色组合商标能够在我国获得商标注册。(4) 组合商标。组合商标是由文字、图形或颜色组合而成的商标。组合商标兼具文字商标、图形商标和颜色商标的优点，在实际经济生活中被大量采用。组合商标中的文字与图形、颜色相互协调、密切联系，形成一个和谐整体，使得商标既便于称呼，又非常形象，便于跨国界传播。

百雀羚公司的文字商标

李宁公司的图形商标

肯德基公司的组合商标

金霸王公司古铜色与黑色的颜色组合商标

2. 按照商标使用对象的不同，可以将商标分为商品商标与服务商标。(1) 商品商标。商品商标是指使用于商品之上的商标。根据使用者的不同，又可以分为商品的生产者在其生产或制造的商品上所使用的制造商标和销售者在其销售的商品上所使用的销售商标两类。商品商标一般可以通过直接贴附于商品、贴附于商品外包装、用于广告宣传等方式使用。(2) 服务商标。服务商标是指服务的提供者在服务项目上所使用的商标。我国 1982 年《商标法》并没有对服务商标作出规定，1993 年修正的《商标法》增加了有关服务商标的规定，自此服务商标与商品商标一样都受到商标法的保护。服务商标和商品商标不同，由于服务是无形的，是一个行为过程，因而，服务商标不能像商品商标那样，直接贴附于商品或商品外包装上使用，而是通过广告和服务过程中的其他环节来使用和体现的。

宝马公司的商品商标

太平保险公司的服务商标

其他的分类方式有：根据商标标志是由二维标志还是三维标志构成，可以分为平面商标和立体商标；根据商标是否形象，分为形象商标与非形象商标；按商标功能、用途，划分为等级商标、从属商标、备用商标等；按注册与否，分为注册商标与未注册商标；等等。

大众公司的平面商标

酒鬼酒公司的酒瓶形状立体商标

3. 几类特殊的商标。实践中有几类比较特殊的商标：(1) 集体商标。根据我国《商标法》的规定，所谓集体商标是指以团体、协会或者其他组织名义注册，供该组织成员在商事活动中使用，以表明使用者在该组织中的成员资格的标志。和一般商标相比，使用同一集体商标的经营者或服务提供者属于同一组织；集体商标所有权属于集体组织，而组织的成员享有使用权；集体商标不得许可非集体成员使用；集体商标权利人准许其组织成员使用集体商标时不需要签订商标许可合同。注册集体商标是我国地理标志保护的重要形式。例如，沙县小吃同业公会 1998 年注册了“沙县小吃”服务商标，2006 年注册了“沙县小吃同业公会及图形”集体商标，审定服务项目为餐馆、饭馆、流动饮食供给、咖啡馆、鸡尾酒会服务等。我国比较常见的集体商标还有“佛山陶瓷”“山西老陈醋”“镇江香醋”“五常大米”“西湖龙井茶”“舟山带鱼”“绍兴黄酒”“金华火腿”“安溪铁观音”等。(2) 证明商标。根据我国《商标法》的规定，所谓证明商标是指由对某种商品或者服务具有监督能力的组织所控制，而由该组织以外的单位或者个人使用于其商品或者服务，用以证明该商品或者服务的原产地、原料、制造方法、质量或者其他特定品质的标志。与一般商标相比，证明商标并不识别具体商品的来源，而仅仅表明使用该证明商标的商品或服务达到了某种标准；证明商标不具有专有性；证明商标的注册人自己不能使用该标志，但负有对使用该证明商标的产品或服务质量进行鉴定、评定及监督控制的义务；证明商标的权利人不得拒绝符合其条件的使用者使用其证明商标。注册证明商标也是我国地理标志保护的重要形式。典型的证明商标如“绿色食品”商标，该商标由中国绿色食品发展中心注册。经营者需要使用“绿色食品”商标的，要向中国绿色食品发展中心提出使用申请，由该中心对经营者拟使用“绿色食品”商标的商品进行检测、审核和认证，经鉴定符合“绿色食品”要求的，准予使用“绿色食品”商标。(3) 联合商标。联合商标是指商标所有人注册的用于相同或者类似商品的一系列与主商标相近似的商标。例如，娃哈哈公司的主商标是“娃哈哈”。为了保护主商标，娃哈哈公司还注册了“娃娃哈”“哈娃娃”“哈哈娃”等与主商标近似的商标。注册联合商标的目的在于保护主商标，防止他人使用或注册与主商标近似的商标，保护自己的利益，防止市场混淆，防止初始商标显著性的淡化甚至丧失。在联合商标中，除主商标外，其他商标不要求使用。同时，我国《商标法》第 42 条第 2 款规定：“转让注册商标的，商标注册人对其在同一种商品上注册的近似的商标，或者在类似商品上注册的相同或者近似的商标，应当一并转让。”据此，在发生转让时，应把联合商标作为一个整体对待，一并转让。对容易导致混淆或者有其他不良影响的转让，商标局不予核准，书面通知申请人并说明理由。(4) 防御商标。防御商标是指商标的所有人在与注册商标所核定使用的商品或服务类别不同的其他商品或者服务上所注册的与其注册商标相同的商标。例如，中兴通讯公司不仅在其主营业务通讯产品上注册了“中兴”商标，还在其他商品或服务类别上注册了“中兴”商标。注册防御商标的目的是防止他人将其注册商标用于不同的商品或服务上。被防御的主商标一般应是驰名商标。(5) 非传统商标。传统商标是人的视觉能够感知的标志，非传统商标是指非视觉性的、需要依靠人的眼睛之外的其他感觉器官感知的标志，包括听觉商标、嗅觉商标和触觉商标等。从理论上说，某一种为人的感觉器官所感知的标志只要能够区分商品或服务的来源，就可以作为商标获得注册和保护。但是实践中，非传统商标由于并非人的视觉可以感知，在申请商标注册时会遇到明确注册标的、判断显著性有无、确定保护范围等难题。目前，随着商标注册审查技术的不断进步，立法上逐渐有承认非传统商标的趋势。我国 2013 年《商标法》删除了注册商标“可视性”的要件，首次规定声音可以作为商标申请注册。但是，嗅觉商标、触觉商标等尚未被我国《商标法》所承认。2016 年 5 月 14 日，“中国国际广播电台广播节目开始曲”商标注册申请注册公告完成正式发证，成为我国首例注册成功的声音商标。[①] 目前，人们耳熟能详的小霸王游戏机上“小霸王其乐无穷”的声音，腾讯 QQ“滴滴滴滴滴滴”的经典提示音，酷狗音乐软件启动时的“Hello，KUGOU”的声音等，都已经注册为商标。

沙县小吃同业公会的集体商标

中国绿色食品发展中心的证明商标

米高梅电影公司的“狮子吼”声音商标

（四）商标与其他类似标志之间的关系

1. 商标与商号。商号，又称厂商名称，即商事组织的名称（字号）。根据我国《企业名称登记管理规定》，企业在登记注册时需提供符合要求的名称。企业的名称通常由四部分组成：企业所在行政区划的名称；字号；行业或者经营特点；组织形式。商号和商标同属于识别性工商业标志，为工业产权保护的对象。但是商标与商号是不同的：（1）识别对象不同。商标识别的对象是商品或服务，同时还辅助起到区别不同提供者的作用；商号识别的对象则是经营者的营业，是经营者信誉的载体。（2）产生的法律依据和权利不同。商标根据《商标法》产生商标权，商号则依《企业名称登记管理规定》和《民法典》产生商号权。二者在内容和效力上均不相同：商标权在全国有效，商号则仅在注册的区域内受保护；商号没有时间限制，商标则有时间限制；等等。（3）标志的构成要素不同。商号的标志构成要素只能是文字，而商标的构成要素则不限于此，可以是文字、图形、颜色、立体形状、声音等，在有些国家甚至还可以是气味。在实践中，有些经营者的商号和商标是相同的，有些经营者的商号和商标则不一致。例如，著名的日用消费品公司宝洁公司的中文商号是“宝洁”，但是其商标除了“宝洁”之外，还有“海飞丝”“飘柔”“玉兰油”“佳洁士”等。

2. 商标与商品装潢。商标常与商品装潢一起使用，常常均具有识别和美化功能。但商标与商品装潢有着本质的区别：（1）功能和目的不同。商标的主要功能和目的是识别商

① 中国首例声音商标注册成功.［2020－03－17］. https://www.sohu.com/a/197012426_455238.

品，表明其出处，而商品装潢的主要功能和目的是通过艺术化的文字或图形对商品进行装饰、美化和宣传，吸引消费者注意。(2) 构成要素不同。构成商标标志的要素应具有显著特征，不具有显著特征的文字或图形均不能用作商标。而组成商品装潢的文字或图形则没有显著性的要求，只要能美化商品即可。(3) 稳定性不同。商标通常较为稳定，而商品装潢则常常会随时间、季节而变化。(4) 保护依据不同。商标主要依据《商标法》进行保护，而商品装潢如果符合《著作权法》独创性的要求，可以作为作品受到《著作权法》的保护。不仅如此，有一定影响或知名的商品装潢能够起到与商标一样的标示来源的功能，在这种情况下，为了防止他人假冒仿冒以混淆消费者，有一定影响或知名的商品装潢还能够受到《反不正当竞争法》的保护。

3. 商标与地理标志。根据《TRIPS 协定》的规定，“地理标志”是指识别一商品来源于一成员领土或者该领土内一地区或地方的标记，该商品的特定质量、声誉或其他特征主要归因于其地理来源。我国《商标法》第 16 条第 2 款规定，地理标志是指标示某商品来源于某地区，该商品的特定质量、信誉或者其他特征，主要由该地区的自然因素或者人文因素所决定的标志。自然因素主要指的是产地内的环境、气候、水土等，人文因素主要指的是产地内的工艺、方法、配方、秘诀等。如我国著名的地理标志“茅台”“西湖龙井”“金华火腿”等，就主要由当地的自然因素和人文因素所决定。商标与地理标志的共同点在于：两者都属识别性工商业标志，功能类似。但是，商标与地理标志是不同的：(1) 识别对象不同。商标识别特定的商品或服务，也能表明其具体的生产者或经营者；而地理标志识别的则是来自某一地域的具有某种特征的商品的总体，不能表明具体的生产者或经营者。(2) 构成要素不同。商标可由文字、图形或其组合构成，甚至还可以包括立体形状、声音；而地理标志通常只能由文字构成。(3) 商标的注册主体与使用主体通常是相同的，而地理标志的注册主体与使用主体是分离的。地理标志的注册主体通常是进行监督管理的主体，而使用主体通常是生产相关商品的具体企业。

典型案例

“阿克苏苹果及图”地理标志证明商标案

新疆阿克苏地区苹果协会于 2009 年 1 月 21 日在第 31 类苹果商品上注册了地理标志证明商标（见右图），注册证号为第 5918994 号。当事人张某未经许可，将从陕西等地收购来的苹果装入印有“阿克苏”“中国-新疆”等字样的包装箱内对外销售。新疆阿克苏地区苹果协会发现这一情况之后，向上海市青浦区市场监督管理局进行了投诉举报。上海市青浦区市场监督管理局立案调查，现场查获侵权阿克苏苹果 673 箱，违法经营额共计 33 650 元。上海市青浦区市场监督管理局根据我国《商标法》的规定，对当事人侵犯该地理标志证明商标专用权的行为作出责令立即停止侵权行为、没收侵权商品、罚款 5 万元的行政处罚。

该案入选了国家知识产权局发布的“2018 年度商标行政保护十大典型案例”，是涉及地理标志证明商标的典型案件。涉案商标是新疆阿克苏地区苹果协会于 2009 年注册的，既是地理标志，又是证明商标。要使用该地理标志和证明商标，经营者须提供相应的证明材料，证明其苹果产自新疆阿克苏地区，并向新疆阿克苏地区苹果协会申请使用该地理标志证明商标。在未经新疆阿克苏地区苹果协会许可的情况下，张某将从陕西等地收购来的苹果冒充新疆阿克苏苹果进行销售，容易使消费者混淆误购，损害新疆阿克苏地区苹果生产者和经营者的利益，是侵犯注册商标专用权的行为。

二、商标的本质与功能

商标的本质是商标概念的核心，它不仅决定了商标的地位以及人们对待商标的根本方法，也决定或影响着商标法的制度结构及相关实践问题的处理。商标的本质是指基于商标的内在结构属性而与社会发生的，能够通过自己的运行造成一定客观后果并有利于实现社会价值，从而体现自身在社会中的特殊地位的一种关系。商标的功能同样是商标法中的重要问题，在很大程度上说，商标法存在的目的就是确保商标功能的实现，而社会对商标的功能需求则在很大程度上决定了商标法的基本构造和具体制度设计。

（一）商标的本质

经济学分析表明，商标因减少了消费者的搜寻成本并促进了经济的整体效率而具有价值。商标的经济学认为，“商标给消费者提供了一种区分市场上的竞争商品的便利而必需的工具”，“通过识别商品来源向消费者提供他们需要的信息以满足其对特定产品的需要”，“是消费者组织产品或服务信息的手段”[①]。易言之，商标是一种消除信息不对称的工具，是厂商与消费者之间进行通信的通信工具。

通信理论表明，商标之所以能够在厂商与消费者之间进行通信，其根本原因在于它的内在结构与本质，即商标是一种“某事物代表某事物”的关系，这使商标能够以商标标志这种物理媒介传送它实际代表的事物即有关商品的信息。[②] 根据我国《商标法》的规定，商标的物理媒介即商标标志，是“包括文字、图形、字母、数字、三维标志、颜色组合和声音等，以及上述要素的组合”的标志，而商标标志所实际代表的事物则是有关商品的信息。根据符号学[③]的符号定义，商标本质上就是一种符号。在符号学中，尽管关于符号有多种定义，并没有一种被所有人接受的符号概念，但不论是哪种符号定义，也不论是按照“符号”的形式理解，还是按照“符号功能”的形式理解，我们所看到的都是包含在“某事物代表某事物”的规定中的两个“某事物”之间的相互依存的关系。其中一个某事物可以被称作“符号形式”（或能指），另一个某事物可以被称作“符号内容”（或所指），而“符号”及“符号功能”的成立基础就是“符号形式”和“符号内容”两项之间的相互依存关系。[④] 符号就是这两项即“符号形式”（或能指）与“符号内容”（或所指）的混合物。

---

① Mark P. McKenna, The Normative Foundations of Trademark Law, *82 Notre Dame L. Rev.* 1844 (2007).

② 需指出的是，商标中的商标标志所代表的商品信息并不是使用该商标的某一件具体商品的信息，而是厂商所提供的全部商品的信息，它既不单指某一件质量特别好的商品的信息，也不单指某一件质量特别差的商品的信息，而是消费者对该厂商提供的商品的信息的一个平均的认识。

③ 符号学，顾名思义，是有关符号的科学。而随着人类认识的发展，符号的概念已不再限于人类言语活动的一些标志，它已经扩展到人文科学所有对象的社会—历史实践。神话、宗教、文学、艺术，等等，都被视为符号系统。可以说，符号学的发展又为这些人文学科的深入研究开辟了一种新的途径（皮埃尔·吉罗. 符号学概论. 怀宇，译. 成都：四川人民出版社，1988：译序）。符号学对于知识产权研究尤其是在考察知识产权客体时是非常有用的。

④ 池上嘉彦. 符号学入门. 张晓文，译. 北京：国际文化出版公司，1985：45-46.

"符号是一种表示成分（能指）和一种被表示成分（所指）的混合物。表示成分（能指）方面组成了表达方面，而被表示成分（所指）方面则组成了内容方面。"[①] 商标之所以能在厂商与消费者之间通信，正是由于商标的这种"某事物"代表"某事物"的结构与本质，即商标是由商标标志和商标标志所代表的商品信息构成的，是一种商标标志代表商品信息的结构或关系，是商标标志和商标标志所代表的商品信息的混合物和统一体。

商标本质的符号学认识表明，商标是由商标标志和商标标志所代表的有关商品的信息组成的，是这两个方面的混合物或统一体，缺乏这两个方面中的任何一个方面都不构成商标。因此，美国著名商标法专家麦卡锡指出：商誉和它的商标记号之间之不可分离就像暹罗双胎一样至死不可分离。[②] 我国《商标法》第 56 条规定的注册商标专用权和第 57 条第 1、2 项规定的注册商标的禁止权的范围均是从两个方面界定商标专用权的界限，即不仅要考虑商标标志，还要考虑商标标志所使用的商品，而在注册商标的这两个因素发生变化时，则分别需要办理相关的另行申请与重新申请手续。[③]

理论延伸

商标本质的心理学解读

从心理学角度看，当商品外在可感知的标识与人体感觉器官相接触时，相关物理刺激会转化为生物电信号传递至大脑特定区域。随后，人脑会对该刺激进行模式识别，以确定该物理刺激的意义。如果消费者第一次接触外在的标识刺激，大脑中不存在与该标识有关的商品认知网络，消费者就无法从已有的消费知识和经验中提取有用信息，来帮助其识别该标识。随着时间的推移，经过商品提供者的广告宣传和消费者对商品的使用，消费者就会对输入其感觉器官的与该商品有关的信息进行新的认知、组合和编码。这些信息包括：该商品的基本属性（质量、价格、品种、款式等）、服务质量（营业员态度、付款方式以及售后服务等）、商店的气氛（温馨、兴趣、舒适）等。[④] 通过接触相关刺激信息，消费者会启动短时记忆，对刺激信息进行编码，将杂乱无章的信息以易于记忆的商标标识为中心进行整合，从而将刺激信息凝聚在商标标识之中，接着进行精致化地复述和转移性认知操作，将经过编码的凝结在商标标识中的商品信息纳入长时记忆。"通过接触同样的刺激物、经历同样的情景，在给定的社会或文化中，许多个体将会形成包含有许多共同节点的认知网络。"[⑤]

当特定商品信息的认知网络形成之后，消费者的感觉器官一旦再次接收到外界相同或者类似的商标标识刺激时，就会抽象该刺激的特征，启动模式识别程序，引发大脑在长时记忆中搜索，提取与外界标识刺激相同或类似的商标标识节点。当提取完成之后，消费者会将大脑中已提取的标识节点与外界标识刺激进行匹配。如果匹配成功，消费者就确定该

---

① 罗兰·巴特. 符号学美学. 董学文，王葵，译. 沈阳：辽宁人民出版社，1987：35.

② J. Thomas McCarthy, *McCarthy on Trademarks and Unfair Competition*, Fifth Edition March 2020 Update, §18：2.

③ 即《商标法》第 23 条和第 24 条规定的另行申请与重新申请。

④ 李付庆. 消费者行为学. 北京：清华大学出版社，2011：321.

⑤ Jacob Jacoby, The Psychological Foundations of Trademark Law: Secondary Meaning, Acquired Distinctiveness, Genericism, Fame, Confusion and Dilution, *91 TMR*. 1013, 1026 (2001).

外界标识刺激与已提取的标识节点相同，这时就会激活长时记忆中以该标识节点为中心的商品认知网络，使大脑获得相关商品信息。此时，消费者已将一个特定的商标标识与具体的商品信息相联系，商标标识便作为大脑长时记忆的中心节点在消费者的后续消费过程中发挥作用，等待随时启动消费者感知觉、模式识别、记忆等心理认知过程。当市场上有相当数量的消费者将某一特定标识与特定商品相联系，在长时记忆中建立起该标识代表的特定商品认知网络之时，这种标识就已经演化为商标。可见，"一个独特的品牌名称和具有内聚力的品牌身份对于消费者而言可能是最有力的信息刺激。它们使消费者能够有效地组织、存储以及从记忆中提取信息"①。

上述消费者在外界商标标识刺激之下的心理认知过程揭示了商标的本质。商标并不是单纯的不包括任何意义的客观存在，相反，商标是由人类感觉器官能够感知的外在刺激形式即商标标识与可被激活的消费者长时记忆中存储的该商标标识代表的商品信息所组成。商标标识是消费者感觉器官所能感知的对象，而商标标识所代表的信息则是以该标识为中心节点，在消费者长时记忆中的特定商品认知网络。概言之，从心理学角度看，商标的本质是人类感觉器官可以感知的以特定公共性形式存在的信息。

（二）商标的功能

在商标法上，关于商标的功能中外学者认识大同小异。刘春田先生主编的知识产权法统编教材《知识产权法》认为，商标的功能包括识别、品质保证、广告及竞争等功能②；我国台湾学者曾陈明汝先生认为，商标的功能包括表示商品来源或出处、表彰营业信誉、追踪商品来源、品质保证以及广告等功能③；日本学者江口俊夫先生认为，商标的功能包括表示商品出处、保证商品质量和广告等功能④；美国著名商标法专家麦卡锡教授认为，"总体上，商标发挥着四种值得法院保护的功能：（1）识别销售者的商品并将其和其他销售者销售的商品相区别；（2）意味着所有使用该商标的商品来自一个单一的即使是匿名的来源，或者为一个单一的即使是匿名的来源所控制；（3）意味着使用该商标的所有商品具有同样水平的质量；以及（4）作为一种广告宣传或者销售这种商品的主要工具"⑤。不过，近年来，随着品牌理论和市场营销技术与观念的发展，商标的符号表彰、商誉积累等功能逐步被提出。因此，概括起来，商标的功能包括以下几种。

1. 来源识别功能。来源识别功能是商标的基础功能。在早期，这里的来源仅仅是产品的物理来源。美国 1901 年的 Macmahan 案是商标的这种来源理论的里程碑案件，该案法院认为，"商标不得转让，也不得许可使用，除非是为了转让与商标使用有关的业务或财产"。"商标的基本价值在于，它将其所代表的商品识别为某种来源的商品或某个人的财产。"⑥ 在这种物理来源理论下，商标许可是不可能的，因为商标许可意味着让和真正制造

---

① Jacob Jacoby, The Psychological Foundations of Trademark Law: *Secondary Meaning*, *Acquired Distinctiveness*, Genericism, Fame, Confusion and Dilution, *91 TMR.* 1013, 1025 (2001).

② 刘春田. 知识产权法. 北京：北京大学出版社，高等教育出版社，2003：239-240.

③ 曾陈明汝. 商标法原理. 北京：中国人民大学出版社，2003：10.

④ 江口俊夫. 日本商标法解说. 魏启学，译. 北京：专利文献出版社，1982：39-40.

⑤ J. Thomas McCarthy, *McCarthy on Trademarks and Unfair Competition*, Fifth Edition March 2020 Update, §3: 2.

⑥ Macmahan Pharmacal Co. v. Denver Chemical Mfg. Co., 113 F. 468, 474-475 (C. C. A. 8th Cir. 1901).

商品的“来源”无关的人使用商标。在这种物理来源理论下，现代意义上的特许经营是不可能的，因为特许经营常常要销售不直接产生自商标所有人的产品和服务。① 不过，随着现代工业的发展，20 世纪 30 年代出现了一种新的来源理论，这种新的来源理论抛弃了对物理来源的单纯依赖，而是认为，商标不一定表示物理来源，也可以表示质量标准的来源，也就是说，购买者假定以同一商标出售的产品和服务的性质和质量是相同的，不论产品的生产者或提供服务的人的实际地理位置如何。②根据这种理论，法院认为：“《兰哈姆法》所提供的最宝贵和最重要的保护是控制在持有人商标下制造和销售的商品的质量。……为达此目的，商品的实际质量是无关紧要的：商标所有人有权保持的是质量控制。”③ 在这种理论下，商标仍然识别一个单一的来源，不过这并不意味着购买者必须知道这种单一来源本身，即产品的生产者或销售者的公司名称。事实上，极少数购买者知道或者在意品牌的公司所有人本身。④换言之，商标仅仅指示着一个单一的即使是匿名的来源，购买者是否知道来源的身份是无关紧要的。在匿名来源理论下，既然来源是匿名的，甚至被匿名为一种质量控制，那么商标许可就是合法的，只要商标所有人在商标许可中进行了某种形式的质量控制。在这种情况下，可以说匿名来源下的来源从物理来源的商标所有人变成了对商品或服务进行质量控制的来源，商标真正从商号中独立出来。

2. 质量保证功能。商标的质量保证功能大概产生于 20 世纪 30 年代，是与商标的匿名来源理论相伴而产生的。⑤因为既然商标的匿名来源理论意味着商标不一定必须指示唯一的制造者或者商人来源，而是发挥着指示一致质量水平的功能，那么，匿名来源必定意味着商标具有质量保证功能。商标的质量保证功能仅仅意味着在同一商标下商品质量的一致性，而不意味着“高”质量的商品或服务，仅仅表明所有在该商标下所供应的商品或服务的质量水平将保持一致。不管是质量很高的商品还是质量较低的商品，只要商品质量稳定地保持一致，就能够形成商标，商标具有质量保证功能。当然，具有质量保证功能的商标的商品的质量一般不能是极低的，极低的商品质量很难形成有质量保证功能的商标。商标的质量保证功能仅仅意味着商标商品的质量的可预期性，即消费者上一次购物或消费的经验有很大的概率在下一次购物或消费时重现。不过，这种可预期性并不是一种法律上的保证或者担保。即便消费者在下一次购物或者消费时的经验和上次的经验不同，消费者也不能追究商标所有人的法律责任，消费者能够“惩罚”商标所有人的唯一手段只不过是用脚投票。因此，称商标的质量功能为“保证”功能在某种程度上具有误导性，商标的质量保证功能只是意味着在那个标志下销售的商品和服务具有一致的质量。

理论延伸

如何理解商标的质量保证功能？

本书在介绍商标的质量保证功能时指出，称商标的质量功能为“保证”功能在某种程度上具有误导性。那么，应当如何理解商标的质量保证功能呢？实际上，商标并不是商品

---

①②④⑤ J. Thomas McCarthy, *McCarthy on Trademarks and Unfair Competition*, Fifth Edition March 2020 Update, §3: 10, 11, 12, 11.

③ El Greco Leather Products Co., Inc. v. Shoe World, Inc., 806 F. 2d 392, 395 (2d Cir. 1986).

的强制性质量保证标记。当标示同一商标的经营者提供前后质量不一的商品或服务时，消费者无法依据《商标法》的规定，要求其承担产品质量责任。在《商标法》之外，消费者可以依据《合同法》《消费者权益保护法》《产品质量法》等，要求经营者为其提供的商品承担质量责任。由此可见，商标并不保证商品的质量，商标的质量保证功能仅仅表明，标示同一商标的商品来自同一个经营主体，受到同一个经营主体的质量控制，因而该商品的质量很有可能保持稳定。

那么，所谓商标的质量保证功能源自何处呢？其实，所谓质量保证，不过是指在商品上标示商标之后，经营者有提供质量始终如一的商品的激励。亦即，由于商标的存在，商品经营者的身份是公开的，商标的信誉机制得以建立，消费者会根据经营者所提供的商品的质量对该商标进行评价，并会在商品质量不符合其预期要求时以拒绝再次购买该商标标示的商品的方式“惩罚”经营者，这会激励、督促、促使经营者保证提供质量稳定的商品，以积累商誉，赢得消费者。

2001年《商标法》由于并没有理解商标质量保证功能的真实含义，规定提供质量稳定的商品是经营者的法定义务。2001年《商标法》第45条规定：“使用注册商标，其商品粗制滥造，以次充好，欺骗消费者的，由各级工商行政管理部门分别不同情况，责令限期改正，并可以予以通报或者处以罚款，或者由商标局撤销其注册商标。”该条款把商标所具有的质量保证功能误读为经营者要保证其所提供的商品的质量。实际上，保证商品的质量，从而保障消费者的权益，是《合同法》《消费者权益保护法》《产品质量法》等部门法的任务。2001年《商标法》第45条规定经营者提供假冒伪劣商品的，由商标局撤销其注册商标，并不能够有效遏制经营者继续提供假冒伪劣商品。相反，商标被撤销后，这些生产者还可以继续申请新的商标，继续提供假冒伪劣商品。由此可见，《商标法》无法确保经营者提供的商品的品质始终如一，《商标法》仅仅是通过商标这种信誉机制建立，让消费者去评判商标标示的商品的优劣，从而使提供假冒伪劣或质量不稳定的商品的商标逐步被淘汰出市场。我国2013年《商标法》删去了这一条文，是正确的立法选择，并在2019年《商标法》中得以继续贯彻。

然而，立法在这一方面的修改依然不够彻底。2019年《商标法》第7条规定，“商标使用人应当对其使用商标的商品质量负责”。前文已述，经营者在其提供的商品上使用商标，由于建立起了以商标为中心的信誉机制，便具有提供符合质量要求的商品的动机，但是，这种信誉机制并不保证经营者提供的商品不会发生质量问题。《商标法》惩戒经营者的机制是一种由消费者评判和选择的信誉机制，即由购买了商品的消费者对该商品的商标进行评价，以继续购买或拒绝再次购买的方式支持或惩罚经营者，以此激励经营者提供质量符合要求的商品。2019年《商标法》第7条强制性地规定商标使用人应当对其商品质量负责，尽管从通常意义上看没有错误，但是并没有实际的意义，缺乏可操作性，在《商标法》上也没有规定商标使用人对其商品质量不负责任的惩戒措施，建议《商标法》再次修改时予以删除。

3. 广告功能。广告功能是商标的来源识别功能和质量保证功能的自然延伸，是市场规模扩大的自然结果，“随着市场地域范围的扩大和分销体系的日益复杂，商标作为一种重要的广告工具开始发挥作用。如果商标所有人成功地为其商标在市场上创造了良好的形象，那么商标本身就可以成为刺激销售的一个重要因素。商标通过广告产生商誉的能力也得到了商标法的承认”[①]。在这种情况下，“商标不过是一种广告，其目的是确定看到该广告的人的头脑中的物品的身份和制造者的名称，因此看到该广告的人此后会自己利用该知识并将其带给对这种物品具有同样心愿和需求的其他人”[②]。商标不仅仅是商誉的符号，而且常常是商誉创造和消费者接受的最有效的代理人。也就是说，商标事实上帮助销售商品。[③]

4. 符号表彰功能。“表”即表示，“彰”即“明显、显著”，“表彰”即表示于外以明显为人所知，商标的符号表彰功能是指商标能够将消费者个人的个性、情感、态度、品位等表示出来为人所知的功能。如果说上述的商标的来源识别、质量保证、广告等功能是在厂商与消费者之间发挥的，是从厂商向消费者传递商品或服务信息，那么商标的符号表彰功能是在消费者与消费者之间发挥的，是从消费者向消费者传递消费者的个性、情感、态度、品位等个人信息。符号表彰功能意味着商标已经不是一种厂商用来向消费者传递商品信息的工具，而成为消费者自我表达与身份认同的重要工具，消费者用商标表达自己，商标已经“不是生产者的标志而是消费者的标志”[④]。商标的符号表彰功能是商品符号价值出现的必然结果，是商标功能的重大变迁。商标的表彰功能的出现对商标法的制度构造产生了重大影响，售后混淆、商标淡化等制度的产生在很大程度上均为商标的符号表彰功能出现的必然结果。

需要注意的是，商标的符号表彰功能并未取代商标的前述来源识别、质量保证和广告三种功能，而是在前三种功能基础上增加的新功能，甚至可以说，商标的符号表彰功能是建立在来源识别、质量保证和广告功能基础之上的，没有了来源识别、质量保证和广告功能，商标的符号表彰功能便成了空中楼阁。

5. 商誉积累功能。除了上述四种功能之外，商标也是企业已经建立的商誉的客观标志。这一点可以从两个方面来认识：一方面，商标是商誉的客观标志。没有商标发挥的识别功能，购买者就无法再次购买他们已经使用和喜欢的产品。如果这种消费者的满足和喜爱是“商誉”的标签，那么商标就是世界能够识别那种商誉的标志。[⑤]另一方面，商标是企业商誉积累的工具与载体。对于那些正在创立品牌的企业而言，商标是凝聚和积累商品商誉的重要载体和工具，没有了商标，企业的商品商誉将无处附着，从而也就难以建立。

如果说商标的来源识别功能、质量保证功能、广告功能以及符号表彰功能均是从已经实际形成的商标的角度来看的话，商标的商誉积累功能在很大程度上是从商标形成的角度来看的。商标具有一个形成演变的过程，这种形成演变的过程就是企业商品的商誉的建立、维持和演变的过程。商誉的建立、维持和演变均不是凭空进行的，而是必须借助于商标标志。

商标的商誉积累功能在商标法上有着一定的体现。比如，我国《商标法》第 57 条第 5 项规定的反向假冒行为之所以构成侵权，在很大程度上是因为这种行为影响了商标的商誉

① Restatement Third，Unfair Competition，§ 9，*comment c* (1995).

② Northam Warren Corp. v. Universal Cosmetic Co.，18 F. 2d 774 (C. C. A. 7th Cir. 1927).

③⑤ J. Thomas McCarthy, *McCarthy on Trademarks and Unfair Competition*, Fifth Edition March 2020 Update, § 3：12，2.

④ Deven R. Desai，*A Brand Theory of Trademark Law*，available at：http://ssrn.com/abstract=1585327.

的积累。再如，商标法之所以需要制止反向混淆行为，根本原因是相冲突的在后强势商标影响了相冲突的在先弱势商标的生存发展，损害了其商誉的积累，以至于在先商标无法形成。亦即，反向混淆行为并未利用相冲突的在先商标的影响力，并未损害在先商标的来源识别、质量保证、广告和符号表彰等功能，而只是影响到商标的商誉积累功能。

6. 商标功能的实质：厂商与消费者之间的通信。事实上，无论是来源识别、质量保证、广告还是符号表彰，商标的这些功能本质上均可以概括为通信或信息功能，均以厂商与消费者之间存在一个以商标为核心的通信系统、以商标能够传递商品或服务信息为基础：没有商标传递信息，消费者就无法利用商标识别商品来源，商标的来源识别功能将成为空中楼阁；没有商标传递信息，消费者就无法对商品质量形成预期，商标的质量保证功能就无法发挥；广告实际上就是一种信息传递，没有商标传递商品信息，商标的广告功能也必将落空；没有商标传递信息，商标就无法表彰消费者的身份，商标的符号表彰功能也无从谈起。如果说来源识别、质量保证、广告、符号表彰等功能均以商标已经实际形成为前提，厂商与消费者、消费者与消费者之间存在着一个以商标为核心的通信系统的话，商标的商誉积累功能则是促使商标成长的功能，商誉积累过程就是厂商与消费者之间形成一个以商标为核心的通信系统的过程，没有商誉积累功能，商标就无法形成，商标通信系统就无法建立。所谓商誉无非是消费者对商标商品的认知与评价，商誉积累的过程就是商标商品信息逐步“浓缩”进商标的过程，是消费者不断“学习”用商标进行通信的过程，商誉积累功能同样也离不开商标的信息传递。

在厂商与消费者之间的通信系统中，信源就是厂商，信宿就是消费者，信道则包括商标从厂商传送到消费者的各种渠道，如商标商品的提供、新闻媒体、厂商的营业推广活动等，所用的代码就是商标，编码就是厂商把商品信息附载在商标标志中的过程，译码就是消费者通过商标来了解商品（信息）的过程。厂商与消费者之间的通信系统可以用下图来表示。

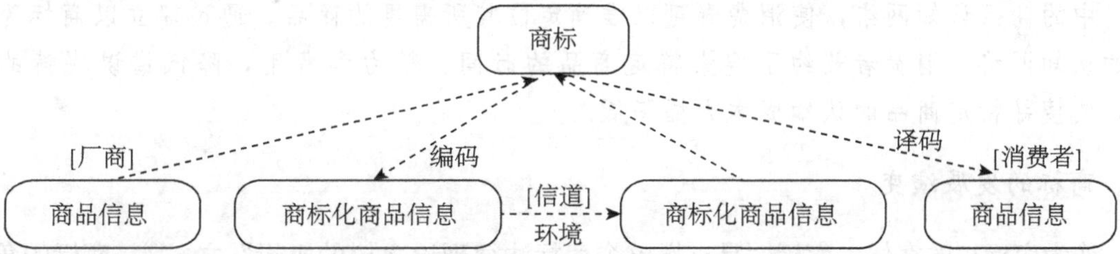

首先，将商品信息用商标编码为商标化的商品信息。商品信息尤其是对于建立竞争优势至关重要的不可观察信息，是无影无形的，难以被消费者直接掌握，只有利用商标将抽象的无影无形的商品信息编码为消费者能够掌握的形象的商标化商品信息才能正常传递。

其次，将编码好的商标化商品信息通过信道从厂商传递到消费者。这里传递商标化商品信息的信道大体上可以包括商标商品或服务本身的交易、商品或服务的交易文书、商品或服务的广告宣传、展览、互联网、通信网络等电子媒体或者其他媒介等商品或信息传递通道。通过这些信道，商标化商品信息可以传递到消费者那里。

最后，将商标化商品信息译码为商品信息。消费者接收到商标化商品信息之后，通过商标把商标化商品信息译码为商品信息，从而最终获得商品信息。

理论延伸

商标的功能与消费者心理认知

随着现代科技和市场经济的不断发展，商品品种日渐丰富，商品自身属性和功能也日趋复杂，消费者很难在购物之前通过检测商品的性能作出购买决策。例如，在商品没有商标的情况下，消费者如需找到其所需要的某种口感的啤酒，就需要对不同的啤酒进行品尝。目前，竞争者提供的同种类商品越来越多，消费者很难仅通过口感来确定特定的啤酒，在下次消费时也无法保证能够识别出同一来源的啤酒。因此，诸如价格、质地、功能等商品有形属性虽然会对消费者的购物行为产生影响，然而在大多数情况下，对这些模糊的属性进行识别会耗费大量的消费者心理认知成本，这些模糊属性也“不能培育出具有识别性的特定品牌”[①]。相反，如果给定具体的啤酒品牌，消费者便能很快获得该品牌代表的商品信息。例如，当给定“青岛啤酒”品牌时，消费者大脑能够意识到该商标所代表的商品的诸多信息，如大致的价格、生产商、公司所在地、啤酒口感、以前饮用所产生的美好回忆等。这就表明，从心理学的角度而言，“品牌名称”即商标是相关商品信息的集中地，代表着消费者长时记忆中特定认知网络的中心节点。当某一商标标识与特定商品相联系，在消费者长时记忆中形成特定认知网络时，就表明该商标标识已经演化为商标，具备了商标指示来源的功能。当相同的商标标识再次刺激人体感觉器官时，消费者就会启动模式识别程序，如果外在商标标识与长时记忆中的标识原型相匹配，存储于消费者长时记忆中的该商标标识中心节点就会被激活，从而将特定商品信息传递给大脑，帮助消费者识别具体商品的来源。可见，“当消费者在进行购买前的决策时，品牌名称代表的信息是经常提取的信息类型”[②]。从心理学角度而言，商标的功能即在于简化消费者购物过程中的心理认知过程，将商品的各种特征、属性和相关信息凝结在可感知的标识之上，通过外在商标标识对消费者感官的刺激，唤起消费者长时记忆中的商品认知网络，使消费者可以准确定位其所需要的商品。通过建立以商标为中心的认知网络，消费者节约了搜索特定商品的时间、精力和费用，降低错误决策的风险，使搜寻特定商品的认知成本大幅降低。

三、商标的发展演变

作为商标权的客体，商标“是支撑整个商标法律理论之树的躯干”之一[③]，商标的角色与功能不仅直接决定着商标权的性质、特点和权利范围，而且还影响着商标法的整体构造。同时，商标不是一成不变的，不仅单个的商标有一个形成、发展、演变的过程，而且在整个社会、历史中商标的角色和功能也处于不断的演变之中，深刻地影响着商标法的变迁过程。

---

① Jacob Jacoby, The Psychological Foundations of Trademark Law: Secondary Meaning, Acquired Distinctiveness, Genericism, Fame, Confusion and Dilution, *91 TMR*. 1013, 1024 (2001).

② Jacob Jacoby, The Psychological Foundations of Trademark Law: Secondary Meaning, Acquired Distinctiveness, Genericism, Fame, Confusion and Dilution, *91 TMR*. 1013, 1025 (2001).

③ 刘春田. 商标与商标权辨析. 知识产权，1998 (1)：10. 刘春田先生所说的支撑商标法律理论的另一“躯干”是商标权。本书认为，在商标与商标权这两个概念之中，商标是比商标权更为基础的概念。因为作为权利客体，商标不仅是“第二性”的商标法律中的概念，它同时还是“第一性”的社会生活中的概念，是决定商标权的最终因素。

(一)商标与商号不分阶段:商标的萌芽

在从遥远的古代直到工业革命完成这个很长的历史时期里,商标虽已出现,但大部分商标并未完全从商号中独立出来,而是和商号一起发挥作用或者辅助商号发挥作用,其最重要的证据是商标的物理来源功能和商标非财产性的法律属性。

早在原始社会,原始人类就出于识别的目的开始在一些物品上刻印标记。[①]"可能最早的标示形式就是在牛或者其他动物身上烙上印迹。"[②] 例如,在文字发明之前,埃及人就在牛背上烙印,以表明牛的权属。而欧洲人在石器时代也在牛的肋部烙印。[③] 有趣的是,英语单词"品牌"(brand)正是源于盎格鲁—撒克逊的词语"烙"(to burn)。[④] 在世界各地的早期文明中,如古埃及、古希腊、古罗马和古代中国,均发现在有关物品上标注各种文字、图案或符号的做法。[⑤] 有学者做过归纳,人们在社会生活中将标记使用于许多物品之上,包括:牲畜、陶器、瓷器、砖瓦、石器、油灯、图书、药膏等。标记的方式也是五花八门,有打烙印、压印、刻印、签名等。[⑥] 使用标记的原因更是多种多样。在古罗马贸易中,人们已经开始使用商标作为表明物品归属的标记。欧洲中世纪的商人也开始使用商标,作为表彰所有权归属和产品质量责任归属的标记。但是,由于商品经济不发达,交通运输业落后,远距离的贸易尚在萌芽阶段。当时最主要的贸易形式依然是人们在集市上面对面的交易,因而对商标的需求并不是那么迫切。

在工业革命完成之前甚至完成之后相当一段时间之内,商标的功能主要是物理来源功能。在物理来源功能下,商标还不是财产,是不可转让的。在英国,工业革命完成于19世纪40年代,但此时商标尚不是财产,既不能转让,也不能许可使用。直到19世纪60年代,主张将商标确立为财产的提议才开始在英国兴起。1862年,两位议员提交了一份商标法案,其中将商标规定为财产并允许转让,但当时普遍的商标观念导致该法案未能通过。服装制造商约翰·狄龙的话代表了当时占统治地位的商标观念,他指出:"在谢菲尔德使用某商标的产品制造商搬到伯明翰后,你们还会允许他继续使用该商标吗?不会。正是因为这个明显的原因,商标是一种表明特定事实的标记,即它代表在特定地域,由特定商人或企业生产的产品。如果改变产地或生产商,标记就被破坏了。我听说过有人想要出售其商标,但我立刻想到了战士准备卖掉其勋章。"[⑦] 在这种商标观念下,商标不是财产,商标的功能是识别商品的物理来源,即商品的生产商。商标既不是可转让的,也不是能许可使用的。在美国,工业革命的完成迟于英国,物理来源理论一直支配着商标法理论直到20世纪20年代。此时,要受到保护,商标必须指示它所附贴的商品的物理的、"个人的"来源。[⑧] 没有销售者或者许可人的整个企业的转

---

① 余俊. 商标法律进化论. 武汉:华中科技大学出版社,2011:35.

② J. Thomas McCarthy, *McCarthy on Trademarks and Unfair Competition*, Fifth Edition March 2020 Update, §5:1.

③④ Diamond, The Historical Development of Trademarks, *65 Trademark Rep. 265* (1975).

⑤ 黄海峰. 知识产权的话语与现实——版权、专利与商标史论. 武汉:华中科技大学出版社,2011:218.

⑥ 余俊. 商标法律进化论. 武汉:华中科技大学出版社,2011:35-44.

⑦ 余俊. 商标法律进化论. 武汉:华中科技大学出版社,2011:113.

⑧ Barton Beebe, The Semiotic Analysis of Trademark Law, *51 UCLA L. Rev.* 621, 678 (2004).

让，商标不能转让和许可。[①] 总而言之，在工业革命之前，商标不是财产，而仅仅标志着商品的物理来源（企业），不能与其物理来源相分离。商标不仅不能转让，也不能被许可使用。

工业革命之前商标的不独立是由当时的简单商品经济条件所决定的。在简单商品经济条件下，尽管已经形成了一定的社会分工，出现了经常性的商品交换，但生产的规模仍然比较小，市场比较狭小。消费者和生产者之间的经销链条还比较短，消费者主要通过识别生产者本身（即商号）而不是商标来购物。这大概就是早期商标的来源功能中的来源是指物理来源的根本原因。同时，商标形成的前提条件之一是稳定的产品质量和较大的市场规模。而在简单商品经济条件下，生产是由各具个性的个别工匠手工进行的，生产的标准化程度较低，产品质量不稳定，市场规模较小，尚不存在商标形成的客观条件。有关材料显示，甚至直到美国南北战争之后，美国杂货店仍然以货物的方式提供其商品。燕麦、咖啡和咸饼干以不加包装的形式出售，顾客会随身带着一个袋子，而杂货店则用顾客想要数量的燕麦、面粉或者豆子装满它。花生、黄油装在坛子里，零售时用铲子挖出来，放进自己的坛子或者另买的纸桶里。培根是厚板状的，订购时切一块。面粉放在大储藏箱里——杂货店会为你装一纸包面粉。干豌豆和其他豆子放在盒子里；泡菜放在巨大的坛子里，每次卖一个。[②] 商品是非标准化的，质量也是不稳定的。不仅如此，商标也是不必要的，消费者是从地方销售商购买商品的，如果他们需要购买更多同样的商品或者投诉他们买到的商品，他们可以直接去找销售商。这个过程中并不需要商品以某种方式标记来向消费者指示这些商品的来源。[③] 总而言之，在工业革命之前，尽管在形式上商标已经出现，但简单商品经济既不存在使用商标的急迫需要，也没有完全形成商标产生所必要的条件，商标只是萌芽而已，尚未从商号中独立出来。

我国公认最早的商标雏形是北宋时期山东济南刘家“功夫针”铺“白兔儿”标识。该标识的中心图案是一只手持缝衣针的白兔，上刻有“济南刘家功夫针铺”，两侧刻有“认门前白兔儿为记”，下刻有“收买上等刚条，造功夫刚针，不误宅院使用。客转与贩，别有加饶，请记白”。

（二）商标与商号的分立阶段：商标的独立

工业革命深刻改变了市场交易的环境，商标开始识别商品而不是商品的生产者，商标

---

① J. Thomas McCarthy, *McCarthy on Trademarks and Unfair Competition*, Fifth Edition March 2020 Update, §3：8.

② Thomas D. Drescher, The Transformation and Evolution of Trademarks——From Signals to Symbols to Myth, *82 TMR.* 301, 321 (1992).

③ Laura A. Heymann, Naming, Identity, and Trademark Law, *86 Ind. L. J.* 381, 387 (2011).

渐渐真正成为商品的标志而不再是厂商的标志，或者说商标的来源已经从提供商品的商人变成了商品本身，从而商标从商号中独立出来而成为它自身。

商标独立的基本标志是商标财产观念的确立和匿名来源理论的产生。在最早完成工业革命的英国，19 世纪后半叶，随着工业革命的完成，商标渐渐被视为财产。在中世纪，普通法和衡平法对商标提供的保护都是通讯基础的：普通法诉讼源自欺诈，要求证明欺诈的意图，衡平法体制则要求被告可能误导的错误陈述，也就是说均是一种通讯行为。而随着工业革命的深入，至 19 世纪末期，商标渐渐被广泛承认为财产。[①] 在工业革命完成稍晚的美国，随着 20 世纪第一个四分之一世纪的经过，大规模消费、现代广告以及国家市场的形成使得严格来源理论再也站不住脚，商标原理不能再假设大规模生产的品牌商品的消费者了解或者在意了解其所购买的品牌的真正来源，匿名来源理论应运而生。根据这种理论，为了符合保护条件，商标只需要指示一个单一的尽管可能是匿名的来源。在匿名来源理论下，商标被理解为发挥着质量保证的功能，并以此受到保护。[②] 商标的质量保证功能意味着商标不一定必须指示唯一的制造者或者商人来源，而是发挥着指示一致质量水平的功能。[③] 尽管质量保证功能并未替代来源功能且和来源功能是“并列的”[④]，但它的产生却具有非常重要的意义。因为“正是保证功能提供了品牌创造和促进的经济激励。通过确定和维持其产品的一致质量，制造者和包装者也能够设定一种一致和统一的价格。购买者则能够确定，在商标名称之下销售的燕麦、咖啡、巧克力或者肥皂每一天、每一袋和每一商店都具有同样的质量。而为这种保证，消费者将情愿付钱，而制造商则能够收取额外费用”[⑤]。

商标财产观念的确立和匿名来源功能的产生使得商标既可以独立于营业而转让，也可以被许可使用。于是，商标正式从商号中独立出来，商标开始直接识别商品而不是商品的生产者，商标真正变成了商品的标志，而不再是生产者的标志，商标开始传递商品本身而不是生产者的信息，商标来源功能中的“来源”已经从商品的生产者蜕变为商品本身。

工业革命之所以能够导致商标的独立是因为它根本改变了商品的生产、竞争和市场环境。从技术观点来看，工业革命的特点在于发明和使用那些能够加速生产和经常增加产量的方法，如纺织工业中的机械方法、冶金工业中的化学方法等，这些方法都在准备商品的材料或者决定商品的形式。从经济观点来看，工业革命的特点就是资本的集中和大企业的形成。[⑥] 在工业革命的新的技术和经济条件下，生产是大规模的、标准化的，市场是全国甚至全球性的。大规模标准化生产的质量远高于传统的工场手工业的，产品质量的稳定性也更高，这给商标的形成提供了前提条件。可以说，工业革命使得产品的生产开始遵循生

---

① Lionel Bently, From communication to thing: historical aspects of the conceptualisation of trade marks as property, in *Trademark Law and Theory: A Handbook of Contemporary Research* (Eds. Graeme Dinwoodie and Mark D. Janis), Edward Elgar, Northampton, MA, USA, 2008, 4-5.

② Barton Beebe, The Semiotic Analysis of Trademark Law, *51 UCLA L. Rev.* 621, 679 (2004).

③④ J. Thomas McCarthy, *McCarthy on Trademarks and Unfair Competition*, Fifth Edition March 2020 Update, §3: 10.

⑤ Thomas D. Drescher, The Transformation and Evolution of Trademarks——From Signals to Symbols to Myth, *82 TMR.* 301, 327 (1992).

⑥ 保尔·芒图. 十八世纪产业革命：英国近代大工业初期的概况. 杨人楩，陈希秦，吴绪，译. 北京：商务印书馆，1983：386-387.

产技术规律而不依赖于工场手工业主的个人技艺，产品显现出更多的技术特征而不是技艺特征，也开始渐渐和工场手工业主相分离，从而识别商品的商标也渐渐从识别工厂手工业主的商号中独立出来。而全国甚至全球市场的形成则促进了竞争，产生了运用商标进行竞争的急迫需要。

(三) 商标成为商品阶段：商标的异化

如果说工业革命的完成改变了生产和市场的基本结构的话，工业革命的深化则改变了人们的消费，促进了消费社会的形成。在消费社会到来之前，商标仅仅是商品的标志，商标和商品的关系是“红娘”和“莺莺”的关系，是“标”和“本”的关系，商标的功能是区别和指示，是“介绍人”或者“联络人”，重要的是商品而不是商标，只要“莺莺”漂亮，“红娘”的丑俊是无关紧要的。[①] 一旦完成识别和区别商品的任务，商标的使命就告完成。但在消费社会，商标已经不再仅仅是商品的标志，不再仅仅是“介绍人”或者“联络人”，商标本身已经变成了商品，即商标不仅继续发挥“红娘”的作用，而且还摇身一变而成为“莺莺”，不仅商品成为消费的对象，商标本身也成为消费的对象，甚至只有商标才是消费对象，商标已经不再仅仅是“标”而是渐渐演化成了“本”，成为消费的最终目标。商标不仅携带关于来源和实质产品特征的信息——耐久性、易用性、回收材料、关注细节的信息，而且携带同样有价值的感觉的、财务上“值得的”、环境意识的创新信息。“结果，商标已经成为一种提供强有力的交流经济市场外同样有价值的信息的方式。当用这种方式使用时，商标携带超出发出购买相关信息的信号而变成在其自身权利中的独特‘产品’的方式。”[②] 换言之，商标已经异化成消费的对象，成为“商品”本身。

商标符号表彰功能的出现和商品符号价值的产生是商标异化的主要表现。商标符号表彰功能的出现是随着消费社会中人们心理消费需求的不断提升而自然产生的结果。在消费社会，商标除了具有“认牌购物”的指示意义外，更是人们彼此间进行社会交流的媒介和桥梁。一方面，基于人们对商品所形成的双重效用认知，商标“所指”的内涵得到了拓展，其不仅承载着反映产品客观效用的质量、功能等信息内容，更涵括了反映产品主观效用的文化、精神等信息内容。另一方面，随着消费者的消费观念由物质消费向意义消费的转化，原本在商标结构中占据重要地位的“对象”要素——产品——对消费者的意义正在逐渐减弱，消费者更看重的是对商标所承载的符号意义的体验[③]，“曾经仅仅发挥着作为指示出处、来源和商品质量的信号功能的表意符号已经凭其本身而成为产品，作为使用这些符号的人们的地位、偏好和抱负的指示器而有价值”[④]。也就是说，“消费者会使用品牌表达他们自己”，“品牌不是生产者的标志而是消费者的标志”[⑤]。

商标符号表彰功能是商品符号价值产生的直接结果。在消费社会到来之前，商品只

---

① 刘春田. 商标与商标权辨析. 知识产权，1998 (1)：14.

② Vincent Chiappetta，Trademarks：More than Meets the Eye，*2003 U. Ill. J. L. Tech. & Pol'y.* 96 (2003).

③ 徐聪颖. 论商标符号表彰功能的内涵及其法律保护. 市场营销，2010 (9).

④ Rochelle Cooper Dreyfuss，Expressive Genericity：Trademarks as Language in the Pepsi Generation，*65 Notre Dame L. Rev.* 397 (1990).

⑤ Deven R. Desai，From Trademarks to Brands，*64 Fla. L. Rev.* 991 (2012).

具有使用价值和交换价值两种价值，消费行为主要是一种满足生理需要的经济行为。而在进入消费社会之后，商品除了具有使用价值和交换价值之外还具有了符号价值[①]，商品符号价值的出现不仅使得消费行为开始“从现实利益向符号意义拓展，逐渐超越具体的物的使用和占有，而展现出对符号意义的操控，使得消费具有更多意义的属性”[②]，而且使得消费行为“成为我们进行自我识别和归属，以及对他人进行识别和归类的重要方式”[③]。在消费社会中，商标是商品符号价值的主要载体和外在表现，“主要是虚构附着过程的结果，通过这种虚构附着过程，暗示的或者任意的商标不仅指涉产品本身，也指涉更宽泛的文化主题”[④]。而通过对商标商品的消费，人们可以“表达自己与他人或社会群体之间的同一性或差异性，将自己归属于特定的社会群体，从而对自己进行社会定位和归类”[⑤]。

商标异化的深层原因是消费社会的发展。不同于生产社会之中生产占主导地位，消费社会是消费占主导地位的社会。在消费社会中，商品在消费之前呈符号状态，人们消费的不再是商品的使用价值，而是商品的符号价值，即商品被赋予的意义。[⑥] 符号消费的实质在于社会身份的建构，符号消费的目的不是寻求同质化，而是寻求差异化。在消费社会里，电视、报纸、广播、网络等大众媒体为符号消费和符号价值的认同提供了技术支撑，大众传媒不仅成为符号消费的共谋，而且成为符号的直接生产者。[⑦] 商标异化就是作为符号消费的一部分而出现的，是符号消费的必然要求。因为在消费社会，一切商品或服务只有成为符号或者具有符号价值才能成为消费的对象，而商标是商品或服务最“显眼”的表露，不仅是商品符号价值的最佳载体，而且是商品或服务进一步细分的唯一工具。

第二节　商标法概述

商标法是调整因商标的注册、使用、管理和保护商标专用权而发生的各种社会关系的法律规范的总称（和）。形式意义上的商标法就是我国于 1982 年发布，于 1993 年、2001 年、2013 年和 2019 年修正过的《中华人民共和国商标法》，实质意义上的商标法则还包括有关的实施条例、行政规章、司法解释等。商标法的调整对象就是因商标注册、使用、管理和保护商标专用权而发生的各种社会关系。这种社会关系既包括商标注册、管理、保护等纵向社会关系，也包括商标使用和商标权处分、保护等平等主体之间的横向社会关系。

---

① 所谓符号价值是商品满足人的多样需要的一种价值，是商品在意义上的有用性。伍庆. 消费社会与消费认同. 北京：社会科学文献出版社，2009：118.

②③⑤ 伍庆. 消费社会与消费认同. 北京：社会科学文献出版社，2009：106，115，113.

④ Thomas D. Drescher, The Transformation and Evolution of Trademarks—From Signals to Symbols to Myth, *82 TMR.* 301, 329 (1992).

⑥ 姜帆. 品牌文化：消费社会背景下品牌竞争的核心——符号学视角的分析. 新闻界，2008 (4).

⑦ 黄波. 鲍德里亚符号消费理论述评. 青海师范大学学报（哲学社会科学版），2007 (3)：3.

一、商标法的立法目的

鉴于“目的是全部法律的创造者；没有任何法律规定不源于一种目的，即一种实际的动机”[①]，商标法的立法目的是商标法规则设定的出发点和根本指导，决定着商标法的整体构造和具体的制度设计。因此，学习商标法必须首先把握商标法的立法目的。

从世界各国或地区商标法来看，大部分国家的商标法并未直接规定商标法的立法目的，仅有部分国家的《商标法》直接规定了商标法的立法目的。日本《商标法》第1条规定了商标法的立法目的，该条规定：“本法的目的是通过保护商标确保维护使用商标的人的营业信心从而促进产业的发展和保护消费者利益。”对此，学者解释道：“商标法的目标是直接保护私人的商标权，通过保护消费者利益而间接地促进公共福利。也就是说，商标法的具体目的是保护在竞争营业中使用标识的人的‘注册’商标，而通过这种竞争营业的保护最终使社会受益。”[②] 美国和欧盟商标法没有明确规定商标法的立法目的，但其商标法的立法目的也是类似的。美国国会认为，商标法的目标是双重的，一是保护公众的利益，一是保护商标所有人的利益。[③] 解释欧盟商标法的学者则指出，“商标权事实上具有双重目标：它保护商标所有人因使用商标而产生的与商品或服务的联系免受破坏，同时也保护公众不受这些破坏的影响”[④]。我国《商标法》第1条规定了商标法的立法目的，即“为了加强商标管理，保护商标专用权，促使生产、经营者保证商品和服务质量，维护商标信誉，以保障消费者和生产、经营者的利益，促进社会主义市场经济的发展，特制定本法”。该规定一般被学者解读为三个方面：保护商标所有人的利益、维护消费者的利益、维护市场公平竞争秩序。[⑤] 本书认为，商标所有人利益的保护是商标的直接目的，市场竞争秩序的维护和促进社会主义经济发展是商标法的最终目的，而消费者利益的保护则既是商标保护的附带结果，也是商标法重要的立法目的。

（一）商标所有人利益的保护是商标法的直接目的

商标所有人利益的保护是商标法的直接立法目的，也是商标法最重要的立法目的。这不仅是由商标法的历史使命所决定的，也是由商标法的性质和功能以及商标法的全部制度设计所决定的。

从商标法产生的历史来看，商标法的主要任务是保护商标权人免受不正当竞争的侵害。亦即，正是商业贸易的发展和市场竞争中仿冒行为的出现，才使得商人阶层迫切需要法律承认其对于特定标识的权利。“从传统上看，商标法并不主要是为了保护消费者，商

① Rudolf Von Ihering, *Law, As a Means to an End*, Trans. Isaac Husik, Boston: The Boston Book Company, 1913, pp liv.

② Dr. Shoen Ono, Overview of Japanese Tradrmark Law, *Ch. 4 Systematic Position of the Trademark Law*, https://www.iip.or.jp/translation/ono/, Retrieve on Aug. 1st, 2019.

③ S. Rep. No. 1333, *79th Cong.*, *2d Sess.*, 3 (1946).

④ Tobias Cohen Jehoram, Constant van Nispen & Toon Huydecoper, European Trademark Law: Ccommunity Trademark Law and Harmonized National Trademark Law, Kluwer Law International BV, *The Netherlands*, 2010, § 2.1.2.

⑤ 邓宏光. 论商标法的价值定位——兼论我国《商标法》第1条的修改. 法学论坛，2007 (6)；冯晓青. 商标法之立法宗旨研究. 长沙理工大学学报（社会科学版），2008 (2).

标法像所有不正当竞争法一样，是为了保护厂商免受竞争者非法地转移本属于商标权人的交易（illegitimate diversions of their trade）的行为的侵害。美国法院通过确认财产权的方式保护厂商，禁止非法转移交易。"[①] 麦卡锡教授也指出："不正当竞争法在传统上是竞争政策的战场，原告防止其劳动果实不被窃取的利益应当值得重视。"[②] 正是对商人阶层在其商品之上使用商标的行为的承认，使得立法有必要保护商人免受不正当竞争的侵害。侵权者不能够收获他没有播种的果实，而商标权人则有权享受他们的劳动成果。[③] 可见，商标法的直接目的是保护商标权人。

从商标法的性质来看，商标法是私法，是保护商标权人的私人的商标权的私法，商标权是一种私权。商标法的私法性质和商标权的私权性质是由经营者的经济自由权或者营业自由权[④]所决定的。所谓经济自由是指由私的个体进行生产和消费的决策，而非由政府集中地决策。个体为了进行经济决策，他们必须拥有对资源的控制，能够签订关于那些资源和他们的活动的协定。这意味着政府必须保护私人财产权并使人们能够通过合同使自己受约束。[⑤] 可以说，商标权是经济自由或者营业自由的组成部分或者自然延伸，没有经济自由或者营业自由，商标只是生产者的责任或义务而不是权利，经济自由是商标权成为权利的前提。[⑥] 当然，"经济自由并非完全否定政府干预经济，而是认为政府干预经济应当基于纯粹的公共利益目的，并且理由正当，其强调的是如何充分保证国家对经济的适度干预又得以保证公共利益的实现，从而最大限度保证和实现经济自由"[⑦]。商标法的私法性质和商标权的私权性质决定了商标法的功能，即将商标权赋予商标权人，由其承受使用商标的全部后果，在商标权人并不损害他人利益的情况下，他当然可以自由地使用自己的商标，即便其产品质量并不稳定，甚至对消费者购买产品的决策产生了不利影响，但只要其商品质量并不违反国家强行性法律如产品质量法的规定以及他自己对其产品质量的承诺，国家和消费者都不能追究商标权人的法律责任。因为当生产者生产的产品既符合国家的强制性标准也符合他自己承诺的产品质量标准时，即其所有产品的质量都在这个质量水平之上，有些产品质量相当于这个标准，而有些产品质量要远远高于这个标准，质量水平很不稳定，此时，尽管消费者有损害，即今天买到一件质量很高的产品，明天却买到一件质量较低的产品，似乎有一种上当受骗的感觉，但显然消费者是无法对生产者提起诉讼的，因为生产者并没有任何可追究的"罪责"。如果说他有什么"罪责"的话，也只不过是他提供了一部分高于国家产品质量标准或者企业产品质量标准的产品，"吊高"了消费者的胃口，但

---

① Mark p. McKenna, The Normative Foundations of Trademark Law, 82 *Notre Dame L. Rev.* 1839, 1841 (2006 - 2007).

② J. Thomas McCarthy, *McCarthy on Trademarks and Unfair Competition*, Fifth Edition March 2020 Update, §2: 2 - 3.

③ Michael Grynberg, Trademark Litigation as Consumer Conflict, 83. *N. Y. U. L. REV.* 60, 70 (2008).

④ 在宪法学看来，经济自由包括居住、迁徙自由、职业选择自由和财产权，其中职业选择自由可以理解为包含营业自由。阿部照哉. 宪法. 周宗宪，译. 北京：中国政法大学出版社，2006：203.

⑤ John Harrison, The Constitution of Economic Liberty, *45 San Diego L. Rev.* 711 (2008).

⑥ 关于英美早期商标保护史的概述，参见 Mark P. McKenna, The Normative Foundations of Trademark Law, *82 Notre Dame L. Rev.* 1849 - 1873 (2007).

⑦ 陈蓉. 论经济自由的含义及其价值——以公用事业的市场准入为视角. 长沙理工大学学报（社会科学版），2010 (4).

提供的却并不全部是高于国家产品质量标准或者企业产品质量标准的产品，而是有一部分产品质量仅仅相当于国家产品质量标准或者企业产品质量标准。因此，在这种情况下，如果说生产者会受到某种“制裁”的话，不过就是牌子砸掉，商标权人可能受到的“制裁”也只是市场自然选择的结果，即消费者用脚投票的结果。

从商标法的全部制度设计来看，商标法也是保护生产者的，商标法并无保护消费者的制度构造。我国 2001 年《商标法》规定了消费者保护的内容，其第 7 条规定：“商标使用人应当对其使用商标的商品质量负责。各级工商行政管理部门应当通过商标管理，制止欺骗消费者的行为。”第 45 条规定：“使用注册商标，其商品粗制滥造，以次充好，欺骗消费者的，由各级工商行政管理部门分别不同情况，责令限期改正，并可以予以通报或者处以罚款，或者由商标局撤销其注册商标。”但这些条款事实上无法起到很大作用，因为在生产者的产品质量标准和国家强制性标准相同的情况下，生产者生产的产品如果不违反产品质量法等强行性规定就不会违反生产者自己对产品质量的承诺，此时，生产者就既不会构成欺诈消费者的行为，也不属于商品粗制滥造，以次充好，欺骗消费者，各级工商管理部门是无法对生产者进行“制裁”的。而在生产者的产品质量标准高于国家强制性标准的情况下，这两条规定也只是有害无益。因为这两条规定只是迫使生产者为了减少违反这两条规定的风险而降低企业标准至国家强制性标准，而如果没有这两条规定，生产者也许会制定更高的产品质量标准。同时，即使消费者自己进行救济，他也无法用商标法，所能够用的只是产品质量法或者消费者权益保护法。除了以上两条之外，商标法的其他全部规定都是如何使生产者取得商标权并使其商标权得到恰当保护的制度。因此，从商标法的全部制度设计来看，商标法也主要是保护生产者利益的。而至少从英美法系商标法早期立法的审查可以得出结论，商标法“主要关注保护生产者的利益。在许多判例中，保护这些利益对消费者产生了一种附带好处，但是这种附带好处并非判决的动机”①。也许正因如此，2013 年《商标法》将 2001 年《商标法》第 45 条删除，而仅仅保留了原第 7 条的宣示性规定。

（二）市场竞争秩序的维护和促进社会主义市场经济的发展是商标法的终极目的

传统上，商标法被认为是不正当竞争法的组成部分。② 因此，商标法当然可以维护市场竞争秩序，具有维护市场竞争秩序的作用。市场竞争包括自由竞争和公平竞争。其中，自由竞争也称完全竞争、纯粹竞争，是指没有任何垄断成分，经营者可以不受任何干扰地自由进入、退出的市场结构。公平竞争是指公正、合理的竞争。

商标法主要是通过提高市场的信息效率而维护市场竞争秩序的。对于商标所有人来说，商标法保护了商标所有人在商标中的投资，有助于激励商标所有人积极使用商标，维护商标的商誉。对于消费者来说，商标传递了商品信息，消费者可以避免购买假冒商品。对于市场竞争秩序来说，市场信息效率的提高当然意味着竞争秩序的维护。商标法主要是维护公平竞争的法律，因为商标法原则上不会对自由进入、退出市场产生直接影响。当

---

① Mark P. McKenna, The Normative Foundations of Trademark Law, *82 Notre Dame L. Rev.* 1873 (2007).

② J. Thomas McCarthy, *McCarthy on Trademarks and Unfair Competition*, Fifth Edition March 2020 Update, §2: 7.

然，商标法也需要促进自由竞争，因为过于严格的商标保护可能使商标成为其他经营者进入市场的障碍，会损害自由竞争，而过于宽松的商标保护尽管不会对自由竞争不利，但却不足以激励商标所有人在商标中的投资，致使自由竞争失去基本的条件。

商标法对市场竞争秩序的维护自然是有利于社会主义市场经济的发展的。因此，商标法可以促进社会主义市场经济的发展，促进社会主义市场经济发展也是商标法的重要目标。

（三）消费者利益的保护是商标法重要的立法目的

有些论者将消费者利益的保护作为商标法的首要的立法目的[①]，不过本书认为，尽管消费者在商标法中的确具有重要的地位[②]，消费者利益的维护却并非商标法的首要的立法目的，而只是商标法的重要的立法目的之一。理由如下。

首先，在商标法上消费者既不享有实体权利，也不享有诉权，消费者利益保护立法目的的首要地位有名无实。既然消费者利益的保护是商标法的首要的立法目的，那么商标法就应该为这种利益的实现提供切实可行的途径，在现代社会，赋予民事实体权利和诉权显然是最有效的途径。但遗憾的是，商标法没有为消费者赋予任何实体权利和诉权，其利益的实现完全凭仗商标权人的“代理复仇”，尽管这被认为是“一个聪明的做法”[③]，但消费者利益保护的立法目的的实现途径与首要地位不符却是不争的事实。

其次，在商标关系中，商标所有人是“主动”的一方，而消费者是“被动”的一方，商标命运主要取决于商标所有人，消费者利益保护立法目的的首要地位名不副实。尽管从商标的形成来看，可以说“生产者和消费者都是（商标的）共同作者”[④]，但生产者即商标所有人在商标关系中的“主动者”地位却是不容抹杀的，因为商标命名是由商标所有人而不是消费者进行的，商标蕴含的商品信息是由商标所有人而不是由消费者决定的，商标商品是由商标所有人而不是消费者提供的。

最后，过分强调消费者利益的保护会妨碍企业的营业自由，使得商标保护成为无源之水、无本之木。自由企业制度是市场经济的微观基础和前提条件，也是商标制度存续的经济基础，其核心是企业不受干涉地自主决策。如果消费者利益的保护是商标法的首要立法目的，那么就意味着消费者利益的维护优越于商标所有人利益的保护，由于商品质量水平的变化（尤其是降低）必然会损害消费者的利益，把消费者利益的保护作为商标法的首要立法目的必定意味着商标所有人不能自主决定其商品的质量水平，自主决策受到干扰，自由企业制度难以为继，商标保护成为无源之水、无本之木。

在商标法上，消费者的利益之所以能够受到保护在很大程度上是因为在商标保护上消费者利益和商标所有人利益的一致性。消费者和商标权人两者有着共同的避免混淆的利益需求。“对于消费者保护的政策、财产权利、经济效率和普遍正义的概念构成了商标法的基础。”[⑤]

---

① 杜颖. 商标法律制度的失衡及其理性回归. 中国法学，2015（3）；邓宏光. 论商标法的价值定位——兼论我国《商标法》第1条的修改. 法学论坛，2007（6）；等等。

② 王太平. 论商标法中消费者的地位. 知识产权，2011（5）.

③ 李明德. 美国知识产权法. 北京：法律出版社，2003：347.

④ Steven Wilf, Who authors trademarks? *17 Cardozo Arts & Ent. L. J. 1*, 33（1999）.

⑤ J. Thomas McCarthy, *McCarthy on Trademarks and Unfair Competition*, Fifth Edition March 2020 Update, §2：3.

美国参议院专利委员会曾这样描述商标法：一方面，“保护社会公众，使他们能自信地购买商品，并确信能买到他们询问的和想要的物品”。另一方面，保护商标权人“在向公众提供商品时精力、时间和金钱的投入，避免被通过盗用和欺骗的方式侵吞”①。具体而言，商标权人之所以在商标之上投入资金和精力，就是为了在市场竞争中赢得优势，获得消费者的青睐。而要使消费者能够在市场之中选择商标权人的商品，让商标权人的投资获得回报，就需要确保商标标示来源功能的正常发挥，使市场之上不同的商标能够相互区分，让消费者能够准确地找到商标权人的商品。一旦消费者在市场中发生了混淆，对商品的来源或关联关系发生了错误的判断，消费者就会基于这种错误的认识作出不正确的购物决策。不仅消费者会受到损失，商标权人的利益也会受到损害。反之，当消费者能够正常地识别不同商品的来源，消费者就能准确地获得他们想要的商品，商标权人的投资就会获得预期的回报。其情形正如兰德斯和波斯纳教授所言：“一旦商誉被创造出来，公司就会获得更多的利润，因为重复购买的消费者和口耳相传（word-of-mouth）的偏好会增加销售。消费者也愿意付出更高的价格以节约搜寻成本，确保一贯的质量。”② 可见，在通常情况下，商标权人和消费者的利益是一致的。商标权人和消费者都希望商标标示来源的功能能够正常发挥，市场上的商标能够相互区分。

但是，商标所有人利益和消费者利益并不总是一致的。当商标所有人将商标商品质量定位从高档转向低档时消费者利益有可能受损。那么，此时究竟是否允许商标所有人自主决策将商标商品质量定位从高档转向低档呢？这显然与商标法的立法目的有关，如果坚持消费者利益为商标法的首要的立法目的，那么商标所有人就不得随意改变商品质量。但这显然是荒谬的，不符合市场经济的常识。同时，商标法上的有些制度或者做法更倾向于生产者而非消费者的利益，比如商标共有、有些国家商标法在商标注册环节采用不主动审查在先冲突商标制度、不加任何限制的商标自由转让制度、商标先用权导致的商标共存现象等制度或做法。因此，消费者利益保护并非商标法的首要的立法目的。当然，在不与生产者利益相冲突的情况下，商标法应该尽可能保护消费者利益。消费者利益保护虽非商标法的首要的立法目的，但也可以是商标法的重要的立法目的。

二、商标法的两种基本观念与商标法的构造

商标法有两种基本观念，即通信观念与商标符号利益分配观念。这两种基本观念共同决定了商标法的基本构造。

（一）商标法的两种基本观念：通信观念和商标符号利益分配观念

商标法的通信观念源于商标权的客体——商标——的通信本质。由于商标是一种消除信息不对称的工具，是厂商与消费者之间进行通信的通信工具，商标权本质上就是一种针对商标这种通信工具的权利。不管是商标权取得制度还是商标权保护制度，其主要目的均是维护商标这种通信工具的正常通信的功能，这种通信功能的衡量标准就是商标标志与商

---

① S. Rep. No. 79 - 1333, at 3 (1946). Michael Grynberg, Trademark Litigation as Consumer Conflict, 83. *N. Y. U. L. REV.* 60, 64 (2008).

② William M. Landes & Richard A. Posner, *The Economic Structure of Intellectual Property Law*, Boston: Harvard University Press, 2003, 168.

标标志所使用的商品之间的唯一指代关系。就商标权取得制度来说，其主要目的是为促进商标标志与商标标志所使用的商品之间形成唯一指代关系创造有利条件。以商标显著性条件为例，具有固有显著性的商标因与商标所使用的商品或服务无关，从而商标标志容易与商标标志所使用的商品之间形成唯一的指代关系，可以直接注册；不具有固有显著性的商标因与商标所使用的商品或服务有直接关系，即直接描述商品的特征，从而商标标志不容易与商标标志所使用的商品之间形成唯一的指代关系，不能直接注册，而是必须在通过使用具有获得显著性，即必须与商标标志所使用的商品之间形成实际的唯一指代关系后才能够注册。因此可以说，商标显著性制度的主要目的就是为促进商标标志与商标标志所使用的商品之间形成唯一指代关系而创造有利条件。商标权取得的其他条件如合法性条件、非功能性条件、非冲突性条件的主要目的在很大程度上同样是为促进商标标志与商标标志所使用的商品之间形成唯一指代关系创造有利条件。就商标权保护制度来说，商标侵权的判断标准是商标权保护制度的核心。从世界各国或地区的商标法来看，商标侵权的判断标准基本上可以概括为混淆可能性，而混淆可能性标准的根本原因则可以归结为制止混淆性商标使用，促进厂商与消费者之间的有效通信。[①] 也就是说，商标权保护制度的主要目的同样是维护商标这种通信工具的正常通信的功能。

商标法的符号利益分配观念则主要来自商标符号的多重意义。商标主要是一种商业符号，其能指是商标标志，其所指是商标标志所蕴含的商品或服务的信息。然而，商标又不是纯粹的商业符号，商标标志除了指向商品或服务的信息而构成商标之外，有时还会指向社会文化中的事物，和社会文化有着紧密的联系。任意词、暗示性词和描述性词组成的商标符号必定是多义的，不仅指向某种商品或服务，而且还可以指向商品或服务之外的其他事物。比如"苹果"电脑、"苹果"手机中的"苹果"就是一种任意词商标。"苹果"本是一种水果，因苹果公司将其使用在电脑、手机上，从而"苹果"符号就具有了"苹果"电脑、"苹果"手机等意义。即便是臆造词商标，有些商标经过使用也渐渐地具有了识别商品或服务的商标意义之外的新意义，从而成为多义的。比如"Google"是谷歌公司的搜索服务的商标，它在日常语言中并不存在，最初仅仅代表谷歌公司提供的搜索服务，但随着人们的使用，"google"现在还具有"在网上搜寻信息，尤其是使用谷歌搜索引擎；在网上搜索与新女友或潜在男友有关的信息"的意思，从而具有了动词意义。商标标志和不同意义结合形成了不同的符号，只有商标标志和商标意义（即商品或服务的信息）结合才能构成商标，商标标志和其他意义结合并不构成商标。但是，由于标志的重合，这些不同的符号紧密地结合在了一起，形成了一种一个标志指向多个意义的复杂的符号现象。这些标志相同而意义不同的符号是不同社会主体进行信息交流时所必需的，能否利用以及如何利用这些符号进行信息交流严重地影响着这些社会主体各自的利益。于是，与商标符号有关的主体围绕着具有多重意义的商标符号形成了复杂的利益关系，包括商标通信在内的通信，即"传播的有效性要求一个能指只能与一个所指对应，相反，一个所指只能与一个能指对应，同时要求每个所指只能由一个能指来表达"[②]。然而，商标符号的多义性意味着商

---

① 王太平. 商标侵权的判断标准：相似性与混淆可能性之关系. 法学研究，2014 (6).

② 皮埃尔·吉罗. 符号学概论. 怀宇，译. 成都：四川人民出版社，1988：31.

标标志却并不是只指向一个所指，而是会指向两个或两个以上的所指。在这种情况下，商标法要促进和维护商标的通信本质和通信功能就必须进行商标符号利益的法律分配，即应该将商标符号的商标意义及其某些方面明确归属于商标所有人，而将商标符号的非商标意义和商标符号的商标意义的某些方面明确归属于社会公众，从而既促进和维护商标的通信本质和通信功能，又维护社会公众使用商标符号的正当权益。

(二) 两种基本观念下商标法的构造

商标法的通信观念和商标符号利益分配观念共同决定或者反映了商标法的整体构造。因为商标的本质决定了通信是商标法的主要目的，但因商标符号利益分配是运用商标进行通信的前提，商标法不得不首先进行商标符号利益的分配，然后才能在商标符号利益分配的基础上维护商标的通信。

商标法的两种基本观念下的商标法的构造大体可以下图表达出来：

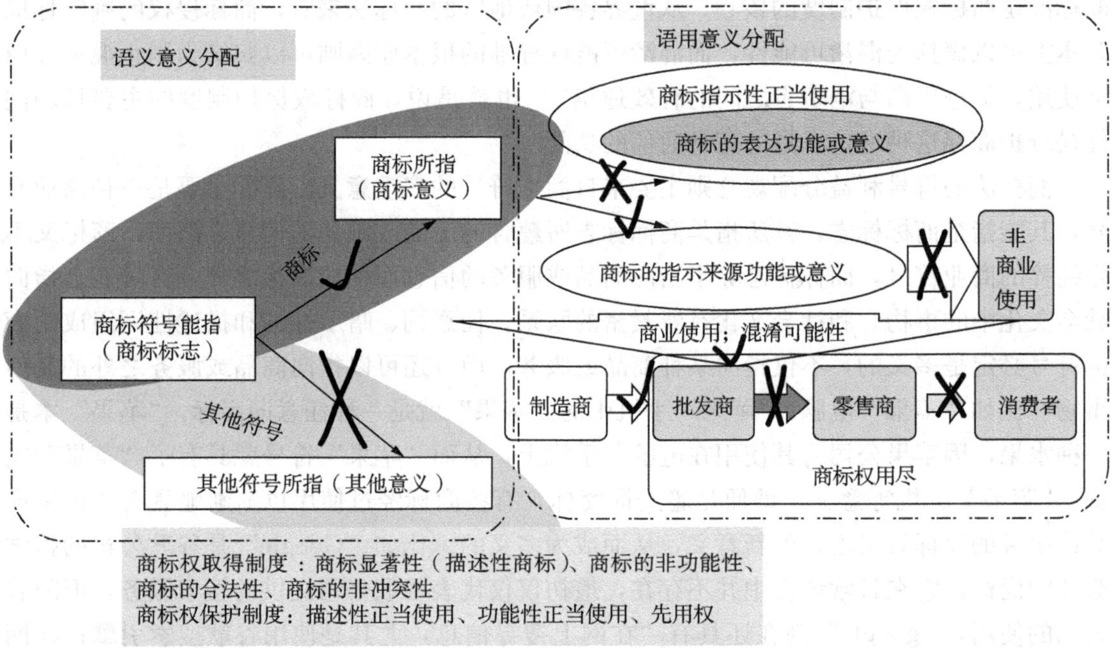

上图简要说明如下：“√”部分是商标权效力所及的范围，而“×”部分是商标权效力所不及的范围。商标符号利益分配分两个层次：第一层次是就商标符号的抽象的“词典意义”的语义意义的分配，即上图左边虚线圈的内容。其中商标标志和商标意义的结合构成商标，落入商标权的效力范围，而商标标志和其他意义的结合则构成其他符号，不落入商标权的效力范围。这里涉及的商标法的制度主要包括两个方面：一是商标权取得制度中的商标权的实体条件，如商标的显著性、合法性、非功能性和非冲突性，商标权取得的这些实体条件预先将商标符号的商标意义（包括潜在的商标意义）分配给商标所有人，而把商标符号的其他意义归属于社会公众或相互冲突的相关权利人；二是商标权保护制度中的商标侵权抗辩制度，主要包括描述性正当使用、功能性正当使用、商标先用权制度，这些制度事后将商标符号的其他意义归属于社会公众或相互冲突的相关权利人。第二个层次是商标符号的抽象的商标意义的进一步的语用意义的分配，即上图右边虚线圈的内容，这里的商标符号利益分配是在将商标符号的商标意义分配给商标所有人的基础上在具体语境下对商标权的限制，即将商标符号的商标意义的某些层面置于商标权效力范围之外。这里涉及的商标法的主要制度包括三个方面：一是将商标符号的商标意义的表达性方面置于商标权效力范围之外的指示性正当使用制度；二是将非商业使用行为置于商标权效力之外的商标侵权的商业性或商标使用条件制度；三是将商标符号的商标意义限于首次销售的商标权用尽制度。商标法对商标符号利益的分配明确了商标权的界限，商标所有人就可以在商标权的范围之内充分利用自己的商标，维持商标的存续，实现商标的利益。

三、商标法与其他知识产权法的关系

尽管商标法被认为是知识产权法的组成部分，但由于商标与作品、发明的不同，商标法和著作权法、专利法在立法目的及其实现机制以及制度构造上均具有非常大的差异。

（一）商标与作品、发明的不同

作品和发明均属智力成果，具有创造性，而商标属于工商业标志，不具有创造性。除少数开拓性发明之外，发明创造多是对已有技术的改进，不仅以已有技术为基础，且常常沿着已有技术原有的发展方向向前发展。文学艺术作品一般并不直接依赖于先前作品，但其发展也体现出一种潮流式的发展，一定历史时期的文学艺术创作总是体现出该历史时期的整体特征与风貌。因此，作品和发明均具有历史继承性和路径依赖性的特征。商标不具有创造性，不是创造出来的，而是通过商标使用形成的。因此，商标不仅不具有历史继承性和路径依赖性，恰恰相反，商标必须要远离其他标志才能发挥其识别功能。

此外，一旦创造完成，作品和发明的创造性投入便告终止，也就是说，作品和发明的投入是一次性的。作品和发明完成之时即是创造性劳动结束之时，作品和发明一旦作出就不会消灭，它们只存在生产问题，而不存在维持的问题。商标则不同，它是动态的，有一个形成、演变和消亡的过程。仅仅选定或者注册并不意味着商标的形成，而只是商标投入的开始。商标形成之后也仍然需要不断地通过经销商品、广告营销等经营活动维持存在，贵为世界品牌100强前列的“苹果”“麦当劳”“腾讯”“阿里巴巴”等强势品牌也仍然不断地在进行着广告营销活动。也就是说，商标的投入不是一次性的，而是一种“终生”事业，商标存在一天，投入就要进行一天，经营活动停止之时就是商标消亡之时。概言之，商标的投入就是商标使用。

和作品、发明等智力成果直接包含于每一件产品之中而固定不变不同，商标既包含于单件商标商品之中，又“凌驾”于单件商标商品之上，且处于不断变动之中。因为商标是消费者对全部商标商品的主观认知的“平均值”，这种认知会随着商标商品的信息的变化而不断变化。因此，作品、发明等智力成果只存在生产问题，而不存在维持问题。而商标则不仅存在着生产问题，而且在形成之后还存在着维持的问题。

（二）商标法和著作权法、专利法的立法目的的实现模式不同

尽管商标法、专利法和著作权法均属于知识产权法的组成部分，均为解决市场失灵而创立，但因权利客体不同而各自面对的市场失灵问题不同，它们解决市场失灵问题的方法和作用机制有着相当大的差异。专利权和著作权的客体分别是发明创造、作品等智力成果，专利法和著作权法面对的是具有正外部性的智力成果供给不足的市场失灵问题，它们

解决市场失灵问题的方法是授予智力成果（作品和发明）有限期限的市场独占以创造商品的人为稀缺，从而权利人有能力将商品价格提高到边际成本之上，通过获得超额利润而收回创造投资，最终在一定程度上解决了无体的发明创造和作品供给不足的市场失灵问题。商标权的客体是商标这种识别性工商业标记，商标法面对的则是信息不对称，而不是供给不足的市场失灵问题。因此，商标法并没有直接人为地创造商品的独占性和稀缺性，而是为企业提供了一种消除信息不对称的信息沟通渠道和工具，以便消费者能够识别源自企业的商品，将企业的商品与竞争者的商品区分开来，并将想要传达给消费者的商品信息传递给消费者，从而使得消费者能够以最小的搜寻成本来选择满足其需求的商品。商标就是商标法提供的消除信息不对称的信息沟通渠道和工具，商标保护并不会导致对某种商品本身的独占，而只是对商品上使用的商标的独占，因此，“商标并不在生产层面上限制竞争，而是被设计为一种使什么成为可能的工具”①，“商标法的基本目的不是保护隐含于这种商标中的成果，而仅仅是寻求将源于商品或服务的市场成功的需求导引至提供商品或服务的个人或公司，这一事实解释了为什么与专利、著作权或设计法不同，商标保护不是面向客体的，而是面向功能的，涉及的是识别和保证商业来源真实性的功能”②。

（三）商标法和著作权法、专利法制度构造的不同

正是由于商标不同于作品、发明的特点以及商标法和著作权法、专利法的立法目的实现模式的不同，商标法的制度构造具有特殊性，即商标法是商标功能导向的。由于商标显著性是商标功能的内在基础和基本条件，商标功能导向的整个商标制度的运转不仅是以商标显著性为基础和前提的，在很大程度上也是为了维护商标显著性而存在的。专利法、著作权法在发明、作品符合法定条件而授予相应权利之后的主要任务就是合理确定发明和作品的独占性，既保障权利人的利益又促进作品和发明的利用，以维持权利人、权利利用人和社会公众之间的利益平衡。发明创造和作品是不灭的，因此专利法、著作权法在授予相应权利之后不需要采取措施来维持发明创造和作品的存续。商标法在商标符合法定条件而授予商标权之后的任务则要复杂得多，不仅需要合理确定商标的独占性，以维持商标权人、竞争者、消费者和社会公众之间的利益平衡，同时还需要通过特有的制度安排维持商标显著性的存续。

在权利的限制和维持方面，在作品和发明符合条件而授予相应权利之后，著作权法和专利法的主要制度安排是既通过授予独占权而维护权利人的合法权益，也运用合理使用、法定许可、强制许可等制度来对著作权、专利权进行适当限制，以促进作品和发明的传播运用和进一步的创造；商标法则不同，在商标符合条件而授予商标权之后，尽管商标法也创设了指示性正当使用、商标权用尽等限制商标权的制度，但和法定许可、强制许可不同，这些制度的主要目的并不是促进商标的使用，而仅仅是特定情况下允许他人使用商标，合理照顾他人利益。不仅如此，由于商标的动态性和持续投入的特点，商标法还创设了一些特有的制度以维持商标的显著性。如《商标法》第 43 条第 1 款在允许商标注册人

---

① Annette Kur & Martin Senftleben, *European Trade Mark Law: A Commentary*, Oxford: Oxford University Press, 2017, §1.1, para1.01.

② Annette Kur & Martin Senftleben, *European Trade Mark Law: A Commentary*, Oxford: Oxford University Press, 2017, §1.1, para1.03.

通过商标使用许可利用商标的同时规定了商标许可人的质量控制义务。在有些国家如美国，当商标所有人不履行质量控制义务时，商标权可能因此而丧失。[①] 而当商标因使用不当而通用化之后，可以被撤销或者宣告无效。这些规定在专利法和著作权法中均是不存在的。

在权利保护方面，商标权的排他效力不仅扩大到近似商标和类似商品，甚至还可能跨越商品类别，而专利和著作权侵权基本上仅仅是对受保护的作品和发明创造本身的保护，禁止权的范围和使用权的范围大体一致。[②] 商标权的排他效力之所以需要这种扩大，其根本目的不仅在于阻止他人非法利用商标商誉，更在于对商标显著性的维护。因为混淆的结果是相互冲突的商标之间的界限的模糊，消费者会把对侵权商标的不好认识混淆到受保护的商标上，导致对受保护的商标的不良评价，损害了其显著性。而众所周知，驰名商标的反淡化保护本质上就是对驰名商标的显著性的保护。在商标侵权救济制度上，商标侵权的消除影响责任的主要目的正是维护商标的显著性。著作权法因涉及著作权人的人身权利，适用消除影响的民事责任自无疑问，因不涉及人身权利，商标法和专利法原本不需要运用消除影响救济权利人的人身权利。但和专利法不同的是，商标侵权救济却仍有适用消除影响的余地[③]，其根本原因是商标侵权可能会淡化或者损害商标的显著性，需要通过消除影响来消除侵权行为对商标显著性产生的不良影响，而专利侵权则不会对专利本身有不良影响，无须消除影响。

四、商标法的历史沿革

（一）商标法的产生与发展

和商标产生于商品经济得到一定发展之时类似，商标保护必定滥觞于商品经济的发达。因此，如果说专利和著作权制度对欧洲资产阶级工业革命具有推动作用的话，那么，商标保护则是工业革命后商品经济得到一定发展的结果。因此，在世界上产生了第一个专利法——1624 年英国《垄断法》——之后接近 200 年的 1803 年，法国才将假冒商标的行为列为私自伪造文件罪在《关于工厂、制造场和作坊的法律》中加以规定，而在又经过了半个多世纪的 1857 年，法国才制定了《关于以使用原则和不审查原则为内容的制造标记和商标的法律》，首次确立了全面注册的商标保护制度，而此时法国工业革命基本上已臻完成。继法国之后，美国、德国、日本等国纷纷制定了自己的商标法，现在世界上大多数国家都制定有商标法。

在产生之后，商标法一直在随着商标的发展演变而发展，商标保护对象日益拓宽，非传统商标渐次被承认，商标权的范围日益扩张，商标保护日益完善，商标权取得制度得以重塑，日渐合理。本书认为，在商标法的发展中，最为突出的有以下两点。

一是商标权取得制度的重塑。无论是判例法的英美，还是制定法的法国、德国等大陆

---

① First Interstate Bancorp v. Stenquist, 16 U. S. P. Q. 2d 1704, 1706, 1990 WL 300321 (N. D. Cal. 1990); Barcamerica Int'l USA, *289 F. 3d.* 596 (2002).

② 当然，著作权法和专利法的禁止权的范围也略微大于专用权的范围，比如著作权侵权会扩大到实质性相似的范围，而专利权则会扩大到等同的范围。

③ 最高人民法院《关于审理商标民事纠纷案件适用法律若干问题的解释》(2002) 第 21 条。

法系国家，在商标法产生之初，其商标权取得体制均为使用取得，即便是首次确立全面注册的商标保护制度的法国商标法也是如此。而鉴于使用取得体制的缺陷，世界各国商标法纷纷从使用取得体制转向注册取得体制，典型者如1905年英国商标法和1964年法国商标法均从使用取得体制转向注册取得体制。至今，只有美国、德国等少数国家规定仅仅通过使用可以取得商标权，在大多数国家或地区，要取得商标权，必须通过注册。

二是驰名商标制度的建立。1911年法国就在《保护工业产权巴黎公约》（以下简称《巴黎公约》）华盛顿修订会议上提出未注册驰名商标的保护问题，1925年《巴黎公约》海牙修订文本将未注册驰名商标纳入其中，直至1958年《巴黎公约》里斯本修订版本确立了未注册驰名商标的注册豁免制度，商标地域性原则得到一定程度的突破。20世纪20年代德国法院的驰名商标反淡化实践和美国学者Frank I. Schechter的经典淡化理论开创了驰名商标跨类反淡化保护的先河，此后美国和欧盟分别在其商标法中规定了驰名商标反淡化保护制度，1994年《TRIPS协定》第一次将驰名商标反淡化保护制度规定于知识产权国际公约。如果说，《巴黎公约》的未注册驰名商标制度在一定意义上突破了商标保护的地域性原则的话，《TRIPS协定》的驰名商标反淡化制度则突破了商标保护的专业性原则，至此，商标法的基本面貌发生了根本性的变化。

在商标国际保护制度方面，随着国际贸易的兴起，商标保护成为国家之间贸易合作的重要问题。至19世纪，当工业产品的贸易大规模增长时，许多国家渐渐开始不满意国外提供的不确定、不充分的工业产权保护，于是这些国家纷纷在双边条约中规定专利和商标的保护问题，商标的国际保护开始以双边条约的形式出现，仅仅在1883年，至少就有69个包括商业协定、领事协定、宣言和特殊安排在内的双边条约。到19世纪晚期，工业产权领域以双边条约的形式形成了一个工业产权国际保护的双边条约网络。① 由于双边条约对工业产权的保护的不稳定、不全面，1883年，11个国家在巴黎签署了《巴黎公约》，标志着商标国际保护被纳入多边工业产权国际保护的范围，商标国际保护滥觞。随后，1891年的《商标国际注册马德里协定》（以下简称《马德里协定》）建立了商标国际注册制度，商标国际保护逐渐具备了实施机制。1994年4月15日，《建立世界贸易组织的马拉喀什协议》签署，决定成立世界贸易组织，《与贸易有关的知识产权协定》同时通过。1995年1月1日，《建立世界贸易组织的马拉喀什协议》生效，世界贸易组织正式成立，知识产权国际保护制度被安上了世界贸易组织争端解决的“牙齿”，标志着商标国际保护的深化。

（二）我国的商标法的历程

和我国大量移植西方法律的大背景相适应，我国商标立法也是清末民初开始的。1904年，清王朝颁布了我国历史上第一部商标法规——《商标注册试办章程》及其细则。该章程共28条，细则共23条，章程包含了现代商标立法中的一些基础内容，如实行注册原则与申请在先原则等。清王朝灭亡后，北洋政府于1923年颁布《商标法》和《商标法实施细则》。1927年成立的国民政府先是沿用北洋政府的《商标法》，到1930年颁布了自己的《商标法》，于1931年1月1日起实施，其在中国大陆的效力直到1949年才终止。

---

① Peter K. Yu, Currents and Crosscurrents in the International Intellectual Property Regime, 38 *Loy.L. A. L. Rev.* 343-348 (2004).

新中国成立后，1950 年 7 月，政务院发布了《商标注册暂行条例》，同年 9 月，政务院财政经济委员会发布了《商标注册暂行条例实施细则》。该条例明确提出了保护商标专用权，并对商标的取得制度、使用及期限等基本问题作出了规定。随着社会主义改造的完成，国务院于 1963 年制定《商标管理条例》，条例采用强制注册原则，体现了计划经济的管理色彩。此后，我国的商标立法基本停滞，直到党的十一届三中全会之后，我国商标法才开始得到逐步恢复和发展。1982 年 8 月 23 日，第五届全国人大常委会第 24 次会议通过了《商标法》，该法于次年 3 月 1 日起施行。1983 年 3 月 10 日国务院发布了《商标法实施细则》。《商标法》的发布与实施，对我国社会主义的建设起到了积极的促进作用。1993 年 2 月 22 日，第七届全国人大常委会第三十次会议通过了《关于修改〈中华人民共和国商标法〉的决定》，本次修改的主要原因是我国先后加入《巴黎公约》和《马德里协定》，目的是进一步完善我国的商标制度，并与国际上通行做法相衔接。本次修改的主要内容有：将服务商标纳入商标法的保护范围，明确县级以上行政区划的地名或者公众知晓的外国地名不得作为商标，规定了对违反禁用条款或者以欺骗的手段取得注册的商标由商标局依职权撤销等。2001 年，为适应社会主义市场经济建设及加入世界贸易组织的需要，我国对《商标法》进行了第二次修正，不仅为适应加入世界贸易组织的要求，也为适应我国社会经济发展的新需要。本次修改的主要内容有：增加了集体商标、证明商标和地理标志保护的规定，增加了商标的构成要素，增加了驰名商标保护、被代理人与被代表人商标保护的规定，开始区分商标注册的绝对条件和相对条件，规定了商标裁决的司法审查等。2013 年，《商标法》进行了第三次修正，本次修正可以说完全是基于我国内在需要而对商标法进行的修改。本次修改的主要内容包括：明确规定了诚实信用原则，进一步拓宽了商标的构成要素，驰名商标认定和使用规定进一步规范化，彻底实现了从异议到无效宣告、从实体到程序的商标注册的绝对条件和相对条件的区分，明确在商标侵权判断标准中引入混淆可能性标准，提高了商标侵权的法定赔偿额上限等。2019 年，针对商标囤积和恶意抢注，《商标法》进行了第四次修正，系统规定了对不以使用为目的的恶意商标注册申请的规制措施并提高了商标侵权的法定赔偿额的上限等。

【本章思考题】

1. 商标的概念是什么？商标在市场中能够发挥哪些功能？如何理解商标的这些功能？

2. 商标法的立法目的是什么？在商标法的立法目的之中，应如何理解“商标所有人的利益”“消费者的利益”“市场公平竞争秩序”这三者之间的关系？

3. 商标分为哪几种不同的类型？集体商标和证明商标的区别是什么？

4. 商标法与著作权法、专利法相比有哪些不同之处？

5. 舟山水产协会为“舟山带鱼 ZHOUSHANDAIYU 及图”证明商标的注册人，核定使用商品类别为第 29 类带鱼、带鱼片。甲公司在未经许可的情况下，在其生产的带鱼产品的外包装上标注了“舟山精选带鱼段”的字样。舟山水产协会认为这种行为侵犯了其商标权。请问甲公司的这种行为是否涉嫌商标权侵权？为什么？

【经典参考文献】

1. 刘春田. 商标与商标权辨析. 知识产权，1998 (1).

2. 刘春田. 民法原则与商标立法. 知识产权，2010 (1).

3. 彭学龙. 商标法基本范畴的符号学分析. 法学研究，2007 (1).

4. 王太平. 商标概念的符号学分析——兼论商标权和商标侵权的实质. 湘潭大学学报，2007 (3).

5. 杜颖. 商标法律制度的失衡及其理性回归. 中国法学，2015 (3).

6. Andrew Griffiths，An Economic Perspective on Trade Mark Law，Edward Elgar，2011.

7. Beebe，Barton，Semiotic Analysis of Trademark Law，51 UCLA L. Rev.，621 (2004).

8. Jacoby，Jacob，Psychological Foundations of Trademark Law：Secondary Meaning，Genericism，Fame，Confusion and Dilution，91 TMR，1013 (2001).

9. Brown，Ralph S. Jr.，Advertising and the Public Interest：Legal Protection of Trade Symbols，57 Yale L. J.，(1948).

第二章 商标的实质条件

本章导言

在商标权的取得上，我国采取的是注册取得商标权模式。一个标志只有通过商标局的注册程序，获准注册之后，才享有注册商标专用权。因此，明确我国商标法上商标的实质条件尤为重要。商标的条件是指符合商标注册或者保护所必需的全部条件，通常包括实质条件和形式条件，前者是指商标注册或者保护的实体条件，后者是指商标注册或者保护的程序条件。商标要获得注册或者保护通常必须既符合实质条件，又符合形式条件，缺乏任何条件均可能导致商标不能注册或者不能受到保护。本章将讨论商标的实质条件，包括商标的法定构成要素、商标的显著性、商标的合法性、商标的非功能性和商标的非冲突性。

第一节 商标的实质条件[①]概述

商标的实质条件是商标权取得制度中最重要的内容，它不仅决定了商标保护的范围，而且决定了商标权的强度，还影响着相关权益人的利益。

一、商标的实质条件的具体内容

我国现行《商标法》第8条至第14条规定了商标的实质条件，概括起来，这些条件包括：商标标志必须属于法定要素，商标必须具有合法性，商标必须具有显著性，立体商标必须具有非功能性，商标不得侵犯他人在先权利（益）。其中他人在先权利（益）的范围非常宽泛，除了《商标法》特别明确规定的他人的驰名商标、被代理人/被代表人商标、地理标志、他人在先使用并有一定影响的商标之外，知识产权法上的他人的在先著作权、在先外观

① 本章标题使用“商标的实质条件”意在表明本章内容不仅适用于注册商标，也适用于未注册商标。因此，本章在具体用词上并不严格区分“商标的实质条件”和“注册商标的实质条件”。然而，由于商标的实质条件主要规定于《商标法》，而《商标法》规定的主要是注册商标的实质条件，因此，本章更多使用“注册商标”或“商标注册”的表述，尤其是在直接引述《商标法》相关内容时。

设计权等以及民法上的他人的在先姓名权、肖像权等标表型人格权均属于他人的在先权利。

根据不同的标准，商标的实质条件通常又被区分为积极条件与消极条件、绝对条件与相对条件，本书采用后一种区分标准。我国1982年和1993年《商标法》无论在程序上还是在实体上均未区分商标注册的绝对条件与相对条件，2001年《商标法》开始在商标撤销程序中区分商标注册的绝对条件和相对条件，2013年《商标法》则全面确立了商标注册的绝对条件和相对条件区分的格局，尽管相关实体条件的各项规定尚不够体系化，但商标异议和商标无效宣告的程序均严格区分绝对条件和相对条件，违反商标注册的绝对条件和相对条件的操作程序和法律效果截然不同。

二、商标注册的绝对条件与相对条件的区分

根据《商标法》的规定，商标注册的绝对条件和相对条件的法律性质迥异，违反商标注册的绝对条件和相对条件的操作程序和法律效果也截然不同。

（一）商标注册的绝对条件和相对条件的法律性质差异

《商标法》第4条、第10条、第11条、第12条、第19条第4款规定的是商标注册的绝对条件，《商标法》第13条第2款和第3款、第15条、第16条第1款、第30条、第31条、第32条规定的是商标注册的相对条件。从法律条文的内容来看，绝对条件和相对条件涉及的分别是公共利益和他人的私人利益。由于所涉及的利益的性质的不同，商标注册的绝对条件和相对条件具有不同的法律性质。对于商标注册的绝对条件来说，任何人均可以因他人违反商标注册的绝对条件而采取行动，但任何人或者机关均不能随意处分商标注册的绝对条件，违反绝对条件的无效状态完全不受时间经过的影响。对于商标注册的相对条件来说，由于只涉及私人利益，只有相关的权利（益）人才能够因他人违反商标注册的相对条件而采取行动，权利（益）人可以处分商标注册的相对条件，违反相对条件的无效状态在一定条件下可以因时间的经过而“治愈”[①]。

（二）违反商标注册的绝对条件和相对条件的操作程序

正是由于法律性质的不同，违反商标注册的绝对条件和相对条件的法律程序是不同的。

1. 异议和无效宣告的主体。根据《商标法》第33条、第44条和第45条的规定，违反商标注册的绝对条件的，任何人在异议期内均可以向商标局提出异议，任何人均可以请求商标评审委员会宣告已经注册的商标无效。而违反商标注册的相对条件的，只有在先权利人、利害关系人在异议期内可以向商标局提出异议，可以请求商标评审委员会宣告已经注册的商标无效。

2. 商标局可否依职权采取行动。根据《商标法》第30条、第44条和第45条的规定，违反商标注册的绝对条件的，商标局可以依职权审查，对于违反商标注册的绝对条件的商标注册申请，驳回申请，不予公告，对于违反商标注册的绝对条件的注册商标，商标局可

---

① 例如，《商标法》第45条规定了宣告注册商标无效的5年期间，除恶意抢注驰名商标之外，超过商标注册之日起5年的，在先权利人或者利害关系人不再能够请求商标评审委员会宣告该注册商标无效。可以说，5年的除斥期间“治愈”了注册商标违反相对条件的无效状态。

以径行宣告该注册商标无效，而对于违反商标注册的相对条件的，商标局不可以依职权审查而驳回商标注册申请或者宣告已经注册的商标无效。①

3. 争议审理的具体程序和期限。违反商标注册的绝对条件时，商标局可以主动依职权审查并直接宣告该注册商标无效，商标法为被宣告无效的注册商标的注册人提供了由商标评审委员会进行的复审程序，而违反商标注册的相对条件时商标局不能主动依职权审查，因此，是没有主动无效宣告程序的。同时，即便均是由任何人或者在先权利人、利害关系人向商标评审委员会提起的无效宣告程序，商标评审委员会审理违反商标注册的绝对条件和相对条件的期限也是不同的，前者为 9 个月，而后者则为 12 个月。

(三) 违反商标注册的绝对条件和相对条件的法律效果

根据《商标法》第 44 条和第 45 条的规定，违反商标注册的绝对条件的，无论商标注册过了多长时间，商标局都可以依职权予以宣告无效，任何人均可以请求商标评审委员会予以无效宣告，而违反商标注册的相对条件的，除恶意复制、模仿、翻译驰名商标之外，在先权利人、利害关系人只能在商标注册之日起 5 年之内请求商标评审委员会宣告该注册商标无效，超过 5 年的，该注册商标将无法被宣告无效。

第二节　商标的法定构成要素

商标是一种符号，它不仅是由能指和所指构成的，而且是能指与所指的统一体。商标的能指就是商标标志，商标的所指就是商标标志所代表的商品信息，商标就是商标标志与商标标志所代表的商品信息的统一体。在商标的能指与所指中，尽管商标所指是更实质性的，因为消费者所看重的是商标所代表的商品的质量等信息，但商标能指也不能被忽视，甚至是更重要的，因为没有能指，所指就失去了依归，就无法存在，商标的功能也无法发挥。商标的构成要素实质上就是指商标能指的构成要素，它在很大程度上取决于消费者的感知觉，取决于消费者感觉器官的感知能力。只有那些能够为消费者所感知的事物才能够成为商标的构成要素，那些不能为消费者所感知的事物是不可能成为商标的构成要素的。反过来说，只要能够为消费者所感知，任何事物都具有成为商标能指的潜力。尽管如此，不仅人类感知觉的差异导致人类对不同类型的标志的感受不同，而且商标审查会受到技术的制约，商标法通常会对可以注册为商标的构成要素进行适当限制。

一、商标法定构成要素的法律规定及其心理学依据

《TRIPS 协定》第 15 条第 1 款规定："任何能够将一企业的商品或服务与其他企业的商

① 《商标法》第 30 条仅仅笼统地表述为"不符合本法有关规定"，至于这里的"不符合本法有关规定"究竟是仅仅包括绝对条件还是既包括绝对条件也包括相对条件，《商标法》并未明确。不过，从《商标审查及审理标准》和商标实践来看，这里的"不符合本法有关规定"显然仅仅包括绝对条件。因为《商标审查及审理标准》上编既然是"商标审查标准"，那上编就是商标局在审查商标时适用的，而下编既然是"商标审理标准"，那下编就是商标评审委员会在审理商标案件时适用的。由于上编"商标审查标准"中并无商标注册的相对条件，商标局在商标审查时显然是无法审查相对条件的。实践中，商标局通常也不审查相对条件。

品或服务区分开的标记或标记组合，均应能够构成商标。这类标记，尤其是文字（包括人名）字母、数字、图形要素、色彩的组合，以及上述内容的任何组合，均应能够作为商标获得注册。即使有的标记本来不能区分有关商品或服务，成员亦可依据其经过使用而获得的识别性，确认其可否注册。成员可要求把‘标记应系视觉可感知’作为注册条件。”《TRIPS 协定》的这种规定是科学的，既照顾了商标实践的客观状况，即实践中大多数商标均为可视性标志，同时也兼顾了那些保护更为全面的国家的商标立法，即使那些非可视性但却能够为消费者所感知的标志也可以成为商标，尽管实践中非可视性标志作为商标标志的情况比较少见。①

《TRIPS 协定》的这种规定是有其心理学依据的，商标要发挥作用首先要能让消费者感知到，感觉器官是外界进入人类意识的唯一通道，而人的感觉器官的感受性是有限的，不同的感觉的灵敏度是不同的，具有不同的差别阈限，对于视觉这个比例大约是 1/100，对于触觉这个比例是 1/30，对于听觉这个比例是 1/10。② 之所以实践中的商标中可视性标志占据了绝大多数，是因为消费者的视觉器官是最发达的，运用视觉能够感知的标志最容易使消费者感知到，最有助于识别商品或服务，发挥商标的功能。不仅如此，长期的社会实践使人类发展出了最为发达的以视觉为基础的语言符号系统，使得以视觉为基础的标志数量最为丰富，更便于人们选择商标标志。但是由于感觉器官的适应现象与训练的影响，某些感觉缺陷的存在可能导致其他感觉器官感受的敏感性，这又使得可视性标志之外的标志对于那些丧失了视觉的特殊消费者具有特殊的价值，也对非可视性标志成为商标提出了要求，提供了依据。

正因如此，有些国家的商标法明确将商标的法定要素限制为可视性标志，而有些国家则允许非可视性标志成为商标，前者如我国 2001 年《商标法》第 8 条的规定③，后者如《欧盟商标条例》第 4 条、法国《知识产权法典》第 711－1 条④和我国 2013 年《商标法》第 8 条⑤的规定。从心理学依据和商标实践来看，这两种做法均有其道理，并无优劣之分。

---

① 以承认非传统商标法律保护的美国为例，美国专利商标局的商标申请统计显示，在 1995 年 3 月的 Qualitex 案之前（1946 年《兰哈姆法》之后）美国只有 93 件非传统商标申请，平均每年不过只有 1.93 件非传统商标申请。在 Qualitex 案明确非传统商标保护之后，自 1995 年至 2009 年的 14 年总共出现了 688 件非传统商标申请，尽管数量大大增加，但每年也不过只有 49 件而已，相对于年均 40 万件的商标申请总量，非传统商标的申请仍然是微不足道的。Kenneth L. Port，On *Nontraditional Trademarks*（*March 3*，*2010*）. *William Mitchell Legal Studies Research* Paper No. 2010 - 05. Available at SSRN：https：//ssrn. com/abstract＝1564230 or http：//dx. doi. org/10. 2139/ssrn. 1564230，last retrieved on July 22，2019.

② 彼得罗夫斯基. 普通心理学. 朱智贤，等译. 北京：人民教育出版社，1981：260 - 269.

③ 该条规定：“任何能够将自然人、法人或者其他组织的商品与他人的商品区别开的可视性标志，包括文字、图形、字母、数字、三维标志和颜色组合，以及上述要素的组合，均可以作为商标申请注册。”

④ 前者规定：“欧盟商标可以由能用书写表示的任何标志，特别是文字，其中包括人名、图案、字母、数字、商品形状或其包装组成，只要这些标志能够将一个企业的商品或服务同其他企业的商品或服务区别开来。”除了“能用书写表示”的条件之外，对可以作为商标标志的标志几乎没有任何限制，这显然是承认非可视性标志的。后者规定：“商标或服务商标指用以区别自然人或法人的商品或服务可用书写描绘的标记。”“尤其可以构成这样的标记是：1）各种形式的文字，如：字、字的搭配、姓氏、地名、假名、数字、缩写词；2）音响标记，如：声音、乐句；3）图形标记，如：图画、标签、戳记、边纹、全息图像、徽标、合成图像；外形，尤其是商品及其包装的外形或表示服务特征的外形；颜色的排列、组合或色调。”更为明确地承认了非可视性标志。

⑤ 该条规定：“任何能够将自然人、法人或者其他组织的商品与他人的商品区别开的标志，包括文字、图形、字母、数字、三维标志、颜色组合和声音等，以及上述要素的组合，均可以作为商标申请注册。”该条明确承认了声音商标，但没有明确承认气味等非传统商标。不过既然该条将 2001 年《商标法》所规定的“可视性”条件删除，可以理解为气味等其他类型的非传统商标理论上能够注册。

当然，商标实践的发展表明，种类越来越多的商标标志被纳入商标的法定构成要素是一种趋势。

二、商标法定构成要素的性质和条件

从商标法定构成要素的本体性质来看，商标的法定要素只是商标的一个组成部分，即商标这种符号的符号形式或者能指，并不是一件完整的商标。同时，商标法定构成要素能够构成商标的标识的范围。商标的法定要素是非常重要的。因为，在符号学上，符号形式相对于符号内容来说具有优先性，常常用来代表符号整体。① 从商标法定构成要素的法律性质来看，商标法定构成要素是商标的实质条件之一。比如，《欧盟商标条例》第 4 条规定了“可构成欧盟商标的标志”，包括可构成商标的标志的类型和标志的条件，第 7 条第 1 款第 a 项规定“不符合第 4 条要求的标志”属于“驳回注册的绝对理由”。这意味着商标法定构成要素属于商标的实质条件之一。当然，需要注意的是，我国《商标法》尽管于第 8 条规定了商标的法定构成要素，但无论是规定商标异议的第 33 条还是宣告已注册商标无效的第 44 条和 45 条，均未将第 8 条即商标的法定构成要素作为异议或无效宣告的理由。

和 1993 年《欧共体商标条例》相比较，2017 年《欧盟商标条例》第 4 条规定“可构成欧盟（或欧共体）商标的标志”的方式有所不同，明确了商标法定构成要素的两个条件，即“能够将某一事业的商品或服务同其他事业的商品或服务区分开来”和“能够在欧盟商标登记册上表示，以使知识产权局和公众能够确定向商标所有人提供的保护的清晰而准确的标的”。前者可以说是商标法定构成要素的实质条件，而后者可以说是商标法定构成要素的技术条件。本书认为，前述《欧盟商标条例》规定的商标构成要素的实质条件中的“能够……区分开来”只能是潜在的，而不必是实际的。因为欧盟商标法和我国商标法一样采用注册取得商标权体制，而在注册之时，商标可能根本没有实际使用，因此不可能实际区分商品或服务，而只能是具有区分商品或服务的潜力。因此，本书认为，商标法定构成要素的条件应该包括两个方面：一是人的可感知性。在符号学看来，符号形式在现实使用中需要靠收讯者的感知，而如果是人，则必然要通过视觉、听觉、嗅觉、味觉、（冷）热感觉、触觉等某种感觉确认“符号形式”的存在。② 而人类不能感知的事物，如超声波、电磁波等，或者人类不能正确感知的事物，如过高的温度、过大的震耳欲聋的声音等，均不能作为商标构成要素。从理论上来说，只要人的感觉器官能够感知的标志都可以成为商标的构成要素，不管是能够为人的何种感觉器官所感知。在人类商标实践的早期，由于商业实践的发展和商标审查技术的发展所限，商标的法定构成要素的范围较窄，商标法定要素的构成条件较为严格。也许正因如此，《TRIPS 协定》规定成员国可以对商标法定要素施加“可视性”的条件。我国 2001 年《商标法》就规定了可以构成商标的标志的“可视性”条件。而随着商业实践的发展和商标审查技术的日渐发达，商标的法定构成要素的构成条件逐渐放宽，许多国家或地区的商标法已经不再有任何限制，以至于商标的法定构成要素可以包括声音标志、气味标志、触觉标志、动态标志、全息图标志等，所谓非传统商标浮出水面。可以说，商标法定构成要素范围的拓宽是商业实践和商标审查技术日益发达

①② 池上嘉彦. 符号学入门. 张晓云，译. 北京：国际文化出版公司，1985：46－48，56.

的自然产物。二是审查技术上的限制。尽管只要是人能够感知的标志理论上均可以成为商标的法定构成要素，但因审查技术和审查成本的考虑，许多国家或地区商标法不仅对商标的法定构成要素施加一定的限制，而且还会从技术上限制符合商标法定构成要素的商标的注册。如 1993 年《欧共体商标条例》规定的可以构成欧共体商标的标志的条件是“能形象地表示”（being represented graphically），就是对符合商标法定构成要素的商标的注册条件的技术上的限制。尽管我国《商标法》没有明确将商标法定构成要素作为商标的构成条件，但事实上《商标法实施条例》和《商标审查及审理标准》对《商标法》明确列举的商标类型均提出了形式上的要求。以声音商标为例，《商标法实施条例》第 13 条第 5 款规定：“以声音标志申请商标注册的，应当在申请书中予以声明，提交符合要求的声音样本，对申请注册的声音商标进行描述，说明商标的使用方式。对声音商标进行描述，应当以五线谱或者简谱对申请用作商标的声音加以描述并附加文字说明；无法以五线谱或者简谱描述的，应当以文字加以描述；商标描述与声音样本应当一致。”如果不符合这些要求，商标会因形式审查不合格而无法注册。因此，可以说，我国商标法事实上也存在着类似欧盟商标法上的“能形象地表示”的条件。

三、非传统商标的法律地位及保护的关键

非传统商标并非严谨准确的法律概念，只是相对于传统的文字、图形或文字图形组合商标而言的，立体商标、声音商标、气味商标、触觉商标、动态商标、全息图商标、位置（单一颜色）商标等均被认为是非传统商标。因与产品的外形、包装装潢具有更为紧密的联系，非传统商标通常不太容易被认为是商标。不过随着社会经济的发展，品牌日益成为经济发展的关键因素，非传统商标得到越来越多的承认。自 20 世纪 40 年代起，企业开始理解和认识到消费者与其品牌之间的社会、心理和人类学多维联系，消费者营销变得愈加复杂，品牌传播从承诺质量扩展到建立更复杂的心理联系，产品的质量变得越来越相似而难以区分，企业不得不通过品牌提供主要是情感上的额外的好处以区分产品。[①] 尽管构成品牌的有多个关键因素，但最明显的方面是商标和设计，包括品牌名称、标识、包装设计、配色方案、形状和气味。大多数品牌都是基于几个商标的组合，不同品牌元素的整体组合的独占所有权和控制是至关重要的，因为它允许其所有者识别和区分其产品和服务。[②] 可以说，非传统商标被承认在很大程度上是品牌经济发展的必然结果。

从商标法理来看，非传统商标显然是符合前述商标法定构成要素的第一个条件的，即能够为人所感知，因此，非传统商标保护的关键便主要是审查技术上的，即从技术上看能否“清晰地、精确地、独立地、易获得地、可理解地、持久地和客观地”在商标注册簿上表示，以便“为了确定由注册商标对其所有者提供的保护的确切主体而界定商标本身”[③]。

我国对非传统商标的研究和法律规定起步均比较晚，直到 21 世纪之交我国为加入 WTO 而修正商标法时，非传统商标才开始进入人们的视野。也正是在 2001 年修正的《商标法》中，我国商标法才第一次承认第一种非传统商标——立体商标，而直到 2013 年

---

①② Jan Lindemann, The Economy of Brands, *Hampshire*: *Palgrave Macmillan*, 2010, 4, 7.

③ C-273/00, Sieckmann, para. 48, 55 (2002).

《商标法》修正，我国商标法才删除了商标构成要素中的“可视性”条件，声音商标得到明确承认。至于其他非传统商标在我国商标法上的地位，至今仍难言明确。从《商标法》第8条的用语来看，“声音”之后有一个“等”字，将气味商标、触觉商标、动态商标、全息图商标、位置商标等非传统商标包含进我国商标的法定构成要素在解释论上并无障碍。2019年年初北京市高级人民法院审结的著名的“红底鞋”商标行政纠纷案判决的思路似乎正是如此，判决认为：“虽然本案申请商标的标志构成要素不属于商标法第八条中明确列举的内容，但其并未被商标法明确排除在可以作为商标注册的标志之外，商标评审委员会亦未认定本案申请商标不属于可以作为商标注册的标志，因此，商标评审委员会在重审过程中，应当结合克里斯提·鲁布托在评审程序和本案一、二审诉讼过程提交的相关证据，重新就申请商标是否具备显著特征作出认定。”[①] 然而，由于我国《商标法》并未明确将第8条规定的商标法定构成要素作为商标的实质条件之一，《商标审查及审理标准》也没有对《商标法》明确列举之外的商标类型作出规定，明确气味商标、触觉商标、动态商标、全息图商标、位置商标等非传统商标在我国商标法上的法律地位仍然任重道远。

第三节 商标的显著性

商标的显著性是商标的核心要件，在商标法中具有非常重要的地位，是“商标法运转的枢纽”[②]。商标的显著性对商标法的主要制度均具有重要的影响，“商标显著性之有无，以及显著性之强弱，将影响及商标之可注册性以及其受保护之范围”[③]。商标显著性是商标功能及其发挥的内在基础和基本条件，商标法的主要制度均为维护商标显著性而存在，商标法是以商标显著性为核心构建的，商标法就是商标显著性维护法。

一、商标显著性的界定

我国学者一般认为，显著性是指商标的“独特性”[④]“商标构成本身之特别性与甄别力”[⑤]“能够起到区别作用的特性”[⑥]“商标标示产品出处并使之区别于其他同类产品的属性”[⑦]等。《商标法》没有具体界定商标显著性。《商标审查及审理标准》(2016)规定，商标的显著特征，是指商标应当具备的足以使相关公众区分商品来源的特征。

最早涉及商标显著性的知识产权国际公约是《巴黎公约》，其第6条之5第2款第2项规定，缺乏显著特征的标志、描述性标志和惯用性标志属于可以拒绝商标注册的理由，其中缺乏显著特征的标志和描述性标志、惯用性标志是并列的，根据世界知识产权组织前总秘书长博登浩森的解释，缺乏显著特征的标志之所以被拒绝是因为它“不能将一个企业

---

① 北京市高级人民法院(2018)京行终2631号行政判决书。

② Barton Beebe, The Semiotic Analysis of Trademark Law, *51 UCLA L. Rev.* 621, 625 (2004).

③⑤ 曾陈明汝. 商标法原理. 北京：中国人民大学出版社，2003：131，114.

④ 刘春田. 知识产权法. 北京：高等教育出版社，北京大学出版社，2003：261.

⑥ 黄晖. 驰名商标与著名商标的法律保护. 北京：法律出版社，2001：11.

⑦ 彭学龙. 商标法的符号学分析. 北京：法律出版社，2007：108.

的产品与另一个企业的产品区别开来”，描述性标志之所以被拒绝注册是因为它“应保留于公共领域”，惯用性标志之所以被拒绝是因为“已经确立的贸易习惯”[①]。《巴黎公约》没有详细解释显著特征的含义。《TRIPS 协定》第 15 条第 1 款规定：“任何能够将一企业的商品或服务与其他企业的商品或服务区分开的标记或标记组合，均应能够构成商标。”“即使有的标记本来不能区分有关商品或服务，成员亦可依据其经过使用而获得的识别性，确认其可否注册。”从《巴黎公约》和《TRIPS 协定》的规定来看，能够区分商品的标记或标记组合才能构成商标。那么标记怎样才能够区分商品呢？世界知识产权组织认为：“为了使标记有效地将标记产品或服务与竞争产品或服务相区别，标记必须是有区别的。就是说，它不同于产品的名字或通常名称，也不应仅仅是说明性的。它不能与提供相似产品和服务的其他企业所使用的标记相同或相似。换句话说，应该是易于识别的。”[②] 也就是说，商标的显著特征或者显著性就是商标的区别特征或者区别性，就是商标与其他符号之间有区别，不仅包括商标与商标使用其上的商品的描述性、通用性标志之间有区别，也包括与相同或类似商品上的其他商标有区别。

二、商标显著性的类型

传统上，商标显著性可以分为固有显著性和获得显著性两种类型。

(一) 商标的固有显著性

商标显著性是商标和其他标志相比在能指和所指及其结合上的差异性，是商标来源识别功能的内在基础，固有显著性亦然。但显然，固有显著性更侧重于商标能指的差异性，即商标标志与商标标志所使用的商品的名称之间的差异性。事实上，固有显著性程度就是根据这种差异性来确定的。臆造商标和任意商标的固有显著性之所以最强是因为这些商标标志和商标标志所使用的商品的名称完全不同，暗示性商标的固有显著性之所以弱于臆造商标和任意商标是因为这些商标标志会暗示商品的某种特点，与商标标志所使用的商品的名称虽有差异但却有所联系，描述性商标之所以固有显著性最弱是因为这些商标标志直接描述了商标标志所使用的商品的某种特征，已经与商品的名称具有了直接的紧密联系，通用标志之所以完全不具有商标意义是因为通用标志就是商品的名称，二者是完全相同的。可以说，固有显著性是以商标所使用的商品为中心的商标标志和商品之间的抽象关系，固有显著性是任何商标均具有的，不管是否已经实际使用。固有显著性能够衡量商标识别商品的能力，不过，在商标尚未实际使用之时，固有显著性仅仅是潜在的，没有实际使用过的商标是不能用于识别商品的。[③] 不仅如此，由于商标标志与商品及相互关系不会随着商标使用而变化，固有显著性是固定不变的。

根据强弱，商标的固有显著性从高到低有一个谱系，即臆造商标、任意商标、暗示性商标、描述性商标和通用标志。

---

① G. H. C. Bodenhaosen, *Guide to the Application of the Paris Convention for the Protection of Industrial Property (As Revised at Stockholm in 1967)*, World Intellectual Property Organization, 1969, 115 - 116.

② 世界知识产权组织. 知识产权纵横谈. 北京：世界知识出版社，1992：151.

③ 在此意义上，说固有显著性并非真正的显著性，而只是商标获得显著性的有利条件是有其道理的。彭学龙. 商标显著性新探. 法律科学（西北政法学院学报），2006（2）.

1. 臆造商标。臆造商标是指某一标志的唯一目的就是用作商标而由创造或者选择创造的新词所组成的商标，这些商标包含的或者是语言中完全不为人知的或者当时完全脱离了其平常用法的词组成的标志。[①] 臆造商标大部分是新创造的，在人类已有的标志中是不存在的。也有少部分臆造商标是人类已有的标志中已经存在的，但是公众对这些标志所知甚少，几乎相当于新创造的词。臆造商标在其被命名为商标之时具有绝对意义，即它对于任何商品或服务而言都是臆造的，不像任意商标一样具有商品或服务类别的相对性。如“柯达 KODAK”胶卷、“海尔 HAIER”电器都是由臆造词构成的商标。臆造商标最适合被选定作为商标，因为这些标志是新创造的，是没有任何含义的，一旦将其使用于某种商品或服务，这些标志就能够很容易地与商品或服务的信息联系起来，从而成为这些商品或服务的标志。正如一张白纸一样，无论你用什么颜色的笔，都很容易画，你画什么它就是什么。

2. 任意商标。任意商标是指那些在普通语言或符号中已经存在但在用于相关商品或服务时既不暗示也不描述那些产品或服务的任何成分、质量或特点的单词、符号、图画等标志。和臆造商标相比，任意商标具有商品或服务类别的相对性，对于与这些商标（标志）的普通语言或符号的含义或意义有关的商品或服务而言，这些标志很可能属于描述性标志甚至通用标志，从而不能或者不能直接获得商标法的保护。只有对于那些与其普通语言或符号的含义或意义完全无关的商品或服务，这些商标才是任意的。比如，“苹果”二字对于苹果水果而言属于通用标志，对于以苹果等水果为主要原料的食品来说是一种描述性商标，但当苹果或者苹果图形用于与食品商品或服务完全无关的商品或服务时，苹果或者苹果图形就成为任意商标，如著名的苹果股份有限公司将“苹果”、“Apple”以及右边咬一口的苹果图形用在电脑、音乐播放器、手机和平板电脑等产品上就是一种任意标志或商标。如果把臆造标志比作一张白纸的话，任意标志就类似于一张有颜色的纸，比如粉红色的纸，你可以在这张粉红色的纸上写出不是粉红色的字，但如果你在这张纸上写粉红色的字，那么字就无法被看到。

3. 暗示性商标。暗示性商标一般会象征它所使用其上的产品或服务的性质、质量或特点但却并不直接描述这种特点，而且为了识别这种特点消费者需要部分的想象力。大多数商标在某种程度上都是暗示产品的。如“全球通”（Gotone）移动通信商标、“健力宝”饮料商标等都是著名的暗示性商标。“全球通”暗示的意思正如移动通讯公司曾经的广告词“全球通，通全球”的意思。而“健力宝”则无疑蕴含着“健康、活力”的保健意义。

4. 描述性商标。描述性商标是一种具有直接和产品或服务相关的词典意义的术语，是“直接和马上传递产品或服务的特点的知识的商标”。某项商标是“描述性的”，只要它描述商品的目的、功能和用途、商品的尺寸、商品或服务的供应者、商品或服务的令人喜爱的特点、商品或服务的性质以及对使用者的最终效果。[②]

5. 通用标志。通用标志是标志所使用的产品或服务的通常名称。通用标志在我国商

---

① J. Thomas McCarthy, *McCarthy on Trademarks and Unfair Competition*, Fifth Edition March 2020 Update, §11：5.

② J. Thomas McCarthy, *McCarthy on Trademarks and Unfair Competition*, Fifth Edition March 2020 Update, §11：16.

标法中被称为“通用名称、图形、型号”。根据《商标审查及审理标准》(2016)上篇第二部分第3条的规定:“本条中的通用名称、图形、型号,是指国家标准、行业标准规定的或者约定俗成的名称、图形、型号,其中名称包括全称、简称、缩写、俗称。”商标如果使用或管理不当,容易丧失显著性,变为通用标志。Aspirin(阿司匹林)、Thermos(热水瓶)、Freon(氟利昂)原来都是经过注册的商标,现在却变为青霉素、暖水瓶、氟制冷剂的商品通用标志。在我国,著名的注册在移动存储设备上的“优盘”商标就是因通用化而被撤销,“优盘”商标被撤销的原因固然与其是全新产品、容易被通用化有关,但根本原因是使用方式的不当,即朗科公司将“优盘”作为商品名称使用而非作为商标来使用。

在上述五类商标(标志)中,臆造商标、任意商标和暗示性商标被认为具有固有显著性,直接就可以作为商标注册,而描述性商标不具有固有显著性,需获得第二含义即获得显著性才能作为商标注册,通用标志不具有商标意义,不能作为商标。

典型案例

“优盘”商标案

2002年10月23日,北京华旗资讯数码科技有限公司(以下简称“华旗公司”)针对深圳市朗科科技股份有限公司(以下简称“朗科公司”)注册在第9类计算机存储器等商品上的第1509704号“优盘”商标(以下简称争议商标),向国家工商总局商标评审委员会(以下简称商评委)提出撤销申请。2003年,商评委依法予以受理。

经过调查发现,“优盘”已经成为普遍使用的产品名称。在朗科公司提交的商品包装盒及促销宣传材料上,“朗科优盘”或“优盘”文字后面并没有其他连用的商品名称。朗科公司在有关宣传材料中称,“启动型优盘,第三届中国高新技术交易会明星产品,全球第一款可彻底取代软盘软驱的USB移动存储盘”,“优盘,新一代存储盘”等。可见,朗科公司是将“优盘”作为商品名称来使用的。商评委于2004年10月13日作出裁定,认为从争议商标“优盘”汉字本身的含义来看,其对于指定使用的第9类计算机存储器等商品的质量、功能、用途等特点具有直接的叙述性,缺乏商标应有的显著特征。朗科公司自身也一直将“优盘”作为商品名称加以使用,客观上进一步起到了淡化乃至消灭“优盘”文字作为商标的显著特征的作用。因此,本案中的争议商标已经成为通用名称,依法不得作为商标注册;同时,争议商标作为一种计算机外设移动存储设备的通用名称,指定使用在计算机、计算机周边设备等商品上,不具备商标应有的显著特征。因此,依据《商标法》第11条第1款第1项及第3项规定,争议商标应予撤销。

从本案可以看出,商标的显著性并非一成不变,而是随着经营者对该商标的使用发生着变化。商标的显著性可以随着使用的进行由弱转强,亦可能由于使用不善而由强变弱,甚至变成通用名称。“优盘”商标撤销案就是典型一例。这也告诉我们,经营者对商标的使用和管理对于商标显著性的维护来说至关重要。对于具备显著性甚至具有较高知名度的商标,经营者应避免以该商标指代某一种类的商品,以防止商标显著性的退化。

(二)商标的获得显著性

和固有显著性侧重于商标能指的差异性相对应,获得显著性侧重于商标所指的差异性，即商标标志实际蕴含的商品信息与商标标志所使用的商品类别意义上的商品信息之间的差异性以及与其他商标商品蕴含的商品信息的差异性。商标标志实际蕴含的商品信息首先自然是商标标志所使用的商品类别意义上的商品的信息，其次是商标标志实际使用的由某个厂商提供的商品的信息。例如，“华为”手机首先是一种手机，必定包含普通手机商品的全部信息，同时“华为”手机蕴含着不同于普通手机商品和其他品牌手机商品的信息。与固有显著性是“固有的”不同，获得显著性是商标实际使用之后产生的，不管是固有显著性商标还是非固有显著性商标。对于非固有显著性商标来说，该商标的获得显著性就是其第二含义，即商标商品的信息，而对于固有显著性商标来说，由于它本来就没有第一含义，该商标的获得显著性就是第一含义，同样是商标商品的信息。显然，由于商标商品的信息及消费者对这种信息的认识会随着厂商的生产经营和消费者的消费而不断变化，获得显著性处于不断变化中，可能逐渐增强，也可能逐渐减弱，还可能因通用化而消灭。

缺乏固有显著性的商标最初是不能注册的。然而，大多数国家或地区的商标法仍然可能允许这些标志注册，只要商标所有人能够证明尤其是通过引用使用证据证明，市场中的消费者已经将用于被识别的商品上或服务上的标志与特定商业来源或出处联系了起来，即该标志已经通过使用而获得了其描述性意义之外的识别商品或服务的第二含义。所谓第二含义是指对公众而言某项标志具有了标志本身术语或图像的公认意义之外的某种意义。换言之，如果该标志在消费公众头脑中的最初含义已经变成了商品或者货物的来源而不是产品本身，那么它就获得了第二含义。比如注册在牙膏商品上的“田七”商标，尽管最初因表示了商品的主要原料而属于描述性商标不能注册，但因其经过长期使用已经获得第二含义而成为可注册的商标。需要注意的是，尽管叫作第二含义，但它却是商标的基本含义。因为“初始的”和“第二的”“这两个词只具有时间意义。‘第二’含义之所以被这样叫，只是因为它在产生时间上是第二的，而不是因为在顾客心中的重要性或意义上必定是第二位的”[①]。事实上，第二含义才是商标的主要含义和本义，商标标志的最初含义不仅是无关的，对于商标意义而言甚至是有害的。

典型案例

“六个核桃”商标案

2006 年 1 月 19 日，姚奎章向商标局申请注册第 5127315 号“六个核桃”商标（以下称争议商标），核定使用商品为第 32 类无酒精饮料等商品上，于 2009 年 6 月 28 日获准注册。2008 年 4 月 15 日，该商标经商标局核准转让至河北养元智汇饮品股份有限公司名下。2013 年 11 月 15 日，河北智尊智圣饮料有限公司对该争议商标提出撤销注册申请。申请人认为争议商标使用在无酒精饮料等商品上，仅仅直接表示了指定使用商品的主要原料等特点，且争议商标使用时间较短，亦未通过使用获得商标应有的显著特征，故请求撤销争议商标的注册。商标评审委员会经审理认为，从被申请人提交的大量销售、广告、合同发票

---

① J. Thomas McCarthy, *McCarthy on Trademarks and Unfair Competition*, Fifth Edition March 2020 Update, §15：6.

凭证等证据可知，使用争议商标的产品的销售区域至少涉及全国13个省和直辖市，被申请人聘请了梅婷和陈鲁豫作为使用争议商标产品的形象代言人，并通过报纸、户外广告牌等方式对争议商标进行了大量宣传，争议商标经过使用获得了多项荣誉证书，并被河北省工商行政管理局认定为知名商品。上述证据可以证明争议商标通过其广泛宣传和使用已经能够起到区分商品来源的作用，取得了商标应有的显著特征，并便于识别。因此，争议商标应予维持注册。

由该案可知，如果经营者能够证明通过对标志的持续使用和广告宣传，标志已经取得了区分不同商品或服务来源的功能，则表明该标志已经通过使用获得了商标注册所要求的显著性。

理论延伸

从心理学角度理解商标的固有显著性和获得显著性

从认知心理学的视角来看，商标法中的显著性，是指商标所具备的标示与区分商品或服务来源的能力。消费者一开始往往对贴附在商品之上的商标标识一无所知，因为此时消费者还没有在大脑中存储这些标识的信息。商标权人通过持续宣传和使用其标识，会使消费者逐渐将该标识作为商标对待，作为其购物的依据，这时这一标识就逐渐演化为商标。一个标识只有在消费者的大脑中占据一席之地，形成商标节点，围绕商标节点将商标所代表的信息存储起来，该标识对消费者而言才真正成为商标。商标具有显著性，就是指消费者会将一个标识识别为商标，把其当成商标来对待，使消费者在市场中遇到该商标后能够准确予以识别，激活该商标在消费者大脑中对应的节点，获得节点中的信息。商标的显著性正在于告诉消费者，商标所标示的商品来自何处，与其他企业的商品有何区别。

显著性不仅表明商标具备标示与区分来源的基本能力，还表明这种能力有强弱之分。这种强弱之分表明不同的商标在消费者心目中具有不同的地位，使消费者发生不同的心理反应。强商标，即显著性较强的商标，是市场中享有声誉，得到消费者认可的商标。“名声（fame）是商标强度的顶峰，可以获得最大的保护范围。”① 这些商标之所以显著性较强，从认知心理学角度来看，正是因为它在消费者的记忆中形成了庞大的以商标节点为中心组成的认知网络。一旦消费者在市场中遇到享有声誉、显著性较强的商标，消费者大脑中这个商标的节点就能够被迅速激活，激活的能量会迅速扩散，激活大量周围节点，使消费者获得大量该商标的信息，也使消费者有强烈的情感反应。强商标之所以显著性较强，就是因为消费者大脑中存储了强商标的大量信息，以节点的形式组成了庞大的认知网络。一旦强商标被激活，扩散的能量就非常之大，能让消费者意识到大量有关该商标的信息。“需要记住的是，商标的显著性越强，它对公众意识的影响越大。”② 与强商标相对应的弱商标，是指这个商标在消费者心目中并没有形成较大的认知网络，其显著性较弱。当消费者在看到弱商标时，由于弱商标的节点中存储的信息较少，与之相联系的节点也较少，在

---

①② Richard L. Kirkatrick, *Likelihood of Confusion in Trademark Law*, New York: Practising Law Institute, 2010, § 3: 2.

消费者的记忆中并不占据重要的位置。当弱商标被激活后，消费者只能得到较少的信息，其情感反应也较为平淡。甚至，刚刚进入市场的商标，由于显著性还比较弱，消费者对其并不熟悉，对这个商标所代表的商品的具体情况一无所知。可见，“商标越弱，它在相关公众中的印象就越弱，被记住的可能就越小”①。

据此，商标的显著性实际上就是商标影响消费者心理的能力，是向消费者传递信息，使消费者获取商标所代表的信息的能力。其中，显著性较强的商标由于在消费者记忆中占据庞大的认知网络，其激活能力较强，在被激活后能使消费者获得大量有关该商标的信息，而显著性较弱的商标并没有在消费者的记忆中形成庞大的认知网络，其激活能力较弱，在被激活后消费者只能获得少量有关该商标的信息。可见，显著性的强弱，代表了商标影响消费者心理能力的强弱，表明了商标标示和区分能力的强弱。

固有显著性，指的是某一标识在被选为商标，投入市场之后，消费者就会直接将之视为商标，它实际上指的是一个标识所具备的成为商标的潜质。即某一个标识一旦投入市场，它就会直接被消费者视为商标，发挥商标的作用。而描述性标识，通用名称，因为和商品的联系过于紧密，消费者在看到这些标识时，往往只会认为这些标识是说明性的，而并非标示来源。实际上，如果具备固有显著性的标识刚刚投入市场，消费者对这个标识还一无所知，记忆中并不存在有关该标识的任何信息。只是由于该标识贴附于商品的显著位置，并且与商品的特征不存在直接联系，消费者会直接将之识别为商标，这种具备固有显著性的标识也就可以直接获准注册。可见，商标具备固有显著性并不表明消费者的记忆中就有了关于该商标的节点和认知网络，并不代表消费者的记忆中就存储了该商标所代表的信息。相反，具备固有显著性的标识仅仅表明，一旦该标识贴附于商品之上投入市场，消费者会直接将该标识识别为商标。正如学者所言，“标章可能在概念上为强，但因少有广告及销售量低，而在市场上为弱”②。可见，所谓固有显著性，仅仅是潜在的、由人为拟定的一种显著性，它实际上不代表某一个商标在消费者记忆中的地位。它对消费者的影响也一般限制在消费者是否会将之识别为商标的层面。

获得显著性，是指商标在市场中实际地发挥标示与区分来源的能力。与拟制的固有显著性不同，获得显著性是真正的显著性，它代表了商标真实的在市场中标示与区分来源的能力。获得显著性才是真正的显著性，是在市场中实际发挥作用的显著性，绝不是什么拟制。而一向为人们所看重的固有显著性却与真正的显著性相去甚远，至多只是获得显著性的有利条件。③ 根据认知心理学原理，获得显著性之所以是真正的显著性，是因为它真实地反映或者对应着一个商标在消费者记忆中所占据的地位和对消费者心理的影响能力。正如前文所述，商标的显著性有强弱之分，代表了商标在消费者心目中的不同地位，使消费者发生不同的心理反应。显著性较强的商标，在消费者的记忆中拥有庞大的认知网络，一旦消费者在市场中遇到这种商标，消费者记忆中存储的这个商标的节点就会被迅速激活，使消费者获得大量该商标的信息，消费者的情感反应也较为强烈，而显著性较弱的商标则

---

① Richard L. Kirkatrick, *Likelihood of Confusion in Trademark Law*, New York: Practising Law Institute, 2010, §3: 3.

② 王敏铨. 美国商标法之混淆之虞及其特殊样态之研究. 智慧财产权月刊，2006 (94).

③ 彭学龙. 商标法的符号学分析. 北京：法律出版社，2007：160-162.

与此相反。可见，这里的显著性较强，实际上指的就是商标现实具备的获得显著性，而非固有显著性。一个臆造商标或任意商标，固有显著性是较强的，但是如果该商标不投入市场，或者虽然投入市场，但是并没有多少消费者知道该商标，消费者的记忆中并没有存储多少这个商标的信息，则这个商标的获得显著性就较弱。

三、商标显著性的判断

在商标审查和商标诉讼中，商标局和法院常常要判断和证明商标的显著性，而当事人为了获得商标注册和在诉讼中获胜则要证明其商标的显著性。

（一）商标固有显著性的判断和证明

《商标审查及审理标准》指出，判断商标是否具有显著特征，应当综合考虑构成商标的标志本身的含义、呼叫和外观构成，商标指定使用商品，商标指定使用商品的相关公众的认知习惯，商标指定使用商品所属行业的实际使用情况等因素。商标显著性的判断应该从商标整体来看，即使商标标志中含有说明性、通用性标志或其他不具有显著性的部分，整体来看，并不影响其作为识别商品来源的标志的，仍然可以判断其为有显著性，可以注册。

在判断和证明商标的固有显著性时，暗示性商标和描述性商标、描述性商标和通用标志之间的区别是关键，因为不仅这些商标（标志）具有不同的法律意义，即暗示性商标像臆造商标和任意商标一样直接有资格获得注册或受到保护，描述性商标要有资格注册或受到保护则需要获得第二含义，而通用标志则完全不能获得保护，而且这些标志的区分也最为困难。

1. 暗示性商标与描述性商标的区分。暗示性商标属于具有固有显著性的商标，因而能够直接注册并取得商标权。描述性商标属于不具有固有显著性的商标，因而不能直接注册并受到商标法保护。暗示性商标和描述性商标之间区分的基本原理来自其各自的概念界定，“要具有‘描述性的’特征，一个词必须直接给出某产品的特点的某种合理精确或过得去的明确知识。如果用为商标的该词给出的关于该产品或服务的信息不是直接的或者是模糊的那么这表明这个词是以‘暗示性’方式而不是以描述性方式被使用的”①。为了维护公共利益，暗示性商标与描述性商标区分的关键是确定描述性商标。描述性商标的关键是商标传递商品或服务信息必须是直接的、具体的，无须进一步思考理解，仅仅暗示或者暗指商品的某些特性、含糊或间接地提到商品均不属于描述性。有时候，一个术语有一个以上的意义，但只要其中有一个意义是对商品/服务的描述，则该术语仍然是描述性的。另外，所使用的术语是否有同义词也是无关紧要的。②

为区分描述性商标与暗示性商标，美国法院发展出“想象”测试、“竞争者需求”测试和“其他销售者使用”测试三种方法。“想象”测试的原理是：顾客从该商标得到该产品的某种直接描述所需要的想象越多，该商标就越可能是暗示性的而非描述性的。竞争者

---

① J. Thomas McCarthy, *McCarthy on Trademarks and Unfair Competition*, Fifth Edition March 2020 Update, §11：19.

② Annette Kur & Martin Senftleben, *European Trade Mark Law：A Commentary*, Oxford：Oxford University Press, 2017, §4.2.2, para4.54.

需求测试是想象测试的自然延伸，其原理是：将某商标和产品联系要求的想象越多，所使用的词为竞争者描述其产品的需要就越少。也就是说，该商标所做的想象是如此轻微和难以捉摸，以至于竞争销售者为了描述其商品可能需要吗？如果答案是否定的，那么这倾向于表明该商标仅仅是暗示性的，而不是描述性的。如果答案是肯定的，那么这倾向于表明该商标是描述性的，而不是暗示性的。描述性-暗示性意义的第三种测试是确定其他销售者已经在类似商品上使用该商标的程度。如果其他人事实上使用该商标描述其产品，就可以得出描述性的推论。①

2. 描述性商标和通用标志。描述性商标尤其是高度描述性商标和通用名称具有类似的功能，均具有一定的描述性，只不过描述性商标与通用名称所包含的有关商品或服务的信息不同：通用名称包含了商品或服务的全部信息，而描述性商标只包含了商品或服务的部分信息，而且不同程度的描述性商标互相之间包含的有关商品或服务的信息也是不同的。因此，可以说描述性商标和通用标志均具有描述性，通用标志是描述性的极限。描述性商标和通用标志之间区分的关键是确定通用标志，因为通用标志无论如何也不能受到商标法的保护，只要确定了通用标志，就可以确保公共利益不受损害。根据麦卡锡的总结②，证明通用性的证据可能包括：（1）竞争者使用。（2）原告的使用。（3）词典定义。（4）媒体使用。（5）贸易中的人的证词。（6）消费者调查。根据最高人民法院《关于审理商标授权确权行政案件若干问题的规定》第 10 条的规定，诉争商标属于法定的商品名称或者约定俗成的商品名称的，人民法院应当认定其属于通用名称。依据法律规定或者国家标准、行业标准属于商品通用名称的，应当认定为通用名称。相关公众普遍认为某一名称能够指代一类商品的，应当认定为约定俗成的通用名称。被专业工具书、辞典等列为商品名称的，可以作为认定约定俗成的通用名称的参考。约定俗成的通用名称一般以全国范围内相关公众的通常认识为判断标准。对于由于历史传统、风土人情、地理环境等原因形成的相关市场固定的商品，在该相关市场内通用的称谓，人民法院可以认定为通用名称。诉争商标申请人明知或者应知其申请注册的商标为部分区域内约定俗成的商品名称的，人民法院可以视其申请注册的商标为通用名称。人民法院审查判断诉争商标是否属于通用名称，一般以商标申请日时的事实状态为准。核准注册时事实状态发生变化的，以核准注册时的事实状态判断其是否属于通用名称。

典型案例

“沁州黄”通用名称案

山西沁州黄小米（集团）有限公司（以下简称“沁州黄公司”）于 1992 年注册“沁州”商标，在产品包装上标注“沁州・黄小米”。随着“沁州”商标的广泛宣传和长时间使用，“沁州”牌黄小米受到消费者认同和喜爱，在全国市场具有了一定的知名度。檀山

① J. Thomas McCarthy, *McCarthy on Trademarks and Unfair Competition*, Fifth Edition March 2020 Update, §11：67－69.

② J. Thomas McCarthy, *McCarthy on Trademarks and Unfair Competition*, Fifth Edition March 2020 Update, §12：13.

皇公司在其生产的小米上也都使用“沁州黄”“沁州黄小米”等字样。自2005年以来，沁州黄公司以“沁州黄”侵犯“沁州”商标专用权为由与檀山皇公司展开诉讼。2008年11月，檀山皇公司以沁州黄公司为被告，向法院提起了确认不侵犯注册商标专用权的民事诉讼，而沁州黄公司则提出檀山皇公司侵犯注册商标专用权的反诉。一审山西省长治市中级人民法院认为，檀山皇公司在其小米商品包装上使用“沁州黄”“沁州黄珍品”等字样的行为，足以使消费者对商品的来源产生混淆，造成消费者的误认误购，其行为侵犯了“沁州”商标专用权。檀山皇公司不服一审判决提起上诉，二审山西省高级人民法院认为，“沁州黄”属于通用名称，檀山皇公司在小米商品包装上使用“沁州黄”不侵犯沁州黄公司“沁州”的商标专用权。沁州黄公司不服，向最高人民法院申请再审。最高人民法院经审理认为，“沁州黄小米”的定义为：源于古沁州，即现今山西省长治市所辖沁县、武乡、襄垣及屯留县境内特定的小米产区，选用沁州黄等优质品种，按照特定生产技术规程种植的谷子加工而成的粳性小米。约定俗成的通用名称一般以全国范围内相关公众的通常认识为判断标准。对于由于历史传统、风土人情、地理环境等原因形成的相关市场较为固定的商品，在该相关市场内通用的称谓，可以认定为通用名称。“沁州黄”能够反映出一类谷子（米）与其他谷子（米）的根本区别，符合通用名称的要求。“沁州黄”并非沁州黄公司最初使用并创造的名称。沁州黄公司对沁州黄小米品种提纯复壮、产业化及商品化的贡献，不能成为主张“沁州黄”不构成通用名称的理由。沁州黄公司也未提交相关证据证明“沁州黄”已经与其形成了一一对应关系。最终裁定驳回沁州黄公司的再审申请。[①]

（二）商标获得显著性的判断和证明

某标志是否已经获得了第二含义是一个事实问题，是需要证据来证明的。总的来说，法院在确定某术语是否已经获得第二含义时通常考虑如下因素。直接证据：直接的消费者证言；消费者调查。间接证据：使用的独占性、时间和方式；广告的数量和方式；销售额和顾客数量；市场中确立的地位；有意抄袭的证据。[②] 由于消费者或者购买者是商标法最终的尺度，消费者或者“购买者的专家调查能够提供最有说服力的第二含义证据”[③]。不过，由于专家调查证据需要高昂的成本，在大多数情况下，法院诉诸间接证据。根据我国《商标审查及审理标准》的规定：本身不具备显著特征的标志经过使用取得商标显著特征，起到区分商品来源作用的，可以作为商标注册。对经过使用取得显著特征的商标的审查，应考虑相关公众对该商标的认知情况、申请人实际使用该商标的情况以及该商标经使用取得显著特征的其他因素。

实务探讨

对含有描述性要素的商标的显著性的判断

在实务中，经营者选择某一个标志作为商标，该标志的组成要素包括某些描述性要素

---

① 最高人民法院（2013）民申字第1642号驳回再审申请裁定书。

② J. Thomas McCarthy, *McCarthy on Trademarks and Unfair Competition*, Fifth Edition March 2020 Update, §15：30.

③ Vison Sports, Inc. v. Melville Corp., 888 F. 2d 609, 12 U. S. P. Q. 2d 1740, 1744 (9th Cir. 1989).

是较为常见的情形。本书介绍过，如果标志直接描述了商品或服务的信息，则可能会被认定为缺乏显著性，无法通过商标注册。那么，如果拟申请商标注册的商标含有的并非全部直接描述商品或服务的信息，而仅是含有一些描述性要素，应如何判断其显著性呢？

在“沩山”商标行政案和“BEST BUY”商标行政案中，法院对这一问题作出了回应。在“沩山”商标行政案中，2004年6月14日，湘沩名茶厂等以“沩山毛尖”为茶叶商品的通用名称，“沩山牌及图”商标（以下简称争议商标）以茶叶商品的通用名称注册违反了《商标法》第11条第1款、第41条第1款的规定为由向商标评审委员会申请撤销长沙沩山茶叶有限公司所有的争议商标。最高人民法院在审理此案时指出，从整体上对商标是否具有显著特征进行判断，不能因为争议商标含有描述性文字就认为其整体缺乏显著性。本案争议商标由沩山牌文字、拼音及相关图形组成，并非仅由沩山文字及其拼音组成，其商标组成部分中的图形亦属该商标的重要组成部分。此外，本案争议商标自1991年5月20日核准注册后，已经经过了近二十年的使用，在2002年还被评为湖南省著名商标，已经建立一定的市场声誉，相关公众能够以其识别商品来源。[①] 在“BEST BUY”商标行政案中，2004年2月12日，佳选企业服务公司在第35类推销（替他人）、进出口代理等服务上向商标局申请注册“BEST BUY及图”商标（以下简称申请商标）。申请商标由上下排列的英文单词“BEST”“BUY”以及一底色为黄色的标签方框构成。2006年2月28日，商标局认为申请商标以该文字作为商标用在指定使用服务上，仅仅直接表示了服务的品质和特点，决定驳回注册申请。2006年3月17日，佳选公司向商标评审委员会提出驳回复审申请。商标评审委员认为“BEST BUY”可以翻译为最好的交易或者最好的买卖，使用在指定服务项目上，仅仅直接表示了服务的品质和特点，且缺乏作为商标应有的显著特征。北京市第一中级人民法院、北京市高级人民法院持相似观点。最高人民法院在审理该案时指出，人民法院在审理商标授权确权行政案件时，应当根据诉争商标指定使用商品的相关公众的通常认识，从整体上对商标是否具有显著特征进行审查判断。标志中含有的描述性要素不影响商标整体上具有显著特征，相关公众能够以其识别商品来源的，应当认定其具有显著特征。本案中，申请商标由英文单词“BEST”“BUY”以及黄色的标签方框构成，虽然其中的“BEST”和“BUY”对于指定使用的服务具有一定描述性，但是加上标签图形和鲜艳的颜色，整体上具有显著特征，便于识别。同时，根据新查明的事实，申请商标在国际上有较高知名度，且申请商标在我国已经实际使用，经过使用也具有了一定的知名度。综合上述因素，申请商标能够起到识别服务来源的功能，相关公众能够以其识别服务来源。[②]

据此，对含有描述性要素的商标的显著性的判断，应从整体出发，看商标在整体上是否具有显著性。不能仅因为商标之中含有描述性要素就一概认定其不具有显著性。在2017年发布的最高人民法院《关于审理商标授权确权行政案件若干问题的规定》中，也对这一问题进行了明确的规定。该司法解释第7条规定：人民法院审查诉争商标是否具有显著特征，应当根据商标所指定使用商品的相关公众的通常认识，判断该商标整体上是否具有显

---

① 最高人民法院（2011）行提字第7号行政判决书。

② 最高人民法院（2011）行提字第9号行政判决书。

著特征。商标标志中含有描述性要素，但不影响其整体具有显著特征的；或者描述性标志以独特方式加以表现，相关公众能够以其识别商品来源的，应当认定其具有显著特征。

实务探讨

对以商品部分外观申请立体商标的显著性的判断

本书在第一章商标概述部分介绍过立体商标的概念。一些经营者为了更好地突出其商品的特点，会将其商品的某部分外观作为立体商标进行注册。那么，如果以商品部分外观申请立体商标注册，应如何判断其显著性呢？最高人民法院审理的“爱马仕”一案，对我们处理这一问题有较大的参考价值。在“爱马仕”案中，世界著名奢侈品牌公司爱马仕公司将其皮包产品的外形作为立体商标在我国提出商标注册申请。商标局和商标评审委员会均予以驳回。最高人民法院在审理该案时认为，对于申请商标是否具有显著性，应当结合指定使用的商品的相关公众的通常认识，从整体上进行判断。申请商标是以商品部分外观的三维形状申请商标注册的情形，在通常情况下，这种三维形状不能脱离商品本身而单独使用，故相关公众更易将其视为商品的组成部分。除非这种三维形状的商品外观自身具有区别于同类商品外观的显著特征，或者有充分的证据证据，通过使用，相关公众已经能够将这种商品外观与特定的商品提供者联系起来。本案申请商标由包体上的翻盖、包背面穿出的两条平行皮带及开关挂锁组成。其中，包体上的翻盖部分为三个呈平行排列的倒梯形，两条皮带分别从翻盖部分的左右两侧并在翻盖部分的上方向中心部位汇集，并最终在翻盖的中心部分由一搭扣和锁头组成的金属部件予以固定。由于申请商标指定使用的商品主要为包类，如背包、旅行包、手包等，结合此类商品相关公众的通常认识，申请商标所包含的经过一定变形的皮包翻盖、皮带和金属部件均是包类商品上运用较多的设计元素，将这几种设计元素组合在一起的设计方式并未使其产生明显区别于同类其他商品外观的显著特征。仅从该三维标识本身来看，申请商标并不具有固有显著性。关于申请商标是否通过使用获得显著性的问题，爱马仕公司在诉讼过程中提交的证据难以证明申请商标通过使用而获得显著性。①

根据最高人民法院在本案中的观点，在判断以商品部分外观申请注册的立体商标的显著性时，应考虑到商品外形一般不易为消费者识别为商标的事实。因此，组成立体商标的设计元素只有明显区别于同类其他商品外观的显著特征，才可能具备固有显著性。这实际上是要求立体商标的设计要有突出的创新性，使消费者能够明显感知到该商标是指示商品来源的标志。在难以证明有固有显著性的情况下，这种商标只有经过长期或广泛使用，使社会公众将该商标作为识别商品来源的标志，才能够具备获得显著性从而通过商标注册。该案之后，最高人民法院《关于审理商标授权确权行政案件若干问题的规定》第 9 条也明确规定：“仅以商品自身形状或者自身形状的一部分作为三维标志申请注册商标，相关公众一般情况下不易将其识别为指示商品来源标志的，该三维标志不具有作为商标的显著特征。该形状系申请人所独创或者最早使用并不能当然导致其具有作为商标的显著特征。第

① 最高人民法院（2012）民申字第 68 号驳回再审申请裁定书。

一款所称标志经过长期或者广泛使用，相关公众能够通过该标志识别商品来源的，可以认定该标志具有显著特征。”

典型案例

“小肥羊”商标行政案

2000 年 10 月 23 日，西安小肥羊烤肉馆在第 42 类上申请注册“小肥羊及图”商标。2001 年 4 月 5 日，商标局向西安小肥羊烤肉馆发出审查意见书，认为“小肥羊”直接表示了服务内容及特点，不具有显著性，要求删去“小肥羊”文字。此后，西安小肥羊烤肉馆按照审查意见书的意见删除了“小肥羊”文字。2002 年 4 月 14 日，西安小肥羊烤肉馆删除了“小肥羊”后的图形部分被核准注册，核定服务项目为第 42 类餐饮、饭店、咖啡馆等，商标注册号为 1749809。1999 年 9 月 13 日，张钢等在内蒙古自治区包头市设立了包头市小肥羊酒店。1999 年 12 月 14 日，包头市小肥羊酒店在第 42 类餐厅服务上申请注册“小肥羊”商标，后商标局同样以直接表示了服务的内容和特点，不具有显著性为由予以驳回。2000 年 12 月，包头市小肥羊酒店更名为包头市小肥羊连锁总店。2001 年 7 月 11 日，张钢等又设立了内蒙古小肥羊公司。2001 年 12 月 18 日，内蒙古小肥羊公司向商标局申请在第 42 类上注册“小肥羊及图”商标，该商标申请经初步审定后予以公告，商标注册号为 3043421。西安小肥羊烤肉馆提出异议后，商标局驳回了其异议申请。西安小肥羊烤肉馆不服，请求商标评审委员会复审。商标评审委员会经审查，准予第 3043421 号商标注册。

西安小肥羊烤肉馆仍不服，向北京市第一中级人民法院提起行政诉讼。北京市第一中级人民法院经审理认为，西安小肥羊烤肉馆的成立日期为 2000 年 6 月 15 日。内蒙古小肥羊公司是由 1999 年 9 月 13 日成立的包头市小肥羊酒店变更名称而来，该日期早于西安小肥羊烤肉馆的成立日期。尽管西安小肥羊烤肉馆在获得营业执照后，亦享有企业名称权，但并无证据表明内蒙古小肥羊公司使用了其企业名称，故西安小肥羊烤肉馆主张内蒙古小肥羊公司注册被异议商标侵犯其在先享有的企业名称权缺乏事实和法律依据。西安小肥羊烤肉馆获得荣誉称号的事实发生于 2002 年 10 月以后，不能以此证明西安小肥羊烤肉馆在内蒙古小肥羊公司申请注册被异议商标之前就已经具有知名度，故不能认定内蒙古小肥羊公司具有将他人企业名称中的字号作为商标申请的主观恶意，西安小肥羊烤肉馆关于内蒙古小肥羊公司注册被异议商标是恶意抢注的主张没有事实和法律依据。内蒙古小肥羊公司成立后，由于其经营业绩不断上升，“小肥羊”在消费者中已形成了一种特定的市场含义，“小肥羊”与内蒙古小肥羊公司所提供的餐饮服务紧密联系起来，其显著性日益增强。内蒙古小肥羊公司注册被异议商标并未违反商标法的有关规定，商标评审委员会裁定被异议商标予以注册并无不当。最终判决维持商标评审委员会的裁定。①

西安小肥羊烤肉馆不服一审判决，向北京市高级人民法院提起上诉。该案中，西安小肥羊烤肉馆主张内蒙古小肥羊公司抢先注册了其在先使用并且已经具有一定影响的“小肥

---

① 北京市第一中级人民法院（2005）一中行初字第 181 号行政判决书。

羊”文字商标。“小肥羊”文字在一定程度上确实表示了“涮羊肉”这一餐饮服务行业的内容和特点，故包头市小肥羊酒店于1999年12月14日在第42类上申请“小肥羊及图”商标、西安小肥羊烤肉馆于2000年10月23日在第42类上申请“小肥羊及图”商标，商标局对于“小肥羊”文字均不予批准。这就是说，“小肥羊”文字作为商标注册缺乏固有显著性，因此，西安小肥羊烤肉馆关于内蒙古小肥羊公司违反《商标法》第31条，抢先注册其在先使用并具有一定影响的未注册商标的主张不能成立，但这并不排除“小肥羊”文字可以通过使用和宣传获得“第二含义”和显著性。实际上，内蒙古小肥羊公司自2001年7月成立后，采用了连锁加盟的经营方式，服务的规模和范围急剧扩张，2001年度即被评为中国餐饮百强企业，2002年度又位列中国餐饮百强企业第二名，至第3043421号商标于2003年审定公告时，在全国具有了很高的知名度，从而使“小肥羊”标识与内蒙古小肥羊公司形成了密切联系，起到了区分服务来源的作用。故“小肥羊”文字标识通过内蒙古小肥羊公司大规模的使用与宣传，已经获得了显著性，并且便于识别，应当准予作为商标注册。商标局及商标评审委员会准予第3043421号商标注册并无不当。西安小肥羊烤肉馆所称内蒙古小肥羊公司并非由包头市小肥羊连锁总店变更而来，而是重新设立的企业以及商标局审查意见书未尽法定的告知义务等不影响本案事实的认定。综上，驳回上诉，维持原判。①

“小肥羊”案是我国描述性商标通过使用而获得显著性的典型案件。1999年到2000年，包头市小肥羊酒店和西安小肥羊烤肉馆曾先后申请注册“小肥羊”商标，商标局均以该标志不具有显著性为由驳回，表明商标局此时认为“小肥羊”标志直接表明了涮羊肉火锅这种服务的内容和特点，不具备固有显著性。而后2001年年底内蒙古小肥羊公司继续向商标局申请注册“小肥羊及图”商标，该商标申请经初步审定后予以公告，继而通过注册，并非表明商标局“厚此薄彼”，而是在个案中考虑到“小肥羊”这一标志经过商业使用，已经与内蒙古小肥羊公司产生了联系，具备了区分不同经营者提供的涮羊肉火锅餐饮服务的显著性。这说明一个标志要通过商标注册，要么具备固有显著性，要么在不具备固有显著性的情况下经过使用取得获得显著性。

第四节 商标的合法性

《巴黎公约》第6条第1款规定，申请和注册商标的条件由成员国国内法决定，第6条之3则专门规定了“关于国徽、官方标志和政府间组织的标志的禁例”。《TRIPS协定》第15条第2款认可了《巴黎公约》关于商标合法性的这些规定。世界各国或地区商标立法大多也规定了商标的合法性条件，如《欧盟商标条例》第7条第1款第f～i项的规定、日本《商标法》第4条第1款第1～7项以及第9项和第16项的规定等。我国《商标法》第10条规定了“不得作为商标使用”的标志，即为关于商标合法性条件的规定。

① 北京市高级人民法院（2006）高行终字第94号行政判决书。

一、商标合法性的概念和性质

商标的合法性是指商标标志不得属于法律明确禁止作为商标使用的标志。我国台湾地区 2003 年“商标法”曾于第 23 条第 1 款集中规定了 18 种不得注册的商标，台湾地区“经济部智慧财产局”编印的“商标法逐条释义”解释道：“本条文第 1 款包括的不得注册事由，系分三种态样：商标识别性之问题（第 1 项至第 4 项）、公益之问题（第 5 项至第 11 项）及与他人权利冲突之问题（第 12 项至第 18 项）。”其现行“商标法”将涉及商标识别性的三个条件单独规定于第 29 条，而将功能性、合法性以及非冲突性条件规定于第 30 条。尽管如此，其现行“商标法逐条释义”仍认定现行“商标法”第 30 条第 1 款第 2 项至第 8 项即原“商标法”第 23 条第 1 款第 5～11 项为“公益性”问题。我国《商标法》第 10 条的规定就相当于台湾地区现行“商标法”第 30 条第 1 款第 2 项至第 8 项的规定。因此，可以说，我国《商标法》第 10 条规定合法性条件同样是公益性问题。正因如此，《商标法》第 10 条规定的合法性条件不同于同为规定商标的绝对条件的《商标法》第 11 条所规定的条件，《商标法》第 11 条规定的是禁止注册的标志而不是禁止使用的标志，涉及的仅仅是商标的显著性问题，与公共利益并无必然联系。因此，既然《商标法》第 10 条规定的标志涉及的是公共利益，是禁止使用的标志，那么这些标志当然就是禁止被注册的，这就意味着《商标法》第 10 条规定的标志是绝对不能作为商标的，是否具有第二含义也是无关的，这些标志的注册障碍不可能通过使用获得第二含义而克服。而《商标法》第 11 条规定的标志尽管由于不符合显著性的要求而不能注册，但却是可以使用的，如果获得第二含义就能够注册并取得商标权，这些标志的注册障碍是可以通过使用而克服的。

二、商标合法性条件的内容及其具体判断

从《巴黎公约》第 6 条之 3 和第 6 条之 5 的规定来看，相当于我国《商标法》第 10 条规定的商标的合法性条件的内容大体上可以分为官方标志、欺骗性标志和违反公序良俗的标志三大类，其中官方标志又可以分为国家、国际组织等政治组织的标志以及表明监督和保证的官方符号和检验印章两个方面。欧盟学者对《欧盟商标条例》规定的商标合法性条件的概括也大体如此。① 我国《商标法》第 10 条规定的合法性条件可以分为如下几种。

（一）官方标志

国家、国际组织等政治组织的标志主要包括《商标法》第 10 条第 1 款第 1～3 项及第 5 项的内容，即同中华人民共和国的国家名称、国旗、国徽、国歌、军旗、军徽、军歌、勋章等相同或者近似的，以及同中央国家机关的名称、标志、所在地特定地点的名称或者标志性建筑物的名称、图形相同的；同外国的国家名称、国旗、国徽、军旗等相同或者近

---

① 欧盟学者将《欧盟商标条例》第 7 条第 1 款第 f 至 i 项规定的内容分别称为“属于《巴黎公约》第 6 条之 3 规定的标志”、“其他公共利益标志”、“冒犯性标志”和“欺骗性标志”等四种类型。Annette Kur & Martin Senftleben, *European Trade Mark Law: A Commentary*, Oxford: Oxford University Press, 2017, §4.2.2, paras 4.205-4.240.

似的，但经该国政府同意的除外；同政府间国际组织的名称、旗帜、徽记等相同或者近似的，但经该组织同意或者不易误导公众的除外；同“红十字”“红新月”的名称、标志相同或者近似的。禁止这些标志注册的理由在于，“这种注册或使用会违反国家监督使用象征主权的标记的权利，此外，也可能使公众对带有这种标记的商品的来源发生误解”①。

表明实施控制、予以保证的官方标志、检验印记主要是《商标法》第 10 条第 1 款第 4 项规定的与表明实施控制、予以保证的官方标志、检验印记相同或者近似的标志。

就我国商标法上的官方标志及其判断，需要注意以下几点：其一，我国商标法规定的国家徽记的标志范围宽于《巴黎公约》的规定。《巴黎公约》对于国家徽记的保护义务限于巴黎公约联盟国家的徽记②，而我国商标法保护一切外国的国家徽记。其二，相同近似判断标准有所不同。根据博登浩森的解释：“国家徽记、官方符号和检验印章受到保护，不仅是使它与它们相同或将它们用作组成部分的商标不能注册和使用，而且也不允许在这样的商标中包含有‘从徽章学的观点看来’对它们的任何仿制。所以，这里所禁止的仿制比一般不允许在商标之间所做的仿制使用范围要窄。这是因为国家徽记往往包含狮、熊、太阳等这样一些本身很普通的标志，所以，就应允许把它们自由用于商标，除非仿制涉及区别徽记的徽章学的特点。”③ 也就是说，对国家徽记而言，其近似的范围要窄于普通商标的近似，是只限于徽章学的近似。我国《商标审查及审理标准》并未进行这种区分，按其用语似乎国家徽记的相同近似判断和商标的相同近似判断并无区别。当然，我国《商标审查及审理标准》事实上也允许那些具有国家徽记中的要素但不会导致公众误认的标志的注册。其三，除国旗之外，官方标志的保护需要履行一定手续。国家徽记、官方符号和检验印章以列入国家希望保护的清单并经由国际局相互通知为前提条件，国际组织徽记则需以国际局通知为前提。其四，官方标志只向未来发挥效力，不溯及既往。其五，官方标志可经“权利（力）”方许可而使用和注册。

值得注意的是，最高人民法院《关于审理商标授权确权行政案件若干问题的规定》第 3 条规定：“商标法第十条第一款第（一）项规定的同中华人民共和国的国家名称等‘相同或者近似’，是指商标标志整体上与国家名称等相同或者近似。对于含有中华人民共和国的国家名称等，但整体上并不相同或者不相近似的标志，如果该标志作为商标注册可能导致损害国家尊严的，人民法院可以认定属于商标法第十条第一款第（八）项规定的情形。”这就表明，申请注册的商标标志是否与我国国名等发生冲突，应从整体上判断商标标志是否与国家名称构成相同或近似。如果整体上并不构成相同或近似，则不宜适用《商标法》第 10 条第 1 款第 1 项的规定予以禁止。但是，考虑到包含有国家名称的商标标志一旦通过注册，随商品或服务行销于市场，将可能有损国家尊严，从而产生“不良影响”，法院应考虑这种情况发生的可能性，适用《商标法》第 10 条第 1 款第 8 项予以禁止。

---

①②③ 博登浩森. 保护工业产权巴黎公约指南. 汤宗舜，段瑞林，译. 北京：中国人民大学出版社，2003：63，64.

典型案例

"中国劲酒"商标行政案

2005年10月20日，劲牌公司向商标局申请在第33类果酒（含酒精）、开胃酒、蒸馏饮料、葡萄酒、酒（饮料）、米酒、含酒精液体、酒精饮料（啤酒除外）、黄酒、食用酒精等商品上注册第4953206号"中国劲酒"商标（简称申请商标）。2008年2月26日，商标局予以驳回，认为申请商标内含我国国名，不得作为商标使用，不宜注册，驳回申请商标的注册申请。劲牌公司不服该驳回决定，向商标评审委员会申请复审。商评委认为，申请商标中的"中国"为我国国家名称，属于《商标法》第10条第1款第1项明确规定不得作为商标使用的标志，决定予以驳回。劲牌公司不服，向北京市第一中级人民法院提起行政诉讼，北京市第一中级人民法院一审认为，方章图案中的"中国酒"三字，字体明显有别于"劲"字，虽然包含有中国国名，但该国名部分更容易使消费者理解为商标申请人的所属国，判决撤销商评委决定。商评委不服一审判决，向北京市高级人民法院提起上诉。北京高院认为，申请商标所含我国国名与其他具备显著特征的标志相互独立，国名仅起表示申请人所属国作用，判决维持一审判决。商评委不服，向最高人民法院申请再审。最高人民法院再审认为，《商标法》第10条第1款第1项规定中的同中华人民共和国的国家名称相同或者近似，是指该标志作为整体同我国国家名称相同或者近似。如果该标志含有与我国国家名称相同或者近似的文字，且其与其他要素相结合，作为一个整体已不再与我国国家名称构成相同或者近似的，则不宜认定为同中华人民共和国国家名称相同或者近似的标志。本案中，申请商标虽然含有我国国家名称"中国"，但其整体上并未与我国国家名称相同或者近似，因此申请商标并未构成同中华人民共和国国家名称相同或者近似的标志。但是，国家名称是国家的象征，如果允许随意将其作为商标的组成要素予以注册并作商业使用，将导致国家名称的滥用，损害国家尊严，也可能对社会公共利益和公共秩序产生其他消极、负面影响。因此，对于上述含有与我国国家名称相同或者近似的文字的标志，虽然对其注册申请不宜根据《商标法》第10条第1款第1项进行审查，但并不意味着属于可以注册使用的商标，而仍应当根据《商标法》其他相关规定予以审查。最终，最高人民法院判决维持北京市第一中级人民法院和北京市高级人民法院的一、二审判决，要求商评委就申请商标是否违反《商标法》其他相关规定重新作出复审决定。①

本案中，最高人民法院对含"中国"字样的商标的注册是否违反《商标法》第10条第1款第1项的规定进行了解释。最高人民法院实际上认为，我国《商标法》之所以禁止注册含"中国"字样的标志，主要是为了维护国家尊严，防止国家名称被滥用。亦即，如果含"中国"字样的商标能够轻易获得注册，标示于商品或服务之上，行销市场，则难免给国家形象、国家尊严带来"不良影响"。因此，即便含"中国"字样的商标在整体上已经与"中国"的国家名称有所区别，不再与国家名称构成相同或近似，但出于维护国家尊严的考虑，对含"中国"字样的商标的注册仍应当持慎重态度。

---

① 北京市第一中级人民法院（2009）一中行初字第441号行政判决书；北京市高级人民法院（2009）高行终字第829号行政判决书；最高人民法院（2010）行提字第4号行政判决书。

（二）欺骗性标志

欺骗性标志即我国《商标法》第10条第1款第7项的“带有欺骗性，容易使公众对商品的质量等特点或者产地产生误认的”标志。2001年《商标法》第10条第1款第7项在规制欺骗性标志上，规定了“夸大宣传”和“带有欺骗性”两个要件。2013年《商标法》修正时将“夸大宣传”要件删去，表明只要标志本身带有欺骗性，容易使相关公众发生错误认识，则无论是否属于夸大宣传，均属于禁止使用和注册的欺骗性标志。“带有欺骗性”，是指商标对其指定使用商品或者服务的质量等特点或者产地作了超过其固有程度或与事实不符的表示，容易使公众对商品或者服务的质量等特点或者产地产生错误的认识。判断公众是否容易发生错误的认识，应当从相关公众普遍的认知水平和认知能力出发。如果标志本身包含有多重含义，则应以相关公众普遍的认知所指向的主要含义，作为判断是否带有欺骗性的依据。欺骗性标志也带有描述性的特点，可以说是描述性标志的反面，即描述性标志是直接表示商品或服务的特征，而欺骗性标志同样是直接表示商品或服务的特征，但这种表示却与事实不符甚至相反。需要注意的是，这里的欺骗性和商标侵权判断中的混淆可能性是不同的，这里的欺骗性中的欺骗是指就质量、产地、原材料等产品本身特征的虚假陈述，属于商标注册的绝对条件。而混淆可能性中的混淆误认是指就商品来源的混淆误认，是商标之间的冲突，是商标注册的相对条件。

典型案例

“秘方堂”商标案

方某在第30类非医用营养液等商品上申请注册“秘方堂”商标，商标局以具有欺骗性和不具有显著性为由驳回申请，商标评审委员会以相同理由驳回。方某不服，上诉至法院。一审和二审法院均认为，“秘方”一词有“秘密的配方”“不公开的有显著效果的方法”，注册在第30类非医用营养液等商品上，会使相关公众误认为这些商品中含有“不公开的有显著效果的方法”，属于《商标法》第10条第1款第7项规定的情形，不应予以注册。[①]

（三）冒犯性标志

冒犯性标志主要是我国《商标法》第10条第1款第8项的“有害于社会主义道德风尚或者有其他不良影响的”标志。其中，“社会主义道德风尚”，是指我国人们共同生活及其行为的准则、规范以及在一定时期内社会上流行的良好风气和习惯；“其他不良影响”，是指商标的文字、图形或者其他构成要素对我国政治、经济、文化、宗教、民族等社会公共利益和公共秩序产生消极的、负面的影响。我国《商标法》的该条规定在多数国家或地区商标法中被称为违反公序良俗的标志[②]或者“冒犯性标志”（offensive marks）。[③] 由于民

---

① 北京市高级人民法院（2010）高行终字第707号行政判决书。

② 如《欧盟商标条例》第7条第1款第f项、《德国商标和其他标志保护法》第8条第2款第5项、日本《商标法》第4条第1款第7项等。

③ Annette Kur & Martin Senftleben, *European Trade Mark Law: A Commentary*, Oxford: Oxford University Press, 2017, §4.2.2.3., para 4.206.

族歧视基本上可以包含于含义更广的公序良俗之中，我国《商标法》第 10 条第 1 款第 6 项的“带有民族歧视性的”标志本质上也属于冒犯性标志。通常，冒犯性标志只涉及所申请商标的内在品质，标志下提供的商品或服务能否合法提供是无关紧要的。[①] 当然，在具体判断标志是否构成冒犯性标志时需要结合标志所使用的商品或服务。冒犯性标志中的冒犯性应坚持适中的标准，标准不能过宽以至于损害言论自由等公共利益，也不能过严以至于明显违反公序良俗。在具体判断时，冒犯性标志的判定应考虑社会背景、政治背景、历史背景、文化传统、民族风俗、宗教政策等因素，并应考虑商标的构成及其指定使用的商品和服务。商标使用在何种商品或服务上对于是否构成冒犯性标志以及是否能够注册具有重要的影响。比如，在“SCREW YOU”案中，欧洲知识产权局上诉委员会区分了仅在有执照的性用品商店出售的商品和广泛而公开做广告的商品，“SCREW YOU”商标在避孕套、避孕药和性玩具（振动器具、充气娃娃等）以及吸奶器和人工乳房等商品上被接受注册，而在第 9、25、28 和 33 类商品上被拒绝注册。再如，在“法门寺”一案中，尽管大量不同主体申请的“法门寺”商标已经获得注册，但“考虑到诉争商标指定使用的是卫生纸，而卫生纸的主要作用亦为清洁污秽之物，是人们日常如厕的生活用品，如果将‘法门寺’商标使用在卫生纸上，可能会对宗教信仰、宗教感情造成伤害，从而造成不良社会影响”，最终注册商标被宣告无效。[②]

典型案例

“微信”商标案

在本案中，创博亚太公司于 2010 年 11 月 12 日向商标局申请注册“微信”商标，并于 2011 年 8 月 27 日通过初步审定，指定该商标用于信息传送、电话业务等服务。2011 年 1 月 21 日腾讯公司的微信 1.0 测试版发布。三天后，腾讯公司向商标局提交了“微信”商标注册申请。在创博亚太公司申请“微信”商标注册的异议期内，自然人张某以该商标违反《商标法》第 10 条第 1 款第 8 项的规定，针对创博亚太公司“微信”商标提出异议。商标局于 2013 年 3 月 26 日以“微信”商标容易产生不良社会影响为由裁定不予核准注册。

创博亚太公司不服，向商标评审委员会申请复审。商评委认为：虽然创博亚太公司申请注册被异议商标时，腾讯公司的“微信”软件尚未正式对外推出，但是，张某提交的证据表明，腾讯公司在被异议商标初步审定公告前已正式推出了“微信”软件，且用户量持续迅猛增长，截至 2013 年 7 月，腾讯公司的“微信”注册用户至少已经增长到 4 亿人，并且多地政府机关、法院、学校、银行等推出了微信公共服务，相关公众已经将“微信”与腾讯公司紧密地联系起来。

虽然创博亚太公司申请注册被异议商标是否损害腾讯公司的特定民事权益不属于《商标法》第 10 条第 1 款第 8 项所调整的内容，也不是本案审理的焦点，但在社会公众对“微信”的认知发生变化，社会客观环境和公众利益内容发生变化的情况下，商标评审委

---

① Annette Kur & Martin Senftleben, *European Trade Mark Law: A Commentary*, Oxford: Oxford University Press, 2017, §4.2.2.3., para 4.206.

② 参见北京知识产权法院（2015）京知行初字第 3649 号行政判决书。

员会应对被异议商标的注册是否会对变化了的社会公共利益和公共秩序造成不良影响作出判断。考虑本案的事实，如核准被异议商标注册，将会对多达4亿的微信注册用户以及广大微信公共服务的用户带来极大不便乃至损失，同时也可能使他们对创博亚太公司提供的“微信”服务的性质和内容产生误认，从而可能对社会公共利益和公共秩序产生消极、负面的影响。因此被异议商标已经构成《商标法》第10条第1款第8项所禁止的情形。据此，商标评审委员会裁定被异议商标不予核准注册。①

创博亚太公司不服商标评审委员会的裁定，将其诉至北京市知识产权法院。北京市知识产权法院认为：申请在先原则是我国商标注册制度的一般原则，但在尊重在先申请这个事实状态的同时，商标注册核准与否还应当考虑公共利益和已经形成的稳定市场秩序。当商标申请人的利益与公共利益发生冲突时，应当结合具体情况进行合理的利益平衡。本案中，一方面是商标申请人基于申请行为产生的对特定符号的先占利益和未来对特定符号的使用可能产生的期待利益，另一方面是庞大的微信用户已经形成的稳定认知和改变这种稳定认知可能形成的较大社会成本。鉴于此，选择保护不特定多数公众的现实利益具有更大的合理性。因此，被告认定被异议商标的申请注册构成《商标法》第10条第1款第8项所禁止的情形并无不当。据此，北京知识产权法院判决维持商标评审委员会裁定。②

创博亚太公司不服，向北京市高级人民法院提起上诉。2016年4月20日，北京市高级人民法院对微信商标案作出终审判决，驳回创博亚太公司的上诉，维持原判。在判决理由上，北京市高级人民法院纠正了一审判决适用《商标法》“不良影响”条款的做法，而是以《商标法》显著性条款为主要判决依据。在判决中，北京市高级人民法院认为，被异议商标由中文“微信”二字构成，现有证据不足以证明该商标标志或者其构成要素有可能会对我国政治、经济、文化、宗教、民族等社会公共利益和公共秩序产生消极、负面影响。因此，被异议商标未违反《商标法》第10条第1款第8项的规定。虽然被异议商标的申请注册并未违反《商标法》第10条第1款第8项的规定，但被异议的商标在指定使用的服务上缺乏显著特征，依法不应予以核准注册。商标评审委员会的裁定和原审判决认定虽有不当，但裁判结论正确，因此在纠正相关错误的基础上予以维持。③

本案入选了北京市高级人民法院发布的北京市法院2016年知识产权司法保护十大典型案例，对《商标法》第10条第1款第8项的适用具有重要的参考价值。从本案中北京市高级人民法院判决的观点看，《商标法》第10条第1款第8项中的“其他不良影响”是指商标的文字、图形或者其他构成要素对我国政治、经济、文化、宗教、民族等社会公共利益和公共秩序产生消极的、负面的影响。如果商标标志的注册仅损害特定民事主体的权益，并不涉及公共利益或公共秩序，则属于民事主体之间的民事纠纷，不属于“有其他不良影响”的情形，不应适用《商标法》第10条第1款第8项。

(四) 地名标志

地名标志用作商标具有一定的特殊性。首先，地名标志标示在商品之上，往往容易使相

---

① 商标评审委员会商评字（2014）第67139号裁定书。

② 北京市知识产权法院（2014）京知行初字第67号行政判决书。

③ 北京市高级人民法院（2015）高行知终字第153号行政判决书。

关消费者认为是描述商品的产地，而非认为是商品的商标，这就说明地名标志原则上是不具有固有显著性的，在不能证明其经过使用获得第二含义的情况下，不应予以注册。其次，如果某一种标示了地名标志的商品并非来源于地名标志所代表的地域，则会欺骗和误导消费者。鉴于地名标志的特殊性，各国或地区商标法都对地名标志进行了特殊规定，我国也不例外。《商标法》第 10 条第 2 款规定："县级以上行政区划的地名或者公众知晓的外国地名，不得作为商标。但是，地名具有其他含义或者作为集体商标、证明商标组成部分的除外；已经注册的使用地名的商标继续有效。"根据这一规定，我国县级以上行政区划地名是禁止注册的，这些行政区划包括县、自治县、县级市、市辖区、地级市；自治州、地区、盟；省、直辖市、自治区；特别行政区；台湾地区等。对于禁止注册的外国地名，必须是我国公众知晓的外国地名，即在我国具有一定的影响力和知名度的外国地名。禁止注册的地名不仅包括上述地名的通称，还包括全称、简称、对应的拼音、通用的中文译名等。当然，在一些特殊的情况下是允许注册地名商标的。根据《商标法》第 10 条第 2 款规定，地名可以作为集体商标或证明商标注册。例如，我国很多地理标志商标就是注册为集体商标或证明商标。此外，在我国 1993 年《商标法》对地名商标进行规范之前已经注册的地名商标继续有效。

由于地名标志缺乏固有显著性，从世界各国或地区商标法的规定来看，地名标志一般在商标的显著性问题中予以解决。亦即，地名商标因属于描述性商标而不具有固有显著性，需要通过使用获得第二含义才能够作为商标注册或受到保护。[①] 但是，我国《商标法》第 10 条第 2 款将"县级以上行政区划的地名或者公众知晓的外国地名"规定为不得作为商标的标志，而对其他地名则没有规定而任由其注册。本书认为，我国商标法的这种规定并不符合商标法原理，行政区划并不决定地名的知名度，县级以上地名并非不能作为商标，而县级以下地名并不当然就能作为商标注册。事实上，有些县级以上地名的知名度并不高，而有些县级以下地名如"三元里""虎门""瓦窑堡""皇姑屯"等知名度却很高。这就表明，以地名的行政区划作为是否允许其注册的标准并不能实现该规定的立法目的。地名标志本质上属于描述性标志，只要不具有欺骗性且通过使用而获得了第二含义，就应该能够注册或者受到保护。

我国《商标法》第 10 条第 2 款规定，县级以上行政区划的地名或者公众知晓的外国地名，不得作为商标。但是，地名具有其他含义或者作为集体商标、证明商标组成部分的除外；已经注册的使用地名的商标继续有效。就这里的"其他含义"，我国实务界存在着不同的观点，一种观点认为，这种"第二含义"是地名含义之外的其他含义，如"凤凰"既是湘西凤凰县的县级行政区划名称，同时也是一种传说中的鸟，"凤凰"传说中鸟的含义就是这里的其他含义；另一种观点认为，"作为能够以商标使用或者注册的地名的其他含义，当然是指其区别商品或者服务来源的标识意义，而不是指除此之外的其他一般性含义"。因为"地名因在特定商品上的使用而具有第二含义的，给予保护或者允许其垄断的不是该地名，而是将该地名与特定商品联系起来的第二含义"[②]。本书认为，从商标法的基本原理来说，第二种观点是正确的，这也就是其他国家或地区商标法将地名标志作为描述性标志的原因。但

---

① 如《欧盟商标条例》第 7 条第 1 款第 c 项和第 j 项、日本《商标法》第 3 条第 1 款第 3 项等。

② 孔祥俊. 商标与不正当竞争法：原理和判例. 北京：法律出版社，2009：82.

从我国《商标法》的规定来看，则第一种观点是正确的。因为如果《商标法》意在将地名标志作为描述性标志的话，只需将地名商标规定于第11条第1款第2项即可，无须将“县级以上行政区划的地名”和“公众知晓的外国地名”规定于第10条第2款而特别对待。

鉴于我国目前地名商标的规定并不合理，建议未来修法放弃以行政区划作为是否允许地名商标注册的标准，而是以地名是否具有显著性和是否可能欺骗公众作为标准。其一，当地名标志不具有固有显著性时，禁止其注册。同时，将《商标法》第10条第2款中的“其他含义”解释为地名获得显著性即通过使用获得第二含义。当地名标志经过使用获得显著性时，可以注册。其二，当地名标志标示的商品并非来自地名标志所代表的地域，容易欺骗公众时，可以适用《商标法》第10条第1款第7项的规定，以其“带有欺骗性”为依据禁止其注册。

典型案例

“红河”商标案

1997年6月7日，大兴安岭北奇神公司注册了第1022719号“红河”商标，2000年11月28日，将该商标转让给济南红河饮料制剂经营部。2001年8月13日，云南红河公司向商标评审委员会提出撤销该商标的申请，主张“红河”是云南省红河哈尼族彝族自治州及红河县两级行政区划的名称，是县级以上行政区划的地名且不具有其他含义。商标评审委员会经审查认为，“红河”具有县级以上行政区划地名以外的其他含义，作出维持“红河”商标的裁定。云南红河公司不服，向北京市第一中级人民法院提起诉讼。北京市第一中级人民法院认为，县级以上行政区划的地名，不得作为商标，但是地名具有其他含义的除外。红河哈尼族彝族自治州及红河县是县级以上行政区划的地名。本案的关键在于“红河”是否具有地名以外的其他含义。商标评审委员会提交的《辞海》、《世界地图册》及《中国地图册》均为我国权威出版物，可以证明在越南境内有名为“红河”的河流。故“红河”具有地名以外的其他含义，可以作为商标注册，判决维持商评委的裁定。红河公司不服，向北京市高级人民法院提起上诉。北京市高级人民法院认为，地名具有其他含义应理解为，该地名具有明显有别于地名的、明确的、易于为公众所接受的含义，从而足以使该地名起到商标所应具有的标识性作用。我国公开出版物记载“红河”除作为我国县级以上行政区划地名以外，还是越南境内一条河流的名称。故能够证明“红河”具有地名以外的明确、公知的含义，符合商标法所要求的其他含义。①

从一审、二审法院在本案中的观点看，法院实际上是认为，“其他含义”应解释为地名含义之外的其他含义。在此基础上，当地名具备地名含义之外的其他含义时，便具备了固有显著性，消费者会将之作为商标对待，从而使地名起到标示性作用。

本书已经指出，根据商标法的基本原理，由于地名商标天然带有描述性的特征，只有经过经营者的使用，地名产生了有别于地名含义的“第二含义”，能够指示商品或服务的

---

① 北京市第一中级人民法院（2002）一中行初字第508号行政判决书；北京市高级人民法院（2003）高行终字第65号行政判决书。

来源，才符合商标法中“其他含义”的要求。如果仅凭地名具有地名含义之外的其他含义，就推定其具有固有显著性，消费者能够将之识别为商标，则可能导致一些地名商标轻易获得注册，违背《商标法》第10条第2款的规范意旨。

第五节　商标的非功能性

我国《商标法》第12条规定：“以三维标志申请注册商标的，仅由商品自身的性质产生的形状、为获得技术效果而需有的商品形状或者使商品具有实质性价值的形状，不得注册。”这是关于商标非功能性原则的规定。商标的非功能性原则的基本要求是：“功能性的产品特征不能作为商标保护。”①

一、商标非功能性原则的内涵和价值意蕴

商标的非功能性原则是指，商标因具有特定的技术或者美学功能而不能受到商标法的保护。商标法禁止保护商标的功能性方面的理由是：“（1）适应自由竞争的重要原则，在实用特征中只能有一种独占权的法律渊源——实用专利法；（2）通过确保竞争者能够复制有效竞争所必需的特征而维持自由和有效竞争。”② 亦即，商标法的立法目的是通过保护商标权人商标的商誉来促进市场竞争。一旦具有功能性特征的商标受到商标法的保护，则相当于赋予功能性商标的商标权人以生产该功能性产品的垄断权，其他参与市场竞争的主体将受到不利的影响。

本书认为，商标功能性原则的立法意旨不仅在于促进公平竞争，也在于界定商标法和专利法、著作权法之间的界限。尽管商标和作品、发明等智力成果均可以出现在商品的外部而构成商品的外形或包装，均有可能给权利人带来竞争优势，但同样出现于商品外部而构成商品的外形或包装的商标和作品、发明、外观设计等智力成果却发挥着不同的功能，给使用人带来竞争优势的途径也不同。商标向消费者提供商品的信息，便于消费者识别贴有商标的商品，商标本质上并不增加商品的价值，而是通过降低消费者的搜寻成本而体现出其自身的价值并给商标使用人带来竞争优势。作品、发明、外观设计则不同，它们或者直接提高商品的技术或美学性能，或者直接降低商品的生产成本，通过直接提高商品的价值而体现出其自身的价值，从而给创造者带来竞争优势。作为识别性标志，对商标的投入是持续不断的，只有允许商标无限续展才能激发商标使用人对商标进行投资的积极性。而作为智力成果的作品、发明、外观设计等的投入则是一次性的，因此只要期限合适，规定一个固定的权利期限就可以激励创造者进行创造。对识别性的商标仅仅规定固定期限的权利会抑制商标使用人向商标投资的积极性，最终损害社会经济秩序。而对作为创造性智力成果的作品、发明、外观设计规定无限续展的期限则不仅提供了过度的激励，也会阻碍新

---

① Mark Alan Thurmon, The Rise and Fall of Trademark Law's Functionality Doctrine, *56 Fla. L. Rev.* 245 (2004).

② J. Thomas McCarthy, *McCarthy on Trademarks and Unfair Competition*, Fifth Edition March 2020 Update, §7: 63.

的创造活动，最终损害社会公共利益。正因为如此，商标法创立非功能性原则来限制功能性商标的商标法保护。商标的非功能性原则不仅发挥着促进自由竞争的功能，也可以清晰地界定商标权与著作权、专利权、外观设计权之间的界限，防止用商标保护来实现对作品、发明、外观设计的永久垄断，以免不适当的商标保护危害社会公共利益、危害知识产权法各部门法的功能分工。

二、商标非功能性原则的适用范围

商标的非功能性原则中的功能性商标是仅仅限于立体商标还是能够适用于所有商标？《欧盟商标条例》第7条第1款第e项规定，仅“由商品本身的特性决定的形状”“获得一定技术效果所必需的商品形状”“给商品带来实体价值的商品形状”属于“驳回注册的绝对理由”，并未对功能性商标的范围进行限定，同属于欧盟的德国①、英国②、法国③、意大利④、丹麦⑤等国商标法均未限定非功能性原则适用的功能性商标类型范围。美国商标法也未将功能性标志限定于立体商标。而日本《商标法》第4条第18项规定，“商品或商品包装的形状是为了确保本商品或商品包装的功能而不可缺少的立体形状”构成的商标不能注册；我国台湾地区“商标法”第30条规定，“商品或包装之立体形状，系为发挥其功能性所必要者”不得注册。两者均将功能性原则适用的商标范围限于立体商标。那么，商标的非功能性原则中的功能性商标是否应该限于立体商标呢？本书认为，功能性商标不应限于立体商标，尤其是在今天商标的法定构成要素已经扩张至几乎所有类型的商标时，产品的立体形状、颜色、声音、触感、气味等均有可能成为产品实质价值的来源，商标的非功能性原则将不得注册的商标限于立体商标的做法已经不合时宜。

商标非功能性原则中的功能性包括实用功能性和美学功能性两种类型。实用功能性是指具有技术性特征的功能。这种技术性特征能够使产品产生技术性的功能，如影响产品的质量或改变产品的性能。美学功能性的内涵较为模糊，一般是指能够显著吸引消费者，使产品具有实质性的价值，从而能够增加产品竞争力的功能特征。那么，商标非功能性原则中的功能性究竟仅仅限于实用功能性还是同时包括美学功能性？商标的美学功能性可能是商标法上最具争议性的问题之一，美国著名商标法专家麦卡锡教授否认美学功能性适用于商标非功能性原则，他认为：“关于什么是‘功能性’的测试应该类似于专利法的测试，即‘功能性的’特征或设计应该定义为那些由诸如使产品运行更有效率、用更少的部件和更长的寿命、或者对操作者危险更小、或为减少交付费用或运输中的损坏而塑造的实际的工程类型因素驱动的那些特征或设计。根据这种基本理由，这些类型的实用性因素应该定义什么是‘功能性’的范围。”⑥ 著名知识产权法专家贾斯汀·休斯虽然承认美学功能性应

---

① 《德国商标与其他标志保护法》第3条。

② 英国《商标法》第3条。

③ 法国《知识产权法典》第711—2条。

④ 意大利《商标法》第18条。

⑤ 丹麦《商标法》第2条。

⑥ J. Thomas McCarthy, *McCarthy on Trademarks and Unfair Competition*, Fifth Edition March 2020 Update, §7: 67.

适用于商标非功能性原则，但却采用了一种非常严格的美学功能性概念，他认为："审美功能性应该只出现在一个设计或特征触发了实质数量的消费者的积极反应之时，这种积极反应建立于该设计或商业外观由主张商标权的一方首次创造或使用之前消费者的广泛共同认知、心理或审美倾向基础之上。"①

本书认为，不管是否承认美学功能性适用于商标非功能性原则，美学功能性适用于商标非功能性原则的必要性要远逊色于实用功能性的，这是无可置疑的，其根本原因是实用功能性和美学功能性各自所属的创造领域的不同特征，实用功能性属于技术领域，而美学功能性属于艺术领域，前者是一个"收缩的"世界，而后者是一个"多样性的"世界。②在技术领域，不管是受到专利保护还是受到商标保护，他人避开受保护的功能特征或设计的难度要大得多，对竞争态势的影响较大。而在艺术领域，不管是受到专利、著作权还是商标保护，他人避开受保护的功能特征或设计的难度要小得多，对竞争态势的影响较小。

从我国《商标法》第 12 条的规定来看，商标非功能性原则仅仅适用于三维立体商标，而不适用于其他类型的商标，《商标审查及审理标准》仅仅提供了三维立体商标的功能性审查标准而没有提供其他类型商标的功能性审查标准，这也从侧面印证了在我国的商标法上，商标非功能性原则仅仅适用于三维立体商标。至于美学功能性是否包括在功能性之内，我国商标法规定得并不明确。《商标法》第 12 条中的"实质性价值"为将美学功能性包含于功能性之内提供了空间，我国司法实践涉及美学功能性的案例非常少见，尽管司法实践似乎暗示着美学功能性属于功能性之一种③，但目前为止并无因美学功能性而被驳回注册或无效宣告的商标。

三、商标功能性的判断

我国《商标审查及审理标准》对商标功能性的判断问题规定得非常简略，仅仅规定了立体商标的功能性审查标准，而没有规定声音商标、颜色组合商标等的功能性审查标准。参考相关国家或地区的商标审查标准，商标功能性的判断可能考虑的因素如下。

第一，标志仅由商品自身性质产生的形状或者其他特征组成。即当标志的形状或者其他特征是为实现商品固有的目的和用途所必须采用的或通常采用的立体形状或特征，该标志具有功能性。例如，圆形是轮胎设计的唯一选择，故圆形外观不可注册为轮胎商品的商标而由特定人独占使用；缝衣针必须一头是尖的，另一头是能将线穿进去的椭圆形孔，只有这样，才能达到其缝制衣服的使用目的，若以该形状注册于缝纫商品之上，因该形状对为达成其缝制或修补衣服的目的所必需的缝衣针商品的使用或目的有绝对的必要性，若由特定人独占，将严重影响公平竞争。再如，香水、芳香精油、空气清新剂、提神药油等，其商品本质功能就是提供使用者以不同的气味，让使用者能够因商品散发自己所喜欢的气味而舒缓、愉悦心情，或是提神醒脑，所以此类商品因具有实用性而具有功能性。在将气味商标纳入商标非功能性原则调整范围的国家或地区，这类商标自然也不得注册。

---

① Justin Hughes, Cognitive and Aesthetic Functionality in Trademark Law, 36 *CARDOZO L. REV.* 1227, 1231 (2015).

② 中山信弘. 多媒体与著作权. 张玉瑞，译. 北京：专利文献出版社，1997：27 - 28.

③ 北京市高级人民法院（2012）高行终字第 1750 号行政判决书。

第二，标志仅由为获得技术效果而需有的商品形状或者其他特征组成。即当标志的形状或者其他特征是为使商品具备特定的功能，或者使商品固有的功能更容易地实现所必须使用的形状或其他特征，该标志具有功能性。如果某一种形状对于其申请指定使用的商品而言，虽然有一些功能性的特征，但是从商品实用功能的角度来看，该功能并不是主要的，且其功能性特征的实现方式具有任意性，可以多种方式实现，那么该形状就不是为达到某种技术效果所必要。某一形状是否为达到某种技术效果所必要，可以以该形状是否已取得发明或新型专利权作为其判断标准之一，由于有发明、新型专利权的存在，可以显示该形状的实用功能，因而取得发明或新型专利权可以作为该形状具有达到某种技术效果所必要的表面证据。如果申请人在其广告或促销活动中，曾强调该形状所具有的功能或该形状为达到某种效果所必要，该事实也可以作为判断该形状是否为达到某种技术效果所必要的佐证。判断商品或包装的形状或其他特征是否为达到某种技术效果所必要，应以是否有许多其他替代的形状可达到相同的功能为判断标准。商品或包装的形状虽然为达到某种技术效果所必要，但如果有许多其他替代的形状可以达到相同的功能，因不会严重影响市场竞争，所以不属于功能性商标，可以注册。以杯子为例，把手形状在于回避热传导，实现容易端起杯子的功能，但把手形状可以有多种形状设计，因此将把手形状注册于杯子商品上，并不会阻碍他人进入杯子产业。如果仅有少数种其他替代的形状，甚至没有任何替代的形状可以达到相同的功能，或其他替代的形状成本很高，则属于功能性商标，不得注册。例如电风扇叶片的形状是为达到特殊空气流动形态效果所必要的形状，且尚无其他替代的形状可以达到相同的效果，所以就属于功能性商标，不得注册。功能性的声音包括机器设备正常操作时自然产生的声音，如摩托车的引擎声于摩托车或摩托车引擎商品，照相机快门咔嚓声于照相机，均具有功能性。

第三，标志仅由使商品具有实质性价值的形状或其他特征组成，即当标志的形状或其他特征是为使商品的外观和造型或其他方面影响商品价值所使用的形状或其他特征，该标志具有功能性。这里的实质性价值的考量之一是该形状的制作成本或方法是否比较简单、便宜或较好，如果某形状的制作成本或方法比较简单、便宜或较好，一旦允许该形状注册为商标，取得商标独占权后，他人为避免侵害该商标，势必增加制造成本或使用较困难或较差的制造方式制造其他形状，浪费社会经济资源，如此显然会造成不公平竞争，并严重影响公共利益，所以这种商标就是功能性商标，不得注册。例如饼干制造过程中简单喷出或切割的形状，如圆形或枕形。

值得注意的是，美国商标评审委员会曾认为，功能性并不必定是一种设计的永久状态。即使某外形曾被认为是功能性的，其后其状态可能变成非功能性的。因此，商标评审委员会认为，ZIPPO 打火机的设计尽管因便宜和易于制造而最初在一项判决中被认为是功能性的，但随着时间的经过而变得不再是功能性的了，因为竞争者向市场引入了替代设计。[①] 这显然是竞争需要标准的必然结论。因此，功能性的判断是随着时间的变迁、技术的进步、市场的改变而有所不同的，非一成不变。此外，在申请注册时，如果申请的立体

---

① J. Thomas McCarthy, *McCarthy on Trademarks and Unfair Competition*, Fifth Edition March 2020 Update, §7：63.

商标并非仅由具有功能性特征的形状所组成，尚包含其他具有特色的形状，且申请人很明显地并无取得该具有功能性部分的独占权的意图，同时，从其指定使用商品的实用功能的角度来看，该功能在商品之中并不是主要的，立体商标在整体上具有识别性，则纵使该立体商标的某一部分具有功能性特征，仍可以核准其注册。例如，就盛装废弃物的容器而言，某种灯塔状的移动式（附轮子）垃圾桶，虽然该移动式垃圾桶具有功能性特征，但从其指定使用商品的实用功能的角度来看，该功能并不是主要的，而且申请人很明显地并没有取得该具有功能性的部分的独占权的意图，并且该商标形状具有识别性，故可以获得注册，只不过申请人在注册时无法就该容器的功能性部分（轮子）取得独占权。

典型案例

“S”弯形立体商标案

本案中，比彻姆公司在我国注册了第3046063号“S”弯形的立体商标。2004年9月6日，扬州市邗江区牙刷行业协会依据《商标法》第11条、第12条的规定，向商标评审委员会申请撤销该商标。扬州市邗江区牙刷行业协会认为，牙刷作为个人口腔护理洁具，必须具有多功能性。其中包括牙刷颈部富有弹性，吸收漱刷时过大手力，平衡刷牙力量，避免损伤牙釉质并保护牙龈。争议商标截取牙刷颈部一段注册成商标，意在打击中国民族工业，从而牟利，纯属恶意抢注。比彻姆公司在答辩中认为，“S”弯形立体商标由被申请人关联公司委托德国哈尔姆工作室设计，并于1988年在德国面市。争议商标兼具审美及技术特征，其别具一格的视觉美感特征，具有显著性。众多牙刷厂商不同的弹性牙刷颈部设计说明争议商标并非为获得牙刷颈部弹性而需有的商品形状。争议商标目前在包括中国在内的全球57个国家获得注册的事实，证明争议商标具有应有的显著特征。争议商标经由广泛使用，其显著性不断得以增强。

商标评审委员会认为，《商标法》第12条规定以三维标志申请注册商标的，仅由商品自身的性质产生的形状、为获得技术效果而需有的商品形状或者使商品具有实质性价值的形状，不得注册。争议商标为弯曲形立体标志，为牙刷颈部部分。在被申请人产品的说明书及证据中均明确标示“牙刷有弹性的颈部的弯曲可以吸引多余的压力，降低牙刷损伤牙龈的危险，而防滑牙刷柄则提供了对牙刷的更好控制”。因此，争议商标使用在牙刷、电动牙刷两项商品上仅为获得技术效果而需有的商标形状，表示了商品功能等特点，不具显著性。其他厂家的牙刷的不同造型不能证明争议商标具有显著性。申请人提交的证据亦不能证明争议商标通过使用获得显著性。最终，争议商标在牙刷、电动牙刷两项商品上的注册已构成《商标法》第11条第1款第2项及第12条所指情形。商标评审委员会裁定予以撤销。[①]

在本案中，“S”弯形使用在牙签、牙线上，能够吸引多余的压力，降低牙刷损伤牙龈的危险，增强牙刷柄的握力，具备了功能性。一旦某一形状具有了功能性，则无法注册为商标，以防止具备功能性的形状被垄断，损害市场竞争。值得注意的是，商标评审委员会在裁定中认为，“申请人提交的证据亦不能证明争议商标通过使用获得显著性”。这似乎是

---

① 商评字（2010）第21840号商标争议裁定书。

认为，如果申请人提交的证据能够证明争议商标通过使用获得了显著性，则可以维持注册。实际上，这种观点与商标法的功能性原则的立法意旨是相冲突的。商标法的功能性原则的立法意旨是保护竞争，防止某一个主体将功能性特征注册为商标，通过商标法垄断某一种技术。故此，无论具有功能性特征的形状是否在使用中获得了显著性，该形状特征都不能被注册为商标，获得商标法的保护。

典型案例

“三刀头”剃须刀商标案

1966年，飞利浦公司开发出三刀头的剃须刀，并申请了专利。1985年，飞利浦公司将三刀头剃须刀的俯视图二维图形在第8类商品电动剃须刀上进行了商标注册，该注册根据英国1994年《商标法》，获得了立体商标保护。1995年，雷明顿公司开始生产型号为DT55的电动剃须刀，该剃须刀的刀头也呈三刀头形状，外形与飞利浦公司的三刀头剃须刀形状相似。飞利浦公司起诉至法院，认为雷明顿公司的产品侵犯其商标权。雷明顿公司反诉，申请撤销飞利浦公司的三刀头商标。欧洲法院在该案中认为，一个商品的外形的基本功能是为了实现技术效果，即便该技术效果可以通过其他形状实现，该外形也不能注册为商标。最终雷明顿公司胜诉，飞利浦的三刀头商标被撤销。

本案中，三刀头的剃须刀形状设计尽管在产品设计上具有美观性，但该形状设计主要的目的是获得良好的剃须效果。因此这种形状是功能性的形状，不能为某一个主体通过注册商标的方式所垄断。如果某一个主体能够通过注册商标的方式垄断一种具有功能性的形状设计，则相当于通过商标法对该种形状设计进行了专利保护，这对于其他主体使用该形状设计参与市场竞争是极为不利的。故此，在专利法专门规定了对功能性特征进行保护的情况下，如果三刀头的形状设计想要获得法律的保护，应在具备了专利法上的创造性、新颖性、实用性的前提下，申请专利，寻求专利法的保护。此外，本书已经提到，商标法的功能性原则不应限于立体商标。根据本案的启示，如果二维平面标志是一种功能性的表达，通过商标注册也可能达到垄断技术的效果，则这种具有功能性的二维平面标志也不能被注册为商标。

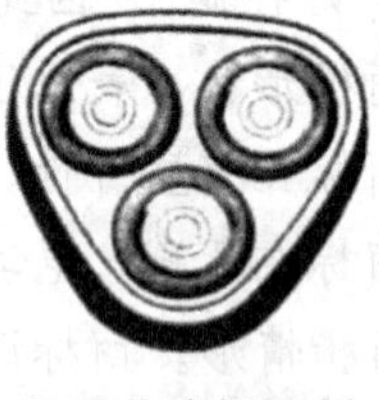

三刀头商标图样

第六节 商标的非冲突性

根据衡平法上的“洁净之手”原理，“任何人不能寻求衡平法救济或者主张衡平法抗辩，只要他违反诸如诚实善意之类的公平原则”[①]。任何不公正、不公平、不诚实、欺骗性的、昧良心的或者背信弃义地执行的故意行为均可能构成“洁净之手”原理下的“不洁之手”[②]。我国虽非英美法系国家，但法律显然应该遵循同样的道理，任何侵犯他人权利的行为都不能合法地取得权利。在商标法上，侵犯他人在先权利的商标不能取得商标权，或者说，商标不得与他人的在先权利相冲突，即商标注册需要满足非冲突性的条件。

一、商标非冲突性概述

关于商标的非冲突性的规定最早可能出现于《巴黎公约》1911 年华盛顿文本，因为在 1883 年《巴黎公约》的原始文本中对《巴黎公约》1967 年文本第 6 条之 5 所规定的商标拒绝注册或使注册无效的唯一理由是申请的客体违反道德和公共秩序，而 1911 年的华盛顿修订会议大大增加了拒绝注册或使注册无效的理由，后来的海牙、伦敦和里斯本历次修订会议进一步发展了这些理由。这些理由中的第一项就是第 6 条之 5 第 2 款第 1 项所规定的“具有侵犯被请求给予保护的国家中第三人既得权的性质的商标”，根据博登浩森的解释，这些第三人的既得权即在先权利“可以是在有关国家已经受到保护的商标权，或者其他的权利，例如对厂商名称的权利或者著作权（版权），如果由图形或虚构的新词所组成的商标侵犯了上述权利的话。如果一项商标侵犯了人身权，例如未经本人授权而使用某人的姓名或肖像，则本条也可以适用”[③]。1958 年《巴黎公约》里斯本修订时又增加了第 6 条之 7 的规定，即“未经商标所有人同意而以代理人或代表人名义进行的注册”。《TRIPS 协定》第 16 条笼统地规定了一个在先权，即注册商标所有人的权利“不得损害任何已有的在先权”。

世界各国或地区的商标立法大多列举了商标注册的在先权利的类型。《欧盟商标条例》(2017) 第 60 条所规定的在先权利包括在先商标、在先未注册商标、地理标志权、名称权、肖像权、著作权和工业产权等，其中的在先商标包括三项内容：(1) 欧盟商标；(2) 在成员国注册的商标，或者就比利时、荷兰、卢森堡而言在比荷卢商标局注册的商标；(3) 在成员国或欧盟有效的国际注册的商标。除此之外，第 8 条还规定了未经所有人同意的代理人或代表人申请以及商品或服务不类似的有声誉的商标。法国《知识产权法典》第 711－4 条规定：“侵犯在先权利的标记不得作为商标，尤其是侵犯：(1) 在先注册商标或巴黎公约第 6 条之 2 所称的驰名商标；(2) 公司名称或字号，如果在公众意识中有混淆的危险；(3) 全国范围内知名的厂商名称或标牌，如果在公众意识中有混淆的危险；(4) 受保护的原产地名称；(5) 著作权；(6) 受保护的工业品外观设计权；(7) 第三人的人身权，尤其是姓氏、假名或肖像权；(8) 地方行政单位的名称、形象或声誉。”《德国商标和其他标志保护法》(1996) 第 9 条至第 12 条规定了在先权利的范围，其中第 9 条规定的是以代理人名义注册商标，第 10 条规定的是驰名商标，第 11 条规定的是未经所有人同意的代理人或代表人申请，第 12 条规定的是在先商标权或其他商业标志权，第 13 条规定的是包括名称

---

① Black's Law Dictionary 268 (8th ed. 2004).

② Herstein, Ori J., A Normative Theory of the Clean Hands Defense (2011). Cornell Law Faculty Publications. paper 210. http://scholarship.law.cornell.edu/facpub/210.

③ 博登浩森. 保护工业产权巴黎公约指南. 汤宗舜，段瑞林，译. 北京：中国人民大学出版社，2003：76.

权、肖像权、著作权、植物品种名称、地理来源标志和其他工业产权在内的其他在先权利。从其第9条至第13条的结构安排以及第13条所用的“其他在先权利”标题以及“商标注册人以外的其他人，在注册商标的在先权日之前，已获得上述第9条至第12条所述权利之外的其他权利”的表述来看，《德国商标和其他标志保护法》第9条至第12条规定的内容均为在先权利。

我国《商标法》第9条后段规定，申请注册的商标“不得与他人在先取得的合法权利相冲突”。这可以说是我国《商标法》保护在先权利的“总括性规定”，即该条规定的在先权利应当概括了商标注册中涉及的所有相关私权利，或者说所有这些相关的私权利都可以归入在先权利之中，而《商标法》第13条规定的驰名商标、第15条规定的被代理人或者被代表人的商标、第16条规定的地理标志以及第32条规定的在先权利均属于特定在先权利的特别规定。[①] 最高人民法院在著名的乔丹案中将商标法上的在先权利分为两类：一类是商标法已有特别规定的在先权利（益）；另一类是其他民事权利（益），即虽商标法无特别规定，但根据《民法通则》、《侵权责任法》和其他法律的规定应予保护，并且在争议商标申请日之前已由民事主体依法享有的民事权利或者民事权益。[②] 商标法已有特别规定的在先权利（益）的范围比较明确，包括《商标法》第13条第2款的未注册驰名商标权与第3款的注册驰名商标权、《商标法》第15条的被代理人或被代表人的未注册商标权益、《商标法》第16条的地理标志权、《商标法》第30条的他人在先的注册商标权以及《商标法》第32条后半句的他人已经使用并有一定影响的商标权益。显然，商标法特别规定的在先权利（益）本质上均属于识别性标记的权利（益）。结合世界各国商标法规定、学者的观点以及我国相关法律规定，其他民事权利（益）大体包括姓名权、肖像权、商号权、奥林匹克标志等特殊标志权、他人有一定影响的商业名称与植物新品种名称权益、著作权和外观设计专利权等。[③]

二、商标法特别规定的在先权利（益）

商标法特别规定的在先权利（益）主要指《商标法》通过明确条文规定的在先权利（益），是影响商标注册的最主要、最常见的相对事由，主要包括他人在先的注册商标、他人在先的驰名商标、被代理人或被代表人的商标、他人在先的地理标志、他人已经使用并有一定影响的商标等。

（一）他人在先的注册商标

在我国，注册商标是法律保护的商标的最主要部分，也是商标法最主要的保护对象。《商标法》第30条规定，申请注册的商标，同他人在同一种商品或者类似商品上已经注册的或者初步审定的商标相同或者近似的，由商标局驳回申请，不予公告。这就是他人在先

---

① 孔祥俊. 商标与不正当竞争法：原理和判例. 北京：法律出版社，2009：106. 其中第31条在现行《商标法》中为第32条。

② 最高人民法院（2016）最高法行再27号行政判决书。

③ 《德国商标和其他标志保护法》第13条、法国《知识产权法典》第711－4条等；李扬. 商标法中在先权利的知识产权法解释. 法律科学（西北政法学院学报），2006（5）；韩景峰. 商标法中在先权利的法理分析. 知识产权，2012（10）；文学. 对在先权利的保护——兼评《商标法》第三十一条的理解与适用. 中华商标，2004（3）；等等。

注册商标对在后注册申请的限制，构成在后商标注册申请的在先权利。商标法采取类似于物权法上一物一权原则的一商标一商标权原则，不允许相互冲突的商标的存在。因此，在先商标权当然会构成在后注册申请的在先权利，会阻止在后商标的注册。

从世界各国或地区商标法的规定来看，在商标审查过程中审查在先注册商标与在后商标注册申请之间的冲突的判断标准基本上和商标侵权的判断标准相同[①]，而我国《商标法》的规定却并非如此。至少在用语上，第 30 条商标注册审查中的商标冲突标准和第 57 条第 1、2 项商标侵权判断中的商标冲突标准是不同的。第 30 条中并没有混淆可能性的要件，而第 57 条第 2 项有混淆可能性的要件。尽管商标实践通过采用不同的商标近似和商品类似概念[②]解决了二者不统一的矛盾，但《商标法》的用语和商标实践显然是违反法的形式理性要求的。商标审查中在先注册商标与在后申请注册商标之间是否冲突的判断标准与商标侵权的判断标准应当是相同的，即都应有混淆可能性的要件，这一问题有待将来修正《商标法》时予以改进。

需要特别注意的是，尽管他人在先的注册商标属于商标的实质条件中的相对条件，但和其他在先权利不同的是，商标局可以主动审查商标注册申请与在先注册商标的冲突，并阻止在后商标的注册，而无须在先商标注册人提出异议。当然，在先商标注册人可以以其在先注册商标在商标异议程序中提出异议。同时，当商标局因审查疏忽或者审查制度的固有缺陷而未能审查出在先冲突商标而准予在后商标注册时，在先商标注册人可以以其在先注册商标请求宣告在后注册商标无效。

(二) 他人在先的驰名商标

驰名商标是在中国为相关公众所熟知的商标，分为未注册驰名商标和注册的驰名商标两种，其中未注册驰名商标的效力仅仅限于相同或类似商品的范围之内，而注册的驰名商标的效力则可以跨越其注册的商品或服务类别而扩及不相同、不相类似的商品或服务。

他人在先的驰名商标是指在在后商标申请注册之前相同或类似商品或服务上他人的未注册驰名商标和不相同、不相类似商品或服务上他人的注册驰名商标。根据《商标法》第 13 条第 2 款和第 3 款的规定，就相同或者类似商品申请注册的商标是复制、摹仿或者翻译他人未在中国注册的驰名商标，容易导致混淆的，不予注册并禁止使用。就不相同或者不相类似商品申请注册的商标是复制、摹仿或者翻译他人已经在中国注册的驰名商标，误导公众，致使该驰名商标注册人的利益可能受到损害的，不予注册并禁止使用。不管是不予注册还是禁止使用，其适用条件是相同的。根据《商标审查及审理标准》的规定，他人的未注册驰名商标阻止在后商标在相同或类似服务上注册需符合下列条件：(1) 他人商标在系争商标申请日前已经驰名但尚未在中国注册；(2) 系争商标构成对他人驰名商标的复制、摹仿或者翻译；(3) 系争商标所使用的商品/服务与他人驰名商标所使用的商品/服务相同或者类似；(4) 系争商标的注册或者使用，容易导致混淆。他人的注册驰名商标阻止在后商标在不相同或不相类似服务上注册需符合下列条件：(1) 他人商标在系争商标申请

---

① J. Thomas McCarthy, *McCarthy on Trademarks and Unfair Competition*, Fifth Edition March 2020 Update, §23: 1;《欧盟商标条例》第 8 条第 1 款和第 9 条第 1 款第 a 和 b 项。

② 即商标审查机关在混淆可能性的语境下判断商标近似和商品类似。在相关公众存在发生混淆的可能性时，认定商标近似和商品类似，这样就将混淆可能性要件融入商标近似和商品类似的判断之中。

日前已经驰名且已经在中国注册；（2）系争商标构成对他人驰名商标的复制、摹仿或者翻译；（3）系争商标所使用的商品/服务与他人驰名商标所使用的商品/服务不相同或者不相类似；（4）系争商标的注册或者使用，误导公众，致使该驰名商标注册人的利益可能受到损害。

（三）被代理人或者被代表人的商标

《商标法》第15条第1款规定："未经授权，代理人或者代表人以自己的名义将被代理人或者被代表人的商标进行注册，被代理人或者被代表人提出异议的，不予注册并禁止使用。"这就是关于被代理人、被代表人商标的规定，该条款是《巴黎公约》第6条之7的要求。和同为他人在先的未注册商标的他人的未注册驰名商标和已经使用并有一定影响的商标相比，被代理人、被代表人商标属于特殊关系下的未注册商标，在这种特殊关系下，代理人、代表人对被代理人、被代表人负有忠实信托义务，被代理人、被代表人商标制度正是为规制代理人、代表人的背信行为而设的。

根据《商标审查及审理标准》的规定，认定代理人或者代表人未经授权，擅自注册被代理人或者被代表人商标的行为，须符合的条件有：（1）系争商标注册申请人是商标所有人的代理人或者代表人；（2）系争商标指定使用在与被代理人、被代表人的商标相同或者类似的商品/服务上；（3）系争商标与被代理人、被代表人的商标相同或者近似；（4）代理人或者代表人不能证明其申请注册行为已取得被代理人或者被代表人的授权。在这些条件中，代理人、代表人的认定最为关键。对于代理人，实践中曾有三种不同的观点：一是认为代理人仅指商标代理人；二是认为代理人仅指民法意义上的代理人，不包括经销商；三是认为代理人不仅包括民法意义上的代理人，还可以包括基于商事往来而可以知悉被代理人商标的经销商。对于代表人，实践中则曾存在着两种不同理解：一是认为仅指商标代表人，即代表本企业办理商标注册或者其他商标事宜的人；二是认为指具有从属于被代表人的特定身份、执行职务而可以知悉被代表人商标的个人，包括法定代表人、董事、监事、经理、合伙事务执行人等人员。① 不过，今天商标实践已经统一为上述最广义的代理人和代表人的观点。最高人民法院《关于审理商标授权确权行政案件若干问题的规定》第15条规定："商标代理人、代表人或者经销、代理等销售代理关系意义上的代理人、代表人未经授权，以自己的名义将与被代理人或者被代表人的商标相同或者近似的商标在相同或者类似商品上申请注册的，人民法院适用商标法第十五条第一款的规定进行审理。在为建立代理或者代表关系的磋商阶段，前款规定的代理人或者代表人将被代理人或者被代表人的商标申请注册的，人民法院适用商标法第十五条第一款的规定进行审理。商标申请人与代理人或者代表人之间存在亲属关系等特定身份关系的，可以推定其商标注册行为系与该代理人或者代表人恶意串通，人民法院适用商标法第十五条第一款的规定进行审理。"由此可见，基于被代理人、被代表人商标制度的制度目的和性质，在建立代理或者代表关系的磋商阶段以及商标申请人与代理人或者代表人之间存在亲属关系等特定身份关系的场合均可能适用该规定予以处理。

总结商标实践经验，2013年《商标法》第15条新增第2款的规定，将"与该他人具

---

① 孔祥俊. 商标与不正当竞争法：原理和判例. 北京：法律出版社，2009：91.

有前款规定以外的合同、业务往来关系或者其他关系而明知该他人商标存在”的申请人也纳入代理人和代表人的范围之内，最高人民法院《关于审理商标授权确权行政案件若干问题的规定》第16条将这里的“其他关系”解释为包括：（1）商标申请人与在先使用人之间具有亲属关系；（2）商标申请人与在先使用人之间具有劳动关系；（3）商标申请人与在先使用人营业地址邻近；（4）商标申请人与在先使用人曾就达成代理、代表关系进行过磋商，但未形成代理、代表关系；（5）商标申请人与在先使用人曾就达成合同、业务往来关系进行过磋商，但未达成合同、业务往来关系。本书认为，尽管《商标法》第15条第2款增加了使用要求，修改了法律效果，但从体系解释来看，该款的法律性质和立法目的应该与《商标法》第15条第1款相同而不同于《商标法》第32条后半句，《商标法》第15条第2款是对特殊关系下的未注册商标的有限保护，而《商标法》第32条后半句则是注册取得商标权体制下对已经实际形成一定影响的未注册商标在制止他人恶意抢注层面上的有限保护，这是确定《商标法》第15条第2款和第32条后半句适用边界的关键。循此看来，最高人民法院《关于审理商标授权确权行政案件若干问题的规定》第16条将“商标申请人与在先使用人营业地址邻近”解释为《商标法》第15条第2款的“其他关系”，有导致《商标法》第15条第2款和第32条后半句相混乱之嫌，而其他几项也不宜一概适用《商标法》第15条第2款处理，尤其应该注意“其他关系”与“明知”之间的实际因果关系。

典型案例

“头包西灵”商标案

2002年7月27日，正通公司与华蜀公司签订了《关于专销“头孢西林”产品的协定书》（以下称《专销协定书》），正通公司将“头孢西林”粉针产品授权华蜀公司在全国区域内专销。2004年1月7日，正通公司与华蜀公司签订了关于终止“头孢西林”产品合作的《终止协定》。2002年9月12日，华蜀公司向国家工商行政管理总局商标局（以下称商标局）提出争议商标“头包西灵 Toubaoxilin”的注册申请，该商标于2004年2月7日被核准注册，商标专用权人为华蜀公司，商标注册号为3304260，核定使用商品为第5类的兽医用制剂、兽医用药、兽医用生物制剂等。2004年3月31日，正通公司以争议商标的注册违反了《商标法》第10条、第11条第1款第1项、第15条及第31条为由，向商标评审委员会提起撤销争议商标的申请。2005年3月4日，商标评审委员会作出撤销争议商标的裁定。此案随后历经北京市第一中级人民法院一审，北京市高级人民法院二审，最终由最高人民法院再审。最高人民法院认为，为制止因特殊经销关系而知悉或使用他人商标的销售代理人或代表人违背诚实信用原则、抢注他人注册商标的行为，《商标法》第15条规定的代理人应当作广义的理解，不只限于接受商标注册申请人或者商标注册人委托、在委托权限范围内代理商标注册等事宜的商标代理人、代表人，还包括总经销（独家经销）、总代理（独家代理）等特殊销售代理关系意义上的代理人、代表人。正通公司与华蜀公司之间形成的是一种相当于独家销售性质的专销关系，可以认定属于《商标法》第15条规定意义上的销售代理人。华蜀公司因专销关系而使用正通公司构成未注册商标的“头孢西林”商品名称，在专销关系终止以后自行注册了与该商品名称近似的“头包西灵 Toubaoxilin”商标，违反了《商标法》第 15 条的规定。[①]

本案历经北京市第一中级人民法院、北京市高级人民法院和最高人民法院三级法院审理最终定案，一审和二审法院对《商标法》第 15 条规定的“代理人”的理解上出现了分歧，最高人民法院进行了解释，即《商标法》第 15 条中的代理人、代表人的范围应作广义理解，不仅包括代理商标注册事宜的商标代理人、代表人，还包括经销、销售代理意义上的代理人、代表人。作出这种广义的解释是为了更好地规制因特殊关系而知悉或使用他人商标的主体恶意抢注商标的行为。

(四) 他人在先的地理标志

地理标志，是指标示某商品来源于某地区，该商品的特定质量、信誉或者其他特征，主要由该地区的自然因素或者人文因素所决定的标志。《商标法》第 16 条第 1 款规定：“商标中有商品的地理标志，而该商品并非来源于该标志所标示的地区，误导公众的，不予注册并禁止使用；但是，已经善意取得注册的继续有效。”这就是我国《商标法》规定的不得抢注他人的地理标志的规定。

根据《商标法》第 33 条和第 45 条的规定，地理标志构成他人的在先权利，相关权利人或利害关系人可以据以提出商标异议或者请求宣告注册商标无效，这基本上可以将地理标志界定为商标的实质条件中的相对条件。但和其他在先权利相比，地理标志具有特殊性。这主要体现在以下两点：一是当地理标志注册为集体商标或证明商标时，它就是一种商标，商标局可以依据《商标法》第 30 条的规定进行主动审查；二是地理标志毕竟是关于商品的地理的标志，对商品天然地具有描述性，当地名商标所使用的商品不是来自地名标示的地方时，可能会导致《商标法》第 10 条第 1 款第 7 项所指的欺骗性，从而违反商标的合法性条件。也许正因为如此，在欧盟，地理标志既是《欧盟商标条例》第 7 条第 1 款第 j 和 k 项规定的绝对禁止注册事由，也是《欧盟商标条例》第 8 条第 6 款规定的相对禁止注册事由。

典型案例

“湘莲”地理标志案

福建某公司是一家莲子生产和加工企业，于 2001 年 11 月向国家工商行政管理总局商标局（以下简称商标局）提出“湘莲＋xianglian 及图”商标注册申请，于 2003 年 1 月取得该商标专用权。2005 年，湘潭县湘莲协会向国家工商行政管理总局商标评审委员会提起申请，要求撤销福建某公司注册的“湘莲＋xianglian 及图”商标。湘莲协会认为：“湘莲”具有明显的地理标志属性，指的就是湖南生产的莲子，而福建某公司所在地是福建建宁，其将争议商标使用于非湖南地域所生产的莲子产品外包装上，假冒“湘莲品牌”。

商标评审委员会认为，根据湘莲协会提交的证据及《中国土特名产辞典》的记载，“湘莲”广布于湖南，尤其是洞庭湖地区，其产品具有颗粒圆大、色白如凝脂、肉质饱满、

---

① 最高人民法院（2007）行提字第 2 号行政判决书。

汤色青、香气浓、味鲜美等特点，所含蛋白质、脂肪、矿物质等营养成分有别于其他地区所产莲子。上述品质特点主要是由湘莲所在地区气温、雨量、湿度、日照、土壤、水利等自然条件和栽培方式所决定的。“湘莲”称谓自南朝沿用至今，早已形成了与其湖南产地相对应的关系，符合《商标法》第16条第2款规定的地理标志条件，可以认定为莲子商品的地理标志。争议商标注册人地处福建，明知“湘莲”为莲子商品的地理标志，仍将之注册为商标，易导致相关公众对该商标所标示的产品性质、来源产生误认，属于《商标法》第16条第1款所禁止的情形，应予撤销。

在本案审理时，“湘莲”尚未注册为商标，也并未以集体商标或证明商标的形式注册为地理标志，在性质上属于未注册的地理标志。但是，未注册的地理标志，同样有受保护的需求，同样需要制止他人的抢注和仿冒行为，以维护地理标志所代表的产品出产地域的生产者、经营者的合法权益。因此，无论地理标志是否注册，只要该标志符合我国《商标法》第16条第2款的规定，属于“标示某商品来源于某地区，该商品的特定质量、信誉或者其他特征，主要由该地区的自然因素或者人文因素所决定的标志”，就应当予以保护。

（五）他人在先商标权益

《商标法》第32条后半句规定，“不得以不正当手段抢先注册他人已经使用并有一定影响的商标”，其中的“他人已经使用并有一定影响的商标”就是一种他人的在先商标权益。除了未注册的驰名商标之外，他人在先使用的未注册商标的地位可能是世界各国或地区商标法中的一种最不确定的在先商标权益。以欧盟为例，尽管2017年《欧盟商标条例》第8条第4款明确将他人已经在商业中使用且已经不仅仅具有地方意义的在先的未注册商标列为商标的在先权利，2015年《欧盟委员会协调成员国商标立法第一号指令》（2008/95/EC）（以下简称《欧盟商标指令》）也在第5条第4款第b项将他人已经在商业中使用且已经不仅仅具有地方意义的在先的未注册商标列为可选择的（optional）商标的在先权利，欧盟各国商标法对于这种未注册商标的态度却迥然有异，至少存在着从具有完全商标权到完全不受到保护等三种态度。[①] 我国《商标法》采用的可以说是一种中间主义道路，即商标法仅对一定范围内的他人已经在先使用的未注册商标即有一定影响的未注册商标提供有限救济，主要是阻止或取消他人在后商标的注册和有条件对抗他人在后注册商标，而至于禁止他人使用和获取损害赔偿的救济则由反不正当竞争法来提供。根据《商标审查及审理标准》的规定，适用《商标法》第32条后半句的条件有：（1）他人商标在系争商标申请日之前已经在先使用并有一定影响；（2）系争商标与他人商标相同或者近似；（3）系争商标所指定的商品/服务与他人商标所使用的商品/服务原则上相同或者类似；（4）系争商标申请人采取了不正当手段。这里的“采取了不正当手段”，表明系争商标的申请人违背了诚实信用原则，抢注他人已经在先使用并产生了商誉的商标。这实际上是要求系争商标的申请人在主观上具有抢注他人商标的恶意。这种恶意通常是根据案件的相关情况，由商标申请人主观上是否明知或应知在先未注册商标来推定的。最高人民法院《关于审理商标授权确权行政案件若干问题的规定》第23条第1款规定：“在先使用人主张商标申请人

---

① Annette Kur & Martin Senftleben, *European Trade Mark Law: A Commentary*, Oxford: Oxford University Press, 2017, §4.3.3.2, paras 4.367 - 4.374.

以不正当手段抢先注册其在先使用并有一定影响的商标的，如果在先使用商标已经有一定影响，而商标申请人明知或者应知该商标，即可推定其构成‘以不正当手段抢先注册’。但商标申请人举证证明其没有利用在先使用商标商誉的恶意的除外。”

三、他人在先的其他民事权利（益）

除了《商标法》特别规定的在先权利（益）之外，其他知识产权法和传统民法规定的一些在具有符号标示功能的客体之上的权利（益）也可能成为阻止商标注册的在先权利（益）。

（一）他人在先的字号权、特殊标志权等识别性标志知识产权

我国有关法律并未明确规定字号权，但《民法典》第110条规定，“法人、非法人组织享有名称权”。由于字号或者商号是企业名称中最核心最重要的部分，因此，《民法典》中的规定可以适用于字号或者商号，是谓商号权或者字号权。最高人民法院《关于审理不正当竞争民事案件应用法律若干问题的解释》第6条第1款规定，具有一定的市场知名度、为相关公众所知悉的企业名称中的字号，可以认定为《反不正当竞争法》第5条第3项规定的“企业名称”，将字号视为企业名称进行保护。《商标审查及审理标准》将“字号权”作为商标的一种在先权利。根据《商标审查及审理标准》的规定，字号权阻止在后商标注册需要具备的条件有：（1）在系争商标申请注册之前他人已在先登记或使用其字号；（2）该字号在中国相关公众中具有一定的知名度；（3）系争商标的注册与使用容易导致相关公众产生混淆，致使在先字号权人的利益可能受到损害。

特殊标志是指经国务院批准举办的全国性或者是国际性的文化、教育、科学研究及其他社会公益活动所使用的由文字、图形组成的名称及缩写、徽记、吉祥物等标志。为了保护特殊标志，国务院除了制定《特殊标志管理条例》之外，还专门针对奥林匹克标志和世界博览会标志制定了相应的保护条例。《商标审查及审理标准》虽未针对特殊标志制定专门的审查审理标准，但其审理标准部分第4部分第3.2节开放性地规定了“其他应予保护的合法在先权益”，这意味着特殊标志可以成为商标注册的在先权益。

除了字号权和特殊标志权之外，《商标审查及审理标准》的审理标准部分还专门将反不正当竞争法上的“知名商品/服务特有名称、包装、装潢”即现行《反不正当竞争法》第6条规定的“有一定影响的商业……标识”作为商标注册的在先权益，相关著述也有将“有一定影响的商业……标识”作为商标注册的在先权益的。[①] 本书认为，由于《反不正当竞争法》第6条规定的有一定影响的商业标识本质上为未注册商标，尽管其保护标准和范围和《商标法》第32条后半句、第59条第3款的“有一定影响的商标”有可能不同，但其法律性质并无二致，且由于2017年《反不正当竞争法》将商业标识的构成条件和《商标法》统一成相同的“一定影响”，可以认为，《反不正当竞争法》第6条、《商标法》第32条后半句及第59条第3款规定的“有一定影响的商业……标识”和“有一定影响的商标”本质上均为普通未注册商标。[②] 因此，既然《商标法》第32条已经规定了“有一定影响的商标”，《商标审查及审理标准》也专门规定了“抢注他人已经使用并有一定影响商标

---

① 黄晖. 商标法. 北京：法律出版社，2016：82-83.

② 王太平. 我国未注册商标保护制度的体系化解释. 法学，2018（8）.

审理标准”，《反不正当竞争法》第6条“有一定影响的商业……标识”全部可以纳入《商标法》特别规定的这种在先权益，专门另行规定“有一定影响的商业……标识”的审理标准似乎有些叠床架屋。

典型案例

“派克汉尼汾”商标案

2004年9月8日，戴某向商标局申请注册第4259661号“派克汉尼汾 PARKER-HANNIFIN”商标，指定使用在第17类的密封杯、PVC软管等商品上。初步审定公告后，帕克公司向商标局提出异议申请。商标局裁定被异议商标予以核准注册。帕克公司不服，向商标评审委员会提出复审申请。2011年12月1日，商标评审委员会作出裁定，对被异议商标予以核准注册。帕克公司不服，提起行政诉讼。北京市第一中级人民法院、北京市高级人民法院先后作出一审、二审判决，维持商标评审委员会的裁定。帕克公司不服，向最高人民法院申请再审。最高人民法院裁定提审，于2014年8月31日判决撤销商评委裁定及一审、二审判决，责令商标评审委员会重新作出裁定。

在本案审理中，最高人民法院指出，中国境内具有一定市场知名度、为相关公众所知悉的企业名称中的字号，可以作为企业名称权的一种特殊情况对待，作为《商标法》第31条所规定的“在先权利”受到保护。本案中，“Parker Hannifin”“派克汉尼汾”作为派克汉尼汾公司及其子公司或关联公司的字号，在被异议商标申请日之前在中国已经使用多年，且在新闻报道及报纸杂志文章中，亦清晰地显示了派克汉尼汾公司及其关联公司的企业名称及其相关排名、销售额及市场情况。在被异议商标申请日之前，通过派克汉尼汾公司及其关联公司的使用，“派克汉尼汾”已经成为在中国具有一定市场知名度的字号，可以作为《商标法》(2001) 第31条所称的“在先权利”予以保护。现有证据证明，派克汉尼汾公司及其关联公司所生产经营的商品包括各种流体连接件、橡胶等60个大类的产品。被异议商标指定使用商品中的密封环、PVC软管等商品，与派克汉尼汾公司及其关联公司在中国生产和经营的部分产品明显具有类似性或较强的关联性。被异议商标与派克汉尼汾公司及其关联公司的中英文字号完全相同，并指定使用在类似商品上。戴某作为产品具有密切关系的同业经营者，应当知道派克汉尼汾字号的知名度，却仍将与该中英文字号完全相同的文字申请注册为商标，难以认定为巧合，具有明显攀附派克汉尼汾公司及其关联公司字号商誉的恶意，侵犯了该公司的在先字号权，争议商标不应予以核准注册。[①]

(二) 他人在先的著作权和外观设计权等“表达性”成果知识产权

著作权和外观设计权是重要的知识产权类型，著作权和外观设计权的客体作品和外观设计均属于具有美感的智力创造成果，具有一定的“表达性”，具有成为商标的潜力。因此，著作权和外观设计权能够成为商标注册的在先权利。而发明、实用新型、植物新品种、集成电路布图设计等本质上是一种实用性的产品或事物的内在结构，无法被人感知，没有成为商标的潜力。需要注意的是，即便表面上是同一对象，但作为著作权客体的作品

① 最高人民法院（2014）行提字第9号行政判决书。

和作为外观设计权客体的外观设计与作为商标权客体的商标仍然是不同的。以著名的“武松打虎图”案中的“武松打虎”为例，尽管直观看到的均为“武松打虎”图案，但作为美术作品，“武松打虎”图案指向的是武松的英勇，而作为白酒商标，“武松打虎”图案的指向则是一种酒的商品信息。用符号学术语来说，“武松打虎”作品和“武松打虎”商标只是能指重合而已，其所指是完全不同的（见下图）。

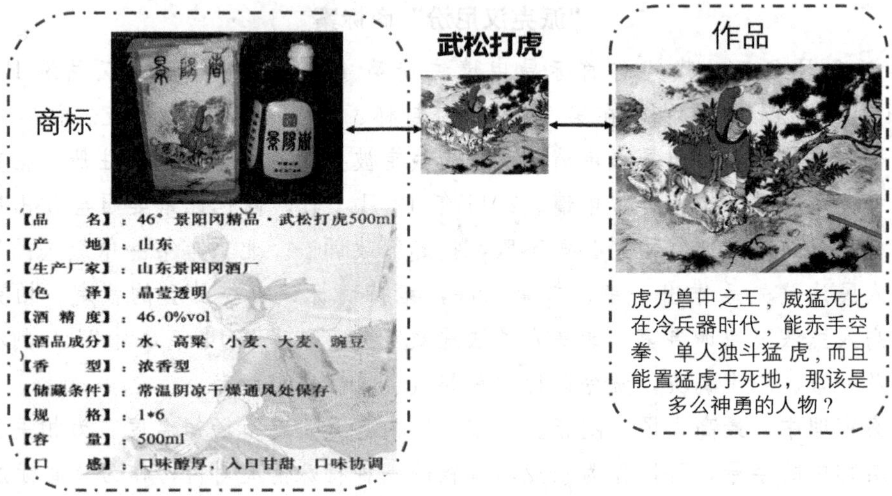

根据《商标审查及审理标准》的规定，作为商标注册的在先权利，著作权的适用条件包括：（1）在系争商标申请注册之前他人已在先享有著作权；（2）系争商标与他人在先享有著作权的作品相同或者实质性相似；（3）系争商标注册申请人接触过或者有可能接触到他人享有著作权的作品；（4）系争商标注册申请人未经著作权人的许可。作为商标注册在先权利，外观设计专利权的适用条件包括：（1）在系争商标申请注册及使用之前他人已在先享有外观设计专利权；（2）系争商标与外观设计相同或者近似。显然，《商标审查及审理标准》遗漏了系争商标注册申请人未经外观设计专利权人的许可这一条件。从这里的适用条件可以看出，商标侵犯他人在先著作权、外观设计专利权和普通著作权侵权、外观设计专利权侵权的判断标准并无实质差别，只不过，无论是文字商标还是其他商标，商标标志的创造性空间有限，即便能够就商标标志取得著作权或外观设计专利权，也不太容易以著作权或外观设计专利权来阻止他人注册某一商标标志。

典型案例

“武松打虎”商标侵犯著作权案

1996 年 7 月 31 日，武松打虎图著作权人裴立、刘蔷在北京市海淀区人民法院对山东景阳冈酒厂提起诉讼。绘画作品《武松打虎》组画系刘继卣于 1954 年独立创作完成的。刘继卣于 1983 年去世，原告裴立系刘继卣之妻，刘蔷系刘继卣之女。1980 年景阳冈酒厂未取得刘继卣许可，把刘继卣创作的《武松打虎》组画中的第 11 幅画修改后，作为瓶贴和外包装装潢在其生产的景阳冈陈酿系列白酒上使用。1989 年，景阳冈酒厂使用其已修改的刘继卣的《武松打虎》组画第 11 幅申请商标注册，并取得注册。北京市海淀区人民法院认为：景阳冈酒厂未经刘继卣许可，擅自将《武松打虎》绘画进行修改后，在其生产的景阳冈系列白酒的酒贴和外包装装潢中使用，景阳冈酒厂擅自修改使用他人的作品，破坏了作者的创作意图，属于歪曲、篡改他人的作品，破坏了作品的完整性。同时，也侵害了刘继卣对其作品的依法享有的使用权和获得报酬权。另，景阳冈酒厂在使用刘继卣的作品时，未为刘继卣署名，侵害了刘继卣的署名权。刘继卣去世后，其著作权中的使用权和获得报酬权应由其继承人继承。对于赔偿数额，由法院依据景阳冈酒厂使用刘继卣作品的范围、时间、数量、产品获利等因素予以综合判定。北京市海淀区人民法院判决：被告停止侵权，赔礼道歉，消除影响，赔偿原告经济损失20万元及诉讼合理费用支出。景阳冈酒厂不服北京市海淀区人民法院判决，向北京市第一中级人民法院提起上诉。北京市第一中级人民法院判决驳回上诉，维持原判。

典型案例

“功夫熊猫”商标案

2009年6月23日，卫普公司在医疗诊所、美容院等服务上提出“KUNG FU PANDA 功夫熊猫”商标的注册申请。2010年11月24日，梦工场针对诉争商标向商标局提出异议申请，主张“功夫熊猫 KUNG FU PANDA”是梦工场制作的知名电影，“功夫熊猫 KUNG FU PANDA”已具有较高的知名度，梦工场对其享有在先商品化权；同时，诉争商标与引证商标构成使用在类似商品或服务上的近似商标，诉争商标的注册和使用会导致相关公众产生混淆误认。商标局裁定诉争商标予以核准注册。梦工场不服，向商评委申请复审。商评委认为诉争商标指定使用服务与引证商标核定使用商品未构成类似商品或服务，两商标共存不易使相关公众对商品或服务来源产生混淆和误认，未构成使用在类似商品或服务上的近似商标；同时，商评委认为梦工场主张的“商品化权”在中国并非法定权利或者法定权益类型。梦工场不服商评委裁定，向北京市第一中级人民法院提起行政诉讼。北京市第一中级人民法院认为，诉争商标的申请注册易使消费者误认为其系来源于梦工场或者同梦工场具有某种程度的关联性，从而不正当地利用了电影《功夫熊猫 KUNG FU PANDA》的知名度及影响力，挤占了原属于梦工场在上述商品上的商业机会，损害了梦工场的利益。因此，诉争商标的申请注册侵害了梦工场对知名电影名称“功夫熊猫 KUNG FU PANDA”所享有的合法的民事权益。法院判决撤销商评委所作出的复审裁定，判令商评委重新作出裁定。商评委不服，向北京市高级人民法院提起上诉。北京市高级人民法院认为，诉争商标的申请注册易使消费者误认为其系来源于梦工场或者同梦工场具有某种程度的关联性，从而不正当地利用了电影《功夫熊猫 KUNG FU PANDA》的知名度及影响力，挤占了原属于梦工场的在上述商品或服务上的商业机会，损害了梦工场的利益。据此，北京市高级人民法院认为诉争商标的申请注册侵害了梦工场对知名电影名称“功夫熊猫 KUNG FU PANDA”所享有的合法的民事权益，构成“损害他人现有的在先权利”的情形，二审判决驳回商评委上诉，维持一审判决。[①]

---

① 北京市高级人民法院（2017）京行终3858号行政判决书。

在本案审理之时，商品化权在我国并不是一项法定权利。本案法院通过对在先权利的扩大解释，将电影作品名称纳入在先权利的保护范围之中，以合法的民事权益的形式予以保护，这实际上是对电影公司商品化权的保护。目前，我国已有司法解释明确规定了对部分客体进行某种程度的商品化权保护。最高人民法院《关于审理商标授权确权行政案件若干问题的规定》第 22 条第 2 款规定："对于著作权保护期限内的作品，如果作品名称、作品中的角色名称等具有较高知名度，将其作为商标使用在相关商品上容易导致相关公众误认为其经过权利人的许可或者与权利人存在特定联系，当事人以此主张构成在先权益的，人民法院予以支持。"

(三) 他人在先的姓名权和肖像权等标表型人格权

在传统民法上，人格权可以分为物质性人格权与精神性人格权，其中精神性人格权又可以分为标表型人格权、自由型人格权、尊严型人格权，标表型人格权是指设定、变更、专用姓名、肖像等人格标志的人格权。[①] 在人格权中，物质性人格权和精神性人格权中的自由型人格权、尊严型人格权之上显然是无法形成商标的，只有标表型人格权的客体——姓名、肖像等人格标志具有形成商标的潜力。而事实上，有关人格权商品化的讨论基本上也限于标表型人格权，而《商标审查及审理标准》也明确将姓名权、肖像权作为商标注册的在先人格权。

根据《商标审查及审理标准》的规定，作为商标注册的在先权利，姓名权和肖像权的适用条件包括：(1) 在相关公众的认知中，系争商标文字或图像指向该姓名权或肖像权人；(2) 系争商标的注册给他人姓名权或肖像权可能造成损害。最高人民法院《关于审理商标授权确权行政案件若干问题的规定》第 20 条规定："当事人主张诉争商标损害其姓名权，如果相关公众认为该商标标志指代了该自然人，容易认为标记有该商标的商品系经过该自然人许可或者与该自然人存在特定联系的，人民法院应当认定该商标损害了该自然人的姓名权。当事人以其笔名、艺名、译名等特定名称主张姓名权，该特定名称具有一定的知名度，与该自然人建立了稳定的对应关系，相关公众以其指代该自然人的，人民法院予以支持。"

受到保护的姓名、肖像需要具有一定的知名度，这种要求是合理的。因为通常只有名人的姓名、肖像才有价值，至少也必须能够使相关公众认为他人所使用的姓名、肖像是属于姓名权或肖像权人的，否则姓名权人或肖像权人就无从行使其权利。《白俄罗斯商品商标和服务商标法》第 4 条第 2 款要求受到保护的姓名、肖像等必须是名人的。在下文典型案例所述的"乔丹"商标行政案中，最高人民法院也明确指出，就特定名称主张姓名权保护时，该特定名称应具有一定知名度。

典型案例

"乔丹"商标案

迈克尔·杰弗里·乔丹是美国 NBA 著名篮球运动员，在发现"乔丹""QIAODAN"等被乔丹体育股份有限公司注册为商标之后，于 2012 年以其姓名权被侵犯，乔丹体育股

---

① 张俊浩. 民法学原理. 北京：中国政法大学出版社，1997：139.

份有限公司违反2001年《商标法》第31条关于“申请商标注册不得损害他人现有的在先权利”的规定等为理由，向国家工商行政管理总局商标评审委员会（以下简称商标评审委员会）提出申请，请求撤销乔丹体育股份有限公司在多个商品类别上注册的“乔丹”“QIAODAN”等商标。商标评审委员会认为，涉案商标“乔丹”与“Michael Jordan”及其中文译名“迈克尔·乔丹”存在一定区别，并且“乔丹”为英美普通姓氏，难以认定这一姓氏与迈克尔·乔丹之间存在当然的对应关系，故裁定维持涉案商标，驳回申请。迈克尔·杰弗里·乔丹不服，向北京市第一中级人民法院提起行政诉讼。2014年北京第一中级人民法院进行了一审，驳回迈克尔·杰弗里·乔丹的诉讼请求。2015年，北京市高级人民法院进行了二审，驳回迈克尔·杰弗里·乔丹上诉，维持原判。迈克尔·杰弗里·乔丹在一审、二审中均遭败诉。

2015年，迈克尔·杰弗里·乔丹不服北京市高级人民法院作出的商标争议行政纠纷案件的二审判决，向最高人民法院申请再审。2015年12月，最高人民法院依法裁定提审。最高人民法院判决认为：（1）关于涉及“乔丹”商标的（2016）最高法行再15号、26号、27号的三件案件。因争议商标的注册损害了再审申请人对“乔丹”享有的在先姓名权，不符合2001年修改的《商标法》第31条有关“申请商标注册不得损害他人现有的在先权利”的规定，应予撤销，故判决撤销商标评审委员会作出的被诉裁定及一、二审判决，判令商标评审委员会针对争议商标重新作出裁定。（2）关于涉及拼音“QIAODAN”的（2016）最高法行再20号、29号、30号、31号四件案件，以及涉及拼音“qiaodan”与图形组合商标的（2016）最高法行再25号、28号、32号三件案件，共计七件案件，因再审申请人对拼音“QIAODAN”“qiaodan”不享有姓名权，争议商标的注册未损害再审申请人的在先姓名权。争议商标也不属于《商标法》第10条第1款第8项规定的“有害于社会主义道德风尚或者有其他不良影响”，以及第41条第1款规定的“以欺骗手段或者其他不正当手段取得注册”的情形，故判决维持二审判决，驳回再审申请人的再审申请。[①]

最高人民法院在判决中指出：在适用《商标法》第31条的规定对他人的在先姓名权予以保护时，不仅涉及对自然人人格尊严的保护，而且涉及对自然人姓名，尤其是知名人物姓名所蕴含的经济利益的保护。未经许可擅自将他人享有在先姓名权的姓名注册为商标，容易导致相关公众误认为标记有该商标的商品或者服务与该自然人存在代言、许可等特定联系的，应当认定该商标的注册损害他人的在先姓名权，违反《商标法》第31条的规定。自然人依据《商标法》第31条的规定，就特定名称主张姓名权保护时，应当满足必要的条件。其一，该特定名称应具有一定知名度、为相关公众所知悉，并用于指代该自然人。其二，该特定名称应与该自然人之间已建立稳定的对应关系。本案现有证据足以证明“乔丹”在我国具有较高的知名度、为相关公众所知悉，我国相关公众通常以“乔丹”指代再审申请人，并且“乔丹”已经与再审申请人之间形成了稳定的对应关系，故再审申请人就“乔丹”享有姓名权。[②]

---

① “乔丹”系列商标行政案. [2020-03-18]. https://www.chinacourt.org/article/detail/2017/04/id/2822651.shtml.

② 最高人民法院（2016）最高法行再27号判决书。

本案入选了最高人民法院指导案例，对于判断注册商标是否侵犯他人姓名权具有较强的指导意义。知名人物的姓名，通常具有精神性要素和财产性要素双重属性。精神性要素重在强调姓名与其本人之间的联系，防止他人在未经许可的情况下使用所可能给本人带来的不利评价。财产性要素重在强调本人对其姓名商业性价值的排他性控制，防止他人未经许可进行商业性使用，攫取姓名之中的商业利益。正是基于这种考虑，最高人民法院在乔丹案中明确了姓名权属于商标法之中的在先权利。但是在保护上，最高人民法院依然严格设定了姓名权受到保护的诸项条件，包括受保护的姓名在我国需要具有一定的知名度，为相关公众所知悉，并用于指代该自然人，同时，该姓名已经与该自然人之间建立了稳定的对应关系。这就表明最高人民法院并不是一味强调在商标注册程序中强化对姓名权的保护，而是合理划定姓名权的保护范围，意图在姓名权保护和经营者商标注册的需求之间寻求平衡。

四、注册商标侵犯他人在先权利（益）的法律后果

根据《商标法》第 33 条和第 45 条规定，注册商标侵犯他人在先权利的，在先权利人或者利害关系人在法定期间内可以对已经初步审定公告的商标提出异议，除恶意复制、模仿、翻译驰名商标之外。自商标注册之日起 5 年内，在先权利人或者利害关系人可以请求商标评审委员会宣告注册商标无效。

除此之外，如果商标注册（申请）人使用已经注册或者申请注册的侵犯他人在先权利的商标，还可能构成相应的侵权行为，要承担相应的侵权责任。不过，超过商标注册之日起 5 年而注册商标无法被宣告无效时，应该如何处理呢？最高人民法院《关于审理注册商标、企业名称与在先权利冲突的民事纠纷案件若干问题的规定》（以下简称《商标冲突规定》）第 1 条和第 3 条涉及商标权与在先权利冲突问题，其第 1 条第 1 款一般性地规定，原告以他人注册商标使用的文字、图形等侵犯其著作权、外观设计专利权、企业名称权等在先权利为由提起诉讼，符合民事诉讼法规定的，人民法院应当受理。其第 3 条规定，人民法院应当根据原告的诉讼请求和争议民事法律关系的性质，按照《民事案件案由规定》，确定注册商标或者企业名称与在先权利冲突的民事纠纷案件的案由，并适用相应的法律。《商标冲突规定》第 1 条第 2 款对侵犯在先的注册商标进行了特别规定，根据该款规定，原告以他人使用在核定商品上的注册商标与其在先的注册商标相同或者近似为由提起诉讼的，人民法院应当根据民事诉讼法的规定，告知原告向有关行政主管机关申请解决。但原告以他人超出核定商品的范围或者以改变显著特征、拆分、组合等方式使用的注册商标，与其注册商标相同或者近似为由提起诉讼的，人民法院应当受理。也就是说，只要在后的商标注册人以正常方式使用自己的注册商标，那么，不管是否超过了商标注册之日起 5 年，人民法院不予处理，而是告知原告向有关行政主管机关申请解决。在这种情况下，行政主管机关的唯一权限是决定是否对注册商标宣告无效。当商标注册超过 5 年之后，行政主管机关连宣告该注册商标无效的权限也没有了。这实际上意味着在核定商品上正常使用注册商标而与在先注册商标权相冲突的，不管是否超过在后商标注册之日起 5 年，人民法院都不以侵权处理，而是由行政主管机关进行确权处理。相反，在在后注册商标以非正常方式使用时，如超出核定商品的范围或者以改变显著特征、拆分、组合等方式使用时，则

应该以普通商标侵权案件处理，不管是否超过了在后商标注册之日起 5 年。最高人民法院《关于当前经济形势下知识产权审判服务大局若干问题的意见》（以下简称《服务大局意见》）第 9 条指出，与他人著作权、企业名称权等在先财产权利相冲突的注册商标，因超过商标法规定的争议期限而不可撤销的[①]，在先权利人仍可在诉讼时效期间内对其提起侵权的民事诉讼，但人民法院不再判决承担停止使用该注册商标的民事责任。第 10 条指出，除注册商标之间的权利冲突民事纠纷外，对于注册商标与在先权利冲突的民事纠纷，只要属于民事权益争议并符合民事诉讼法规定的受理条件，人民法院应予受理。根据《服务大局意见》的规定，超出商标法规定的 5 年争议期间的，侵犯在先财产权利的注册商标权人不需要再承担停止使用的侵权责任，但似乎意味着仍应承担赔偿损失等其他民事责任。

【本章思考题】

1. 商标的显著性的本质是什么？固有显著性和获得显著性有什么区别？

2. 我国《商标法》第 10 条第 1 款第 8 项中的“有其他不良影响”指的是什么？如何判断某一个标志是否有不良影响？

3. 商标非功能性原则的立法意旨是什么？如果某一个标志的功能性特征经过长期使用获得了第二含义，消费者已经能够将之识别为商标，这种带有功能性特征的标志能否通过商标注册？为什么？

4. 商标注册的在先权利类型有哪些？如何认定商标的注册侵犯在先姓名权？

5. 甲自学厨艺，在其家乡开设了“甲记食府”饭店，由于食材新鲜、口味独特，在当地颇有名气。经营运动鞋生意的个体户乙从外地路过，进店吃饭，吃后赞不绝口。乙自学过法律，特意去商标局网站检索了一下，发现甲尚未将“甲记食府”注册为商标，乙暗自窃喜，便在餐饮服务这一类别上申请注册了“甲记食府”商标。请问：乙这一行为的性质是什么？甲应如何维护其权益？如果乙注册该商标之后，立即以商标侵权为由起诉了甲，要求甲承担商标侵权责任，甲应如何应对？

6. 007 系列电影是风靡全球的系列谍战电影，007 是影片的名称，也是电影主人公特工詹姆斯·邦德（JAMES BOND）的代号。张某在未经许可的情况下，将“邦德 007 BOND”在电影院这一商品类别上注册为商标，请问这种行为是否侵犯他人的在先权利（益），为什么？

【经典参考文献】

1. 彭学龙. 商标显著性新探. 法律科学，2006（2）.

2. 孔祥俊. 论商标的区别性、显著性与显著特征. 现代法学，2016（6）.

3. 张林. 商标显著性研究. 厦门大学出版社，2014.

4. 王小丽. 商标法功能性原则研究. 武汉大学出版社，2017.

5. 李扬. 商标法中在先权利的知识产权法解释. 法律科学，2006（5）.

① 依据现行《商标法》的规定，此处的“撤销”一词现已改为“无效宣告”。

第三章 商标权

本章导言

商标权是重要的民事权利，商标权也与著作权、专利权一起，构成了主要的知识产权权利类型。在商标法上，商标权作为权利本体，是商标权客体之外商标法的另一个基本范畴，是商标法的重要支柱。作为一种知识产权，商标权当然具有知识产权的全部特征。但同时，商标权又具有不同于其他知识产权的特征，形成了商标法独具一格的制度设计。故此，了解商标权的概念、特征、内容等知识，对于我们理解整个商标法大有裨益。目前，商标权的概念的研究较为薄弱，普通商标法教材固然有商标（专用）权的专章，但内容却难以名实相符①，专门研究商标权概念的著述非常少见，即便名为研究商标法基本范畴的著述，对商标权的研究和商标、商标显著性等商标法基本范畴的重视程度也不可同日而语②，国外的商标法教材则主要从商标侵权角度间接地反射商标权的内容与范围。③ 鉴于商标权的重要性和研究的薄弱，有必要对此加以深入研究。本章将从商标权的概念与特征、商标权的内容和范围、商标权的主体以及商标权的期限、续展、变更和中止这几个方面来详加分析。

---

① 以国内比较具有代表性的两本商标法教材为例，杜颖教授的《商标法》仅有专章讲解“商标权的内容”，其大部分内容是普通知识产权法教材中的转让、许可、质押等商标权的利用的内容和商标权的限制，而只用了极短的一小节讲解商标专用权，商标权的概念、性质、特征等内容均无讲解（杜颖. 商标法. 北京：北京大学出版社，2016：93-111），黄晖博士的《商标法》一书专章讲解了“商标专用权”，但除了第一节仅有一半内容为商标专用权之外，其他内容实质上是商标侵权的判断标准及具体判断、商标侵权行为的具体类型等内容（黄晖. 商标法. 北京：法律出版社，2016：112-154）。

② 比如，彭学龙教授的两篇系统研究商标法基本范畴的论文均未对商标权进行专门研究，参见彭学龙. 商标法基本范畴的符号学分析. 法学研究，2007（1）；彭学龙. 商标法基本范畴的心理学分析. 法学研究，2008（4）。

③ 英美主流商标法教材或知识产权法教材的商标法部分的主体框架基本上均包括商标的实体条件（包括绝对拒绝理由和相对拒绝理由）、商标权的取得和丧失、商标侵权的判断标准及具体判断、商标侵权抗辩、商标侵权救济，关于商标权本身的内容基本上是没有的。Barton Beebe，Thomas Cotter，Mark A. Lemley，Peter S. Menell，Robert P. Merges，*Trademarks，Unfair Competition，and Business Torts*，Aspen Publishers，2011，part I “Trademark Law”；William Cornish，David Llewelyn，Tanya Aplin，*Intellectual Property：Patents，Copyright，Trade Marks and Allied Rights*，Sweet & Maxwell，2013，Part V. 欧洲大陆的商标法教材更受其商标立法的影响，其实体商标法的内容通常和商标法的规定一致，主要内容通常包括权利的获得（商标注册的绝对条件和相对条件）、授予的权利（商标侵权判断标准及判断）、权利限制与抗辩、作为财产权客体的商标等。Annette Kur & Martin Senftleben，*European Trade Mark Law：A Commentary*，Oxford：Oxford University Press，2017，part Ⅱ.

第一节 商标权的概念与特征

一、商标权的概念

我国《商标法》规定商标权的第56条和第57条分别使用了"注册商标的专用权"、"注册商标专用权"和"商标专用权"，有疑问的是：(1) 商标权是否限于注册商标权？对此问题，一种观点认为，"在我国，商标权是商标注册人对注册商标所享有的权利。从严格意义来讲，在注册制度下的商标权应当称作注册商标权"[①]。另一种观点认为，"依据商标理论和商标法律制度的宗旨，商标权应是商标所有人对其商标的使用享有的支配权。商标权客体以注册商标为主，同时包括未注册商标"，"商标权在权利内容上分为注册商标专用权和未注册商标的正当权益。"[②] 本书认为，我国商标法原则上仅仅保护注册商标，对未注册商标原则上不提供侵权救济的保护。同时，我国商标法也并非绝对不对所有未注册商标提供侵权救济的保护，因为我国商标法对未注册的驰名商标还是提供侵权救济的保护的。不过，需要注意的是，我国商标法对除未注册驰名商标之外的未注册商标并不提供侵权救济的保护，对未注册商标的侵权救济的保护仍然是商标保护的例外。换言之，在我国，商标权不限于注册商标权，但商标权却也并不扩及所有未注册商标。(2) 商标权是否等同于商标专用权？对此，一种观点认为，"注册商标专用权即通常意义上的商标权，包括专用权、禁止权、转让权、使用许可权等"[③]。这基本反映了我国《商标法》第56条和第57条的规定，即将专用权和禁止权均规定于商标专用权之内。不过，"注册商标专用权(或商标专用权)不能准确地涵盖注册商标所有人所享有的所有权利，尤其是专有使用之外的禁止权、许可权、转让权"[④]。也许正因如此，我国台湾地区在2003年"商标法"中将沿用70余年的"商标专用权"修改为"商标权"。本书认为，"注册商标的专用权"、"注册商标专用权"和"商标专用权"均不能名正言顺地表达商标权，只有"商标权"能够准确地表达商标权。

学者一般从两个角度来界定商标权：一是从对他人的效力的角度来界定商标权，比如，将商标权界定为"注册商标的所有人享有的禁止其他人使用类似注册商标以及在指定商品上、服务上使用类似注册商标的权利"[⑤]。二是从对商标所有人的效力的角度来界定商标权，如将商标权界定为"对指定的商品或者服务使用注册商标的专有权"[⑥]。也有学者结合两个角度来界定商标权，如把商标权界定为"商标权利人在自己的商品或服务上使用商标，并排除他人未经许可在类似的商品或者服务上使用相同或者近似标志的权利"[⑦]。本书

---

① 刘春田. 知识产权法. 北京：中国人民大学出版社，2014：257.

②③ 吴汉东. 知识产权法学. 北京：北京大学出版社，2009：272.

④ 刘春田. 知识产权法. 北京：中国人民大学出版社，2014：258.

⑤ 田村善之. 日本知识产权法. 周超，李雨峰，李希同，译. 张玉敏，审校. 北京：知识产权出版社，2011：103.

⑥ Dr. Shoen Ono, Overview of Japanese Trademark Law, Ch. 7, p1 , https://www.iip.or.jp/translation/ono/, Retrieve on Aug. 1st, 2019.

⑦ 杜颖. 商标法. 北京：北京大学出版社，2014：93.

认为，商标权是直接支配商标并享有其利益的排他性知识产权。作为知识产权的一种，"商标权类同于所有权，包括对注册商标的占有、使用、收益和处分的权利"①。当然，这里的占有并非物理的占有，而是观念的占有，通过注册登记或者实际使用而表现出来。

二、商标权的性质

第一，商标权是一种私权。商标是通过使用而产生的，而不是通过注册登记产生的。商标体现的是商标权人的私人利益，这种私人利益决定了商标权的私权性质。注册登记不过是对商标权的确认，并不是授权，因为商标登记机关无"权"可授。

第二，商标权是一种财产权。尽管商标权具有专有性质，是专属于商标权人的，但商标权不是与个人特定身份相联系的人身权，可以与人身相分离，可以转移或转让。因此，商标权是一种财产权。

第三，商标权是一种知识产权。商标权、专利权、著作权为传统知识产权的三大支柱，商标权是一种重要的知识产权，具有知识产权的全部特征，商标权的权利客体——商标是无体的，商标权是一种无体财产权。

第四，商标权是一种工业产权。著作权与工业产权是 19 世纪末期知识产权国际保护制度确立的一种知识产权分类模式，商标权属于以发展产业为目的的工业产权，而不属于以促进文化进步为目的的著作权。

第五，商标权是一种绝对权和支配权。尽管商标法上更多地以构成侵权的方式规定商标权的范围和内容，但商标权并不是一种债权，也不是一种相对权，而是一种绝对权，对商标权人之外的所有民事主体均有效力，商标权人之外的其他任何主体均有尊重其商标权的义务。同时，尽管商标法为商标权人规定了一定的义务，比如使用的义务、许可他人使用时的质量监控义务等，商标权的实现在很大程度上也仰赖法律的保障，但商标权本质上为一种权利，是一种支配特定商标的权利，商标权人可以自己使用其商标，无须他人配合。

三、商标权的特征

作为一种知识产权，商标权当然具有知识产权的全部特征。同时，商标权又具有不同于其他知识产权的特征。

第一，商标权理论上是无期限的。时间性被认为是知识产权的特征之一，即法律为知识产权规定了有效期限，有效期满相关知识产权客体进入公共领域。商标权同样具有时间性，因为商标法同样为商标权规定了有效期限。不过，商标法同时规定，商标权期限届满可以续展，而且续展次数不受限制，因此，理论上商标权可以永久有效。

第二，商标权的禁止权的范围要远大于使用权的范围。由于权利客体的抽象性和模糊性，知识产权的权利边界没有传统物质财产权的权利边界明晰。比如，著作权侵权的判断标准是"实质性相似＋接触"，专利的侵权判断标准除了相同侵权还有等同侵权，这均意味着无论是著作权还是专利权，权利人均能够在其能够行使的权利范围之外禁止他人的侵权行为，权利的禁止权范围大于使用权的范围。商标权的侵权判断的终极标准是混淆可能

① 刘春田. 知识产权法. 北京：中国人民大学出版社，2014：258.

性，商标权的禁止权的范围要大于专用权即使用权的范围。由于混淆可能性判断的极端模糊性，相对于著作权和专利权的禁止权来说，商标禁止权的范围要比专用权的范围大得多。不仅如此，对于注册的驰名商标，商标权的范围还可以扩大到不相同、不相类似的商品或服务范围，商标禁止权的范围进一步扩大。

第三，商标权的边界具有动态性。专利权、著作权的权利客体分别为发明创造和作品，而一旦创造完成，发明创造和作品的边界就确定下来，尽管侵权判断标准的模糊性会扩大专利权、著作权的禁止权的边界，但扩大的范围却是确定的，不会随时间的经过而发生变化。商标权则不同，商标权的客体商标是动态的，随着商标使用状况的不同，商标的显著性会逐渐增强或者减弱，由于商标显著性是商标侵权判断标准中的混淆可能性判断的重要因素，商标显著性的增强或者减弱意味着商标禁止权范围的扩大或缩小。也就是说，商标权的边界会随着商标的使用而动态变化。

四、商标注册申请（权、资格）

商标注册申请之后、授权之前的地位在我国被称为注册商标申请权[①]或者注册商标申请人资格[②]，我国商标法没有明确规定商标注册申请之后、授权之前的地位。在其他国家或地区，《欧盟商标条例》第 2 章第 4 节规定了“作为财产权客体的欧盟商标”，第 19 条至第 26 条分别规定了“把欧盟商标视同国家商标”“转让”“以代理人名义注册的商标的转让”“物权”“强制执行”“破产程序”“许可”“在登记册内进入许可及其他权利的程序”“对第三人的效力”等各种商标（权）的利用方式，而第 27 条则规定了“欧盟商标申请作为财产的标的”，该条规定，“第 19 条至第 27 条应适用于欧盟商标申请”[③]。在财产意义上，欧盟商标申请基本上视同欧盟注册商标。《德国商标和其他标志保护法》第 27 条至第 30 条分别规定了“转让”“所有权的认定；送达所有权人”“物权；强制执行；破产诉讼”“许可”，第 31 条则规定了“商标申请”，该条规定，“第 27 条至第 30 条应比照适用于由商标申请获得的权利”。在财产意义上，商标申请同样被视同商标。日本学者认为，日本商标法以注册原则为基础，因此对商标注册前的商标申请不授予专有权，但日本商标法承认因提出商标申请而产生的权利，类似于专利申请权，可以比照适用专利申请权的规定予以保护。[④] 日本学者将这种商标注册申请之后产生的权利称为“商标注册取得权”，大多数人认为，商标注册取得权是一种公法上的请求权，即要求国家将该商标注册的权利，这种权利可以转让、可以继承，是实体法上的一种权利。[⑤] 世界各国或地区商标法的这些规定或做法意味着商标注册申请（权或资格）是受到商标法的保护的。

本书认为，商标注册申请是一种合法的民事权益，应该受到保护。其主要理由是商标

---

① 徐红妮，朱仕宏. 商标注册申请权应得到司法保护. 人民司法，2008（12）.

② 参见贵州省高级人民法院（2006）黔高民二终字第 39 号民事判决书。

③ 其第 17 条和第 18 条规定的是“转让”，第 19 条规定的是“物权”（主要是质押），第 20 条规定的是“强制执行”，第 21 条是“破产或同类性质的程序”，第 22 条是“商标许可”，第 23 条是相关法律行为“对第三方的效力”。

④ Dr. Shoen Ono, Overview of Japanese Trademark Law, Ch. 4 Systematic Position of the Trademark Law, https://www.iip.or.jp/translation/ono/, Retrieve on Aug. 1st, 2019.

⑤ 纹谷畅男. 商标法 50 讲. 魏启学，译. 北京：法律出版社，1987：127.

注册人在申请注册的商标中具有合法利益。如果申请注册的商标已经使用并已经产生一定影响，该申请注册的商标事实上已经能够识别商品或服务，已经成为一个商标，尽管尚未注册，商标注册申请人在该商标中已经具有实际利益。即便申请注册的商标尚未使用，只要符合商标法规定的条件，申请注册的商标也最终会依法注册。不仅如此，根据《商标法》第 31 条的申请在先原则，商标注册申请可以阻止他人在后的商标注册申请。概言之，“即使是正在申请中的商标，也享有一定的法定权益，申请人的申请权应依法受到法律的保护”①。也许正因如此，目前商标局提供的商标申请书式《转让/移转申请/注册商标申请书》及其填写说明中的“办理转让/移转商标注册申请或转让/移转注册商标的，适用本书式”均表明，商标局是允许商标注册申请转让或转移的。

第二节 商标权的内容和范围

有学者认为，“商标权是一个集合概念，其内容包括商标所有权和与之相联系的商标专用权、商标续展权、商标转让权、商标许可权和商标诉讼权等项权利”②。本书认为，商标权是一种类似于所有权的权利，其各项权利实际上是商标权的权能，如商标专用权、商标禁止权、商标标记权等是基于商标权的占有和使用权能，而转让、许可、质押、续展等权利则是商标权的处分权能的体现。

一、商标专用权

商标专用权一般被认为是商标权的“行”的或者积极的一面，即商标权人独占使用其商标的权利。对于注册商标来说，商标专用权的范围以核准注册的商标和核定使用的商品或服务为限，即商标权人只在核准注册的商标和核定使用的商品或服务范围之内享有商标专用权，超出此范围，即便他人因商标权禁止权的限制而不能使用冲突商标，商标权人也不享有商标专用权。对于未注册驰名商标来说，商标专用权的范围以达到驰名状态的未注册商标及其实际使用的商品或服务为限。商标所有人可以以《商标法》第 48 条规定的“商标的使用”的任何方式使用其商标，即将商标用于商品、商品包装或者容器以及商品交易文书上，或者将商标用于广告宣传、展览以及其他商业活动中，用于识别商品来源。商标所有人可以自己实现商标专用权，也可以通过使用许可的方式实现商标专用权。

二、商标禁止权

商标禁止权一般被认为是商标权的“禁”的或者消极的一面，是指商标权人可以禁止他人使用与其商标相冲突的商标的权利。这里与商标所有人的商标相冲突的商标，既包括与《商标法》第 56 条范围相同的《商标法》第 57 条第 1 项规定的商标和商品均相同的商标，也包括比《商标法》第 56 条规定的商标和商品范围更大的《商标法》第 57 条第 2 项

---

① 贵州省高级人民法院（2006）黔高民二终字第 39 号民事判决书。

② 张序九. 商标法教程. 北京：法律出版社，1997：47.

规定的具有混淆可能性的商标。除了可能构成商标使用的标志使用行为之外，商标法还把商标禁止权的范围扩大到那些虽不构成商标使用但却可能损害商标专用权的行为。这就是《商标法》第 57 条第 4 项至第 6 项规定的各种视为侵犯商标专用权的行为。《商标法》第 57 条第 4 项规定的是“伪造、擅自制造他人注册商标标识或者销售伪造、擅自制造的注册商标标识的”的行为，因商标标识尚未与商品或服务结合，这种行为事实上并不构成商标使用，并不会直接对商标专用权带来现实的损害，属于预备侵权行为，但伪造、擅自制造的注册商标标识最终是要使用于商品或服务的，从而最终会对商标专用权带来损害，因此商标法将这种行为也视为商标侵权行为。《商标法》第 57 条第 5 项规定的是“未经商标注册人同意，更换其注册商标并将该更换商标的商品又投入市场的”行为，这种行为并没有使用商标所有人的商标标识，同样不构成商标使用，但这种行为影响商标所有人的商标的商誉的建立，有可能损害商标专用权，因此，商标法也将这种行为规定为商标侵权行为。《商标法》第 57 条第 6 项规定的“故意为侵犯他人商标专用权行为提供便利条件，帮助他人实施侵犯商标专用权行为的”行为，这些行为是帮助行为，本身并不直接损害商标专用权，但因所帮助的行为侵犯了商标专用权，这种帮助行为“加重”或者“扩大”了商标侵权行为，因此，商标法也将这种行为规定为商标侵权行为。

典型案例

“长城”商标案

1974 年 7 月 20 日，中国粮油食品进出口公司天津分公司核准注册了第 70855 号“长城牌”商标，使用商品为第 33 类葡萄酒等。1998 年 4 月 8 日，商标专用权人变更为原告中粮公司。2000 年 9 月 21 日，中粮公司核准注册了第 1447904 号“长城”商标，使用商品为第 33 类米酒等。在对商标的长期使用中，“长城”牌葡萄酒获得了数百项荣誉，在市场中已具有极高的知名度，深受消费者喜爱。2002 年下半年开始，中粮集团发现嘉裕公司和南昌开心糖酒副食品有限公司使用“嘉裕长城”的商标，制造和销售各种葡萄酒，累计销售额超过了 1 亿元，还将中粮集团的注册商标“长城”（图形商标）作为制造和销售各种葡萄酒包装瓶贴的主要构图。中粮集团认为对方的这种行为是一种侵权行为，会使消费者在购买葡萄酒时发生混淆。2004 年 9 月，中粮集团以“嘉裕长城”葡萄酒侵犯了其所有的“长城”商标权为由，将嘉裕公司与南昌开心糖酒副食品有限公司及其生产厂家告上法庭，请求法院判令被告立即停止侵权行为，并提出高达 1 亿元的索赔额。2005 年 4 月 20 日，北京市高级人民法院判决，认定嘉裕公司侵权，要求于判决生效之日起，必须立即停止生产销售“嘉裕长城”“嘉裕”系列葡萄酒，并在 10 日内赔偿“长城”葡萄酒商标所有人中粮集团 1 552.747 9 万元人民币。嘉裕公司对此不服，提出上诉。2006 年 8 月 10 日，最高人民法院对“长城”商标侵权案作出终审宣判，认定嘉裕公司未经中粮公司的许可，擅自在同类商品上使用了与中粮公司注册商标近似的商标，构成了侵犯注册商标专用权，应当依法承担民事责任。①

---

① 北京市高级人民法院（2004）高民初字第 1288 号民事判决书；最高人民法院（2005）民三终字第 5 号民事判决书。

本案即商标权人行使其商标禁止权的典型案例。根据我国2019年《商标法》第57条的规定，未经商标注册人的许可，在同一种商品上使用与其注册商标近似的商标，或者在类似商品上使用与其注册商标相同或者近似的商标，容易导致混淆的，构成商标侵权。本案中，嘉裕公司和南昌开心糖酒副食品有限公司在葡萄酒产品上使用“嘉裕长城”的商标，与中粮公司“长城”商标相近似，在市场中容易造成消费者混淆，因而构成了商标侵权。

三、其他商标权利

除了最核心的商标专用权和商标禁止权之外，基于商标权的权能，商标所有人还享有一些其他权利，如转让、许可、质押等商标处分权，延续商标权的商标续展权以及表明其商标权的商标标记权。

（一）商标处分权

商标处分权是商标权的处分权能的表现，是指商标所有人以法律行为转移商标的所有权、使用权的权利，包括商标转让权、商标使用许可权、设立质权等内容。其中，商标转让权是商标所有人将商标所有权转让给他人的权利，商标使用许可权是商标所有人将商标的使用权授予他人行使的权利，设立质权是商标所有人以其商标设立质权的权利。在商标发展早期，商标代表的是物理来源，此时要转让商标必须连同营业一起转让，而随着商标匿名来源功能的出现，商标转让、商标许可、以商标设立质权等均得到法律允许。

（二）商标续展权

商标续展权是指注册商标有效期届满之后商标所有人可以依照商标法的规定办理续展注册手续以继续享有商标权的权利。我国《商标法》第40条第1款规定：“注册商标有效期满，需要继续使用的，商标注册人应当在期满前十二个月内按照规定办理续展手续；在此期间未能办理的，可以给予六个月的宽展期。每次续展注册的有效期为十年，自该商标上一届有效期满次日起计算。期满未办理续展手续的，注销其注册商标。”商标续展权只有注册商标才享有，因为只有注册商标才有有效期限。未注册的驰名商标并没有法定的期限，只要其一直维持其驰名状态就一直享有商标权，无须续展。

（三）商标标记权

商标标记权是指注册商标所有人有权标记其商标为注册商标的权利。《商标法》第9条第2款规定，商标注册人有权标明“注册商标”或者注册标记。这就是商标权中的标记权。值得注意的是，2001年修改之前的《商标法》曾将此规定为商标权人的义务，2001年修改之后的《商标法》的规定显然更为合理。

第三节　商标权的主体

关于商标权的主体，商标法事实上仅仅规定了有权成为商标所有权人的主体的范围，而基本不涉及作为商标所有权人的主体本身的具体构造，因此，这里的主体制度和传统民法中规定权利主体的条件和具体构造的民事主体制度有所不同。当然，由于商标法该部分内容也涉及什么主体具有取得商标权的资格，内容本质上也是权利主体的一种权利能力，因而，称之为商标权主体也未尝不可。

一、商标所有权人的资格条件

《商标法》第 4 条规定，自然人、法人或者其他组织在生产经营活动中，对其商品或者服务需要取得商标专用权的，应当向商标局申请商标注册。这就是我国商标法关于商标所有权人的资格条件的规定，即只要是从事生产、制造、加工、拣选或者经销商品的自然人、法人或者其他组织均可以向商标局申请商标注册，取得商标权。和 2001 年修正之前《商标法》规定的“企业、事业单位和个体工商业者”相比，现行《商标法》规定的商标所有权人的范围有所放宽，不仅传统的法人、其他组织可以成为商标所有权人，自然人也有可能成为商标所有权人。《商标法》第 17 条规定，外国人或者外国企业在中国申请商标注册的，应当按其所属国和中华人民共和国签订的协定或者共同参加的国际条约办理，或者按对等原则办理。这意味着外国自然人、法人或者其他组织有可能根据协定、条约或者对等原则在中国取得商标权，意味着《商标法》第 4 条规定的自然人、法人或者其他组织不仅包括中国的自然人、法人或者其他组织，也包括外国或者无国籍的自然人、法人或者其他组织。外国国民与当地国民享有同样的权利是国际交往发展的必然结果，当然，大多数国家的做法是给予外国国民有限的权利。①

二、商标权共有

作为一种财产，商标当然可以由两个或两个以上的主体共有。因此，《商标法》第 5 条规定，两个以上的自然人、法人或者其他组织可以共同向商标局申请注册同一商标，共同享有和行使该商标专用权。然而，商标和其他财产不同，商标是动态的，会随着商标的使用而不断发展变化。商标是商标标志与商标标志所代表的商品或服务信息的统一体，商标的存续状态取决于商标所使用的商品或服务信息的稳定性，商品或服务信息越一致、越稳定，商标就越容易形成，形成之后也更容易维持。当两个或两个以上的主体共有并同时使用一件商标时，这必然意味着商标所使用的商品或服务会由多于一个主体提供，一个主体尚且不容易保持商品或服务信息的稳定性，两个或多个主体就更不容易保持商品或服务信息的稳定性，不利于商标的形成和稳定存续。和其他财产的共有相比，商标的共有具有特殊性，“商标分割不同于分割其他类型的知识产权”，“法律承认商标的一个以上所有人违反了商标识别和区别一个单一销售者的商品或服务的基本定义”②。也许正因如此，我国 1982 年《商标法》和 1993 年《商标法》均未规定商标权共有，直到 2001 年修正时，为了履行知识产权国际保护义务，《商标法》才根据《巴黎公约》第 5 条第 3 款第 3 项的规定而规定了商标权共有。

《巴黎公约》第 5 条第 3 款第 3 项规定，几个工商企业同时使用同一商标于相同的或类似的商品上，而依被请求保护的国家的国内法律视为该商标的共同所有人者，只要这种使用不至迷惑群众和违反公众利益，则在本同盟任何成员国内都不应不给予注册，并不应

---

① Dr. Shoen Ono, Overview of Japanese Trademark Law, Ch. 6, p1, https://www.iip.or.jp/translation/ono/, Retrieve on Aug. 1st, 2019.

② J. Thomas McCarthy, *McCarthy on Trademarks and Unfair Competition*, Fifth Edition March 2020 Update, §16: 40.

以任何方式减少对该商标所给予的保护。可以看出，即便《巴黎公约》要求成员国对于商标权共有要同等保护，但其显然也认识到了商标权共有和其他财产共有的不同之处，从而规定了例外条件，即“只要这种使用不至迷惑群众和违反公众利益”，这实际上意味着《巴黎公约》又授权成员国可以对商标权共有规定特殊规则。当然，《巴黎公约》并没有就商标权共有的特殊规则提供具体规定。也许正因如此，世界各国或地区商标法对商标权共有的规定五花八门，在有些国家的立法中，商标法没有专门规定，如德国商标法，其商标权共有应该是采用传统民法的财产共有规则；有些国家有专门规定，但商标权共有规则似乎和传统财产法中的普通财产共有差异不大，如英国《商标法》第 23 条的规定；还有些国家或地区的商标法不仅有商标权共有的专门规定，而且其商标权共有规则和传统民法中的共有有较大差异，对于商标权共有中各共有人行使商标权（共有份额）具有较大的限制，如日本《商标法》第 35 条、我国台湾地区“商标法”第 46 条。总的来说，“商标共同所有权的问题明显存在两种经常相互冲突的政策：1. 保护消费者政策：在可能存在混淆的情况下，保护由商标创建的单一来源预期要求避免和禁止商标的分散的、多重的所有权。2. 合同预期政策：当当事人建立共同所有权的合同框架时，应尊重双方的合法预期。商标共同所有权的认定应通过平衡这两种政策来解决”①。

我国《商标法》第 5 条仅仅规定允许商标权共有，至于商标权共有的具体规则，无论是《商标法》还是《商标法实施细则》基本上均缺乏具体规定，实践中则基本上参照适用传统民法的共有规则处理。比如，最高人民法院认为，商标法对于商标权共有人权利行使的一般规则没有作出具体规定。商标权作为一种私权，在商标权共有的情况下，其权利行使的规则应遵循意思自治原则，由共有人协商一致行使；不能协商一致，又无正当理由的，任何一方共有人不得阻止其他共有人以普通许可的方式许可他人使用该商标。② 这种做法和《民法典》第 302 条规定的“共有物管理”的做法基本上是类似的，即共有人按照约定管理共有的不动产或者动产；没有约定或者约定不明确的，各共有人都有管理的权利和义务。本书认为，鉴于商标不同于其他财产的特性，商标权共有有其特殊性，商标法应该为商标权共有建立不同于传统民法上的财产共有的特殊规则。

第四节 商标权的期限、续展、变更和消灭

和其他知识产权相同，商标权同样具有时间性。当然，商标权期限届满可以续展。和普通民事权利相同，商标权也可能发生变更，还可能因法定或意定事由而消灭。

一、商标权的期限和续展

作为一种知识产权，商标权同样具有时间性。《商标法》第 39 条规定，注册商标的有

---

① J. Thomas McCarthy, *McCarthy on Trademarks and Unfair Competition*, Fifth Edition March 2020 Update, §16：40.

② 参见最高人民法院（2015）民申字第 3640 号民事裁定书。最高人民法院的观点也得到了下级法院的遵从，参见上海知识产权法院（2018）沪 73 民终 332 号民事判决书。

效期为10年，自核准注册之日起计算。这里需要注意的有两点：一是注册商标的有效期是10年；二是注册商标的有效期的起算点是核准注册之日。这和专利权有效期的起算点不同：专利权的有效期起算点是申请日，而不是授权日。这种不同的根本原因是商标和发明创造的不同以及商标法和专利法的不同的价值目标。商标的价值源于使用，只要商标在生产经营中使用，商标就具有价值。因此，商标法并不需要促使商标尽早进入公共领域。发明创造的价值在于发明创造本身，它不仅能够直接增加产品的价值、提高生产的效率或者降低产品的功耗、成本而具有价值，而且通常是进一步创造的基础。因此，促进发明创造早日进入公共领域是专利法的价值目标之一。《商标法》第33条规定，对初步审定公告的商标，自公告之日起3个月内，在先权利人、利害关系人或者任何人可以向商标局提出异议。公告期满无异议的，予以核准注册，发给商标注册证，并予公告。第36条第2款规定，经审查异议不成立而准予注册的商标，商标注册申请人取得商标专用权的时间自初步审定公告3个月期满之日起计算。也就是说，注册商标有效期起算日为初步审定公告3个月期满之日次日，因为没有经过异议的注册商标的有效期起算日显然不应晚于经过异议的注册商标的有效期起算日。由于不管有无异议，最终核准注册决定之日一定在商标初步审定公告3个月期满之后，注册商标的有效期的起算点并不是核准注册决定作出之日。

正是由于商标与发明创造的不同以及商标法与专利法的不同的价值目标，商标法规定注册商标有效期满之后可以续展。《商标法》第40条规定，注册商标有效期满，需要继续使用的，商标注册人应当在期满前12个月内按照规定办理续展手续；在此期间未能办理的，可以给予6个月的宽展期。每次续展注册的有效期为10年，自该商标上一届有效期满次日起计算。期满未办理续展手续的，注销其注册商标。商标局应当对续展注册的商标予以公告。

需要特别注意的是，注册商标有效期满处于宽展期而未续展时的效力。对此，学术界存在着不同的观点。[①] 本书认为，不管是否已经提出续展申请，只要商标续展手续没有完成，处于宽展期内的原注册商标均只属于未注册商标。此时，对于他人的商标抢注行为，商标所有人可以根据《商标法》第32条请求保护，对于他人的侵权行为，商标所有人一般只能根据《反不正当竞争法》第6条第1项、第18条请求保护，其商标达到驰名状态的，商标所有人可以根据《商标法》第13条第2款请求保护。

二、商标权的变更

商标权的变更也称为注册商标的变更，通常是指注册商标本身不变的情况下其某些要素或事项发生的变化。严格地说，注册商标的变更仅仅指《商标法》第41条规定的事项，根据该条规定，注册商标的变更包括注册人的名义、地址或者其他注册事项的变更，因为《商标法》第23条和第24条规定的注册商标的这些变化事实上已经不是注册商标的变更，而是注册商标发生了新生或者消灭。因为商标是由商标标志及其所代表的商品信息共同组成的统一体，所以当这两个方面发生变化时，注册商标已经不再是原来的商标，而是变成

① 杜颖，王国力. 商标法中宽展期内商标权的定位研究. 知识产权，2008 (5).

了新的商标。也许正因如此，《商标法》规定当出现这两种情况时均需要进行相应的注册申请。《商标法》第 23 条规定，注册商标需要在核定使用范围之外的商品上取得商标专用权的，应当另行提出注册申请，第 24 条规定，注册商标需要改变其标志的，应当重新提出注册申请。

三、商标权的消灭

商标权的消灭有多种原因，既包括基于商标权人意志的消灭，也包括非因商标权人意志的消灭。具体有以下几种情形。

(一) 商标权的注销

商标权的注销是商标局基于法定事由终止注册商标权的行为。注销的原因主要包括：(1) 注册商标权人主动放弃其注册商标权或在部分指定商品上的注册商标权。根据《商标法实施条例》第 73 条的规定，商标注册人申请注销其注册商标或者注销其商标在部分指定商品上的注册的，应当向商标局提交商标注销申请书，并交回原《商标注册证》。商标注册人申请注销其注册商标或者注销其商标在部分指定商品上的注册，经商标局核准注销的，该注册商标专用权或者该注册商标专用权在该部分指定商品上的效力自商标局收到其注销申请之日起终止。(2) 发生注册商标专用权人死亡而没有继承人、法人被宣告破产且其注册商标未被分配给任何债权人等情形，由商标局注销其注册商标。(3) 注册商标有效期届满且已过宽展期，注册人没有提出商标续展申请的，或者提出续展申请但未被批准的。我国《商标法》第 40 条规定："注册商标有效期满，需要继续使用的，商标注册人应当在期满前十二个月内按照规定办理续展手续；在此期间未能办理的，可以给予六个月的宽展期。每次续展注册的有效期为十年，自该商标上一届有效期满次日起计算。期满未办理续展手续的，注销其注册商标。"

(二) 商标权的撤销

商标权依法被撤销是指因商标权产生之后发生法定事由使商标权丧失了继续受保护的基础，而由商标管理机关作出终止其商标权的行为。我国《商标法》第 49 条规定："商标注册人在使用注册商标的过程中，自行改变注册商标、注册人名义、地址或者其他注册事项的，由地方工商行政管理部门责令限期改正；期满不改正的，由商标局撤销其注册商标。注册商标成为其核定使用的商品的通用名称或者没有正当理由连续三年不使用的，任何单位或者个人可以向商标局申请撤销该注册商标。"据此，我国商标权被撤销的法定事由包括：(1) 自行改变注册商标。(2) 自行改变注册商标的注册人名义、地址或者其他注册事项。(3) 注册商标成为其核定使用的商品的通用名称。(3) 注册商标没有正当理由连续 3 年不使用。

(三) 商标权的宣告无效

商标权的宣告无效，指已经注册的商标，发生了导致商标权无效的法定事由，而由商标局依据职权或商标评审委员会依据其他主体的无效宣告申请而宣告注册商标无效的行为。被宣告无效的注册商标，由商标局予以公告，该注册商标专用权视为自始不存在。商标权的宣告无效规定在我国《商标法》第 44 条和第 45 条，具体介绍参见本书第四章第四节的内容。

【本章思考题】

1. 商标权的性质是什么？
2. 与著作权和专利权相比较，商标权有哪些不同的特征？
3. 商标权的禁止权范围为什么大于其专有权的范围？如何判断禁止权范围的大小？
4. 商标权包括哪些内容？

【经典参考文献】

1. 徐珉川. 商标权利构造的理论困境与规范出路. 法学评论，2018 (3).
2. 黄汇. 商标权正当性自然法维度的解读——兼对中国《商标法》传统理论的澄清与反思. 政法论坛，2014 (5).

第四章　商标权取得的体制和程序

本章导言

和传统物权不同的是，知识产权的取得一般要经过特定的程序。同时，不同的权利取得根据和权利取得程序设置产生了多种多样的权利取得体制。商标权的取得也是如此，在商标法上，商标权取得体制可以分为使用取得体制、注册取得体制和多元取得体制，我国采取的是注册取得体制。商标权取得程序则由申请、审查、评审、无效宣告等具体程序组合而组成。本章主要介绍商标权的取得体制和商标注册的具体程序。

第一节　商标权取得体制和主管机关

商标权取得体制是商标法中的一个重要问题，它不仅决定了商标权取得的直接根据，更决定了商标主管机关和相关当事人的行为的性质和法律效果，塑造着商标权取得程序的构造。

一、商标权取得体制概述

所谓商标权取得体制是指商标使用人根据什么原始取得商标权的根本制度。商标权取得体制通常也被称为商标权取得原则、商标权取得原理或商标权取得制度，本书称之为体制，意在强调管理机构和管理规范的结合和统一。

需要注意的是，不管什么类型的商标权取得体制，今天世界各国商标法律制度均会既涉及商标使用，也涉及商标注册。因此，仅仅商标注册或使用本身并不是商标权取得体制的关键，商标权取得体制的关键是商标权取得的根本依据，即究竟是以使用为依据取得商标权还是以注册为依据取得商标权。注册在现代各国商标法律制度中均具有重要的地位和作用，不管是注册取得体制还是使用取得体制。注册存在着两种类型：一种是授予权利的注册（如法国商标法、日本商标法、我国商标法等），另一种是推定权利的注册（如美国商标法）。也就是说，在商标权取得体制不同的国家，注册的法律意义是不同的：在注册取得商标权体制下，注册是原始取得商标权的基本依据，而在使用取得商标权体制下，注册仅仅是权利的推定，是否取得权利最终取决于实际使用状况。使用在现代各国商标法中也具有重要的地位和作用。在使用取得商标权体制下，作为商标权原始取得的唯一依据，使用当然很重要，而即便在注册取得商标权体制下，使用往往也具有重要的作用，有些国家的商标法要求申请人注册时具有使用的意图，而注册后法定期限内不使用或者连续法定期限不使用，商标权则会被撤销。

从历史来看，商标保护源于用来制止造假者和不正当竞争者的混淆和滥用的法律，商标最初是用来保存实际使用的场所，而不是用来保护商标权或者用来注册。逐步地，这种“保存”慢慢变成与与所有权类似的绝对权联系起来，而以使用为基础的商标法在诸如法国等地方得以确立。商标法中早期的使用制度是不包含通知条件的保存制度，这种制度从最初一直演化而成为今天的注册制度，如 1857 年法国《商标法》和 1875 年英国《商标注册法》仅仅确立了通过注册推定的商标权，换言之，商标所有人仅仅获得一种在法律诉讼中的优势地位，即权利的推定，但拥有商标注册并不能表明拥有商标所有权的绝对事实。由于相互竞争的商标权之间的关系的内在不稳定性，即使在采用使用取得体制的商标制度中，商标法也提供了通过商标注册稳定商标权的措施。如美国，在《联邦商标法》1988 年修订之前，使用中的商标根据普通法的推定确立商标权。此外，当提交宣称已经连续使用 5 年的宣告时，注册之后连续使用 5 年的商标获得不可争辩性。自此之后，商标注册就成为独占商标使用的决定性证据。这样，美国的使用取得体制的缺陷也被克服。因此，可以说，今天美国商标法已经不能被看作是完全纯粹的使用取得体制。商标立法转向注册取得商标权体制的趋势出现于 1905 年英国《商标法》和 1964 年法国《商标法》。尤其是在英国和法国，商标制度已经采取措施远离使用取得体制而转向注册取得体制，这意味着实际使用不再是注册的条件。①

二、商标权取得体制的类型

从世界各国商标法律制度来看，商标权的取得体制主要有注册取得体制和使用取得体制两种。其中注册取得体制是指商标所有人需要通过注册取得商标权，而且注册是原始取得商标权的唯一途径。在这种商标权取得体制下，尽管法律一般同时规定商标权人的使用义务，但是仅仅通过使用并不能取得商标权。使用取得体制是指只有通过使用才能原始取得商标权，使用是原始取得商标权的唯一途径，单单注册并不能取得商标权的体制。注册取得体制与使用取得体制是截然对立的两种商标权原始取得体制。

使用取得体制和注册取得体制各有其优点，也有其缺陷。使用取得体制的主要优点是这种取得体制比较契合商标法的基本原理，比较公平合理。因为商标本质上是一种符号，是商标标志与其所代表的商品信息的统一体。商标形成的基本标志是商标标志与商品信息的结合，而商标标志与商品信息的结合必须通过商标使用，也就是说，只有通过商标使用

---

① Shoen Ono, Overview of Japanese Trademark Law, Chapter 5. Establishment of Trademark Rights, Section 1: Registration-based Doctrine and Use-based Doctrine, available at http://www.iip.or.jp/e/e_publication/ono/Retrieve on 1st Aug, 2019.

商标才能形成。不管某标志天然地多么适合做商标，未经使用的标志均不是商标，不具有商标意义。因此，使用取得体制反映了商标的本质。同时，使用取得体制因为是通过使用取得商标权的，反映了商标的本质，能够使那些真正使用的商标人获得对其商标的权利。因此，它也是比较公平的。但使用取得体制具有严重的缺陷：首先，在使用取得体制下，往往采用先使用原则确定谁拥有商标权，但确定第一个使用者非常困难，成本较高。因为可能有多个人同时在使用同样的商标，此时即便保护第一个使用者的初衷是好的，但是当多个当事人都主张是第一个使用者时，确定谁是第一个使用者不仅变得非常困难，而且也需要花费高昂的成本去确定谁是真正的第一个使用者。其次，在没有注册制度的情况下，纯粹的使用取得体制导致商标权的不稳定。即使某人已经使用某个商标，甚至已经使用了非常长的时间，但也仍然有这种可能性，即另一个人出来主张他更早地使用这个商标。这就使得使用取得体制下，商标权的稳定性较差。最后，在使用取得体制下，容易导致更多的商标权冲突。由于商标权是通过使用取得的，因而可能存在这种情况，即某商标或近似商标在不同地区为不同的人同时使用或者先后使用，在这些被同时使用的商标的使用初期，由于各商标的影响尚不是很大，互相之间不会发生冲突，但随着使用时间的延长，各个商标的影响均会逐渐加大，以至于会渐渐地扩展到其他商标的使用地区，于是这些相同商标或近似商标之间的冲突就不可避免了。也许正是由于使用取得体制的这些缺陷，使用取得体制的商标法几乎总是会借助注册制度的优点，通过注册推定商标权，以降低使用取得体制在确定第一个使用者方面的困难，增强商标权的稳定性，减少商标权之间的冲突。

注册取得体制往往采用申请在先原则授予商标权，授予最先申请的人以商标权，不仅申请很快，而且成本很低，因为不用再确定谁是第一个使用人。不仅如此，由于商标权取得只能通过注册，不仅商标注册人可以取得全国范围的商标权，而且这种商标权是独一无二的。因此，在注册取得体制下，不仅商标权的稳定性大大增加了，也可以事先避免许多商标权之间的冲突。然而，在在先申请制下，很难避免不道德的人未经许可申请他人已经实际使用或已经获得显著性的商标。在注册取得体制下，由于要采取措施抑制这种不道德的商标抢注，法律往往规定在先使用人可以阻止在后申请人的注册，于是在先申请制的有效性降低了，在先申请制的法律上稳定的优势部分牺牲了。

正是由于使用取得体制和注册取得体制的上述优缺点，使用取得体制往往会吸收注册取得体制的优点，也同样建立注册制度，如注册时不需要提交实际使用证据，而仅仅表明使用意图即可，通过一定时间的注册，只要有实际使用就可以推定全国的商标权，等等；而注册取得体制在坚持先申请的原则上也会部分借鉴先使用原则的内容，如对于同日申请的商标补充适用先使用原则，要求注册人具有使用商标的意图和一定期限内的实际使用，对于抢注他人在先使用商标的，在先使用人可以阻止在后申请人的注册或者宣告在后注册的商标无效，经过法定期限不使用可以撤销商标注册，对未注册的驰名商标的保护，等等。这样，完全注册取得体制和完全使用取得体制都已非常少见，大多数国家的商标权取得体制都变为了注册取得体制和使用取得体制结合的折中取得体制。

同时，还有一些国家的商标法既允许通过注册取得商标权，也允许通过使用取得商标权，还允许通过驰名取得商标权，如德国商标法，这实际上是一种多元取得体制，是各种商标权取得体制平行存在的商标权取得体制。

三、我国的商标权取得体制

我国《商标法》第 3 条第 1 款规定，经商标局核准注册的商标为注册商标，包括商品商标、服务商标和集体商标、证明商标；商标注册人享有商标专用权，受法律保护。第 4 条第 1 款规定，自然人、法人或者其他组织在生产经营活动中，对其商品或者服务需要取得商标专用权的，应当向商标局申请商标注册。2019 年修正时，该条新增规定："不以使用为目的的恶意商标注册申请，应当予以驳回。"这将有可能在一定程度上强化使用在我国商标权取得中的地位与作用。当然，目前我国的商标权取得体制基本上仍然是注册取得体制。同时，我国《商标法》也部分借鉴了使用取得体制的部分内容。如《商标法》第 31 条规定："两个或者两个以上的商标注册申请人，在同一种商品或者类似商品上，以相同或者近似的商标申请注册的，初步审定并公告申请在先的商标；同一天申请的，初步审定并公告使用在先的商标，驳回其他人的申请，不予公告。"后半段的规定实际上有使用取得商标权的痕迹。再如，《商标法》第 13 条第 2 款规定："就相同或者类似商品申请注册的商标是复制、摹仿或者翻译他人未在中国注册的驰名商标，容易导致混淆的，不予注册并禁止使用。"该条事实上赋予了未注册驰名商标的所有人以商标权，因为商标所有人不仅可以禁止他人注册，还可以禁止他人使用，这就意味着只有商标所有人可以使用。当然，这种未注册商标取得商标权的条件非常严格，要达到驰名的程度。

四、商标审查机关

《商标法》第 2 条规定，国务院工商行政管理部门商标局主管全国商标注册和管理的工作。国务院工商行政管理部门设立商标评审委员会，负责处理商标争议事宜。根据 2019 年 3 月 26 日国家知识产权局《关于印发〈商标局职能配置、内设机构和人员编制规定〉的通知》（国知发人字〔2019〕19 号）规定，商标局的主要职责为：承担商标审查注册、行政裁决等具体工作；参与商标法及其实施条例、规章、规范性文件的研究制定；参与规范商标注册行为；参与商标领域政策研究；参与商标信息化建设、商标信息研究分析和传播利用工作；承担对商标审查协作单位的业务指导工作；组织商标审查队伍的教育和培训；完成国家知识产权局交办的其他事项。《商标评审规则》（2014 年）第 2 条规定，商标评审委员会负责处理下列商标评审案件：（1）不服商标局驳回商标注册申请决定，依照《商标法》第 34 条规定申请复审的案件；（2）不服商标局不予注册决定，依照《商标法》第 35 条第 3 款规定申请复审的案件；（3）对已经注册的商标，依照《商标法》第 44 条第 1 款、第 45 条第 1 款规定请求无效宣告的案件；（4）不服商标局宣告注册商标无效决定，依照《商标法》第 44 条第 2 款规定申请复审的案件；（5）不服商标局撤销或者不予撤销注册商标决定，依照《商标法》第 54 条规定申请复审的案件。当然，因机构改革，目前商标局、商标评审委员会已经不再存在，均以国家知识产权局相关业务部门名义进行商标审查与评审工作。

五、商标注册的基本原则

商标注册的原则也称为商标权取得的原则，是进行商标注册所需要遵循的基本规则，是商标注册制度的精神与灵魂，是商标注册制度设计的直接出发点。在注册取得商标权体制下，我国商标注册的基本原则包括：自愿注册原则、申请在先原则、优先权原则和诚实信用原则。

（一）自愿注册原则

在注册取得商标权体制下，对于商标使用人是否注册可以分为三种立法例，即自愿注册原则、强制注册原则和自愿与强制注册结合原则。其中自愿注册原则又称任意注册原则，是指由商标使用人自行决定是否申请商标注册的原则。尽管在注册取得商标权体制下注册是取得商标权的基本根据和前提条件，但法律并不禁止人们使用未注册商标，只不过仅使用而不注册不享有商标权。与自愿注册原则相对的是强制注册原则，又称为全面注册原则，该原则要求商标使用人均必须经过注册取得商标权才能够使用，未经注册的商标不得使用。世界各国大多数采用任意注册原则，只有原来计划体制国家中的某些国家采用强制注册原则。采用自愿注册原则是基于商业自由原则的当然要求①，而采取强制注册原则则与保护消费者及社会公共利益观念有紧密联系。世界各国之所以对商标注册有如此不同的观念是由商标法的功能与宗旨所决定的。商标法不像其他知识产权法，尽管也保护商标权人的合法权益，但对消费者权益和社会公共利益的考虑更多一些。正是由于商标法立法价值目标的多元化，有些国家采用以自愿注册为主、以强制注册为辅的原则。

目前世界各国大多采取自愿注册原则或者以自愿注册为主的原则，全面注册原则因计划经济体制的式微而逐步被废弃。我国 1950 年发布的《商标注册暂行条例》曾采取了自愿注册原则，后来由于计划经济的全面推行而于 1957 年改为全面注册原则，直至 1982 年《商标法》才确定下以自愿注册为主、以强制注册为辅的注册原则，现行《商标法》延续了这种注册原则。现行《商标法》第 4 条规定，自然人、法人或者其他组织在生产经营活动中，对其商品或者服务需要取得商标专用权的，应当向商标局申请商标注册。该规定意味着只有需要取得商标专用权的，才应当向商标局申请商标注册，如果不需要取得商标专用权，则不需要向商标局申请商标注册。同时，《商标法》第 6 条规定，法律、行政法规规定必须使用注册商标的商品，必须申请商标注册，未经核准注册的，不得在市场销售。这意味着只有法律、行政法规规定必须使用注册商标的商品才必须申请商标注册，非国家规定必须使用注册商标的商品，当事人是否申请注册全凭自愿。

（二）申请在先原则

对于在有两个或两个以上的申请人同时在同一种或类似商品上申请注册相同或近似商标时应该准予谁注册，有两种不同的原则，即申请在先原则和使用在先原则。前者指准予最先申请的人注册，而驳回其他人的申请，由先申请人取得商标权；后者指准予最先使用的人注册，而驳回其他人的申请，由先使用人取得商标权。前者在程序上举证简单，容易确定商标权的归属，比较便利，而后者则比较公平，侧重于保护真正的最早的商标使用人。申请在先原则在立法理念上与前述的注册取得商标权体制更为接近，而使用在先原则则与前述的使用取得商标权体制更为融洽。因此，世界上采用注册取得商标权体制的国家基本上均同时采用申请在先原则，而采用使用取得商标权体制的国家基本上同时采用使用

① 曾陈明汝. 商标法原理. 北京：中国人民大学出版社，2003：31.

在先原则。由于世界各国商标权注册取得体制占有优势地位，且由于申请在先原则程序上的便利，申请在先原则被更多的国家所采用。

我国《商标法》第 31 条规定，两个或者两个以上的商标注册申请人，在同一种商品或者类似商品上，以相同或者近似的商标申请注册的，初步审定并公告申请在先的商标；同一天申请的，初步审定并公告使用在先的商标，驳回其他人的申请，不予公告。可见，我国《商标法》采用的是申请在先原则。为了解决两人或多人同时申请的问题，《商标法实施条例》第 19 条规定，两个或者两个以上的申请人，在同一种商品或者类似商品上，分别以相同或者近似的商标在同一天申请注册的，各申请人应当自收到商标局通知之日起 30 日内提交其申请注册前在先使用该商标的证据。同日使用或者均未使用的，各申请人可以自收到商标局通知之日起 30 日内自行协商，并将书面协定报送商标局；不愿协商或者协商不成的，商标局通知各申请人以抽签的方式确定一个申请人，驳回其他人的注册申请。商标局已经通知但申请人未参加抽签的，视为放弃申请，商标局应当书面通知未参加抽签的申请人。因此，我国商标法采用的可以说是以使用在先为补充的申请在先原则。

(三) 优先权原则

优先权原则最初是《巴黎公约》确立的对工业产权国际保护的重要原则之一，主要体现在工业产权保护的跨国申请上。《巴黎公约》第 4 条规定，凡已在《巴黎公约》一个成员国内正式提出申请专利、实用新型、工业品外观设计或商标注册的人，或其权利合法继承人，在专利和实用新型提出第一次申请之日起的 12 个月内、工业品外观设计和商标提出第一次申请之日起的 6 个月内享有在《巴黎公约》其他成员国内提出申请的优先权，即以在一国第一次申请的申请日作为在另一国再次申请的申请日。跨国专利和商标申请费用高昂，程序复杂，优先权原则可以使发明人和商标所有人在第一次提出申请后有充裕的时间考虑还需在哪些其他成员国提出申请以及选择代理人办理手续。

我国 2001 年之前的《商标法》均没有规定优先权，仅在《商标法实施细则》中规定商标局受理申请商标注册要求优先权的事宜，依照国家工商行政管理局规定的具体程序办理。在 2001 年《商标法》不仅规定了《巴黎公约》所确认的外国优先权，还规定了本国优先权，分别是现行《商标法》第 25、26 条的规定。《商标法》第 25 条第 1 款规定，商标注册申请人自其商标在外国第一次提出商标注册申请之日起 6 个月内，又在中国就相同商品以同一商标提出商标注册申请的，依照该外国同中国签订的协定或者共同参加的国际条约，或者按照相互承认优先权的原则，可以享有优先权，这是外国优先权。从该规定可以看出，其条件仅仅是第一次是在外国提出注册申请，第二次是在中国提出申请，至于申请人，则既可以是中国人，也可以是外国人。优先权的期限是 6 个月。《商标法》第 26 条第 1 款规定，商标在中国政府主办的或者承认的国际展览会展出的商品上首次使用的，自该商品展出之日起 6 个月内，该商标的注册申请人可以享有优先权。这就是所谓的本国优先权的规定。

(四) 诚实信用原则

诚实信用原则被称为民法中的“帝王条款”。《民法典》第 7 条规定，民事主体从事民事活动，应当遵循诚信原则，秉持诚实，恪守承诺。这就是民法中的诚实信用原则。诚实信用原则是“民法中重要的基本原则，行使任何民事权利、履行任何民事义务，都应当遵守这一原则”。商标注册申请当然是在行使民事权利，因此当然应该遵循诚实信用原则。为了在商标法中明确诚实信用原则的适用，2013 年《商标法》第 7 条第 1 款规定，“申请注册和使用商标，应当遵循诚实信用原则”，从而明确了商标注册申请应该适用诚实信用原则。在商标注册中，诚实信用原则要求商标注册申请人自觉尊重他人在先权利和社会公共利益，授权审查员、评审员、法官可以在没有法律具体规定时依诚实信用原则作出决定，以实现商标的正确注册与授权。

第二节　商标注册的申请

向商标主管机关提出商标注册的申请是商标注册程序的第一步，主要工作和程序包括确定商标注册申请的方式，选好商标，确定商标指定使用的商品或服务范围，向商标局提交“商标注册申请书”，送交商标图样，附送有关证明文件，缴纳规费，等等。

一、商标注册申请人与商标注册申请的方式

不管在商标权取得上采取注册主义原则还是使用主义原则，世界各国或地区均对商标注册申请人的资格有一定要求。采取使用主义的美国固然要求申请人必须使用商标（1988 年修订的《商标法》要求“意图使用”），采用注册主义的我国台湾地区同样要求申请人须具备主观与客观要件。[①] 我国《商标法》第 4 条第 1 款规定，自然人、法人或者其他组织在生产经营活动中，对其商品或者服务需要取得商标专用权的，应当向商标局申请商标注册。这就表明，在我国商标注册的申请人是自然人、法人或者其他组织。而 2001 年《商标法》修正之前的《商标法》并没有赋予自然人以申请资格，而是将申请主体范围限制在“企业、事业单位和个体工商业者”。《商标法》第 17 条对申请商标注册的自然人中的外国人、法人或者其他组织中的外国法人或者其他组织进行了限定，即规定外国人或者外国企业在中国申请商标注册的，应当按其所属国和中华人民共和国签订的协定或者共同参加的国际条约办理，或者按对等原则办理。

《商标法》第 18 条第 1 款规定，申请商标注册或者办理其他商标事宜，可以自行办理，也可以委托依法设立的商标代理机构办理。当然，这只是对于中国自然人、法人或其他组织而言的。对于外国人或外国企业，《商标法》第 18 条第 2 款规定，外国人或者外国企业在中国申请商标注册和办理其他商标事宜的，应当委托依法设立的商标代理机构办理。委托依法设立的商标代理机构进行商标注册申请是外国人或外国企业办理商标注册申请的唯一途径。

2019 年 4 月，《商标法》进行第四次修正，其第 4 条第 1 款增加规定：“不以使用为目的的恶意商标注册申请，应当予以驳回。”这种修改显然是针对当前非正常商标申请横行、商标申请量激增而进行的，与此前起草的、在《商标法》第四次修正之后重新修改的市场

---

① 曾陈明汝. 商标法原理. 北京：中国人民大学出版社，2003：33.

监管总局制定的《关于规范商标申请注册行为的若干规定（征求意见稿）》的目的一致①，意图强化商标使用使商标申请重回正轨。事实上，在正式通过前提交全国人大常委会审议的《商标法修正案（草案）》中并无“恶意”二字，原文是“不以使用为目的的商标注册申请，应当予以驳回”，只是最终通过时增加了“恶意”二字。本书认为，强化对商标使用的要求可以说是我国商标法诸次修改的主题之一，尤其是 21 世纪以来，比如，2001 年《商标法》新增了对未注册驰名商标的保护（第 13 条第 1 款）、对在先使用并有一定影响的商标的保护（第 31 条后半句），2013 年《商标法》新增了在先使用并有一定影响的商标的先用权侵权抗辩（第 59 条第 3 款）、起诉前三年内实际使用注册商标损害赔偿责任抗辩（第 64 条）。可以说，2019 年《商标法》的第四次修正进一步强化商标使用是我国商标实践发展的必然要求。不过，本书认为，此次修改最终通过时增加的“恶意”条件不仅使得该条款的作用大打折扣，而且也有可能与相关在先权利条款相冲突。

事实上，2019 年修正的《商标法》强化注册环节的商标使用不仅是必要的，也是可行的。众所周知，日本商标法和我国商标法同样是注册取得商标权体制，但日本商标法却在商标注册环节明确提出了使用的条件，即日本《商标法》第 3 条第 1 款的规定，该款被认为可以分为两个注册要件，其中第一个要件就是使用要件，即“在与自己业务有关的商品或服务上所使用”。这里的使用，既包括现在使用，也可以是具备使用的意愿，且可以推定在不久的将来会产生信用的积累。根据日本《商标审查指南》的规定，如果很明显能够判断商标申请并非“在与自己业务有关的商品或服务上所使用”，如缺乏经营相关业务的资格，原则上，可以以不符合《商标法》第 3 条第 1 款规定的商标而发出驳回理由通知；如果申请书记载的指定商品或服务属于《商标法》第 2 条第 2 款规定的服务，或者全部商品或服务中一个类别内的商品或服务的指定涉及的范围十分宽泛，因而导致对指定商品或服务上的商标使用或使用意愿产生疑问的，可以以不符合《商标法》第 3 条第 1 款规定的商标而发出驳回理由通知。在这种情况下，申请人就需要证明指定商品或服务范围内的商标的使用。尤其自 2007 年 4 月 1 日以来，日本确认商标的使用或使用意愿的驳回理由出现得更加频繁。② 日本商标实践表明，在注册环节强化对商标使用的审查并没有从根本上改变其注册取得商标权体制。

鉴于我国 2019 年《商标法》第 4 条修正的意图和借鉴日本商标法实践的经验，本书认为对 2019 年《商标法》第 4 条新增规定的解释应该注意以下几点。

第一，2019 年《商标法》第 4 条新增规定的定位为注册环节对商标使用或预期使用的要求。鉴于我国商标法采用注册取得商标权体制，注册环节不宜要求申请人提供实际使用的证据，但商标局在审查过程中对商标申请人使用申请注册的商标有合理怀疑的，可以要

① 商标法修改相关问题解读.（2019-05-10）[2019-09-03]. http://sbj.cnipa.gov.cn/zcfg/201905/t20190528_301475.html. 该解读认为，2019 年《商标法》第 4 条的修改和作为本次商标法修改的配套措施的《关于规范商标申请注册行为的若干规定（征求意见稿）》针对的问题均为“以傍名牌为目的的恶意申请和为转让牟利而大量囤积商标等问题”。

② 森智香子，广濑文彦，森康晃. 日本商标法实务. 北京林达刘知识产权代理事务所，译. 北京：知识产权出版社，2012：26-27；Examination Guidelines for Trademarks，Part I Chapter 2：Main Paragraph of Article 3（1）.[2019-09-03]. https://www.jpo.go.jp/e/system/laws/rule/guideline/trademark/kijun/index.html.

求申请人提供商标使用（或预期使用）情况说明，主要说明申请注册的商标与其现有的、将来可预期的业务之间的关系，不提供或者提供的说明不能消除商标局的合理怀疑的，以及明显不可能使用的商标注册申请，如缺乏经营相关业务的资格且无预期可以取得经营相关业务资格的，可以驳回申请。

第二，弱化 2019 年《商标法》第 4 条新增规定的"恶意"条件，以避免与《商标法》第 9 条第 1 款后半句、第 13 条、第 15 条、第 16 条、第 32 条之间的冲突，从而架空这些条款，破坏商标法遏制商标恶意抢注的原有制度体系。事实上，迄至今日，我国商标法已经建构了一套规制商标恶意抢注的制度体系，对于侵犯他人在先权利的注册商标或者商标注册申请，商标法已经提供了异议和无效宣告程序，在很大程度上遏制了商标恶意抢注。如果为了切实发挥 2019 年《商标法》第 4 条新增规定的作用，而事实上架空了《商标法》第 9 条第 1 款后半句、第 13 条、第 15 条、第 16 条、第 32 条，就不仅会使在先权利人失去维护自己的在先权利的动力，破坏商标法原有遏制商标恶意抢注的动力机制，与世界各国或地区商标法在商标注册环节不审查包括在先冲突商标在内的相对事由的趋势相悖，而且会将遏制商标恶意抢注的负担完全加诸审查任务本就不堪重负的商标局，最终可能导致商标法遏制商标恶意抢注的制度的瓦解。

第三，注意 2019 年《商标法》第 4 条新增规定与《商标法》第 44 条的禁止"以欺骗手段或其他不正当手段取得注册"制度以及第 49 条第 2 款的撤销"连续三年不使用"商标制度相协调。尽管《商标法》第 44 条的禁止"以欺骗手段或其他不正当手段取得注册"制度曾经发挥着保护在先权利、维护商标注册秩序等积极作用，但在今天商标法遏制商标恶意抢注的制度体系日益完善的情况下，《商标法》第 44 条的禁止"以欺骗手段或其他不正当手段取得注册"制度应该限于程序上的欺骗手段或其他不正当手段而危害公共利益的情形，而不包括仅仅侵犯特定在先权益的商标注册申请行为。《商标法》第 49 条第 2 款的撤销"连续三年不使用"商标制度则通过其他竞争者的私人行为清理商标注册簿，"在注册后的保护与市场实际使用之间建立""不可缺少的联系"，"使'注册现实'与'市场现实'保持一致"[①]。但因撤销"连续三年不使用"商标制度会从根本上撤销一个注册商标，其使用的要求显然要远高于 2019 年《商标法》第 4 条第 1 款的新增规定的使用要求。通过限定各自的条件和适用边界，达致 2019 年《商标法》第 4 条新增规定与《商标法》第 44 条的禁止"以欺骗手段或其他不正当手段取得注册"制度以及第 49 条第 2 款的撤销"连续三年不使用"商标制度之间的协调，使各种制度互相配合发挥作用。

二、商标注册申请中的商标及其指定使用的商品或服务类别

商标由商标标志和商标标志所蕴含的商品信息组成，因此，商标注册申请时需要确定商标标志和指定商标标志所欲使用的商品或服务类别。从法律上看，商标标志必须符合本书第二章规定的条件，标志必须属于商标的法定构成要素，必须具有显著性、合法性和非功能性，不能与他人的在先权利（益）相冲突。其中尤其重要的是不得与他人在先的注册

① Annette Kur & Martin Senftleben, *European Trade Mark Law: A Commentary*, Oxford: Oxford University Press, 2017, § 6.3.1, para. 6.138.

商标相冲突。因此，在注册商标之前，必须先进行商标检索，以尽量事先避免与他人在先的注册商标冲突，提高商标注册的成功率。从经济上看，商标标志必须和自己的企业形象、品牌形象相契合，以提高商标注册以后的商业成功率。特别需要注意的是，商标标志的颜色，根据《商标法》实施早期国家工商行政管理局商标局发布的《关于注册商标指定颜色问题的通知》(1986年8月30日)，《商标法》实施前尚无保护颜色的规定，当时注册的商标，无论其注册证上粘贴的商标图样是什么颜色，均按黑白对待并予以保护。《商标法》实施后申请商标指定颜色的，应由申请人在申请书中明文提出。对在申请注册时未明确提出指定颜色的商标，只按黑白颜色注册，也按黑白颜色保护。可见，黑白颜色商标的保护范围宽于指定颜色的商标的保护范围，但有时为了增加商标的显著性而必须指定颜色的，此时就只能按指定颜色注册和保护。

商标注册申请的另一项重要内容是指定商标使用的商品或服务的范围。《商标法》第22条第1款规定，商标注册申请人应当按规定的商品分类表填报使用商标的商品类别和商品名称，提出注册申请。世界各国商标主管机关均公布商标注册用的商品分类表，有的自己制定，有的采用《尼斯协定》所建立的《商标注册用商品和服务国际分类表》。我国商标局曾先后公布过6个自己编制的商品分类表，自1988年11月1日以后采用《尼斯协定》所建立的商品分类表。现行尼斯分类将商品和服务分成45个大类，其中商品为1～34类，服务为35～45类。我国商标局将尼斯分类的商品和服务项目划分类似群，并结合实际情况增加我国常用商品和服务项目名称，制定《类似商品和服务区分表》，为申请人申报商标注册时使用。《类似商品和服务区分表》中45个类别项下含有类别标题、注释、商品和服务项目名称。其中，类别标题指出了归入本类的商品或服务项目范围；注释对本类主要包括及不包括哪些商品或服务项目作了说明；《类似商品和服务区分表》中所列出的商品和服务项目名称为标准名称。尼斯分类每年修订一次，《类似商品和服务区分表》随之予以调整。申请人应当依照提交申请时施行的《类似商品和服务区分表》进行申报，应首先考虑使用《类似商品和服务区分表》中已列出的标准名称，比照标准名称无法分类的，按照分类原则申报。在申报时，应填写具体的商品和服务项目名称，即《类似商品和服务区分表》中六位代码之前的具体名称，不可填写类别号、类别标题、类别注释、类似群号、类似群名称、项目编号。

商标注册申请人在不同类别的商品上申请注册同一商标的，应当按商品分类表提出注册申请。1982年《商标法》曾规定，同一申请人在不同类别的商品上使用同一商标的，应当按商品分类表分别提出注册申请。1993年《商标法》修正时删除了其中的“分别”二字，允许一个商标标志在一份申请中使用在两类或两类以上的商品上，即所谓的“一标多类”。这不仅符合《马德里商标国际注册实施办法》的规定，也减轻了当事人的负担，因为原来每增加一类商品就相当于增加了一件商标，显然当事人的相关费用会增加。现行《商标法》第22条第2款明确规定，“商标注册申请人可以通过一份申请就多个类别的商品申请注册同一商标”，大大减轻了商标注册申请人的负担。不过，从实际的实施情况来看，目前“一标多类”已逐步被冷落，已采取“一标多类”注册商标的部分申请人叫苦不迭，准备申请注册商标的企业在了解情况后大都决定放弃。究其原因，是我国商标实践在具体操作上出了问题，由于商标分割制度的不完善，不仅“一标多类”申请商标注册费用并无差异，且企业无法分割处分权利以及申请审查过程中不同商品类别上的商标会互相株连，实践效果弊大于利。[①]

三、商标注册申请日的确定

我国商标法采取申请在先原则，申请日对于商标注册具有非常重要的意义。同时，《商标法实施条例》规定，商标注册的申请日期，以商标局收到申请文件的日期为准。这意味着我国商标法是以日为标准确定商标注册申请的时间的，并不考虑申请的具体时刻。《商标法实施条例》还规定，当两个或两个以上的申请人，在同一种商品或者类似的商品上，分别以相同或者近似的商标在同一天申请注册的，各申请人须自收到商标局通知之日起 30 日内提交其申请注册前在先使用该商标的证据。使用有先后的，商标局受理使用在先的人的注册申请，驳回其他人的注册申请。同日使用或者均未使用的，各申请人可以自收到商标局通知之日起 30 日内自行协商，并将书面协定报送商标局；不愿协商或者协商不成的，商标局通知各申请人以抽签的方式确定一个申请人，驳回其他人的注册申请。商标局已经通知但申请人未参加抽签的，视为放弃申请，商标局应当书面通知未参加抽签的申请人。

除了上述正常情况外，商标注册申请日的确定还可能涉及优先权的问题。如前所述，我国商标法不仅规定了外国优先权，而且还规定了国内优先权。对于依法享有优先权的人，其申请日期按照其享有优先权的日期即优先权日为申请日，并不按其实际申请日为申请日。《商标法》第 25 条第 2 款规定，申请人要求优先权的，应当在提出商标注册申请的时候提出书面声明，并且在 3 个月内提交第一次提出的商标注册申请文件的副本；未提出书面声明或者逾期未提交商标注册申请文件副本的，视为未要求优先权。《商标法》第 26 条第 2 款规定，申请人要求国内优先权的，应当在提出商标注册申请的时候提出书面声明，并且在 3 个月内提交展出其商品的展览会名称、在展出商品上使用该商标的证据、展出日期等证明文件；未提出书面声明或者逾期未提交证明文件的，视为未要求优先权。这些均意味着优先权并不是自动的，要求优先权必须提出书面声明并提交相关文件。

四、商标注册申请的手续

商标注册申请除了需要注意以上主体、商标、商标指定使用的商品或服务以及确定申请日之外，还需要向商标局提交各种必要的申请书、证明文件等，办理必要的手续，缴纳规定的费用。

（一）商标注册申请书

根据《商标法实施条例》第 13 条第 1 款规定，申请商标注册，应当按照公布的商品和服务分类表按类申请。每一件商标注册申请应当向商标局提交“商标注册申请书”1 份、商标图样 1 份；以颜色组合或者着色图样申请商标注册的，应当提交着色图样，并提交黑白稿 1 份。商标局专门制定了“商标注册申请书”的标准格式，按照标准格式填写即可。对于商标图样，《商标法实施条例》规定，商标图样必须清晰、便于粘贴，用光洁耐

---

① 杨明．“一标多类”，想说爱你不容易．中华商标，2016（2）．

用的纸张印刷或者用照片代替，长和宽应当不大于10厘米，不小于5厘米。以三维标志申请注册商标的，应当在申请书中予以声明，说明商标的使用方式，并提交能够确定三维形状的图样，提交的商标图样应当至少包含三面视图。以颜色组合申请注册商标的，应当在申请书中予以声明，说明商标的使用方式。以声音标志申请商标注册的，应当在申请书中予以声明，提交符合要求的声音样本，对申请注册的声音商标进行描述，说明商标的使用方式。对声音商标进行描述，应当以五线谱或者简谱对申请用作商标的声音加以描述并附加文字说明；无法以五线谱或者简谱描述的，应当以文字加以描述；商标描述与声音样本应当一致。申请注册集体商标、证明商标的，应当在申请书中予以声明，并提交主体资格证明文件和使用管理规则。商标为外文或者包含外文的，应当说明含义。共同申请注册同一商标或者办理其他共有商标事宜的，应当在申请书中指定一个代表人；没有指定代表人的，以申请书中顺序排列的第一人为代表人。商标局和商标评审委员会的文件应当送达代表人。

（二）相关证明文件

商标注册申请除了需提交有关商标的文件外，申请人还应当提交能够证明其身份的有效证件的复印件，而且商标注册申请人的名义应当与所提交的证件相一致。要求享有优先权的，应提供优先权证明。另外，商标注册申请人如果委托代理人进行商标注册申请，当然还应当提交委托书。

（三）商标电子申请

为了适应信息技术发展和电子政府建立的需要，方便当事人，2013年《商标法》第22条第3款规定，商标注册申请等有关文件，可以以书面方式或者数据电文方式提出。2019年8月27日，国家知识产权局发布《关于商标电子申请的规定》，该规定第3条规定，商标电子申请是指当事人将商标申请文件以符合规定的电子文件形式通过商标网上服务系统向国家知识产权局提出的商标申请。第12条规定，商标法及其实施条例中关于商标申请和商标文件的所有规定，除专门针对以纸件形式提交的商标申请和商标文件的规定之外，均适用于商标电子申请。根据该规定，商标注册申请的全部手续均可以实现电子化，申请可以通过网上服务系统提交商标电子申请文件或者材料，国家知识产权局可以电子送达商标文件，甚至商标证书都已经实现了电子化。

（四）缴纳规费

《商标法》第72条规定，申请商标注册和办理其他商标事宜的，应当缴纳费用。商标局官网上公布有申请商标注册和办理其他各项商标事宜的收费标准。

第三节　商标注册的审查与核准

商标局收到商标注册申请之后会先后进行形式审查和实质审查，对符合法律规定的初步审定公告，初步审定公告的商标经过异议程序之后最终由商标局决定核准注册或者驳回。

一、商标注册申请的形式审查

所谓商标注册申请的形式审查是指对商标申请的手续、程序等形式方面的合法性进行的审查。在我国，形式审查的内容主要包括：申请人的资格是否符合法律的规定；申请人名义、印章及相关情况是否与营业执照一致；申请书填写是否规范；申请人申请注册的商品或服务填写是否具体、规范，分类是否准确，与其经营范围是否相符；商标及其图样的质量、规格、数量是否符合要求；如委托商标代理组织，代理委托书是否规范；应附的证件、说明是否完备；注册申请的规费是否缴纳。

商标注册申请手续齐备、按照规定填写申请文件并缴纳费用的，商标局予以受理并书面通知申请人；申请手续不齐备、未按照规定填写申请文件或者未缴纳费用的，商标局不予受理，书面通知申请人并说明理由。申请手续基本齐备或者申请文件基本符合规定，但是需要补正的，商标局通知申请人予以补正，限其自收到通知之日起 30 日内，按照指定内容补正并交回商标局。在规定期限内补正并交回商标局的，保留申请日期；期满未补正的或者不按照要求进行补正的，商标局不予受理并书面通知申请人。

二、商标注册申请的实质审查

商标注册申请经形式审查合格后即进入实质审查阶段，所谓实质审查即对商标是否符合商标法所规定的实质条件的审查，商标法规定的实质条件主要是本书第二章商标的实质条件的内容。

根据《商标法》和《商标法实施条例》的规定，商标局对受理的商标注册申请进行审查后，对符合规定的或者在部分指定商品上使用商标的注册申请符合规定的，予以初步审定，并予以公告；对不符合规定或者在部分指定商品上使用商标的注册申请不符合规定的，予以驳回或者驳回在部分指定商品上使用商标的注册申请，书面通知申请人并说明理由。

在审查过程中，商标局认为商标注册申请内容需要说明或者修正的，可以要求申请人作出说明或者修正。申请人未作出说明或者修正的，不影响商标局作出审查决定。商标局认为对商标注册申请内容需要说明或者修正的，申请人应当自收到商标局通知之日起 15 日内作出说明或者修正。2016 年修订的《商标审查及审理标准》专门规定了“审查意见书”，当商标局认为商标注册申请违反《商标法》的有关规定，但是具有符合例外规定的可能性等情形，要求申请人在法定期限内对商标注册申请作出说明或者修正，补充符合适用例外规定等证据材料时，商标局就会向商标注册申请人发出“审查意见书”。并不是说商标注册申请的任何违反《商标法》规定的情形商标局均会发出“审查意见书”，必须是具有符合例外规定的可能性的情形，商标局才会发出“审查意见书”。这些情形包括：具有符合《商标法》第 10 条第 1 款第 2、3、4 项、第 2 款但书规定可能性的，经申请人说明可能准予初步审定的；在报纸、杂志、期刊、新闻刊物等特殊商品上申请注册含有国名、县级以上行政区划名，需申请人提供相关证据材料，如“期刊出版许可证”等；具有符合《商标法》第 11 条第 2 款规定可能性的，经申请人说明可能准予初步审定的；商标注册申请为颜色组合商标或者声音商标并且据申请文件尚不足以确认其具有显著特征，经申请人再行补充使用证据说明其经过长期使用获得显著特征后，可能予以初步审定的；商标注册申请包含非显著部分并且因此不应予以初步审定，经申请人修正后可能准予初步审定的；确有必要使用的其他情形。《商标审查及审理标准》规定，“审查意见书”应以申请件为单位使用并且以一次为限，“审查意见书”是否最终挽救该商标注册申请取决于它是否弥补了商标注册申请的缺陷。如果缺陷被弥补，则商标就会被初步审定公告，相反，商标注册申请将会被驳回。

《商标法实施条例》第 22 条规定，商标注册申请人还可以通过分割申请避免同一件商标注册申请中指定的不同商品上的商标互相连带，即商标局对一件商标注册申请在部分指定商品上予以驳回的，申请人可以将该申请中初步审定的部分申请分割成另一件申请，分割后的申请保留原申请的申请日期。需要分割的，申请人应当自收到商标局《商标注册申请部分驳回通知书》之日起 15 日内，向商标局提出分割申请。商标局收到分割申请后，应当将原申请分割为两件，对分割出来的初步审定申请生成新的申请号，并予以公告，而被驳回的商品则可以分割为另一商标继续申请驳回复审。

2013 年修正的《商标法》对商标审查规定了期限，即对申请注册的商标，商标局应当自收到商标注册申请文件之日起 9 个月内审查完毕。

三、初步审定公告商标的异议

《商标法》第 33 条规定，对初步审定公告的商标，自公告之日起 3 个月内，在先权利人、利害关系人认为违反商标法第 13 条第 2 款和第 3 款、第 15 条、第 16 条第 1 款、第 30 条、第 31 条、第 32 条规定的，或者任何人认为违反商标法第 4 条、第 10 条、第 11 条、第 12 条、第 19 条第 4 款规定的，可以向商标局提出异议。公告期满无异议的，予以核准注册，发给商标注册证，并予公告，这就是注册商标异议制度或程序。注册商标异议程序是商标注册主管机关经初审认定并公告后，为有关公众提供的反对该商标注册的程序。世界大多数国家商标法均设有注册商标异议程序，如《欧盟商标条例》、《德国商标和其他标志保护法》、英国《商标法》、法国《知识产权法典》、美国《兰哈姆法》、日本《商标法》等，只有少数国家没有设置，如意大利。在设置有异议程序的国家商标法中，根据异议程序与注册核准程序在时间上不同，异议分为前置异议和后置的异议。前者指异议程序在注册核准程序之前的异议，即商标注册机关经过形式审查和实质审查后只是初步审定商标，只有在法定期限内无人提出异议或异议不成立后才能核准注册。后者指异议程序在核准注册之后的异议，即注册机关对注册商标进行形式审查和实质审查之后认为符合注册条件的，直接核准注册，有关公众在商标注册后一定期限内可以提出异议，异议成立的，撤销商标权。目前几乎所有国家均采用前置异议。其原因在于异议程序的优点：可以弥补商标审查的不足，提高商标审查和核准注册的质量，增强商标权的稳定性。当然，异议程序也有缺陷，即延长了商标注册的时间，降低了效率。注册商标异议程序涉及的主要问题包括以下内容。

1. 异议人的资格。各国商标法对享有异议权的相关公众的范围有不同限定。有的规定一切社会公众均有权提出异议，如英国 1938 年《商标法》第 18 条第 2 项。有的则对异议人的资格有一定的限制。如联邦德国 1968 年《商标法》第 5 条将异议人的资格限制在在先商标所有人和利害关系人的范围。今天，大部分国家或地区的商标法区分拒绝商标注册的绝对理由和相对理由，违反绝对理由的，任何人均可以提出异议（意见），违反相对理由的，只有权利人或者利害关系人可以提出异议，如《欧盟商标条例》（2017）第45、46条、立陶宛2016年《商标和地理标志法》第18条等。

2. 异议理由。凡在主体资格方面规定一切社会公众均可提出异议的国家，任何与商标注册条件不符的事由均可成为异议的理由，英国1938年《商标法》第18条第2项即采取这种规定。凡在异议主体资格方面仅限于利害关系人的，异议理由只能是有关的在先权利（益），如联邦德国1968年《商标法》第5条的规定。

3. 异议期限。由于异议程序延长了注册程序，降低了效率，为了促使利害关系人及时行使异议权，加快注册程序，各国均规定了异议期。从世界各国商标法来看，该期限多规定为2～3个月。

我国1982年和1993年《商标法》没有区分商标拒绝注册的绝对理由和相对理由①，2001年《商标法》开始区分商标拒绝注册的绝对理由和相对理由，从而也区分商标拒绝注册的绝对理由和相对理由的适用程序，违反绝对理由和相对理由的异议在异议人、异议理由方面均有所不同。现行《商标法》第33条规定，违反绝对理由的，任何人均可以向商标局提出异议，违反相对理由的，只有在先权利人或利害关系人可以向商标局提出异议，我国的商标注册的异议期为初步审定公告之日起3个月。根据《商标法实施条例》的规定，提出异议要提交商标异议申请书。商标局收到商标异议申请书后，经审查，符合受理条件的，予以受理，向申请人发出受理通知书。商标异议申请有下列情形的，商标局不予受理，书面通知申请人并说明理由：（1）未在法定期限内提出的；（2）申请人主体资格、异议理由不符合《商标法》第33条规定的；（3）无明确的异议理由、事实和法律依据的；（4）同一异议人以相同的理由、事实和法律依据针对同一商标再次提出异议申请的。

对初步审定公告的商标提出异议的，商标局应当听取异议人和被异议人陈述事实和理由，经调查核实后，自公告期满之日起12个月内作出是否准予注册的决定，并书面通知异议人和被异议人。有特殊情况需要延长的，经国务院工商行政管理部门批准，可以延长6个月。

商标局作出准予注册决定的，发给商标注册证，并予公告。异议人不服的，可以依照《商标法》第44条、第45条的规定向商标评审委员会请求宣告该注册商标无效。商标局作出不予注册决定，被异议人不服的，可以自收到通知之日起15日内向商标评审委员会申请复审。商标评审委员会应当自收到申请之日起12个月内作出复审决定，并书面通知异议人和被异议人。有特殊情况需要延长的，经国务院工商行政管理部门批准，可以延长6个月。被异议人对商标评审委员会的决定不服的，可以自收到通知之日起30日内向人民法院起诉。人民法院应当通知异议人作为第三人参加诉讼。

四、核准注册

异议期届满无人提出异议或异议不成立的，予以核准注册，发给“商标注册证”，并

① 事实上，当时的《商标法》并无相对理由的明确规定。

予公告。在采用注册取得商标权体制的我国，注册即意味着商标注册申请人取得商标权。已经核准注册的商标登记于“商标注册簿”，载明注册号、注册商标、核定使用的商品、有效期、注册人名称等内容。同时商标局向商标注册人颁发“商标注册证”，“商标注册证”是商标权的法律凭证。

商标注册的效力在不同国家有所不同。在使用取得商标权的国家，商标注册仅具有公告及表见证据的效力，而在注册取得商标权的国家，商标注册不仅成为商标权取得的根据，而且也具有社会公众已经知晓的推定效力。

第四节　注册商标的无效宣告

尽管注册是取得商标权的根据，但注册并不是绝对的。当商标因违反不符合商标法规定的注册条件而错误被注册时，注册可能依法被无效宣告。多数国家或地区商标法均为社会公众或者在先权利人提供了挑战注册商标的无效宣告程序。我国商标法同样为社会公众或者在先权利人提供了挑战注册商标的无效宣告程序，无效宣告程序因无效理由是绝对理由还是相对理由而不同。

一、违反绝对事由的注册商标的无效宣告程序

违反绝对事由的注册商标的无效宣告程序是指根据《商标法》第44条的规定，违反《商标法》第4条、第10条、第11条、第12条、第19条第4款规定的，或者是以欺骗手段或者其他不正当手段取得注册的注册商标无效宣告所使用的程序。该程序的具体内容包括以下几点。

（一）注册商标违反的事由和无效宣告的主体

顾名思义，这种无效宣告程序中注册商标违反的是绝对事由，即《商标法》第4条规定的“不以使用为目的的恶意商标注册申请”、第10条规定的违反合法性的商标、第11条规定的不具有显著性的商标、第12条规定的具有功能性的商标、第19条第4款规定的商标代理机构申请注册代理服务之外的其他商标、第44条规定的“以欺骗手段或者其他不正当手段取得注册”的商标。

既然注册商标违反的是绝对事由，而上述绝对事由基本上涉及的主要是公共利益，因此，任何人均可以以这些理由提起无效宣告，代表公共利益的商标审查机关当然也可以主动依职权宣告已经注册的商标无效，而且不论是商标局主动依职权作出无效宣告还是其他人请求商标评审委员会作出无效宣告，均无期限限制。需要注意的是，请求宣告注册商标无效的受理主体是商标评审委员会（国家知识产权局）。

（二）商标局依职权进行的无效宣告的具体程序

商标局作出宣告注册商标无效的决定，应当书面通知当事人。当事人对商标局的决定不服的，可以自收到通知之日起15日内向商标评审委员会申请复审。商标评审委员会应当自收到申请之日起9个月内作出决定，并书面通知当事人。有特殊情况需要延长的，经国务院工商行政管理部门批准，可以延长3个月。当事人对商标评审委员会的决定不服

的，可以自收到通知之日起30日内向人民法院起诉。

(三) 其他单位或个人请求的无效宣告的具体程序

其他单位或者个人请求商标评审委员会宣告注册商标无效的，商标评审委员会收到申请后，应当书面通知有关当事人，并限期提出答辩。商标评审委员会应当自收到申请之日起9个月内作出维持注册商标或者宣告注册商标无效的裁定，并书面通知当事人。有特殊情况需要延长的，经国务院工商行政管理部门批准，可以延长3个月。当事人对商标评审委员会的裁定不服的，可以自收到通知之日起30日内向人民法院起诉。人民法院应当通知商标裁定程序的对方当事人作为第三人参加诉讼。

法定期限届满，当事人对商标局宣告注册商标无效的决定不申请复审或者对商标评审委员会的复审决定、维持注册商标或者宣告注册商标无效的裁定不向人民法院起诉的，商标局的决定或者商标评审委员会的复审决定、裁定生效。

典型案例

"海棠湾"商标案

2005年6月8日，李隆丰申请注册"海棠湾"争议商标，核定使用在第43类住所(旅馆、供膳寄宿处)、提供野营场地设施、旅游房屋出租、会议室出租、养老院、日间托儿所(看孩子)、饭店、餐馆等服务上。2010年3月10日，海棠湾管理委员会向商标评审委员会提出撤销争议商标的申请。(作者注：现行《商标法》已经将"撤销"改为"无效宣告"。)商标评审委员会裁定争议商标予以撤销。李隆丰对裁定不服，向北京市第一中级人民法院提起行政诉讼。北京市第一中级人民法院依据判决撤销商标评审委员会裁定，要求其重作。商标评审委员会不服原审判决，向北京市高级人民法院提出上诉。北京市高级人民法院经审理认为，海棠湾休闲度假区作为三亚市政府规划的重大建设项目，经过媒体的集中宣传报道，"海棠湾"作为一个商业标识在短时间内迅速取得了较大的知名度，并在海内外产生了广泛的影响，李隆丰在知悉海棠湾开发建设的情况下，在相同或类似服务上申请注册争议商标属于2001年修正的《商标法》第31条所指"以不正当手段抢先注册他人已经使用并有一定影响的商标"的情形。《商标法》第41条第1款规定，已经注册的商标是以欺骗手段或者其他不正当手段取得注册的，其他单位或者个人可以请求商标评审委员会裁定撤销该注册商标。判断商标是否属于以其他不正当手段取得注册，要考虑其手段是否属于欺骗手段以外的扰乱商标注册秩序、损害公共利益、不正当占用公共资源或者以其他方式谋取不正当利益的手段。其涉及的是撤销商标注册的绝对事由。本案中，李隆丰在不同类别商品或服务上申请注册了"香水湾""椰林湾"等与海南地名、景点有关的商标30余件，并且多件商标有转让记录。李隆丰还曾与海棠湾管理委员会取得联系，希望以高价转让"海棠湾"商标。李隆丰亦未提供其使用"海棠湾"等商标的有关证据，上述情况足以认定李隆丰申请注册争议商标的行为构成《商标法》第41条第1款的以"不正当手段取得注册"的情形。《商标法》第10条第1款第8项规定，有害于社会主义道德风尚或者有其他不良影响的标志，不得作为商标使用。海棠湾作为三亚市政府规划开发的重大建设项目，是《国务院关于推进海南国际旅游岛建设发展的若干意见》中确定建设的精品旅游景区之一，对海南国际旅游岛的建设具有重大的社会经济意义。李隆丰作为个人，无正当理由申请注册争议商标属于《商标法》第10条第1款第8项所指“有其他不良影响”的情形。最终判决维持商标评审委员会的裁定。①

本案“海棠湾”注册商标被宣告无效，主要是因为其注册违反了《商标法》中所规定的商标不得注册的绝对事由。在案件的审理中，法院对2001年《商标法》第41条第1款（现行《商标法》第44条第1款）的以“不正当手段取得注册”进行了解释，即这里的“不正当手段取得注册”中的“不正当手段”，主要是指欺骗手段以外的扰乱商标注册秩序、损害公共利益、不正当占用公共资源或者以其他方式谋取不正当利益的手段。法院主要是从商标注册人注册了与海南地名及景点有关的商标30余件、多件商标有转让记录、希望将“海棠湾”商标高价卖于海棠湾管理委员会等事实推断出商标注册人的行为意在谋取不正当利益。

二、违反相对事由的注册商标的无效宣告程序

违反相对事由的注册商标的无效宣告程序是指根据《商标法》第45条的规定，违反《商标法》第13条第2款和第3款、第15条、第16条第1款、第30条、第31条、第32条规定而取得注册的，在先权利人或者利害关系人请求商标评审委员会宣告该注册商标无效的注册商标无效宣告所使用的程序。该程序的具体内容包括以下几点。

（一）注册商标违反的事由和无效宣告的主体

顾名思义，该种程序注册商标违反的是相对事由，主要包括《商标法》第13条第2款和第3款规定的驰名商标、第15条规定的被代理人或被代表人商标、第16条第1款规定的地理标志、第30条规定的在先冲突注册商标、第31条规定的在先申请的商标、第32条规定的其他民事在先权利和他人在先使用并有一定影响的商标。

由于注册商标违反的是相对事由，而上述相对事由涉及的均为他人的私人权益，因而，只有在先权利（益）人或者利害关系人可以以这些理由提起无效宣告，而代表公共利益的商标审查机关则不能主动依职权宣告已经注册的商标无效，而且在先权利（益）人或者利害关系人请求商标评审委员会无效宣告的，应在商标注册之日起5年内提起，除非是恶意侵犯驰名商标。同样，请求宣告注册商标无效的受理主体是商标评审委员会。

（二）注册商标违反相对事由的无效宣告的具体程序

商标评审委员会收到宣告注册商标无效的申请后，应当书面通知有关当事人，并限期提出答辩。商标评审委员会应当自收到申请之日起12个月内作出维持注册商标或者宣告注册商标无效的裁定，并书面通知当事人。有特殊情况需要延长的，经国务院工商行政管理部门批准，可以延长6个月。当事人对商标评审委员会的裁定不服的，可以自收到通知之日起30日内向人民法院起诉。人民法院应当通知商标裁定程序的对方当事人作为第三人参加诉讼。商标评审委员会在依照前款规定对无效宣告请求进行审查的过程中，所涉及的在先权利的确定必须以人民法院正在审理或者行政机关正在处理的另一案件的结果为依据的，可以中止审查。中止原因消除后，应当恢复审查程序。

① 北京市高级人民法院（2012）高行终字第583号行政判决书。

法定期限届满，当事人对商标评审委员会的复审决定、维持注册商标或者宣告注册商标无效的裁定不向人民法院起诉的，商标评审委员会的复审决定、裁定生效。

三、注册商标无效宣告的后果

宣告无效的注册商标，由商标局予以公告，该注册商标专用权视为自始不存在。

宣告注册商标无效的决定或者裁定，对宣告无效前人民法院作出并已执行的商标侵权案件的判决、裁定、调解书和工商行政管理部门作出并已执行的商标侵权案件的处理决定以及已经履行的商标转让或者使用许可合同不具有追溯力。但是，因商标注册人的恶意给他人造成的损失，应当给予赔偿。

注册商标被宣告无效后，不返还商标侵权赔偿金、商标转让费、商标使用费，明显违反公平原则的，应当全部或者部分返还。

第五节　商标评审

商标评审不是商标注册的必经程序，且评审的事项也不仅仅是商标注册过程中的事项，但是，商标评审程序与商标注册程序有着紧密的联系，不仅许多评审事项是直接对商标注册程序中的事项进行评审，而且即便那些商标注册程序之外的评审事项也多属于注册商标是否存续的事项。因此，本书将该制度安排在这里讲解。

一、商标评审的概念和性质

根据《商标法实施条例》的规定，商标评审是指商标评审委员会依照《商标法》第 34 条（商标注册申请人不服商标局驳回申请、不予公告商标的决定）、第 35 条（被异议人不服商标局作出的不予注册决定）、第 44 条（商标注册人不服商标局作出宣告注册商标无效的决定以及任何人因绝对理由而请求宣告注册商标无效）、第 45 条（在先权利人或者利害关系人请求商标评审委员会宣告注册商标无效）、第 54 条（当事人不服商标局撤销或者不予撤销注册商标的决定）的规定审理有关商标争议事宜。

商标评审的事项既有因商标注册或商标管理过程中商标局的商标确权行为不服而申请评审的，也有由当事人直接提起的评审，前者如商标注册申请人不服商标局驳回申请或不予公告商标的决定、被异议人不服商标局作出的不予注册决定的评审，后者如商标注册人不服商标局作出的宣告注册商标无效的决定、任何人请求宣告商标评审委员会宣告注册商标无效、当事人不服商标局撤销或者不予撤销注册商标的决定的评审。这些评审事项中，因不服商标局的决定而提起的评审非常类似于行政复议，而当事人直接请求宣告注册商标无效的评审则更类似于行政裁决，这里之所以说是类似，是因为商标评审委员会和作为有些被评审对象的作出机关的商标局是平行的两个单位，而不是上下级关系。不过本书认为，商标评审大体上是行政司法化倾向的一种表现，在性质上属于行政司法。尽管评审在性质上属于行政司法，但它毕竟只是一种行政程序，裁决主体往往与商标注册机构（行政机构）合一，在裁决者的中立性与客观性、程序的严格性、裁决的公开性方面都不及诉讼程序，因此，绝大多数确立评审制度的国家都允许当事人对评审裁决不服时可以向法院提起诉讼，但评审是前置程序，如丹麦《商标法》第 46 条之规定。我国 2001 年修改之前的《商标法》曾规定商标评审委员会的裁决为终局裁决，2001 年《商标法》为满足加入 WTO 的要求，将此修改为商标评审委员会的裁决不再是终局裁决，不服商标评审委员会裁决的，可以向人民法院起诉。

二、商标评审组织

《商标法》第 2 条规定，国务院工商行政管理部门设立商标评审委员会，负责处理商标争议事宜。可见，我国商标评审机构就是商标评审委员会，商标评审委员会是国务院工商行政管理部门设立的独立于商标局的机构。随着机构改革的进行，国家市场监督管理局调整了商标审查和评审的机构设置，原国家工商行政管理总局商标局、商标评审委员会、商标审查协作中心整合为国家知识产权局商标局，不再保留商标评审委员会、商标审查协作中心，商标评审业务用章由“国家工商行政管理总局商标评审委员会”变为“国家知识产权局商标评审业务章”。

三、商标评审事由（适用范围）

商标评审事由是指当事人就何种事由可以请求商标评审委员会进行评审。根据《商标法实施条例》第 51 条的规定，商标评审事项包括：商标注册申请人不服商标局驳回申请及不予公告商标的决定、被异议人不服商标局作出的不予注册决定、商标注册人不服商标局作出宣告注册商标无效的决定以及任何人因绝对理由而请求宣告注册商标无效、在先权利人或者利害关系人请求商标评审委员会宣告注册商标无效、当事人不服商标局撤销或者不予撤销注册商标的决定。

四、商标评审程序

（一）申请与受理

根据《商标法实施条例》的规定，申请商标评审，应当向商标评审委员会提交申请书，并按照对方当事人的数量提交相应份数的副本；基于商标局的决定书申请复审的，还应当同时附送商标局的决定书副本。商标评审委员会收到申请书后，经审查，符合受理条件的，予以受理；不符合受理条件的，不予受理，书面通知申请人并说明理由；需要补正的，通知申请人自收到通知之日起 30 日内补正。经补正仍不符合规定的，商标评审委员会不予受理，书面通知申请人并说明理由；期满未补正的，视为撤回申请，商标评审委员会应当书面通知申请人。商标评审委员会受理商标评审申请后，发现不符合受理条件的，予以驳回，书面通知申请人并说明理由。这里的受理条件主要包括：申请人须有合法的主体资格；在法定期限内提出；属于商标评审委员会的评审范围；依法提交符合规定的申请书及有关证据材料；有明确的评审请求、事实根据和理由；依法缴纳评审费用。

商标评审委员会受理商标评审申请后应当及时将申请书副本送交对方当事人，限其自收到申请书副本之日起 30 日内答辩；期满未答辩的，不影响商标评审委员会的评审。当事人需要在提出评审申请或者答辩后补充有关证据材料的，应当在申请书或者答辩书中声明，并自提交申请书或者答辩书之日起3个月内提交；期满未提交的，视为放弃补充有关证据材料。但是，在期满后生成或者当事人有其他正当理由未能在期满前提交的证据，在期满后提交的，商标评审委员会将证据交对方当事人并质证后可以采信。

（二）审理

根据《商标法实施条例》和《商标评审规则》的规定，商标评审委员会审理商标评审案件一般应采用合议制，特定情形也可采用独任制。对商标评审委员会工作人员实行回避制度。商标评审委员会还可以根据当事人的请求或者实际需要，决定对评审申请进行公开评审。商标评审委员会审理不服商标局驳回商标注册申请决定的复审案件，应当针对商标局的驳回决定和申请人申请复审的事实、理由、请求及评审时的事实状态进行审理。商标评审委员会审理不服商标局不予注册决定的复审案件，应当针对商标局的不予注册决定和申请人申请复审的事实、理由、请求及原异议人提出的意见进行审理。商标评审委员会审理不服商标局不予注册决定的复审案件，应当通知原异议人参加并提出意见。原异议人的意见对案件审理结果有实质影响的，可以作为评审的依据；原异议人不参加或者不提出意见的，不影响案件的审理。商标评审委员会审理依照商标法规定请求宣告注册商标无效的案件，应当针对当事人申请和答辩的事实、理由及请求进行审理。商标评审委员会审理不服商标局依照商标法规定作出撤销或者维持注册商标决定的复审案件，应当针对商标局作出撤销或者维持注册商标决定和当事人申请复审时所依据的事实、理由及请求进行审理。申请人在商标评审委员会作出决定、裁定前，也可以经书面向商标评审委员会说明理由要求撤回申请。商标评审委员会认为可以撤回的，评审程序终止。申请人撤回商标评审申请的，不得以相同的事实和理由再次提出评审申请。商标评审委员会对商标评审申请已经作出裁定或者决定的，任何人不得以相同的事实和理由再次提出评审申请。但是，经不予注册复审程序予以核准注册后向商标评审委员会提起宣告注册商标无效的除外。

（三）裁决及其效力

商标评审委员会审理商标争议案件原则上实行书面审理，根据当事人的请求或者实际需要，也可以决定对评审申请进行口头审理。合议组审理案件，实行少数服从多数的原则。经审理终结的案件，商标评审委员会依法作出决定、裁定。

对商标评审委员会作出的决定、裁定，当事人不服向人民法院起诉，人民法院判决发回重审的案件，商标评审委员会应当另行组成合议组重新进行评审。当事人在法定期限内对商标评审委员会作出的决定、裁定不向人民法院起诉的，该决定、裁定发生法律效力。

【本章思考题】

1. 目前世界上存在几种商标权取得体制？不同的商标权取得体制有何优势与不足？

2. 商标注册申请的基本原则有哪些？

3. 商标无效宣告的理由主要有哪些？

4. 2019年4月，我国《商标法》进行第四次修正，其第4条第1款增加规定：“不以使用为目的的恶意商标注册申请，应当予以驳回。”请问应如何判断某一个商标注册申请属于“不以使用为目的”？

5. 甲公司于2018年3月1日在我国政府举办的国际展览会上首次展示标有“彩虹”

商标的电视机商品，于2018年8月1日上午向商标局申请在电视机商品上注册该商标，且要求优先权。乙公司于2018年月3月1日刚好在市场上销售标有“彩虹”商标的电视机商品，于2018年的8月1日下午向商标局申请在电视机商品上注册“彩虹”商标。请问哪一主体更有可能通过商标注册，获得注册商标专用权？

【经典参考文献】

1. 彭学龙. 寻求注册与使用在商标确权中的合理平衡. 法学研究，2010 (3).

2. 黄汇. 注册取得商标权制度的观念重塑与制度再造. 法商研究，2015 (4).

3. 李雨峰，曹世海. 商标权注册取得制度的改造——兼论我国《商标法》的第三次修改. 现代法学，2014 (3).

4. 邓宏光. 我们凭什么取得商标权——商标权取得模式的中间道路. 环球法律评论，2009 (5).

第五章 作为财产的注册商标

本章导言

商标权是一种私权，其客体——注册商标就是一种财产。商标权人可以像处分其任何其他财产一样，对商标进行处分。对商标进行处分的方式是多种多样的，既可以买卖、许可、转让，也可以进行质押或作为信托财产，以最大限度地发挥商标财产的经济价值。当然，商标也可以作为强制执行的标的和破产财产。“然而，由于商标的‘财产’参数是独特地定义的，因此在试图转移这些权利时必须非常小心。”① 商标具有的不同于物质财产和其他知识财产的特性决定了商标在许可、转让、质押等方面具有其自己的特殊规则。本章主要介绍注册商标的使用许可、转让和质押等财产性利用方式以及相关规则。

第一节 注册商标的使用许可

商标使用许可是商标权人充分发挥自己商标效用最重要的途径，尤其是，可以在不影响自己营业的基础上充分发挥商标的效用。在消费社会和品牌经济的今天，商标使用许可更为重要，已经成为一项大生意。全球许可行业领先的贸易组织许可国际（Licensing International）2019 年 6 月发布的第五次年度全球许可经营调查结果显示，全球许可经营商品和服务零售额在 2018 年增长到 2 803 亿美元，比 2017 年的 2 716 亿美元增长了 3.2%。品牌所有人的许可费收入则跃升至 150 亿美元，较 2017 年增长近 4%。②

---

① J. Thomas McCarthy, *McCarthy on Trademarks and Unfair Competition*, Fifth Edition March 2020 Update, §18：1.

② Licensing International, Global Sales of Licensed Products and Services Reach US $280.3 Billion, *Fifth Straight Year of Growth for the Licensing Industry*,（2019－04－06）［2019－09－19］, https://licensinginternational.org/news/global-sales-of-licensed-products-and-services-reach-us-280-3-billion-fifth-straight-year-of-growth-for-the-licensing-industry/.

一、注册商标使用许可的概念、特征和类型

(一) 注册商标使用许可的概念

注册商标使用许可是指商标所有人在不转让商标所有权的基础上根据合同约定的条件许可他人使用其注册商标的商标利用方式。在商标发展的早期，由于商标识别的来源是物理来源的厂商，商标使用许可在早期曾被某些国家如美国的法律所禁止。而随着商标识别的来源逐渐由物理来源转变为匿名来源，商标使用许可始为法律所允许。当然，商标所有人仍然需要承担对被许可人的商品质量进行监督控制的义务，否则商标可能会被撤销。在美国，没有充分的质量控制的商标许可被称为“裸许可”，未能对被许可人在许可的商标下销售的商品或服务的性质和质量实施控制，可能导致丧失被许可商标的部分或全部权利。[①]

我国《商标法》第 43 条允许商标注册人通过签订商标使用许可合同，许可他人使用其注册商标，同时也加诸注册商标许可人对被许可人使用其注册商标的商品质量的监督义务和被许可人保证使用该注册商标的商品质量的义务。

(二) 注册商标使用许可的特征

和注册商标转让、质押以及其他财产性利用相比，注册商标使用许可具有以下特征：

第一，注册商标使用许可转移的是注册商标的使用权。注册商标使用许可是注册商标使用权的转移，而不是注册商标所有权的转移，和物质财产使用权转移的财产租赁、用益物权有相似之处。但和转移物质财产使用权不同的是，由于注册商标是一种无体财产，具有共享性，并不天然地具有消费和排他上的竞争性，因此，注册商标使用权不仅可以分时间转移，而且可以分地域转移，还可以同时向多个被许可人转移。

第二，注册商标使用许可的期限性。和注册商标转让是永久地转移注册商标的所有权不同，注册商标许可使用是有期限的，一旦期限届满，使用权复归许可人。

第三，注册商标许可形成的使用权的独立性较弱。注册商标许可中被许可人取得的使用权类似于物质财产租赁，本质上仍然是一种债权，一种相对权，不同于具有较强独立性的物质财产的用益物权。根据商标法的规定，许可人应当监督被许可人使用其注册商标的商品质量，而被许可人应当保证使用该注册商标的商品质量，通常需要接受许可人对商品质量的监督。

(三) 商标使用许可的类型

根据最高人民法院的《商标纠纷解释》，商标使用许可可以分为三种类型：独占使用许可是指商标注册人在约定的期间、地域和以约定的方式，将该注册商标仅许可一个被许可人使用，商标注册人依约定不得使用该注册商标；排他使用许可，是指商标注册人在约定的期间、地域和以约定的方式，将该注册商标仅许可一个被许可人使用，商标注册人依约定可以使用该注册商标但不得另行许可他人使用该注册商标；普通使用许可，是指商标注册人在约定的期间、地域和以约定的方式，许可他人使用其注册商标，并可自行使用该

① J. Thomas McCarthy, *McCarthy on Trademarks and Unfair Competition*, Fifth Edition March 2020 Update, §18: 1.

注册商标和许可他人使用其注册商标。

事实上，除了最高人民法院司法解释规定的单纯商标许可之外，还存在着包括商标使用许可在内的更为复杂的综合性的商标许可形式，最重要的就是特许经营。根据《商业特许经营管理条例》（2007 年）特许经营是指拥有注册商标、企业标志、专利、专有技术等经营资源的企业（即特许人），以合同形式将其拥有的经营资源许可其他经营者（即被特许人）使用，被特许人按照合同约定在统一的经营模式下开展经营，并向特许人支付特许经营费用的经营活动。在特许经营中，商标通常是特许经营的最重要的资源，商标使用许可只是特许经营的一部分。当然，特许人许可被特许人使用的不仅包括其商标，还包括企业标志、专利、专有技术等经营资源，特许人除了监督被特许人的商品或服务质量之外，对被特许人的经营活动有更多的干预，也承担更多的义务。美国第四巡回上诉法院指出："现代特许经营者不仅为商标使用权付费，还为成为一个体系的一部分的权利付费，而这个体系的商业方法实际上保证了他的成功。"①

实务探讨

商标被许可人的诉讼地位

在商标权人将商标许可给被许可人使用时，被许可人是否具有独立的诉讼主体地位，是需要注意的问题。商标的许可按排他性程度的不同，可以分为三种类型，即独占使用许可、排他使用许可、普通使用许可。根据三种使用许可排他性程度的不同，我国司法解释对这三种许可情形下被许可人的诉讼地位问题进行了规定。2002 年最高人民法院《商标纠纷解释》第 4 条规定：在发生注册商标专用权被侵害时，独占使用许可合同的被许可人可以向人民法院提起诉讼；排他使用许可合同的被许可人可以和商标注册人共同起诉，也可以在商标注册人不起诉的情况下，自行提起诉讼；普通使用许可合同的被许可人经商标注册人明确授权，可以提起诉讼。

根据这一规定，独占使用许可合同的被许可人拥有独立的诉讼主体地位，在任何情况下都可以自行提起诉讼。排他使用许可合同的被许可人在商标注册人不起诉的情况下，也拥有独立的诉讼主体地位，可以在商标注册人不起诉的情况下自行起诉。普通使用许可合同的被许可人则不拥有独立的诉讼主体地位，不能自行提起诉讼，而只有在商标注册人明确授权的情况下才能提起诉讼。

二、商标使用许可合同

（一）商标使用许可合同的概念与特征

商标使用许可合同是指商标权人同意被许可人按约定条件使用其商标，而被许可人按约定支付使用费的合同。商标使用许可合同是注册商标许可使用的法律形式，是当事人行为的基本法律依据，是商标使用许可的最重要的内容。

商标使用许可合同具有以下特征：

① Principe v. McDonald's Corp., 631 F. 2d 303 (4th Cir. 1980).

第一，商标使用许可合同是双务合同。在商标使用许可合同中，商标权人要保证商标的合法有效，要配合被许可人使用其商标，要承担监督被许可人使用其注册商标的商品的质量的义务，而被许可人要按照合同约定的条件使用商标，要支付商标许可使用费。因此，商标使用许可合同双方当事人互相享有权利，承担义务，为双务合同。

第二，商标使用许可合同通常是有偿合同。经许可使用他人商标，通常要支付许可使用费，因此，商标使用许可合同通常是有偿合同。当然，在有特殊关系的当事人之间，比如公司与其子公司之间、公司股东与公司之间也经常有无偿许可使用，因此，商标使用许可合同也可能是无偿的。

第三，商标使用许可合同为诺成合同。尽管《商标法》第 43 条规定，许可他人使用其注册商标的，许可人应当将其商标使用许可报商标局备案，由商标局公告，但同时又规定，商标使用许可未经备案不得对抗善意第三人。这意味着备案并非合同的成立或生效要件，合同自当事人达成意思表示一致时起即成立，在当事人之间有效，为诺成合同。只不过，未经备案的商标使用许可合同不能对抗善意第三人。

第四，商标使用许可合同为不要式合同。《商标法》第 43 条规定，商标注册人可以通过签订商标使用许可合同，许可他人使用其注册商标。这只是规定商标权人有权通过商标使用许可合同许可他人使用其注册商标，既没有要求商标权人必须通过合同许可他人使用自己的注册商标，也没有对商标使用许可合同的形式提出要求。尽管《商标使用许可合同备案办法》规定，商标注册人许可他人使用其注册商标，必须签订商标使用许可合同，但却并未对合同形式提出书面或者其他形式要求。尽管商标法要求许可人将其商标使用许可合同报商标局备案，但备案仅仅产生对抗善意第三人的效力，备案对合同对当事人的效力并无影响。因此，总体上可以说，商标使用许可合同为不要式合同。

（二）商标使用许可合同的内容

根据《商标使用许可合同备案办法》的规定，商标使用许可合同至少应当包括下列内容：（1）许可使用的商标及其注册证号；（2）许可使用的商品范围；（3）许可使用期限；（4）许可使用商标的标识提供方式；（5）许可人对被许可人使用其注册商标的商品质量进行监督的条款；（6）在使用许可人注册商标的商品上标明被许可人的名称和商品产地的条款。该办法规定的合同内容事实上是不全的，甚至都没有被许可人支付许可费的主要义务的内容，也没有纠纷处理的内容。《民法典》第 470 条规定，合同的内容由当事人约定，一般包括以下条款：（1）当事人的姓名或者名称和住所；（2）标的；（3）数量；（4）质量；（5）价款或者报酬；（6）履行期限、地点和方式；（7）违约责任；（8）解决争议的方法。在这些条款中，当事人、标的、数量是合同的必备要素，没有这些内容，合同根本无法成立，而质量，价款，履行的期限、地点、方式，违约责任，争议解决办法等没有约定或约定不明时，可以通过法律规定予以补充，并不影响合同成立。当然，合同内容应该尽可能完备准确，以尽可能减少纠纷。就商标使用许可合同而言，通常应该包括的内容如下：

1. 当事人的姓名或者名称和住所。当事人是合同的要素，合同确定的当事人必须确定唯一。以自然人为例，需要写明身份证号、住所等事项，以避免因重名而影响合同效力。

2. 被许可的商标。这包括注册商标的注册证号、商标标志、指定使用的商品或服务类别。

3. 许可使用的范围、期限和方式。许可使用的范围包括许可使用的商标标志以及商品或服务的具体类别以及地域范围；许可使用的期限的具体起止日期；许可使用的方式究竟是独占许可、排他许可还是普通许可。

4. 许可使用费。这包括许可使用费的标准和计算方法，许可使用费支付的期限、方式。

5. 许可人对被许可人使用其注册商标的商品质量进行监督的条款。不仅要明确许可人具有对被许可人使用其注册商标的商品进行监督的权利，而且要明确约定具体的监督方式。

6. 在使用许可人注册商标的商品上标明被许可人的名称和商品产地的条款。被许可人使用许可人商标，必须标明被许可人的名称和商品产地。这既是商标法的明确规定，也应该是商标许可合同约定的事项。

7. 违约责任。

8. 解决争议的方法。

三、商标使用许可中许可人的质量控制义务

《商标法》第 43 条规定，许可人应当监督被许可人使用其注册商标的商品质量。这是商标法对商标许可人的质量控制义务的规定。对此，其他国家商标法也有类似规定。《俄罗斯联邦民法典》（2018 年）第 1489 条第 2 款规定，许可合同应包含被许可人商品的质量不得低于许可人商品的质量的条款，并且许可人要对该条款的实施情况进行监督。《白俄罗斯商品商标和服务商标法》（2016 年）第 23 条第 2 款规定，该许可协定将明确订明被许可人的产品在质量上不能劣于许可人产品，而且条件的遵守将受到许可人的检查。在美国，在 Barcamerica International USA Trust 诉 Tyfield Importers Inc. 案中，第九巡回上诉法院指出："未经控制或者'裸的'许可可能导致商标不再能发挥作为质量和来源控制符号的功能……结果，在许可人未能对被许可人进行足够的质量控制的情况下，'法院可能裁决商标所有人已经抛弃了该商标，在这种情况下，所有人将被禁止主张对该商标的权利'。"[①]

本书认为，商标使用许可中许可人的质量控制义务主要与商标法的消费者利益保护的立法目的有关，因为保护消费者的立法目的不仅要求商标许可人控制使用其商标的被许可人的商品的质量，而且商标使用人自己也应当对其使用商标的商品质量负责。[②] 然而，商标权毕竟是一种私权利，商标权人如何行使其权利应该并不受其他机关干预，控制被许可人的商品质量实质上应该是商标权人（即许可人）的权利。因为商标法赋予商标许可人的商品质量控制义务事实上是无法强制履行的，商标法最多也不过是剥夺商标许可人的商标权，所以商标所有人的质量控制义务事实上是一种不真正义务。

典型案例

"王老吉"红罐凉茶包装装潢案

王老吉牌凉茶，始创于公元 1828 年（清道光八年），创始人是王泽邦。1996 年 8 月 7

① Barcamerica Intern. USA Trust v. Tyfield Importers, Inc., 289 F. 3d 589, 596 (9th Cir. 2002).

② 参见我国《商标法》第 43 条第 1 款和第 7 条第 2 款的规定。

日广药集团正式成立，王老吉商标等无形资产划归广药集团持有。1997年，广药集团将王老吉商标许可给鸿道集团旗下的加多宝使用。在经营中，加多宝设计了以红、黄两色为主色调的金属易拉罐“王老吉”凉茶包装，还向国家专利局提交了外观设计专利申请，于1997年获得外观设计专利。由于加多宝的市场营销得当，红罐王老吉获得消费者的认可，2009年销售额即突破160亿元，在2007—2012年连续6年荣膺“中国饮料第一罐”。加多宝凉茶特有的红罐包装，也成了知名的商品包装装潢。然而，双方的合作关系也开始破裂。2011年，广药集团向中国国际经济贸易仲裁委员会提出仲裁申请，要求裁决其与鸿道集团签订的有关“王老吉”商标的使用许可协定无效。2012年，中国国际经济贸易仲裁委员会作出裁决，认定“王老吉”商标使用许可补充协定无效。广药集团收回其商标使用权，继而要求鸿道集团立刻停止使用“王老吉”商标。2012年7月6日，广药集团与加多宝公司于同日分别向法院提起诉讼，均主张享有“红罐王老吉凉茶”知名商品特有包装装潢的权益，并据此诉指对方生产销售的红罐凉茶商品的包装装潢构成侵权。广药集团认为，“王老吉”商标是凉茶包装装潢不可分割的组成部分，并发挥了指示商品来源的显著识别作用，消费者当然会认为红罐王老吉凉茶来源于“王老吉”商标的权利人。加多宝公司认为，包装装潢权益与“王老吉”商标权的归属问题各自独立，互不影响。消费者喜爱的是由加多宝公司生产并选用特定配方的红罐王老吉凉茶，包装装潢的相关权益应归属于加多宝公司。广东省高级人民法院一审认为，“红罐王老吉凉茶”包装装潢的权益享有者应为广药集团。由于加多宝公司不享有涉案包装装潢权益，故其生产销售的一面“王老吉”、一面“加多宝”和两面“加多宝”的红罐凉茶均构成侵权。一审法院遂判令加多宝公司败诉。加多宝公司不服两案一审判决，向最高人民法院提起上诉。

最高人民法院终审判决认为，本案中的知名商品为“红罐王老吉凉茶”，在红罐王老吉凉茶产品的罐体上包括“黄色王老吉文字、红色底色等色彩、图案及其排列组合等组成部分在内的整体内容”，为知名商品的特有包装装潢。结合红罐王老吉凉茶的历史发展过程、双方的合作背景、消费者的认知及公平原则的考量，因广药集团及其前身、加多宝公司及其关联企业，均对涉案包装装潢权益的形成、发展和商誉有建树，各自发挥了积极的作用，将涉案包装装潢权益完全判归一方所有，均会导致显失公平的结果，并可能损及社会公众利益。因此，涉案知名商品特有包装装潢权益，在遵循诚实信用原则和尊重消费者认知并不损害他人合法权益的前提下，可由广药集团与加多宝公司共同享有。在此基础上，广药集团所称加多宝公司生产销售的红罐凉茶商品，以及加多宝公司所称大健康公司根据广药集团授权生产销售的红罐凉茶商品构成擅自使用他人知名商品特有包装装潢权益的主张，均不能成立，对广药集团及加多宝公司的诉讼请求均予以驳回。①

本案入选了2017年中国法院十大知识产权案件，相关诉讼旷日持久，社会影响深远。本案的纠纷主要源于在广药集团和鸿道集团的商标使用许可合同之中，并没有约定商品包装装潢的权益归属问题。由于鸿道集团的经营和投入，“王老吉”红罐包装装潢成为知名的商品包装装潢，其权益归属成为双方争夺的焦点。有人认为，当商标使用许可结束之后，商标所关联的商品包装装潢权益无疑也应归属于商标权人。当然，也有相反的观点，

---

① 最高人民法院（2015）民三终字第3号民事判决书。

即认为根据“种瓜得瓜，种豆得豆”的道理，谁付出了劳动，谁就应该取得相关的权益。红罐包装装潢由加多宝设计、经营，其包装装潢权益理应属于加多宝。最高人民法院尽管对此作出了最终的判决，认为涉案知名商品特有包装装潢权益可由广药集团与加多宝公司共同享有，但关于这一问题的争论依然没有平息，值得仔细研究。通过该案，我们也能够获得商标许可方面的启示，即在注册商标的使用许可合同之中，应详细约定商标许可使用的有关事项以及与此相关的商品包装装潢的权益归属，以避免日后发生此类法律纠纷。

第二节　注册商标的转让

注册商标的转让是实现作为财产的注册商标的价值的另一种重要的方法。在商标法发展早期，很多国家的商标法认为商标附属于使用它的企业的商誉，其价值也归因于企业的商誉，因此不能脱离企业的商誉而转移，否则消费者购买货物就会受骗。现代很多国家商标法允许商标与企业分离而转让，只要受让人的使用不会欺骗公众。在多数国家转让商标必须注册，即通知公众。[①]《TRIPS 协定》第 21 条规定：“注册商标所有权人有权连同或不连同商标所属的经营一道，转让其商标。”这体现了现代商标立法对商标转让的一般态度。我国商标法顺应现代商标立法的趋势，允许商标权的独立转让。

一、注册商标转让的概念与特征

注册商标的转让是商标权人通过合同将注册商标的所有权移转给他人的行为。和商标使用许可相比，注册商标转让具有如下特征：

第一，注册商标转让转移的是注册商标的所有权。和注册商标使用许可不同的是，注册商标转让是注册商标所有权的转移，而不是注册商标使用权的转移，和物质财产所有权转移的买卖类似。

第二，注册商标转让是通过法律行为转移注册商标所有权。这和通过法定事由（如企业合并、分立、继承等）转移注册商标所有权不同。

第三，注册商标转让受到法律较多的限制。和转移物质财产所有权的买卖不同的是，注册商标的转让受到法律较多的限制，因为注册商标的转让可能会致消费者混淆，从而损害消费者的利益。因此，法律通常不允许可能导致消费者混淆的注册商标转让。

二、注册商标转让合同

（一）注册商标转让合同的概念与特征

注册商标转让合同是转让人转移注册商标的所有权于受让人，受让人支付价款的合同。本质上，注册商标转让合同就是一种买卖合同，只不过其标的是注册商标而不是有体物而已。

---

① 沈达明. 知识产权法. 北京：对外经济贸易大学出版社，1998：247.

注册商标转让合同具有以下法律特征：

第一，注册商标转让合同是双务合同。在注册商标转让合同中，转让人和受让人均享有一定的权利，承担一定的义务。而且转让人和受让人的权利和义务存在对应关系，即转让人的权利就是受让人的义务，受让人的义务就是转让人的权利。

第二，注册商标转让合同是有偿合同。和买卖合同一样，注册商标转让合同同样是以等价有偿方式转让标的物的所有权，即转让人移转注册商标的所有权于受让人，受让人向转让人支付价款。

第三，注册商标转让合同是诺成合同。注册商标转让合同自双方当事人意思表示一致就可以成立，不以办理注册商标转移手续为合同的成立要件，办理注册商标转移登记手续属于履行合同。

第四，注册商标转让合同是不要式合同。注册商标转让合同在许多国家或地区商标法上属于要式合同，如《欧盟商标条例》第 20 条第 3 款、美国《兰哈姆法》第 10 条、法国《知识产权法典》第 714－1 条等。不过，我国《商标法》第 42 条第 1 款规定，转让注册商标的，转让人和受让人应当签订转让协定，并共同向商标局提出申请。该规定并未要求注册商标转让合同采用书面形式或者其他特定形式。北京市高级人民法院《关于商标授权确权行政案件的审理指南》认为，注册商标转让合同没有特别约定的，合同在双方当事人签字或者盖章之日起成立并生效。自国家商标行政主管机关核准公告之日起，受让人享有商标权。因此，在我国，注册商标转让合同为不要式合同，注册商标的实际转移要以商标局的核准公告为准。

第五，注册商标转让合同要比普通民事合同要受到更多的限制。《商标法》第 42 条对注册商标的转让设置了多种限制，包括：受让人应当保证使用该注册商标的商品质量；转让注册商标的，商标注册人对其在同一种商品上注册的近似的商标，或者在类似商品上注册的相同或者近似的商标，应当一并转让；对容易导致混淆或者有其他不良影响的转让，商标局不予核准，书面通知申请人并说明理由。世界各国或地区商标法大多也有类似限制，如《欧盟商标条例》第 20 条第 6、7 款要求部分转让的转让前后转让人和受让人的商标指定使用的商品或服务不得重叠，意大利《商标法》第 15 条第 4 款要求商标的转让和许可绝不可误导公众，《俄罗斯联邦民法典》第 1488 条第 2 款则规定商标转让会给商品消费者或商品生产者造成误导的，不得转让，等等。

（二）注册商标转让合同的内容

结合合同法的规定和注册商标转让的特殊性，注册商标转让合同的内容通常包括：

1. 当事人的名称或者姓名和住所。参见商标使用许可合同部分的要求。

2. 被许可的商标。参见商标使用许可合同部分的要求。

3. 商标使用许可状况及处理。注册商标在被转让前，经常会出现转让人已将商标许可第三人使用的情况。《商标纠纷解释》第 20 条规定，注册商标的转让不影响转让前已经生效的商标使用许可合同的效力，但商标使用许可合同另有约定的除外。已经存在的商标使用许可显然会影响受让人的利益，为了保障受让人的利益，受让人应在签订合同前，清楚了解该被转让的注册商标的权利状况，应明确约定被转让的注册商标许可使用的情况以及受让人在转让合同签订后是否需承受许可使用的相关权利义务。

4. 注册商标转让的转让费与付款方式。应明确约定转让费数额、付款时间、支付方式。

5. 商标转让手续和费用。应明确约定转让人和受让人应当向商标局提交转让注册商标申请书，转让注册商标申请手续应当由转让人和受让人共同办理。注册商标转让需要向商标局缴纳费用，因此应明确约定注册商标转让费用的承担。

6. 商品质量的保证。《商标法》规定，转让注册商标的，受让人应当保证使用该注册商标的商品质量。因此，注册商标转让合同应当约定受让人使用商标商品的质量标准。

7. 违约责任。

8. 解决争议的方法。

三、注册商标转让的限制条件、程序和效力

（一）注册商标转让的限制条件

《商标法》第 42 条、《商标法实施条例》第 31 条和第 32 条对注册商标的转让设置了一些限制条件：转让注册商标的，受让人应当保证使用该注册商标的商品质量；商标注册人对其在同一种商品上注册的近似的商标，或者在类似商品上注册的相同或者近似的商标，应当一并转让；对容易导致混淆或者有其他不良影响的转让，商标局不予核准。商标法之所以对注册商标转让施加限制条件，主要原因是商标法的消费者保护的立法目的，混淆性或者误导性转让会损害消费者利益。因此，商标法不允许这样的注册商标转让。

（二）注册商标转让的程序

由于注册商标转让涉及消费者，各国或地区商标法除要求注册商标转让合同应采用书面形式之外，还规定了注册商标转让的必要程序，以维护公共利益。《欧盟商标条例》第 20 条第 4 款规定："经一方当事人的请求，转让应登记于注册簿并予公告。"美国《兰哈姆法》第 10 条规定："承认书可作为转让生效的表面上真实的证据；经向专利商标局登记备案，该备案记录可作为转让生效的表面上真实的证据。"我国《商标法实施条例》第 31 条规定，转让注册商标的，转让人和受让人应当向商标局提交转让注册商标申请书，转让注册商标申请手续应当由转让人和受让人共同办理。注册商标转让申请须经商标局核准，商标局核准转让注册商标申请的，发给受让人相应证明，并予以公告，注册商标专用权自公告之日转移。

（三）注册商标转让的效力

注册商标转让的效力包括两个方面：一是注册商标转让合同的生效；二是注册商标所有权的变动。在大陆法系语境下，注册商标转让合同仅仅是一种法律行为，其结果为一种债的关系，而注册商标所有权的变动则类似于物权的变动。通常，注册商标转让合同在当事人达成合意时即成立生效，而注册商标所有权变动则只有在公示之后才能够具有对抗第三人的效力。我国《商标法》第 42 条第 1 款和第 4 款分别规定的做法也表明我国《商标法》区分注册商标转让合同与商标权的变动，北京市高级人民法院认为，注册商标转让合同没有特别约定的，合同在双方当事人签字或者盖章之日起成立并生效，而注册商标所有权的变动则不同，自国家商标行政主管机关核准公告之日起，受让人享有商标权。

典型案例

“山起”商标转让案

山海关起重机厂于1988年9月30日经国家商标局核准注册了“山起”商标。2005年5月，山东起重机厂欲受让上述商标，与山海关起重机厂协商后，双方于2005年7月6日签订商标转让合同。转让人为山海关起重机厂，转让费为5万元。山东起重机厂受让后旋又表示愿意以30万元价格出让“山起”商标。山海关起重机厂破产清算组之后以商标转让价格过低、该合同显失公平为由，向秦皇岛市中级人民法院提起诉讼，要求撤销上述商标转让合同。此案一审秦皇岛市中级人民法院认为：合同转让的标的物的实际价值高于双方定价6倍之多，如果继续履行合同，山海关起重机厂的损失较大，显失公平。其请求撤销该合同，应予准许，判决撤销上述商标转让合同，山海关起重机厂返还5万元转让费，并承担案件受理费。该判决发生法律效力后，山东起重机厂向河北省高级人民法院申请再审。河北省高级人民法院裁定指令秦皇岛市中级人民法院另行组成合议庭进行再审。秦皇岛市中级人民法院于2006年10月30日再审维持了原判决。河北省高级人民法院二审认为，山东起重机厂与山海关起重机厂双方就商标转让事宜协商长达近两个月，足以说明山海关起重机厂对商标转让的慎重，不存在草率和无经验，亦无重大误解、欺诈、胁迫的情况存在。判决撤销前述民事判决，驳回山海关起重机厂破产清算组的诉讼请求。2008年7月6日，山海关起重机厂破产清算组向最高人民法院申请再审。最高人民法院审理认为，山海关起重机厂作为“山起”商标的原注册人，其对该商标的价值应有自主进行判断的能力。山东起重机厂与其协商购买该商标，双方处于平等的地位，不存在一方利用己方优势或对方劣势的情形；协商过程持续了近两个月，亦不存在欺诈、胁迫或仓促决定的情形。双方作为平等主体的合同当事人，签订的商标转让合同反映了双方的真实意思表示，是合法有效的合同。山海关起重机厂破产清算组仅以事后有其他主体以更高价格购买该商标为由，即主张该合同显失公平、应予撤销，不符合法律规定。驳回申请再审人山海关起重机厂破产清算组的再审申请。①

本案涉及注册商标转让合同中商标转让价格显著低于市场价值，是否构成显失公平的问题。根据最高人民法院的观点，转让合同只要是双方真实的意思表示，则即便商标的实际转让价格显著低于商标的市场价值，权利义务显著不对等，转让合同也是有效的。我国2020年《民法典》第151条规定，一方利用对方处于危困状态、缺乏判断能力等情形，致使民事法律行为成立时显失公平的，受损害方有权请求人民法院或者仲裁机构予以撤销。基于本案和《民法典》的规定，合同显失公平的判断并非单纯衡量权利义务是否对等，还需要考虑双方的意思表示是否存在瑕疵，是否存在一方利用对方处于危困状态、缺乏判断能力等情形。

第三节 注册商标专用权质押和其他财产性利用

除了最重要的使用许可和转让之外，作为一种财产，注册商标还可以进行质押、继

① 最高人民法院（2007）民三监字第18－1号民事裁定书。

承、作为强制执行标的、作为破产财产，只要是合法的财产性的利用，均是可以的。

一、注册商标专用权质押

近年来，随着国家知识产权战略和强国知识产权建设的推进，知识产权质押融资成为知识产权运营的重要方式。作为一种重要的知识产权，注册商标专用权当然同样可以质押，1995年的《担保法》、2007年的《物权法》均规定了商标专用权质押。

（一）注册商标专用权质押的概念与特征

注册商标专用权质押是指商标权人将自己所拥有的、依法可以转让的注册商标专用权作为债权的担保，当债务人不履行债务时，债权人有权依照法律规定，以该注册商标专用权折价或以拍卖、变卖该注册商标专用权的价款优先受偿。

注册商标专用权质押具有如下法律特征：

第一，注册商标专用权质押是一种债权担保方式。注册商标专用权质押的目的是确保主债权的实现，是一种债权担保方式。

第二，注册商标专用权质押是一种物权的债权担保方式。注册商标专用权质押是一种权利质权，是债权担保中的质押担保，是一种物权的债权担保方式。

第三，注册商标专用权质押必须进行登记。《民法典》第444条规定，以注册商标专用权、专利权、著作权等知识产权中的财产权出质的，质权自办理出质登记时设立。国家工商行政管理局先后专门制定《商标专用权质押登记程序》和《注册商标专用权质权登记程序规定》规范注册商标专用权质押登记。

（二）注册商标专用权质押的程序

首先，出质人与质权人订立书面合同。出质人可能是债务人，也可能是债务人之外的第三人。质权人是债权人。

其次，向商标局办理质权登记。质权登记申请应由质权人和出质人共同提出，质权人和出质人可以直接向国家知识产权局申请，也可以委托商标代理机构代理。在中国没有经常居所或者营业场所的外国人或者外国企业应当委托代理机构办理。向商标局办理质权登记的，要提交国家知识产权局要求的《商标专用权质权登记申请书》、出质人与质权人的主体资格证明或者自然人身份证明复印件、主合同和注册商标专用权质权合同等必要文件。

最后，商标局登记并发放《商标专用权质权登记证》。申请登记书件齐备、符合规定的，国家知识产权局予以受理。受理日期即为登记日期。商标局自登记之日起2个工作日内向双方当事人发放《商标专用权质权登记证》。

由于最终质权实现的结果是注册商标专用权的转移，因此，参照商标法规定的注册商标转让的规定，《注册商标专用权质权登记程序规定》规定，办理注册商标专用权质权登记，出质人应当将在相同或者类似商品/服务上注册的相同或者近似商标一并办理质权登记。

（三）注册商标专用权质押的实现

注册商标专用权质押的实现方式和其他权利质权的实现方式类似，主债务到期债务人没有履行而符合注册商标专用权质权实现条件的，当事人可以通过变卖、拍卖或者折价注册商标专用权的方式实现注册商标专用权质权，清偿主债务。

二、注册商标的其他财产性利用

除了质押之外，作为一种财产，注册商标还可以以以下方式利用：

(一) 作为强制执行标的

根据最高人民法院《关于人民法院民事执行中查封、扣押、冻结财产的规定》的规定，除不得查封、扣押、冻结的财产之外，人民法院可以查封、扣押、冻结被执行人占有的动产、登记在被执行人名下的不动产、特定动产及其他财产权。这意味着只要属于被执行人的财产，一般都可以在不超出被执行人应当履行义务的范围被强制执行。注册商标专用权显然不属于不得查封、扣押、冻结的财产，可以被作为强制执行标的。

(二) 作为遗产

作为一种财产，知识产权在继承法上的地位几乎是毫无疑问的，世界各国法律基本上或者在继承法中或者在知识产权法律中规定了知识产权的继承问题。我国《民法典》同样承认知识产权的遗产地位，其第 3 条规定，公民的著作权、专利权中的财产权利属于遗产。尽管《继承法》只明确列举了著作权、专利权中的财产权利可以作为遗产，但从立法精神上看，实际上应当包括各种知识产权中的财产权利。《民法典》第 1122 条没有明确规定遗产的具体形态，而是概括规定："遗产是自然人死亡时遗留的个人合法财产。"据此规定，注册商标显然可以作为遗产。一般认为，商标专用权、公民的发现权、发明权、科技进步权、合理化建议权等知识产权中的财产权利，均可以作为遗产。[①] 2002 年的《商标法实施条例》第 47 条曾经规定，商标注册人死亡或者终止，自死亡或者终止之日起 1 年期满，该注册商标没有办理移转手续的，任何人可以向商标局申请注销该注册商标。提出注销申请的，应当提交有关该商标注册人死亡或者终止的证据。注册商标因商标注册人死亡或者终止而被注销的，该注册商标专用权自商标注册人死亡或者终止之日起终止。事实上，实际使用的注册商标就是一种合法财产，即便要被撤销也需要连续三年不使用。因此，这种规定实际上没有把注册商标专用权当作财产，这是错误的。也许正因如此，2013 年《商标法》之后的 2014 年修改的《商标法实施条例》将该规定删除，从而承认注册商标专用权是财产。

(三) 作为破产财产

《企业破产法》第 30 条规定，破产申请受理时属于债务人的全部财产，以及破产申请受理后至破产程序终结前债务人取得的财产，为债务人财产。最高人民法院《关于适用〈中华人民共和国企业破产法〉若干问题的规定（二）》（法释〔2013〕22 号）第 1 条规定，除债务人所有的货币、实物外，债务人依法享有的可以用货币估价并可以依法转让的债权、股权、知识产权、用益物权等财产和财产权益，人民法院均应认定为债务人财产。注册商标专用权可以作为破产财产是无可置疑的。

【本章思考题】

1. 注册商标的使用许可包括哪些类型？在不同类型中，注册商标被许可人的诉讼地

---

① 彭诚信. 继承法. 长春：吉林大学出版社，2000：61.

位有何不同？

2. 注册商标可以脱离注册商标权人的经营和商誉而单独转让吗？为什么？

3. 如何设立注册商标专用权的质押？

【经典参考文献】

1. 彭学龙. 商标转让的理论建构与制度设计. 法律科学，2011（3）.

2. 王莲峰. 商标许可合同使用者利益之保护——王老吉与加多宝商标利益纷争之思考. 社会科学，2013（4）.

第六章 商标管理

本章导言

商标的使用不仅关系到商标权人的利益，也关系到消费者的利益和市场竞争秩序的维护。因此，公权力机关需要对商标进行有效的管理，以规范商标的使用。从制度构造上看，商标管理是我国《商标法》最具特色的一项制度，甚至被认为是我国商标法的立法宗旨之一。① 世界各国商标法中少有关于商标管理的规定。我国《商标法》第六章专章规定“商标使用的管理”，尽管从其标题上看，商标管理侧重于对商标的使用行为的规范，但从规范的实际内容上来看，商标管理既包括对注册商标使用的管理，也包括对未注册商标使用的管理，还包括对商标代理机构的管理和商标印刷管理。本章主要介绍商标管理的基本概念、商标管理的机构及其职责、商标使用的管理、商标代理和商标印制的管理等内容。

第一节 商标管理概述

一、商标管理的概念与理由

商标管理是商标行政管理部门为了维护社会经济秩序，保护商标权人的合法权益和消费者的利益而依法对商标的使用、印制等进行的管理活动的总称。商标管理的理由主要在于商标法的法律价值取向上的多元性的特点。我国商标注册与管理的专门机构编著的《商标法理解与适用》指出：“我国的商标法律制度是在平衡社会公共利益、消费者利益与商标注册人权利的基础上，围绕商标专用权的取得、维持、行使及保护建立起来的。”“商标专用权的取得与维持需要国家主管机关的确认，权利的行使与消费者的利益密切相关，权利的保护也离不开国家公权力的保障。”因此，“加强商标管理是《商标法》的立法目的之一”②。的确，商标法不仅仅涉及商标权人的私权的保护问题，同时还关涉社会公共利益，因为商标在厂商与消费者之间架起了一座桥梁，识别商标是消费者据以选择商品服务的重

---

① 国家工商行政管理总局商标局，商标评审委员会. 商标法理解与适用. 北京：中国工商出版社，2015：1-2.

② 国家工商行政管理总局商标局，商标评审委员会. 商标法理解与适用. 北京：中国工商出版社，2015：1-2，7.

要手段，商标利用的结果也形成一种持续稳定正常的社会交易秩序，而侵犯商标权并不仅仅损害商标权人的利益，往往也损害消费者的合法权益，还会危害社会经济秩序，这就是商标管理的主要理由。

二、商标管理机构

《商标法》第 2 条规定，国务院工商行政管理部门商标局主管全国商标注册和管理的工作。自 1982 年制定到 2019 年第四次修改，《商标法》的这一规定始终如一。事实上，商标局产生于《商标法》制定之前，1978 年国家恢复工商行政管理机关后即内设商标局，主管全国商标注册和管理工作。需要注意的是，商标管理机构和商标注册机构是不同的，因为商标注册的效力必然覆盖整个中华人民共和国，因此审核工作只能由中央的商标审查机构来进行，而商标管理工作涉及的则是当事人具体的行为，可以由中央机构或者各级工商行政管理部门负责。2018 年 3 月，中共中央印发《深化党和国家机构改革方案》，将国家知识产权局的职责、国家工商行政管理总局的商标管理职责、国家质量监督检验检疫总局的原产地地理标志管理职责整合，重新组建国家知识产权局，由国家市场监督管理总局管理。2018 年 11 月 15 日，原国家工商行政管理总局商标局、商标评审委、商标审查协作中心整合为国家知识产权局商标局。2019 年 3 月 26 日国家知识产权局《关于印发〈商标局职能配置、内设机构和人员编制规定〉的通知》规定，商标局主要职责为：承担商标审查注册、行政裁决等具体工作；参与商标法及其实施条例、规章、规范性文件的研究制定；参与规范商标注册行为；参与商标领域政策研究；参与商标信息化建设、商标信息研究分析和传播利用工作；承担对商标审查协作单位的业务指导工作；组织商标审查队伍的教育和培训；完成国家知识产权局交办的其他事项。商标局下设综合处、财务处、行政处、法律处、应诉复议处、宣传与对外交流处、人事教育处、党委（纪委）办公室、驻中关村国家自主创新示范区办事处、申请业务管理处、申请受理事务一至二处、审查管理一至二处、审查一至五处、审查事务管理处、审查事务一至五处、国际注册一至三处、异议形式审查处、异议审查一至八处、评审案件受理处、评审一至九处、评审事务处、文档事务处、数据信息管理处、信息化项目管理处、信息化运行管理处 52 个职能处。和此前商标局的下设机构相比，商标监督管理处被撤销。[①] 根据《国家市场监督管理总局职能配置、内设机构和人员编制规定》，国家市场监督管理总局与国家知识产权局的职责分工是，国家知识产权局负责对商标专利执法工作的业务指导，制定并指导实施商标权、专利权确权和侵权判断标准，制定商标专利执法的检验、鉴定和其他相关标准，建立机制，做好政策标准衔接和信息通报等工作，而国家市场监督管理总局负责组织指导商标专利执法工作。可以说，目前国家知识产权局（包括其商标局）已经不再承担商标管理职责，商标管理职责由国家市场监督管理总局相关司局承担。就地方市场监督管理局的商标管理来说，多数地方将商标、专利执法工作交由知识产权保护处负责，如广东省市场监督管理局、湖南省市场监督管理局、河北省市场监督管理局等，少数地方设有专门的商标监督管理处，如江西省市场监督管理局等。

---

① 国家工商行政管理总局商标局，商标评审委员会. 商标法理解与适用. 北京：中国工商出版社，2015：1-2，7.

第二节　商标使用的管理

《商标法》第六章规定了“商标使用的管理”，不仅规定了商标使用的概念，而且规定了对注册商标使用的管理、对未注册商标使用的管理等内容。

一、商标使用的概念

商标使用是商标法上的一个非常重要的基础概念，没有商标使用，商标就无法形成，商标显著性就无法实际获得，商标使用是商标权的最核心内容，不管是明示的还是隐含的，商标使用是商标侵权构成的前提条件。《商标法》第 48 条规定，本法所称商标的使用，是指将商标用于商品、商品包装或者容器以及商品交易文书上，或者将商标用于广告宣传、展览以及其他商业活动中，用于识别商品来源的行为。这一定义表明：

第一，“商标使用”使用的对象是商标。商标使用必须有商标标志，没有商标标志就不可能有商标使用。商标是商标标志与商品信息的统一体，没有商标标志就没有商标，没有商标标志当然也就没有商标使用。

第二，商标使用必须有商品。商标标志只有用于商品才构成商标使用，这同样是由商标的概念决定的。当然，商标用于商品并不一定是将商标标志粘贴于商品上，用于商品、商品包装或者容器以及商品交易文书上，或者将商标用于广告宣传、展览以及其他商业活动中等均属商标使用。

第三，商标使用的本质是识别商品来源。识别商品来源是构成商标使用的最终判断标准，只有商标是在识别商品来源的情况下使用才构成商标使用。这一点可以将商标标志发挥其他的功能区别开来。比如，青岛地区的其他企业生产啤酒，在标注产地时使用的“产地：山东省青岛市”中的“青岛”就不是用于识别商品来源，故而不属于商标使用。

二、注册商标使用的管理

《商标法》第 49 条规定，商标注册人在使用注册商标的过程中，自行改变注册商标、注册人名义、地址或者其他注册事项的，由地方工商行政管理部门责令限期改正；期满不改正的，由商标局撤销其注册商标。注册商标成为其核定使用的商品的通用名称或者没有正当理由连续 3 年不使用的，任何单位或者个人可以向商标局申请撤销该注册商标。该条对商标注册人使用注册商标提出了正确使用的要求。

（一）不得自行改变注册商标以及注册商标的注册人名义、地址或者其他注册事项

不得自行改变注册商标又包括两个方面：一是商标标志的改变，二是商标所使用的商品类别的改变。因为商标是由这两个方面构成的，任何方面的改变事实上都是商标的改变，尤其在我国商标注册申请中曾经严格采取一类商品一件商标一份申请原则的情况下，商标的这两个方面的任何变化均可能导致产生一个新的商标，如果允许商标所有人不经向商标注册部门申请审查而自行改变，其结果只能是商标注册制度的崩溃。因此，《商标法》第 23 条和第 24 条要求注册商标在商品或者标志发生变化时注册人应该另行或者重新提出

注册申请。商标注册人也不得自行改变注册商标的注册人名义、地址或者其他注册事项。之所以需要规定这一点应该说与商标的基本功能有关，一般认为商标具有识别功能，它能够使消费者找到商标使用人。因此注册商标的注册人名义、地址或者其他注册事项的改变无论对于商标主管部门还是消费者均具有一定意义。基于商标的识别功能，当消费者因商品质量问题受到损害时就可以据以找到商品的责任人。对于商标主管部门来说，自行改变上述信息将可能阻碍商标管理的进行。因此，从商标管理角度，自行改变注册商标以及注册商标的注册人名义、地址或者其他注册事项的，注册商标有可能被商标局撤销。

实务中如何判断商标注册人是否改变了商标标志？商标注册人在经营中实际使用的商标标志与其注册的商标标志完全一样，用以识别商品或服务的来源，这种使用形式当然是商标使用。如果商标注册人实际使用的商标标志与其注册的商标标志存在差异，需要考察两者差异的程度，尤其是显著部分的差异程度。要使注册商标在市场中实际发挥影响力，实际使用的商标标志就必须与在注册簿上登记的商标的特征保持同一性。如果实际使用的商标标志与注册簿上登记的商标并不一致，丧失了同一性，消费者在市场中知悉和识别的商标就不是注册簿上的商标，毋宁说注册簿上的商标就没有进行实际的使用。实践中，主要从实际使用的商标标志与注册商标两者在称呼、观念、含义、视觉效果等方面是否具有同一性来判断。① 如果实际使用的商标标志和注册商标在上述方面发生了改变，消费者就不会将实际使用的商标标志视为注册商标。可见，最终的判断依据实际是消费者对商标的认知。如果相关消费者认为实际使用的商标标志与注册商标两者具有同一性，则可以视为同一商标。我国司法解释对商标使用的形式进行了规定。最高人民法院《关于审理商标授权确权行政案件若干问题的意见》第 26 条第 2 款中规定："实际使用的商标标志与核准注册的商标有细微差别，但未改变其显著特征的，可以视为注册商标的使用。"《德国商标和其他标志保护法》第 26 条第 3 款也规定："使用与注册中的形式相偏离的商标也视为使用已注册商标，只要该偏离未改变该商标的标志特征。"②

（二）注册商标注册人的使用义务与注册商标不正常使用或不使用撤销

尽管商标法并未明确要求注册人必须使用注册商标，但因不正常使用或者不使用可能会导致注册商标被撤销，这实际上意味着注册人有使用注册商标的义务，尽管这种义务只是一种不真正义务。商标法之所以需要规定商标注册人的使用义务，是由商标的本质所决定的，由于商标是商标标记与其上所"蕴含"的信息的统一体，因此商标必须是商品的标记，尽管我国在商标权取得上采取的是注册取得原则，然而事实上只有实际使用才能使商标逐步具有价值，产生相关的商标利益关系，只有使用才能产生商标权，商标注册机关的所谓"授权"实际上并不是授权，因为它根本无权可授。③ 不使用而拥有注册商标可能导致注册商标滥用，而无助于市场交易秩序的维护。

注册商标不正常使用或不使用可能会被撤销，这主要有两种情况：

1. 注册商标因不正常使用成为通用名称而被撤销。注册商标成为其核定使用商品的

---

① 李扬. 商标法基本原理. 北京：法律出版社，2018：122.

② 范长军. 德国商标法. 北京：知识产权出版社，2013：20.

③ 刘春田. 商标与商标权辨析. 知识产权，1998（1）.

通用名称，是指原本具有商标显著特征的注册商标，在市场实际使用过程中，退化为其核定使用商品的通用名称。如“优盘”本是朗科公司的商标，然而由于使用不当而成为通用名称，最终被撤销。是否构成通用名称及其判断，参见本书第二章相关部分。根据《商标审理及审查标准》的规定，判断注册商标成为其核定使用商品的通用名称的时间点，一般应以提出撤销申请时的事实状态为准，案件审理时的事实状态可以作为参考。具体适用要件包括：(1) 注册商标在其获准注册之时尚未成为其核定使用商品的通用名称；(2) 注册商标在被提出撤销申请时已成为其核定使用商品的通用名称。

2. 注册商标因连续三年不使用而被撤销。注册商标因连续三年不使用而被撤销的制度就是著名的“撤三”制度。我国立法机关编写的《中华人民共和国商标法释义》则认为：“注册商标连续 3 年不使用，使注册商标处于搁置不用的状态，不但无法使该注册商标产生价值，发挥注册商标应有的功能和作用，而且还会影响到他人申请注册和使用与其相同或者近似的商标，所以需要相应的法律措施予以规制。”[①] 简言之，撤销连续不使用注册商标制度的立法目的可概括为两个方面：一方面，促进商标使用，落实商标权，使商标的“注册现实”与“市场现实”相一致。另一方面，减少不使用的注册商标数量，防止商标资源浪费，避免不使用的注册商标妨碍竞争。[②]

一般认为，适用“撤三”制度的构成要件为：连续三年；不使用；无正当理由。[③] 其中，连续三年不使用，是指一个注册商标在其有效期内不使用，且该状态不间断地持续三年以上。连续三年不使用注册商标的时间起算，应当自申请人向商标局申请撤销该注册商标之日起，向前推算三年。使用是指符合《商标法》第 48 条规定的商标使用，且使用不能是象征性使用，是否使用的举证责任由商标注册人承担。正当理由包括：不可抗力；政府政策性限制；破产清算；其他不可归责于商标注册人的正当事由。

认定商标注册人的使用是否构成《商标法》第 48 条规定的商标使用，需要遵循真实原则。所谓商标使用的真实原则，是指商标注册人对商标的使用是为了经营需要和实现商标的功能，将商标与商品或服务相联系，投入市场进行广告宣传、销售、进口、出口等，在市场中实际发挥商标区别其他商品或服务、引导消费者购物的作用，而非为了规避商标不使用撤销制度而进行的虚假性、象征性或零星性使用。真实原则需要同时具备真实使用的意图和实际的使用行为两个要件。[④] 首先，要求商标注册人对商标的使用有真实使用的意图。商标注册人是否具有真实的使用意图，可以从商标注册人使用商标的具体方式、使用的持续时间、使用的地域范围、使用的商业环境、使用的效果等进行推断。“不仅要考虑商标使用的数量，而且还要考虑商标使用的范围和频率等因素。”[⑤] 其次，商标使用不仅有真实使用的意图，还要有实际的商标使用行为。只有注册商标权人切实将商标投入市

---

① 中华人民共和国商标法释义（2013 年修改）.［2019－08－08］. http://www.npc.gov.cn/npc/flsyywd/minshang/2013－12/24/content_1819923.htm.

② Annette Kur & Martin Senftleben, *European Trade Mark Law: A Commentary*, Oxford: Oxford University Press, 2017, § 6.3.1, para 6.138－6.139.

③ 张鹏.《商标法》第 49 条第 2 款“注册商标三年不使用撤销制度”评注. 知识产权，2019 (2).

④ 孔祥俊. 商标与不正当竞争法——原理和判例. 北京：法律出版社，2009：88.

⑤ 陈明涛. 商标连续不使用撤销制度中的“商标使用”分析. 法商研究，2013 (1).

场，与消费者发生实际的接触，供消费者认牌购物，才表明商标真正发挥了标示来源的功能，这种产生了实际的市场影响力的商标才需要商标法的保护。反之，仅有使用的意图但并没有实际的使用行为，或者这种使用行为是零星性的、象征性的，就表明商标没有与消费者发生接触，商标的使用没有形成有效的市场影响力，消费者无法凭借商标获得商标权人提供的商品或服务，就不能说构成商标使用。在证明的标准上，要求商标注册人提供的证据能够佐证其商标使用行为实际存在。如果仅有一些间接证据、仅有对商标进行了广告宣传的证据或仅在商品外包装上使用注册商标的证据，但是没有其他的使用注册商标从事实际经营行为的证据，则很难证明商标权人对其商标进行了实际的使用。例如，在“华艺HUAYI”商标争议案中，“华艺 HUAYI 及图”商标的注册人是个体工商企业华利达厂。华艺公司以连续三年不使用为由申请撤销该商标。商标局决定予以撤销，商标评审委员会对商标权决定予以维持。一审法院判决撤销商评委决定。二审法院认为，注册商标权人仅提供了《订货单》《出仓单》《安全认证检验报告》，这些仅是间接证据，始终未提供实际使用的直接证据，不能证明复审商标进行了使用。①

典型案例

“康王”商标案

1995 年 4 月 7 日，北京康丽雅健康科技总公司（简称康丽雅公司）经核准取得“康王”商标，核定使用的商品为第 3 类化妆品。康丽雅公司自 1998 年起就未办理工商年检，于 2001 年 6 月被北京市工商行政管理局朝阳分局吊销营业执照，该注册商标从未使用过。2003 年 5 月 15 日，康丽雅公司与云南滇虹公司签订商标转让协定，将复审商标转让给云南滇虹公司。2003 年 9 月 8 日，商标局核准了复审商标的转让。2002 年 10 月 18 日，潮阳市康王精细化工实业有限公司（后更名为汕头市康王精细化工实业有限公司，简称康王公司）以连续三年停止使用为由，向商标局申请撤销复审商标。商标局于 2003 年 12 月 17 日作出撤 200200727 号《关于撤销第 738354 号“康王”商标的决定》，对复审商标予以撤销。云南滇虹公司对商标局的撤销决定不服，于 2004 年 1 月 9 日向商标评审委员会申请复审。云南滇虹公司提供了使用该注册商标的证据，主要是云南滇虹公司与康丽雅公司于 2001 年 4 月 25 日签订的《商标使用许可合同》，云南滇虹公司控股的昆明滇虹公司生产的“康王”牌防裂护肤霜的包装盒，以及委托他人定牌加工生产的“康王洗剂”包装盒等。商标评审委员会（简称商评委）于 2006 年 7 月 26 日作出第 2432 号决定，认定复审商标不属于 2001 年修改的《商标法》第 44 条第 1 款第 4 项规定的连续三年停止使用应予以撤销的情形，对复审商标的注册予以维持。康王公司不服，向北京市第一中级人民法院提起行政诉讼。北京市第一中级人民法院在审理后认为，云南滇虹公司提供的用以证明其使用的包装盒的许可证号的标注不符合法律规定，属于违法使用，商标法不予以保护，故此种使用行为无法证明该商标已被合法使用。商评委和云南滇虹公司不服，向北京市高级人民法院上诉，二审维持了一审的判决。商评委向最高人民法院申请再审，最高人民法院在

① 北京市高级人民法院（2005）高行终字第 134 号行政判决书。

该案中认为，《商标法》第44条第1款第4项规定的使用，应该是指在商业活动中对商标进行公开、真实、合法的使用，经营者在违反法律法规强制性、禁止性规定的经营活动中使用商标的行为，不能认定为商标法规定的使用行为。①

最高人民法院在审理本案中认为，商标使用应是合法的使用，如果商标使用违反了法律法律法规强制性、禁止性的规定，则不能产生商标使用的效力。实际上，最高人民法院在本案中商标使用的合法性问题上采取了较为严格的做法，即只要经营使用行为违反了法律法规的强制性规范，无论是何种类型的强制性规范，也不管这种强制性规范是否属于商标法，使用商标的行为一律被认定为不构成商标使用。一些学者认为这种观点是值得商榷的。例如，刘春田教授认为："（本案）争议商标处于一直被实际使用的状态，而且使用没有瑕疵。企业经营产品，或者是经营服务有问题，并不属于商标使用的瑕疵，而是企业经营的问题。判断商标是否被使用，看的不是哪个特定的主体，而是看该商标是否真实的存在，以及是否处于实际使用的状态。"张平教授认为："关于商标三年不使用而导致的撤销，其立法意图本是针对那些没有实际使用的商标而言。商标因为商品不合法而没有规范使用，应当使用其他法律或者商标法中的其他条款处置。"②

值得注意的是，在本书后文所介绍的"卡斯特"商标案中，最高人民法院的态度又发生了转变，在"卡斯特"案中，最高人民法院认为，争议商标有关的经营活动是否违反强制性、禁止性的法律规定，并非《商标法》第44条第1款第4项所要规范和调整的问题，这实际上就否定了其在"康王"商标案中的观点。

典型案例

"卡斯特"商标案

李某为指定使用在第33类"果酒（含酒精）"等商品上的"卡斯特"商标（即涉案商标）的商标权人。2005年7月，法国卡斯特公司以连续三年停止使用为由，向商标局申请撤销涉案商标。商标局以李某未在法定期间内提交其使用涉案商标的证据材料为由，决定撤销涉案商标。李某不服向商标评审委员会申请复审，并提交商标使用许可合同和被许可人销售卡斯特干红葡萄酒的增值税发票2张等证据。商标评审委员会经审查认为，涉案商标的使用事实符合2002年的《商标法实施条例》第3条及第40条第3款关于商标使用的规定，未构成2001年修改的《商标法》第44条所指的连续三年停止使用应予撤销的情形。因此，商标评审委员会作出了撤销商标局决定、涉案商标予以维持的决定。法国卡斯特公司不服，向北京市第一中级人民法院起诉。北京市第一中级人民法院经过审理维持了商标评审委员会的复审决定。法国卡斯特公司不服向北京市高级人民法院上诉，二审法院判决驳回上诉，维持原判。法国卡斯特公司不服向最高人民法院申请再审，主张李某提交的证据不足以认定其对涉案商标进行了真实的商业使用，而且其使用行为违法了葡萄酒进口、销售等方面的法律规定，应予撤销。在申请再审期间，李某补充提交了30余张销售

① 最高人民法院（2007）行监字第184－1号驳回再审申请裁定书。

② "康王"商标3年不使用撤销案引发学术界解读. http://news.sina.com.cn/o/2007-10-30/144612812922s.shtml.

发票和进口卡斯特干红葡萄酒的相关材料。

最高人民法院在审理该案中认为：《商标法》第44条第1款第4项规定的立法目的在于激活商标资源，清理闲置商标，撤销只是手段，而不是目的。因此只要在商业活动中公开、真实地使用了注册商标，且注册商标地使用行为本身没有违反商标法律规定，则注册商标权利人已经尽到法律规定的使用义务，不宜认定注册商标违反该项规定。本案中，综合李某提交的证据可以认定在商业活动中对涉案商标进行了公开、真实的使用。至于涉案商标有关的其他经营活动中是否违反进口、销售等方面的法律规定，并非《商标法》第44条第1款第4项所要规范和调整的问题。因此裁定驳回了法国卡斯特公司的再审申请。[①]

最高人民法院从“康王”案到“卡斯特”案中的观点的转变表明，商标连续三年不使用撤销制度主要的立法目的在于激励商标权人将注册商标投入市场进行实际使用，确保商标在市场中发挥标示来源，引导消费者购物的功能。故此，无论注册商标的使用是否违反了进口、销售等方面的强制性规范，只要注册商标实际投入了市场经营，在市场中发挥了标示来源的功能，就满足了商标连续三年不使用撤销制度对注册商标使用的要求。

典型案例

“湾仔码头”商标案

“湾仔码头”商标于2000年3月31日申请注册，注册类别在第43类咖啡馆、自助食堂、餐厅、饭店、餐馆、自助餐馆、快餐馆、酒吧、流动饮食供应、茶馆服务上。2009年8月31日，经商标局核准，该商标转让给成某。2009年8月21日，通用磨坊公司对该注册商标以连续三年不使用为由，申请撤销该注册商标。商标局经查证核准撤销该注册商标，被申请人不服，向商标评审委员会申请复审，商标评审委员会维持了商标局的决定。成某不服商标评审委员会的决定，上诉至北京知识产权法院。北京知识产权法院经审理，推翻了商标局及商标评审委员会的认定，认为成某在三年期间对该商标进行了真实的商业使用。通用磨坊公司不服，提起上诉。2015年12月31日，北京市高级人民法院作出终审判决，认定成某提交的证据不足以证明此复审注册商标在指定期间进行了实际使用。成某不服，向最高人民法院申请再审。最高人民法院经审理认为，商标的使用，不仅包括商标权人自用，也包括许可他人使用以及其他不违背商标权人意志的使用。没有实际使用注册商标，仅有转让、许可行为，或者仅有商标注册信息的公布或者对其注册商标享有专有权的声明等，不能认定为商标使用。判断商标是否实际使用，需要判断商标注册人是否有真实的使用意图和实际的使用行为，仅为维持注册商标的存在而进行的象征性使用，不构成商标的实际使用。本案中，成某主张复审商标在法定期间内以广告宣传和许可他人使用的方式进行了真实的商业使用，但从其提交的相关证据来看，并不能佐证其主张。成某与苏州市某传媒公司签订的《广告代理合同》、《广告协定》以及《姑苏晚报》有关湾仔码头小吃部的招商广告，不能证明复审商标在核定使用服务上进行了实际使用；成某与某公司食堂签订的《湾仔码头商标合作合同》以及与宁波市某茶餐厅签订的《商标合作协定》，

---

① 最高人民法院（2010）知行字第55号驳回再审申请裁定书。

均没有有效证据佐证其实际履行情况，故上述证据不能证明复审商标在核定使用的服务上进行了实际使用；成某虽与苏州市某饭店签订了《商标许可使用合同》，但无有效证据证明复审商标的实际使用情况；成某提交的《城市商报》中缝刊登的苏州市某饭店"畅游太湖品位农家"广告，不仅晚于复审商标的指定期间，且该证据亦不能佐证复审商标的实际使用。综上，成某所提交的上述证据均不能佐证复审商标在指定期间进行了实际使用。最终，最高人民法院裁定驳回其再审申请。[①]

本案对注册商标"撤三"制度中商标使用的认定问题进行了解释，对于实务中如何判断注册商标进行了实际的使用具有借鉴意义。本书已经介绍，商标使用必须符合真实原则。只有注册商标权人真实地将其注册商标投入市场，与消费者发生实际的接触，供消费者认牌购物，才表明商标真正发挥了标示来源的功能，这种产生了实际的市场影响力的商标才需要商标法的保护。反之，注册商标权人没有使用的意图，或仅有使用的意图但并没有实际的使用行为，或者这种使用行为是零星性的、象征性的，其主要目的是避免其商标因连续三年不使用而被撤销，就表明注册商标没有与消费者发生接触，商标的使用没有形成有效的市场影响力，这种商标就没有发挥标示来源的功能，就不能说构成商标使用。

(三) 使用注册商标的其他义务

除了正确使用注册商标之外，注册人使用注册商标还需要确保使用注册商标的商品质量，不得使用"驰名商标"做广告。

《商标法》第7条第2款规定，商标使用人应当对其使用商标的商品质量负责，第43条第1款规定，许可人应当监督被许可人使用其注册商标的商品质量，被许可人应当保证使用该注册商标的商品质量。这些规定意味着商标使用人应当对商品质量负责，具有质量义务。2013年《商标法》修正时第14条新增第5款规定，即"生产、经营者不得将'驰名商标'字样用于商品、商品包装或者容器上，或者用于广告宣传、展览以及其他商业活动中"。这就是所谓的驰名商标不得做广告的规定。商标法之所以新增这一规定，归根结底是为了消除驰名商标异化的根本动因，正如时任国家工商行政管理局局长张茅所言，"驰名商标是商标保护的法律概念，不是一种荣誉和商业宣传概念"[②]，但一直以来，驰名商标被人们当作荣誉和商业宣传工具而异化，从而导致驰名商标滥认，甚至虚假诉讼，禁止驰名商标做广告在很大程度上消除了人们认定驰名商标的动因，有助于驰名商标回归正常的法律概念和保护本位。

1982年和1993年《商标法》曾规定："使用注册商标的，并应当标明'注册商标'或者注册标记"。使用商标注册标记似乎是商标注册人的一种义务。2001年《商标法》将此规定修改为"商标注册人有权标明'注册商标'或者注册标记。"使用商标注册标记被明确为商标注册人的一项权利，而不再是一项义务。

三、未注册商标的管理

《商标法》第52条规定，将未注册商标冒充注册商标使用的，或者使用未注册商标违

---

① 最高人民法院（2015）知行字第181号驳回再审申请裁定书。

② 张茅. 提高认识澄清误区，积极实施商标品牌战略. 人民日报，2017-06-27（10）.

反本法第 10 条规定的，由地方工商行政管理部门予以制止，限期改正，并可以予以通报，违法经营额 5 万元以上的，可以处违法经营额 20%以下的罚款，没有违法经营额或者违法经营额不足 5 万元的，可以处 1 万元以下的罚款。这一规定隐含着未注册商标也是可以使用的，但是使用不能违背商标法的规定。这主要有两点：一是不得以未注册商标冒充注册商标。国家工商行政管理局商标局《关于“注册商标”字样或者注册标记启用时间的通知》规定，“注册商标”字样“(注)”或“(R)”只能使用在经商标局正式核准注册的商标图样上。企业申请注册商标后，如果只是见到商标初步审定公告，还不能使用“注册商标”字样、“（注)”或“（R)”。只有经商标局正式核准注册并刊登注册商标公告之日起，方可使用“注册商标”字样或者注册标记。“(注)”或“(R)”标记是我国注册商标专用标记，非注册商标不得使用。非注册商标为表明自己是商标，可以使用“TM”标记，“TM”是“trademark”的缩写，可以表明标志是商标。尽管并无法律规定的效力，但未注册商标使用“TM”标记仍有法律意义。比如，描述性标志要想取得第二含义而成为商标就必须让标志发挥商标的作用而不是表达描述性意义，而使用“TM”标记正是表明商标意义的表面证据，有助于描述性标志获得第二含义，至少有助于证明使用者有意作为商标使用。二是不得违反《商标法》第 10 条规定。《商标法》第 10 条规定的是商标的合法性，属于“禁用”而不是“禁注”标志，涉及的通常是社会公共利益，注册商标尚不能使用，未注册商标更不能使用，而违法使用会受到工商行政管理部门的处罚。

第三节 商标代理的管理和商标印制管理

除了商标使用的管理之外，商标代理的管理和商标印制管理也是商标管理的重要内容，因为商标代理是商标申请和注册的主要辅助，对商标的申请和注册活动具有重要影响，而商标的印制则是商标使用的前提，对于商标使用具有重要影响。

一、商标代理的管理

根据《商标法实施条例》和《商标代理管理办法》[①] 的规定，商标代理，是指接受委托人的委托，以委托人的名义办理商标注册申请、商标评审或者其他商标事宜。商标代理组织是指接受委托人的委托，以委托人的名义办理商标注册申请或者其他商标事宜的法律服务机构。商标代理人是指在商标代理组织中执业的工作人员。国务院工商行政管理部门依法对全国商标代理组织和商标代理人的代理行为进行管理和监督。县级以上工商行政管理部门依法对本辖区的商标代理组织和商标代理人的代理行为进行管理和监督。另外，《商标法》第 20 条规定，商标代理行业组织应当按照章程规定，严格执行吸纳会员的条件，对违反行业自律规范的会员实行惩戒。商标代理行业组织对其吸纳的会员和对会员的惩戒情况，应当及时向社会公布。因此，可以说商标代理的管理分两个方面：一是商标行政管理部门对商标代理的管理。二是商标代理行业的自我管理或自治。

---

① 该办法已于 2016 年 4 月 29 日废止，不过其中的内容事实上并未完全废止，因为《商标法》仍然有相关的规定。

商标管理机构对商标代理的管理主要包括两个方面：一是对商标代理机构和商标代理人的资质的管理。我国法律并未对商标代理机构的资质进行特别规定，商标代理机构只要按照企业登记办法进行登记即可。依法注册的律师事务所也可以进行商标代理业务。因此，商标代理机构包括经工商行政管理部门登记从事商标代理业务的服务机构和从事商标代理业务的律师事务所。根据《商标法实施条例》规定，商标代理机构从事商标局、商标评审委员会主管的商标事宜代理业务的，应当按照规定向商标局备案，而工商行政管理部门则应当建立商标代理机构信用档案。二是对商标代理机构及其工作人员的代理活动的管理。商标代理机构应当遵循诚实信用原则，遵守法律、行政法规，按照被代理人的委托办理商标注册申请或者其他商标事宜；对在代理过程中知悉的被代理人的商业秘密，负有保密义务。商标代理机构在办理商标事宜过程中，不得伪造、变造或者使用伪造、变造的法律文件、印章、签名，不得以诋毁其他商标代理机构等手段招徕商标代理业务或者以其他不正当手段扰乱商标代理市场秩序。委托人申请注册的商标可能存在商标法规定不得注册情形的，商标代理机构应当明确告知委托人。不得明知属于不以使用为目的的恶意商标注册申请、侵犯他人在先权利的商标注册申请而代理。商标代理机构除对其代理服务申请商标注册外，不得申请注册其他商标。

二、商标的印制管理

《商标法》第 57 条第 4 项规定，伪造、擅自制造他人注册商标标识或者销售伪造、擅自制造的注册商标标识的，为侵犯他人注册商标专用权的行为。《刑法》第 215 条规定，伪造、擅自制造他人注册商标标识或者销售伪造、擅自制造的注册商标标识，情节严重的，处 3 年以下有期徒刑、拘役或者管制，并处或者单处罚金；情节特别严重的，处 3 年以上 7 年以下有期徒刑，并处罚金。伪造、擅自制造以及销售伪造、擅自制造的他人的注册商标标识不仅构成商标侵权行为，而且构成犯罪，因此，注册商标印制的管理当然很重要。为了对商标的印制进行管理，国家工商行政管理总局专门制定了《商标印制管理办法》，就商标印制的概念、商标印制单位的设立、商标印制单位的管理制度及商标印制违法行为的处罚等进行了系统规定。

【本章思考题】

1. 注册商标的使用义务包括哪些内容？

2. 注册商标连续三年不使用撤销制度的立法意旨是什么？实践中应如何判断一个注册商标属于“连续三年不使用”？

3. 商标代理机构在代理商标注册实务中的主要义务是什么？

4. 本章在论述商标使用问题时介绍了“康王”案和“卡斯特”案，最高人民法院在“康王”案和“卡斯特”案中所持的观点并不一致，你如何看待这种不一致？合法性是否应当是商标使用应当满足的条件？

5. 某市的甲商标代理机构一直从事商标代理业务，某次在业务往来中发现本市乙公司长期生产销售的“蓝天”牌电视机销量较好，但是一直没有将“蓝天”注册为商标。甲商标代理机构于是建议乙公司进行商标注册，以更好地保护知识产权。乙公司的负责人丙不置可否。后丙辞职另外创业，成立新公司丁，之后，丙联系甲商标代理机构，委托甲在电视机商品上注册“蓝天”商标，甲欣然接受。不仅如此，看到市场商机之后，甲商标代理机构还以其自己的名义，在电视机商品上注册了“雨天”“阴天”“晴天”等商标。请问在这一案例中，甲商标代理机构的哪些行为是不合法的，为什么？

【经典参考文献】

1. 张玉敏. 注册商标三年不使用撤销制度体系化解读. 中国法学，2015（2）.

2. 张鹏.《商标法》第 49 条第 2 款“注册商标三年不使用撤销制度”评注. 知识产权，2019（2）.

第七章　商标侵权的构成与认定（一）：传统混淆侵权

本章导言

权利实质上是一种法律上的利益，权利只有最终获得实现，权利人的利益才能得到实际满足，权利才成为真正的权利。权利的实现有赖于义务的履行，义务不履行时就需要法律的介入，以强制义务的履行，保障权利的实现。商标侵权实质上就是他人未能履行不侵害商标权的义务，以至于商标权不能正常实现，商标权人的利益不能得到实际满足。商标权的保护正是在商标权不能正常实现时，经过公权力判断他人是否构成商标侵权行为、是否履行了不侵害商标权的义务、是否符合法律规定的侵权抗辩事由或免责事由以及通过何种方式制止（裁）商标侵权行为，以促使权利的最终实现。也就是说，商标权的保护包括商标侵权的构成与认定、商标侵权的抗辩事由以及商标侵权的法律救济。其中，商标侵权又包括传统的不跨类商标侵权（混淆侵权）和跨类的驰名商标淡化侵权两种类型。由于内容较多，本书安排四章来阐述商标权的保护，本章的内容是传统的混淆商标侵权的构成与认定，包括传统商标侵权的构成要件、传统商标侵权判断的混淆可能性标准以及商标侵权的具体判断、传统商标侵权的具体表现形式。

第一节　传统商标侵权的构成

传统上，商标法对商标权的保护一直是按照商标使用或者注册的商品或服务类别来进行的，商标权的禁止效力尽管会扩大至与商标使用或者注册的商品或服务的类似商品或类似服务，但却不会进一步扩大至不相同、不相类似的商品或服务，本书称这种侵权为传统商标侵权。

一、传统商标侵权的构成条件

一般认为，商标侵权的构成条件和普通民事侵权的构成条件类似，均包括四个方面：第一，必须有侵害商标权的不法行为存在，即指行为人实施了商标法规定的侵害商标权的行为。商标侵权行为不仅会侵害商标权，而且这种侵害是法律所不允许的不法行为。行为虽然会侵害商标权，但如果经过了商标权人的许可，则就不是不法行为，不构成商标侵权行为。

第二，必须有损害事实发生，即指行为人实施的侵害商标权的行为造成了商标权人的损害后果。商标侵权带来的损害不同于侵害物质财产权的损害：有些损害是明显的、现实的，比如直接减少了商标权人的商品的销量，直接损害了商标权人商标的商誉。有些损害则不那么明显和现实，比如利用了商标权人的商标的商誉，但却并未减少商标权人的商品的销量；再如侵害尚未使用的注册商标的商标权，因商标尚未形成，商标权人本就没有销量，也没有商誉可利用，但仍然可能有损害发生，因为这种使用可能在注册商标中“灌注”了商标权人主观上并不欢迎的商誉，就如在一张白纸上写字一样，侵权行为人在白纸上写上了并非权利人想写的字，权利人要想在纸上写字，还需要消除原有字迹。

第三，不法行为人主观上具有过错，即指行为人知道或者应当知道其行为属于侵害他人商标权的行为。就商标侵权是否需要过错要件，我国学术界是有争议的，世界各国商标法多区分请求权性质不同而要求或者不要求过错要件，停止侵害请求权通常不要求过错，而损害赔偿请求权则通常要求过错。[①] 除善意销售的损害赔偿责任之外，我国商标法并没有明确要求商标侵权行为的过错要件，通常也认为停止侵害责任不需要过错要件，而损害赔偿责任则要求过错要件。[②] 当然，对包括商标侵权在内的知识产权侵权行为构成的主观上的要求越来越低，侵权责任越来越严格化，即便要求过错，对过错通常也采用推定的方式来认定。

第四，侵害商标权的不法行为与商标权受损害的后果之间必须有因果关系，即指商标侵权行为与造成的商标权人的损害结果之间存在因果关系。这里的因果关系和民法侵权责任法中的因果关系并无二致，本书不再赘述。

二、传统商标侵权的判断标准：混淆可能性

在上述商标侵权的构成条件中，何种行为属于不法的侵害商标权的行为无疑是商标侵权构成的关键，而不法侵害商标权的行为的判断标准即商标侵权的判断标准无疑是重中之重。尽管世界各国或地区商标法因历史传统等方面的不同，其商标侵权的判断标准各不相同，但混淆可能性均在商标侵权判断标准中占有非常重要的核心地位。商标法之所以要确立混淆可能性标准，规制造成消费者混淆的侵权行为，就是为了确保商标标示来源的基本功能能够正常发挥，实现商标法的立法目的。

（一）混淆可能性标准的理论依据

本书第一章已经介绍，商标的基本功能在于标示商品或服务的来源，使消费者能够在市场中正确地识别商标，正确地知悉商标所代表的包括商品来源在内的有关信息，为其购物决策提供依据。因此，保护商标的标示来源功能是商标法的核心任务之一。只有保护了

---

① 参见《德国商标与其他标志保护法》第 14 条、日本《商标法》第 36 及 38 条等。

② 刘春田. 知识产权法学. 北京：高等教育出版社，2019：209.

商标的标示来源功能，不同厂商的商品才能够为消费者所区分，消费者才能够正确地识别商标并依据商标进行购物决策。商标的其他功能包括质量保证功能、广告功能、符号表彰功能和商誉积累功能才能够正常地发挥。从传统商标侵权行为的目的来看，传统商标侵权行为的目的就是影响商标标示来源功能的正常发挥，让市场中的商品无法区分，让消费者对商标的来源或其关联关系发生混淆，使消费者无法正确地识别商标和依据商标所代表的商品信息进行购物决策。从传统商标侵权行为的后果来看，商标混淆侵权行为是通过影响消费者正常地识别商标和依据商标所代表的相关信息进行购物决策来牟取不正当利益的。混淆使商标标示来源的功能无法发挥，使市场上不同主体提供过的商品无法被区分，使消费者识别商标和依据商标作出购物决策的行为受到了影响，使消费者自由选择和购买自己所意欲消费的商品的权利受到了损害。同时，由于消费者发生混淆，造成误买误购，商标权人的利润和商誉也会受到影响。这不仅导致商标标示来源的功能的丧失，使商标不能够激励商标权人维持和提高商品质量和服务水平，同时也直接危及整个市场经济秩序的正常运行。

由此可见，商标法之所以需要确立混淆可能性标准，正在于规制这些损害商标功能、影响消费者识别商标和作出购物决策、损害商标权人利益、扰乱市场经济秩序的混淆侵权行为。

（二）传统商标侵权判断标准的主要立法例

从世界各国或地区商标法来看，商标相同、商品相同的双相同侵权比较容易判定，即双相同一般是构成商标侵权的。对此，在有些国家或地区商标法如美国商标法中仍然需要归结到混淆可能性上，而在有些国家或地区商标法如欧盟商标法中不考虑混淆可能性，而直接认定构成商标侵权，《TRIPS 协定》规定，“如果确将相同标记用于相同商品或服务，即应推定已有混淆之虞”，由双相同推定存在混淆可能性，直接判定构成侵权。除此之外，以相似性与混淆可能性的关系为标准，世界各国或地区商标法上的商标侵权的判断标准有三种主要法例[①]：一是以美国商标法为代表的混淆可能性吸收相似性的标准；二是以日本商标法为代表的混淆可能性内化于相似性的标准；三是以欧盟商标法为代表的以相似性为基础而以混淆可能性为限定条件的标准。

1. 混淆可能性吸收相似性的标准。美国商标法是采用混淆可能性吸收相似性标准的典型代表。在美国，不管侵犯的是联邦注册商标还是未注册商标，商标侵权的判断标准均是混淆可能性。商标法专家麦卡锡指出：“‘混淆可能性’是普通法商标侵权和联邦制定法商标侵权的基础测试。”[②] 在美国，相似性不是商标侵权的基本判断标准，而仅仅是商标侵权的基本判断标准——混淆可能性的测试因素之一。

2. 混淆可能性内化于相似性的标准。日本商标法是混淆可能性内化于相似性标准的典型代表。日本现行《商标法》第 37 条规定了 8 种视为侵犯商标权的行为，其中第 37 条第 1 项规定的是构成商标使用的商标侵权行为，学者称为直接侵权行为，第 37 条第 2 至 8

① 王太平. 商标侵权的判断标准：相似性与混淆可能性之关系. 法学研究，2014 (6).

② J. Thomas McCarthy, *McCarthy on Trademarks and Unfair Competition*, Fifth Edition March 2020 Update, § 23：1.

项则将本质上不满足《商标法》第 2 条第 3 款规定的商标使用概念的使用行为拟制为商标侵权行为，学者称为间接侵权行为。[①]《商标法》第 37 条第 1 项的规定就是日本商标法的商标侵权判断标准，即在指定商品或服务上使用与注册商标近似的商标，或在与指定商品或服务类似的商品或服务上使用注册商标或近似的商标的行为。从该规定可以看出日本《商标法》所规定的商标侵权的判断标准是商标相同或者近似＋商品或服务相同或类似，即相似性标准。不过，尽管《商标法》规定的商标侵权的判断标准仍然是相似性标准，但通过日本最高法院在“水山印”案中的判例的发展，实践中的相似性已经变成了混淆性的相似性，混淆可能性已经内化于相似性之中。

3. 以相似性为基础而以混淆可能性为限定条件的标准。欧盟商标法是以相似性为基础而以混淆可能性为限定条件的标准的典型代表。根据《欧盟商标条例》第 9 条第 1 款的规定：“商标所有人有权阻止所有第三方未经其同意在贸易过程中使用：……（b）由于与共同体商标相同或近似，同时与共同体商标注册的商品或服务相同或类似的任何标志，其使用可能会在公众中引起混淆的；这种可能的混淆包括该标志和该商标之间可能引起的联想。”结合欧盟商标制度的历史传统、其商标保护的基本立场和《欧盟商标指令》原第 10 条（现第 16 条）立法理由的规定，欧盟的商标侵权的判断标准可以概括如下：商标和商品的相似性是商标侵权的判断标准的基础，混淆可能性是商标侵权行为的限定条件。新加坡上诉法院在 The Polo/Lauren Co，LP v. Shop In Department Store Pte Ltd. 案中明确采用一种步进法（step-by-step approach）判断商标侵权，认为英国的 British Sugar plc v. James Robertson&Sons Ltd. 案中的测试（“英国糖业公司测试”）比欧洲法院采用的整体评估测试更为合适。如果采用英国糖业公司测试，则只有在存在以下三个条件的情况下才会违反新加坡《商标法》第 27 条第 2 款 b 项。第一，必须证明涉嫌违法标志与注册商标相似。第二，标志和商标都必须用于类似的商品或服务。第三，由于前两个条件的存在，公众存在混淆的可能性。当然，法院也承认结果差异不大。[②]

（三）我国商标法的商标侵权判断标准

《商标法》第 57 条规定了 7 种商标侵权行为：即未经商标注册人的许可，在同一种商品上使用与其注册商标相同的商标的；未经商标注册人的许可，在同一种商品上使用与其注册商标近似的商标，或者在类似商品上使用与其注册商标相同或者近似的商标，容易导致混淆的；销售侵犯注册商标专用权的商品的；伪造、擅自制造他人注册商标标识或者销售伪造、擅自制造的注册商标标识的；未经商标注册人同意，更换其注册商标并将该更换商标的商品又投入市场的；故意为侵犯他人商标专用权行为提供便利条件，帮助他人实施侵犯商标专用权行为的；给他人的注册商标专用权造成其他损害的。这 7 种商标侵权行为是随着《商标法》的修改而陆续规定进商标法的，其中第 1 项和第 2 项是 2001 年《商标法》第 52 条第 1 项、1993 年和 1982 年《商标法》第 38 条第 1 项一分为二的结果，第 3

---

① 日本学者将这种“构成侵权可能性高的行为视为侵权”的规定称为“间接侵权的规定”。森智香子，广濑文彦，森康晃. 日本商标法实务. 北京林达刘知识产权代理事务所，译. 北京：知识产权出版社，2012：106. Shoen Ono，Overview of Japanese Trademark Law，2nd Edition，Dec. 1999，Chapter7，p6，available at：https://www.iip.or.jp/translation/ono/index.html，Retrieved on Feb. 09，2017.

② The Polo/Lauren Co，LP v. Shop In Department Store Pte Ltd. [2006] SGCA 14.

项是1993年《商标法》修改时新增的，第4项是1982年《商标法》既已规定的，第5项是2001年《商标法》修改时新增的，第6项是1988年《商标法实施细则》首先规定并于2013年《商标法》修改时进入《商标法》的，第7项为商标侵权行为的概括条款，是1982年《商标法》就有的规定。一般认为，在这些商标侵权行为中，《商标法》第57条第1项和第2项确立的商标侵权行为是“直接妨碍商标功能”的“核心的或者基本的商标侵权行为”，而第57条第3～7项确立的则是“派生的、延伸的或者扩展的”或“外围的商标侵权行为”[①]。本书认为，《商标法》第57条第1项和第2项是基础的核心的商标侵权行为，是其他商标侵权行为的基础，确定了我国商标法传统商标侵权的判断标准。具体说来，《商标法》第57条第1项和第2项确立的商标侵权判断标准可以分别概括为以下两种。

1.《商标法》第57条第1项的双相同商标侵权判断标准：商标相同＋商品或服务相同。《TRIPS协定》第16条第1款规定，在商标和商品或服务双相同的情况下，应推定存在混淆可能性。《欧盟商标指令》和《欧盟商标条例》因为在商标和商品或服务双相同的情况下是绝对保护，所以，也不要求存在混淆可能性。美国商标法的商标侵权判断标准是统一的混淆可能性标准，即便是双相同的情况下，混淆可能性也是商标侵权判断的基本标准。但实践中并不存在双相同情况下因不存在混淆可能性而不构成侵权的事例。事实上，在商标相同、商品或服务也相同即双相同的情况下，混淆可能性是必定存在的，不混淆是不可能的[②]，要求混淆可能性与否并无实质差异。简言之，双相同商标侵权判断标准只是商标和商品或服务两个方面相同，不需要混淆可能性要件。因为这种类型的商标侵权行为是对《商标法》第56条规定的商标专用权的赤裸裸的侵犯，侵犯的是商标禁用权核心领域，不仅构成民事侵权，甚至还有可能要承担刑事责任。对于这类商标侵权行为，“如果再要求混淆可能性，就可能舍本逐末，使注册商标的法律功能压根儿就不能发挥，或者使注册商标功能根本就不能正常伸展，这是与商标法和商标权的核心价值和基本功能背道而驰的”[③]。不仅如此，商标和商品或服务双相同的范围非常确定，直接确定为侵权也不会导致权利的过分扩张，也不需要用混淆作为商标权范围的限定。

2.《商标法》第57条第2项规定的混淆可能性商标侵权判断标准：相似性＋混淆可能性标准。这里的“相似性”指“商品相同＋商标近似”或“商品类似＋商标相同”或“商品类似＋商标近似”。

混淆可能性是逐步进入我国商标法的商标侵权判断标准的，1982年《商标法》第38条第1项规定，“未经注册商标所有人的许可，在同一种商品或者类似商品上使用与其注册商标相同或者近似的商标的”，属于商标侵权行为。根据该规定，我国的商标侵权判断

---

① 孔祥俊．商标与不正当竞争法：原理和判例．北京：法律出版社，2009：170－171.

② 欧洲学者指出：“为了运用这项规定［这里的这项规定是指《比荷卢知识产权法》第2.20（1）（a）条，该条的基础是《欧洲共同体委员会协调成员国商标立法第一号指令》即《欧共体商标指令》第5条第1款第a项，相当于《欧盟商标条例》第9条第1款第a项的规定——本书作者注］，没有必要确定部分相关公众混淆的可能性，但事实上这种混淆可能性是以法律虚构的方式存在的。”Tobias Cohen Jehoram，Constant van Nispen and Tony Huydecoper，European Trademark Law：Community Trademark Law and Harmonized National Trademark Law，*Kluwer Law International*，2010，§ 8.4.1.

③ 孔祥俊．商标与不正当竞争法：原理和判例．北京：法律出版社，2009：327.

标准是商标相同或近似＋商品相同或类似标准即相似性标准。自1982年《商标法》直到2001年《商标法》，历经两次修改，尽管《商标法》所规定的商标侵权行为种类有所丰富，但《商标法》所规定的商标侵权判断标准一直保持不变。

尽管如此，我国商标法中的商标侵权判断标准却随着商标实践的发展而悄悄地改变着。1988年《商标法实施细则》第41条第2项规定，"在同一种或者类似商品上，将与他人注册商标相同或者近似的文字、图形作为商品名称或者商品装潢使用，并足以造成误认的"，属于侵犯注册商标专用权的行为。1994年，国家工商行政管理局发布《关于执行〈商标法〉及其〈实施细则〉若干问题的通知》（工商标字［1994］第329号），其中第7条将这里的"足以造成误认"进一步解释为"会造成对商品来源产生误认，或者产生当事人与商标注册人之间存在某种特殊联系的错误认识"。可以说，自此我国商标法上的商标侵权判断标准已经不再是单纯的相似性标准，而是已经引入了混淆可能性标准。1999年，国家工商行政管理局发布《关于解决商标与企业名称中若干问题的意见》，其中第4条规定："商标中的文字和企业名称中的字号相同或者近似，使他人对市场主体及其商品或者服务的来源产生混淆（包括混淆的可能性，下同），从而构成不正当竞争的，应当依法予以制止。"至此，混淆可能性标准一语正式明确地引入我国商标法之中。

如果说此前商标法的相关规定还仅仅限于商标的特殊形态或者特殊利用形式的话，1999年国家工商行政管理局发布《关于商标行政执法中若干问题的意见》（工商标字［1999］第331号）全面引入混淆可能性标准，该意见第5条第2款规定："近似商标是指两商标相比较，文字的字形、读音、含义，或者图形的构图及颜色，或者文字与图形的整体结构相似，易使消费者对商品或者服务的来源产生混淆。"至此，在商标近似的情况下，只要"易使消费者对商品或服务来源产生混淆"，即存在混淆可能性，就存在商标侵权。换言之，商标近似已经将混淆可能性包含其中。

2001年《商标法》进行第二次修正，其第13条第1款规定："就相同或者类似商品申请注册的商标是复制、摹仿或者翻译他人未在中国注册的驰名商标，容易导致混淆的，不予注册并禁止使用。"这从而使得混淆可能性标准第一次进入我国《商标法》之中，尽管这里的混淆可能性仅仅适用于对未注册驰名商标的保护。

2002年，最高人民法院发布《商标纠纷解释》，其第9条第2款，第11条第1款、第2款和第3款分别规定"商标近似，是指被控侵权的商标与原告的注册商标相比较，其文字的字形、读音、含义或者图形的构图及颜色，或者其各要素组合后的整体结构相似，或者其立体形状、颜色组合近似，易使相关公众对商品的来源产生误认或者认为其来源与原告注册商标的商品有特定的联系"，"类似商品，是指在功能、用途、生产部门、销售渠道、消费对象等方面相同，或者相关公众一般认为其存在特定联系、容易造成混淆的商品"，"类似服务，是指在服务的目的、内容、方式、对象等方面相同，或者相关公众一般认为存在特定联系、容易造成混淆的服务"，"商品与服务类似，是指商品和服务之间存在特定联系，容易使相关公众混淆"。至此，可以说，在最高人民法院的解释下，我国《商标法》所规定的商标侵权判断的相似性标准在商标实践中已经演变成了相似性＋混淆可能性标准。也就是说，除了商标相同和商品或者服务相同的情况之外，只要商标或者商品有一方不相同而近似或者类似的，在判断是否近似或者类似时需要以是否存在混淆可能性为条件，混淆可能性完全内化于商标近似和商品或服务类似。其后最高人民法院分别于 2008 年和 2009 年发布的《关于审理注册商标、企业名称与在先权利冲突的民事纠纷案件若干问题的规定》和《关于审理涉及驰名商标保护的民事纠纷案件应用法律若干问题的解释》，混淆可能性分别被用于企业名称、驰名商标的侵权判断。

2013 年《商标法》第三次修正，在我国商标实践中已经运用多年的相似性＋混淆可能性标准最终被正式规定于《商标法》第 57 条第 2 项。

本书认为，参考世界各国或地区商标侵权判断标准的主要法例，运用商标侵权判断标准的基本法理，以我国商标侵权判断标准的基本国情、商标保护的基本政策以及商标制度建立近 40 年商标侵权判断标准的实践为基础，对 2013 年《商标法》第 57 条第 2 项中相似性与混淆可能性的关系可以作出如下解释。

相似性是我国商标侵权判断标准的基础。其理由主要有以下两点：第一，将相似性作为我国商标侵权判断标准的基础符合我国商标制度建立近 40 年以来商标实践，可以保持法律运用的连贯性和稳定性。我国自 1982 年制定《商标法》建立商标制度以来，尽管商标实践渐渐地引入了混淆可能性标准，但相似性一直是我国商标侵权判断标准的基础。将相似性确立为商标侵权判断标准的基础不仅符合我国近 40 年的商标实践，而且可以保持法律运用的连贯性，不至于造成法律适用上过大的动荡。第二，将相似性作为我国商标侵权判断标准的基础可以有效地将传统商标侵权和跨类的驰名商标保护区别开来，既可以维持商标保护传统格局——对普通商标在相同或类似商品或服务范围内提供制止混淆的保护，而对驰名商标提供跨类的制止淡化的保护——的稳定性，又防止不适当地对普通商标进行跨类保护。

混淆可能性是商标侵权的限定条件，它确定并限制着商标权的外部边界。从世界各国或地区商标侵权判断标准的主要法例可以看出，尽管混淆可能性在商标侵权判断标准中的地位各有不同，但混淆可能性是所有法例商标侵权判断标准的基本内容，甚至均可以归结为混淆可能性标准。其根本原因是混淆可能性切实反映了商标保护的基本目的，即维护商标的信息传递的基本功能。因此，将混淆可能性作为我国商标侵权的限定条件不仅有助于商标保护的基本目的的实现，更有利于明确商标权的边界，限制商标权的过度扩张。

理论延伸

混淆可能性与商标/商品相似性关系的学理分析

从消费者认知的角度看，商标和商品两个因素在消费者识别商标的过程中扮演着重要的角色。对于消费者来说，商标是外在的刺激性信息，通过其图案、色彩、文字等作用于人的感觉器官，让消费者感知和识别，使消费者通过识别商标获得该商标所代表的有关信息，便于购物，因而是消费者据以判断商标所标示的商品来源的主要手段。正是因为商标的特征对消费者而言十分重要，模仿商标的特征，仿制出与商标权人商标相同或相近似的标识，让消费者发生混淆误购，就成为商标侵权的主要方式。如果侵权人的标识没有模仿商标权人商标的特征，与商标权人的商标不相同也不构成相似，那么消费者就可以直接对不同的商标予以区别，很难发生混淆。

商品的类别也是外在于消费者的刺激信息，不同的商品类别，如鞋、衣服、饮料等，都通过其特征作用于人的感觉器官，使人了解到商标所使用的具体商品类别，而这些商品类别能帮助消费者更准确地识别商标。在市场中，商标权人的商标总是与特定的商品类别相联系，消费者已经习惯了在某一商品类别上看到其熟悉的商标，或者在看到熟悉的商标时也习惯于看到该商标一贯所使用的商品类别。因此，商品这一因素会从环境方面影响消费者对商标的认知，使消费者更倾向于认定在相同或类似的商品上出现的与商标权人商标相同或近似的标识是商标权人的商标。侵权人会利用消费者认知的这种特点，将与商标权人商标相同或近似的标识使用在与商标权人商品相同或类似的商品上，创造出与商标权人商品销售环境相同或类似的环境。消费者在看到熟悉的商标和商品时，就很容易发生混淆。正是基于此，商标和商品才成为侵权人主要的模仿对象。侵权人只有模仿了商标权人的商标和商品，才能有效地欺骗消费者，使消费者上当受骗。

由此可见，侵权人模仿商标权人商标和商品的特征，其目的在于通过模仿创造出商标相同或近似、商品相同或类似的环境，使消费者对商标所标示的商品的来源发生错误判断，影响其购物。侵权人的目的在于使消费者发生混淆，而对商标权人商标和商品的模仿仅仅是手段。据此，商标的近似性、商品的类似性这两个因素，是相对于消费者认知的外在刺激，在消费者识别商标的过程中起着帮助消费者识别的作用。系争双方商标的特征越近似，所使用的商品越类似，消费者发生混淆的可能性就会越大。而如果仅仅商标相同或近似，而商标所使用的商品类别不一样，则商品类别创造出的完全不同的环境就会提醒消费者，消费者就很可能不会发生混淆。“真正形成商标冲突的最主要原因，也是最终的衡量标准乃在于相关消费者是否会混淆误认。至于商标的近似及商品/服务的类似，应该是在判断有无‘混淆误认之虞’时，其中的两个参酌因素。”[①] 亦即，商标的近似性和商品的类似性是导致消费者容易发生混淆的重要因素，它们通过作用于消费者的认知，影响消费者对商标的识别，是消费者容易发生混淆的原因，消费者发生混淆则是前两个因素导致的结果。

根据上述分析，在商标侵权判定中，主要的判定标准应在于考察被诉侵权人使用他人商标的行为是否容易导致消费者混淆。如果消费者容易发生混淆，则表明商标标示来源的基本功能没有正常发挥，消费者无法识别商标并通过商标认牌购物。商标标示来源的作用被扼杀，商标也就失去了存在于市场的价值。商标法需要规制的正是这样一种导致消费者混淆、扰乱市场经营秩序的侵权行为。而相似性，仅仅只是外在的，影响消费者商标识别的因素，是判断消费者是否容易发生混淆的考量因素。

那么，为什么在许多国家（地区）的立法与司法实践中，会对相似性与混淆可能性之间的关系有不同看法呢？可能的原因在于，商标和商品这两个因素与混淆可能性之间的联系过于紧密，往往存在相互对应的情形，导致人们不能厘清两者的关系。具言之，系争双方商标相同或近似、商品相同或类似，就极有可能会导致消费者在购物中发生混淆误购。这样，就可能产生这样一种认识：商标相同或近似、商品相同或类似与混淆可能性之间存在必然联系，两者可以画等号。证明了商标相同或近似、商品相同或类似，就等于证明了

---

① 中国台湾地区“混淆误认之虞”审查基准.［2015－02－20］. http://www.110.com/fagui/law_12416.html.

混淆可能性的存在。证明了混淆可能性的存在，就等于证明了商标相同或近似、商品相同或类似。因为，消费者混淆可能性一般就是由商标相同或近似、商品相同或类似所导致的。于是，这才会出现我国《商标纠纷解释》第9条第2款和第11条的规定。即以容易造成消费者混淆来认定商标的近似性和商品的类似性，再根据2001年《商标法》第52条关于商标的近似性和商品的类似性的规定来认定商标侵权。实际上，商标近似、商品类似确实有可能会导致消费者混淆，如果先判断出了消费者容易发生混淆，就暗示着系争双方商标很可能近似，商品也很可能类似。但是，这并不表明消费者发生混淆，相关的商标就一定构成近似，商品就一定构成类似。有可能商标虽然近似，但商品类似的程度较低，消费者也容易发生混淆；有可能商标近似的程度很低，但商品高度类似，消费者也容易发生混淆。总之，消费者容易混淆，才是商标侵权判定的关键。

三、混淆可能性的内涵与外延

既然混淆可能性是传统商标侵权的基本判断标准，因此，混淆可能性的界定就成为传统商标侵权判断标准的重中之重。尽管我国商标实践中全面引入混淆可能性的概念已经20多年，正式引入混淆可能性概念的2013年《商标法》实施也已经7年有余，但混淆可能性的界定和判断仍有诸多不足。因此，本部分特别界定混淆可能性的内涵与外延。

（一）混淆可能性的内涵

混淆可能性显然是由“混淆”和“可能性”组成的。其中，“混淆”是指“把一个人或物误认为另一个人或物”[①]。但这里的混淆“不同于日常生活语境下的混淆”，而是蕴含了商标法的价值意蕴的混淆，“应是那些侵权人所造成的，消费者在市场中无法正常地识别商标并依据商标所代表的相关信息进行购物决策的混淆形态”。“只有侵权人的行为影响了消费者正常地对商标进行识别和依据商标所代表的相关信息进行购物决策，造成消费者发生混淆，才损害了消费者自由选择商品的权益，损害到商标权人的利益，违背了商标法的价值和规范意旨，这些混淆形态才需要纳入混淆可能性的范围之中。”[②] 换言之，商标法的混淆可能性中的混淆是指来源混淆。[③] 除了来源混淆之外，现代商标法还把关联混淆纳入混淆之内。所谓关联混淆通常是指相关公众并不会将来自两个或多个不同来源的商品或服务误认为是来自同一个来源，但却会认为这两个或多个不同来源之间有某种关联。也就是说，“商标法和不正当竞争法所救济的混淆，不仅是来源混淆，而且是从属关系（affiliation）、关联关系（connection）以及发起或主办关系（sponsorship）上的混淆”[④]。其根本原因是“在事业讲究合纵连横、策略联盟以及多角化经营之商业社会，事业关联性之混淆往往比统一性之混淆来得严重，而更应加以防范禁止”[⑤]。需要注意的是，这里的关联关

---

① A. S. Hornby. 牛津高阶英汉双解词典. 北京：商务印书馆，牛津：牛津大学出版社，1997：556.

② 姚鹤徽. 商标混淆可能性研究. 北京：知识产权出版社，2015：207-208.

③ 当然，这里的“来源”又可以有两种理解：一种是提供商标商品的厂商，或者说物理来源；另一种是虚拟的质量控制来源，或者说匿名来源。

④ J. Thomas McCarthy, *McCarthy on Trademarks and Unfair Competition*, Fifth Edition March 2020 Update, §23：8.

⑤ 刘孔中. 比较商标法. 台北：新学林出版股份有限公司，2014：181.

系不能扩得太宽。欧盟法院曾经在 Sabèl v. Puma 案中通过对三种不同情况的区分限定了欧盟商标法中混淆的基本概念，这三种情况是：（1）公众混淆该标志和该商标的情况（直接混淆的可能性）；（2）公众将该标志的所有人与该商标的所有人联系起来并混淆了他们（间接混淆或关联的可能性）；（3）当公众认为该标志与该商标相似，且对该标志的知觉会唤起对该商标的记忆，尽管两者并不混淆（严格意义上的联想的可能性）。欧盟法院认为，只有（1）和（2）中的情况才属于混淆可能性中的混淆的范畴，（3）中的情况不属于混淆可能性中的混淆的范畴[①]，仅仅公众看到一个标志会想到某个商标但却不会混淆，也不会认为标志所有人与商标所有人有某种法律上的联系，不属于混淆可能性中的混淆。

"可能性"是一种发生概率的指标，表示的是事物发生的概率。从商标法的规范意旨来看，商标法显然既不能仅仅关注消费者实际发生的混淆，也不能全面关注任何小概率的混淆的任何可能。混淆可能性的英文对应词是 likelihood of confusion，美国商标法专家麦卡锡认为："混淆的可能性（likelihood of confusion）与'可能的'（probable）混淆是同义词——如果混淆仅仅是'可能的'（possible），这是不够的。"[②] 而在英语中，"likelihood"是"likely"的名词形式，"likely"是指"从表面迹象来看很可能"。"possible 指'由于有适当的条件和方法，某事可能发生或做到'，强调客观上有可能，但常含有'实际希望很小'的意思。""probable 语气比 possible 强，指有根据、合情理、值得相信的事物，带有'大概、很可能'的意思。"[③] 也就是说，"'likelihood'不是一般的可能性，而与'盖然性'（probability）同其含义，即要求具有混淆的较大可能性"[④]。我国商标法在混淆可能性的可能性程度上也应采同一解释。需要注意的是，尽管混淆的可能性中的可能性是可能程度较大的可能性，但这种可能性不是实际混淆，因此并不需要证明实际混淆。[⑤]

混淆可能性对被混淆的相关公众的范围或数量也有一定的标准和要求。需要商标法规制和干预的混淆不能是个别的、偶然的、限于个别人或一小部分人的混淆。个别的、偶然的，限于个别或小部分人群的混淆，恰恰表明在同样的情况下其他多数人能够正确地识别商标并进行购物决策，并不会发生混淆。这样，商标法如果仅是为了照顾少数人不发生混淆就认定侵权，要求其他厂商承担停止侵害以及损害赔偿的责任，就不当干涉了市场竞争中其他厂商正常的经营活动。王敏铨教授就指出："'之虞'代表一种量的门槛（Threshold quantum）——要有'相当数量'（Appreciable number）的合理购买人，可能被近似的标章所混淆——才使混淆'可能性'[⑥] 升高到混淆'之虞'。"[⑦] 可见，商标法中相关公众可能被混淆的程度，应当已经发展到了一定的范围和进度，处于一种相对严重的状态，

---

① C-251/95，Sabèl v. Puma，1997，para. 16，17.

② J. Thomas McCarthy，*McCarthy on Trademarks and Unfair Competition*，Fifth Edition March 2020 Update，§23：3.

③ 李长庚，曩洪汉. 英语常用同义词近义词辨析词典. 上海：东华大学出版社，2008：285.

④ 孔祥俊. 商标与不正当竞争：原理与判例. 北京：法律出版社，2009：280.

⑤ J. Thomas McCarthy，*McCarthy on Trademarks and Unfair Competition*，Fifth Edition March 2020 Update，§23：12. 孔祥俊. 商标与不正当竞争：原理与判例. 北京：法律出版社，2009：277.

⑥ 王敏铨该文中的"可能性"，仅指一般的发生混淆的可能性，这与本书所称的"混淆可能性"不同。本书所称的"混淆可能性"是指发生混淆的"极大的盖然性""明显的可能性""具有较大现实性的可能性"。中国台湾地区一般称之为"混淆之虞"，欧美国家对应的英文为"likelihood of confusion"。

⑦ 王敏铨. 美国商标法之混淆之虞及其特殊样态之研究. 智慧财产权月刊，2006（94）.

需要商标法介入。目前，各国商标法并未明确规定多大范围的相关公众的混淆构成商标侵权，司法实践中各个法院的做法也并不一致。一般认为，只要相当可观的（appreciable）理性消费者有可能就相似的商标发生混淆，商标侵权或反不当竞争的责任就成立了。[①] 刘孔中教授认为，只有在相关事业或消费者中相当部分的人有陷于错误之可能时，才有商标法介入之必要。而其中的“相当部分”也没有固定之数字或比例。[②] 司法实践中，有法院认为8.5%的消费者的混淆就是证明混淆可能性的有力证据，另有法院认为这一比例应达到15%。因此，似乎消费者的混淆并不意味着一定要相关消费者的大多数发生混淆。[③] 刘孔中教授认为，必须结合个案的情况来确定。而一般而言，相关事业或消费者中有10%有受到混淆之虞，应该是国际上普遍接受的合理门槛。[④] 本书认为，鉴于具体案情的不同，关于多大范围的相关公众发生的混淆构成商标侵权，立法和司法都不能也无法规定一个抽象的相关公众混淆的数量或比例。就个案而言，首先要确定的是相关公众的范围，然后再具体判断这些范围内的公众究竟有多少人会发生混淆。这一比例不能过低，过低的比例反而表明大部分相关公众并不会发生混淆。这一比例也不能太高，否则就不能切实地保护消费者和商标权人。

混淆可能性对相关公众的注意程度也有要求，仅指那些施加了合理谨慎的注意力仍然极有可能发生混淆的相关公众。对被混淆的相关公众的数量和比例的探讨，如果不辅之对相关公众注意程度的要求，将会毫无意义。这是因为，相关公众在购物中的注意力与相关公众是否会发生混淆密切相关。当相关公众在购物时有着较高的注意力时，往往能发现系争商标之间的不同，从而避免混淆。而当相关公众在购物时漫不经心或粗心大意，则系争商标之间的相似性更可能会导致其混淆。在现实中，总有一些相关公众是对商标漠不关心或者智力低下、对商标的注意力极低，这些相关公众很容易发生混淆。也就是说，在市场环境中，系争商标可能总会造成这类相关公众的混淆。如果商标法将这类相关公众的混淆都纳入规制的范围，则任何厂商使用与商标权人相似的标识都会被判定为侵权，这显然不符合商标法的价值和规范意旨。因此，混淆可能性所指的混淆，不仅要求相关公众的混淆达到一定的数量和比例，并且这些相关公众的混淆都是指在购物环境中施加了通常的、一定的和合理的注意力但仍然不能避免的混淆。这种数量和比例的混淆才在商标法上具有意义，才需要商标法的介入。司法实践中，法院一般以合理谨慎的购买者（Ordinary prudent purchaser）来指代施加了合理注意力的消费群体。所谓合理谨慎的购买者，是对特定商标所标示的商品施加通常的注意力的相关公众的假设或抽象。这种注意力对于消费该种商品的相关公众而言是通常或一般情况下会发生的。因此，相关公众合理谨慎的注意力并不是一成不变的。相反，不同的商标、商品、购物环境以及相关公众购买的目的等，都会影响到相关公众的注意力，合理谨慎的相关公众的注意力只能根据具体的环境来判断。

综合以上内容，混淆可能性可以定义为：他人未经许可，将与商标权人商标相同或近

---

①③ J. Thomas McCarthy, *McCarthy on Trademarks and Unfair Competition*, Fifth Edition March 2020 Update, §23：2.

②④ 刘孔中. 商标法上混淆之虞之研究. 台北：五南图书出版公司，1997：11.

似的标志使用在相同或类似的商品（或服务）之上，致使相关公众中的相当部分，虽然施加了通常的合理谨慎的注意力，仍然极有可能将不同的商品（或服务）误认为来自同一来源或误认为两种商品（或服务）的来源之间存在着赞助、许可、附属等关联关系的状态。

（二）混淆可能性的外延

随着商标的演变，混淆的内涵日益丰富、范围日益扩张。在混淆的时间上，混淆已经从最初的售中混淆扩张到包括售前混淆和售后混淆；在混淆的方向上，混淆扩张到不仅包括正常的正向混淆，而且包括反向混淆；在混淆的主体上，混淆已经从最初的购买者混淆扩张到包括旁观者混淆；在混淆的内容上，从最初的来源混淆扩张到包括关联关系混淆。①

1. 售中混淆、售前混淆与售后混淆。根据混淆发生的时间，混淆可以分为售中混淆、售前混淆与售后混淆：售中混淆是指发生在销售过程中的混淆；售前混淆，也称初始兴趣混淆，是指在购买之前，潜在消费者可能因误导而产生了对侵权商品的初始兴趣，尽管最终没有因被误导的初始兴趣而出现实际购买。初始兴趣混淆的本质是“对原告商誉的滥用”②。美国大多数法院均承认初始兴趣混淆能够构成商标侵权的混淆，但互联网上初始兴趣混淆的承认度要低一些。③ 而在欧盟，虽然初始兴趣混淆可能被视为造成损害的一种具体形式，但值得怀疑的是，是否有必要承认售前混淆或“初始兴趣混淆”为欧盟商标条例第 9 条第 2 款 b 项和欧盟商标指令第 10 条第 2 款 b 项的一种单独诉因。④ 售后混淆，也称为旁观者混淆，是指预期或者潜在购买者在商品被购买并投入使用后遇到这些相互混淆的商标而发生的混淆。在售后混淆中，商标所有人的利益是保护商标作为持续广告的作用，潜在消费者在看到令人混淆的相似商标后，可能会将产品与错误的来源联系起来，并在未来的购买决策中受到影响。⑤

2. 正向混淆与反向混淆。在我们常见到的混淆中，在后使用人的商标通常是较弱的，而在先使用人的商标通常是较强的，在后使用人为了利用在先使用人商标的商誉而在相同或类似商品或服务上使用与在先商标使用人的商标近似的商标，以至于消费者很可能将在后使用人提供的商品或服务误认为是在先使用人提供的商品或服务，从而损害在先使用人商标的商誉。这就是所谓的正向混淆。反向混淆却不同，在反向混淆中，在先使用人的商标通常是较弱的，而在后使用人是较强的，通常具有非常强大的广告能力，在后使用人在相同或类似商品或服务上使用近似商标并不会借用在先使用人商标的商誉，但因在后使用人或其商标的强大或者强大的广告能力，以至于在后商标完全压倒了在先商标，使消费者误认为在先商标使用人的商品或服务来自在后使用人，从而剥夺了在先使用商标的成长机会。“只有当证据表明在后使用人能够通过相对强大的广告宣传活动，淹没在先使用人的声誉时，才能证明反向混淆的情况。”⑥

---

①②⑤ Richard L. Kirkpatrick, *Likelihood of Confusion in Trademark Law*, Practising Law Institute 810 Seventh Avenue, NY, USA, 2010, §1：4, 7, 7.

③⑥ J. Thomas McCarthy, *McCarthy on Trademarks and Unfair Competition*, Fifth Edition March 2020 Update, §23：6.

④ Annette Kur & Martin Senftleben, *European Trade Mark Law：A Commentary*, Oxford：Oxford University Press, 2017, §1.1, para1.01.

3. 来源混淆与关联关系混淆。根据混淆对象的不同，混淆可以分为来源混淆与关联关系混淆。来源混淆，也被称为直接混淆、狭义混淆或事业同一性混淆，是指相关事业或者消费者将实际上是不同事业生产的商品或提供的服务误以为是由同一事业所制造或提供的。关联关系混淆，也称为间接混淆、广义混淆或事业关联性混淆，是指相关事业或消费者虽然知道系争商标的来源为不同事业，但是因为商标近似及商品或服务类似，而误认为它们之间有任何经济上、经营上、组织上或法律上的关联。正如前文混淆内涵所示，目前来源混淆和关联关系混淆均被承认为混淆可能性中的混淆。

典型案例

Steinway 和 Mobol Oil 商标案

1975 年，美国联邦第二巡回法院在该案中首次适用了售前混淆规则。① 该案原被告均为相互竞争的高档演奏用钢琴的制造商。其中，德国钢琴制造商使用与美国著名钢琴品牌“斯坦威 Steinway”相似的商标“斯坦威格 Steinweg”。原告向法院起诉，认为被告构成商标侵权与不正当竞争。法院认为，该案混淆侵权的判断时点，并不限于购买之时所发生的真实混淆或潜在混淆。② 相反，本案的关键在于消费者在购买之前接触到被告的商标时，很可能会认为原告与被告之间存在关联关系，进而在这种认识的基础上将被告的商品纳入考虑的范围。被告商标之所以能够吸引潜在的消费者，是由于原告商标的商誉。因此，法院认定，即便消费者在购买时经过对比，能够分辨出两种钢琴乃不同的品牌，但被告在交易的早期阶段，使购买人发生售前混淆，导致购买人购买兴趣的转移，是以不正当手段获取他人商誉，构成商标侵权。有学者认为，该法院重点考虑的是商标权人的商誉，亦即，其他人不能够通过搭便车的方式获取商标权人商誉中的利益。“该法院将初始混淆的问题归纳为后来者搭便车的一种方式，而非对消费者的损害。”③

Mobil Oil 案中，美国法院再度运用到了售前混淆规则。该案的原告美孚石油公司是世界石油产业巨擘，其商标为人们所熟知的飞马图案。而被告飞马石油公司是美孚石油公司的竞争者。美孚石油公司得知飞马公司采用了飞马作为公司名称，向法院起诉，认定其构成商标侵权。审理该案的联邦第二巡回法院认为，尽管石油市场是复杂和专业的市场，购买人均为专业的石油交易员，对于商品的来源具有高度的注意程度与分辨能力，但是潜在的购买者很有可能会受到误导而对被告的商品发生兴趣，这种最初的兴趣足以构成商标侵害。因为一位交易员在交易初期可能误认为两者具有关联性，而愿意接听被告的推销电话，被告与购买者接触之时就盗用了他人商标的商誉，而且该商誉对于购买人的决定有重要影响，所以应禁止该行为。④ 法院认为，第三人在与被告进行交易之时，并不会误认为原被告之间会有关联关系，也即不会产生混淆。但是，被告在与潜在购买者接触的初期阶

① Grotrian v. Steinway & Son，523F. 2d 1331（2d Cir. 1975）.

② Grotrian v. Steinway & Son，523F. 2d 1331，1342（2d Cir. 1975）.

③ Michael Grynberg. The Road not Taken：Initial Interest Confusion，Consumer Search Costs，and the Challenge of the Internet，*28 Seattle U. L. Rev.*，103（2004）.

④ Mobil Oil Corp. v. Pegasus Petroleum Corp，818 F. 2d 254，259－260（2d Cir. 1987）.

段，却借助于原告的商标，吸引了潜在购买者的注意力，使潜在的购买者将被告的商品纳入购买的考虑范围。

典型案例

Mastercrafters Clock 和 Levi 商标案

最早的售后混淆案例是 1955 年发生于美国的 Mastercrafters Clock & Radio Co. v. Vacheron & Constantin-Le Coultre Watches, Inc. 一案。[①] 该案中，马特卡夫特斯（Mastercrafters）复制了原告享有一定声誉的大气钟，并以较低的价格销售。购买马特卡夫特斯仿制的大气钟的消费者清楚地知道他们购买的商品并非来自原告，他们只是购买了外形看起来像原告大气钟的商品。原告认为被告通过仿制的方式对其商标进行搭便车，构成商标侵权，于是诉至法院。地区法院认为，马特卡夫特斯仿制的大气钟在外观、价格、标签等方面都与原告的真品大气钟存在较大的差别，购买该商品的消费者不可能发生混淆，因而不构成侵权。上诉审中，法院却认为，通过一个低劣的商品来替代原商品，导致消费者损失或者声誉损失的可能性，或者导致二者均损失的可能性，是可诉的普通法中的反不正当竞争行为。审理该案的法官认为，有一些购买较便宜的大气钟的购买者是为了获得展示这种钟带来的声誉，当许多客人在购买者的家中时，会误认为这就是享有声誉的大气钟。马特卡夫特斯的错误就在于来访的客人很有可能会认为这就是真品，这种混淆的可能性使得马特卡夫特斯的行为是可诉的。由此可见，在售后混淆侵权中，原告仿制的目的正在于吸引消费者，消费者也是出于炫耀的初衷才购买原告的廉价钟。原告的行为不正当利用了被告的名声，属于侵权行为。

1978 年发生的 Levi Strauss & Co. v. Blue Bell, Inc. 一案也是运用售后混淆规则的典型案例。[②] 在该案中，原告是著名的服装品牌，在 1936 年设计和采用了一种独特的商标，该商标包含有一种图案，缝制在牛仔裤的背后右边臀部部位的口袋上。被告是蓝色牛仔裤的生产厂商，在其生产的牛仔裤背后右边臀部部位上也缝制了与原告商标图案相同的图案。地区法院认为，原告缝制在牛仔裤臀部的图案已经取得了第二含义，获得了商标权。被告的使用是一种不正当竞争行为，构成商标侵权。被告不服上诉至第九巡回法院。在上诉审中，被告认为其行为并不会导致消费者就来源发生混淆，因为被告在其生产的牛仔裤上清楚地标示了自己的商标，表明该牛仔裤的生产商是被告。第九巡回法院运用了售后混淆理论，维持了地区法院的判决。法院认为，被告关注于裤子在销售时的样子，将其论据限制在“销售之中”的条件下。实际上，消费者在购买之后就会将裤子上的标牌等去掉，当穿上牛仔裤后，其他人在看到牛仔裤后的图案时就很可能会发生混淆。可见，法院认为，当旁观者看到购买了被告牛仔裤的消费者背后右臀部位的图案后，会误认为这些消费者穿着的是著名品牌李维（Levi）的牛仔裤。在这种情况下，被告的行为同样构成商标侵权。

---

① Mastercrafters Clock & Radio Co. v. Vacheron & Constantin-Le Coultre Watches, Inc., 221 F. 2d 464 (2d Cir.), cert. denied, 350 U. S. 832 (1955).

② Levi Strauss & Co. v. Blue Bell, Inc., 632 F2d 817, 208 USPQ 713 (CA 9 1980), affg 200 USPQ 434 (ND Calif 1978).

典型案例

“蓝色风暴”商标案

2003 年 12 月 14 日，丽水市蓝野酒业有限公司申请取得了“蓝色风暴”文字、拼音、图形组合注册商标，核准使用商品为第 32 类：包括麦芽啤酒、水（饮料）、可乐等，后商标权人变更为蓝野酒业公司。2005 年 5 月，百事可乐公司在全国范围内开展了以“蓝色风暴”命名的夏季促销及宣传活动。百事可乐公司在促销及宣传活动中，不仅将“蓝色风暴”标识使用在宣传海报、货架价签、商品堆头等宣传品上，也将“蓝色风暴”标识直接使用在其生产、销售的可乐等产品的外包装和瓶盖上。蓝野酒业公司认为百事可乐公司的行为构成商标侵权，向法院起诉。杭州市中院一审认为，由于百事可乐公司在其产品上使用“蓝色风暴”标识并非商标使用，同时百事可乐公司的行为不构成对公众的误导，也不会造成公众的混淆，故百事可乐公司的行为不构成侵权。蓝野酒业公司不服，上诉至浙江省高级人民法院。浙江省高级人民法院在二审中认为，百事可乐公司通过一系列的宣传促销活动，已经使“蓝色风暴”商标具有很强的显著性，形成了良好的市场声誉，当蓝野酒业公司在自己的产品上使用自己合法注册的“蓝色风暴”商标时，消费者往往会将其与百事可乐公司产生联系，误认为蓝野酒业公司生产的“蓝色风暴”产品与百事可乐公司有关，使蓝野酒业公司与其注册的“蓝色风暴”商标的联系被割裂，“蓝色风暴”注册商标将失去其基本的识别功能，蓝野酒业公司寄予“蓝色风暴”商标谋求市场声誉，拓展企业发展空间，塑造良好企业品牌的价值将受到抑制，其受到的利益损失是明显的。故根据《商标法》第 52 条第 1、2 项的规定，百事可乐公司在其商品上使用“蓝色风暴”商标的行为，侵犯了蓝野酒业公司“蓝色风暴”注册商标专用权。①

本案被认为是我国商标反向混淆的典型案例，法院在分析百事可乐公司使用“蓝色风暴”是否构成侵犯商标权的行为时，在确定了原、被告商标近似的基础上，进一步运用反向混淆理论分析了混淆问题。值得注意的是，在 2013 年《商标法》第 57 条第 2 项引入混淆可能性要件之后，混淆成为商标和商品有一方不相同但近似或类似情况下侵犯商标权的判断标准。“蓝色风暴”案是发生于 2001 年《商标法》下的案件，但却是理解和适用 2013 年《商标法》第 57 条第 2 项的绝佳实例。

第二节　传统商标侵权的认定

本书前文确定了传统商标侵权的构成条件和判断标准，但这些抽象的构成条件和判断标准要转化为具体的侵权认定结果还需要依据商标侵权的判断主体、经过各种具体步骤。

一、商标侵权的判断主体

在美国商标法中，法院在认定侵犯商标权时采用的主体标准是消费者或者购买者，而

① 浙江省高级人民法院（2007）浙民三终字第 74 号民事判决书。

在欧洲，“在所有针对商标的显著性或侵权问题进行的商标法测试中，相关公众的看法是决定性的”，“在任何情况下，重点都是在作出购买选择或考虑购买时的相关公众”[①]。我国《商标法》并未明确商标侵权的判断主体，最高人民法院的《商标纠纷解释》则不仅规定了“相关公众”的概念，而且在“商标相同”“商标近似”“商品相同”“商品类似”“商品与服务类似”等概念界定上均采用“相关公众”的视角进行判断，商标相同或近似的判断还要求以相关公众的一般注意力为标准。因此，我国商标实践中商标侵权的判断主体是相关公众。

根据《商标纠纷解释》的规定，“相关公众”是指与商标所标识的某类商品或者服务有关的消费者和与前述商品或者服务的营销有密切关系的其他经营者。“相关公众”是“商标相同”“商标近似”“商品相同”“商品类似”“商品与服务类似”的判断主体，而根据2013年《商标法》之后的最高人民法院《关于审理授权确权行政案件若干问题的规定》的规定，“相关公众”同样是“诉争商标是否具有显著特征”、是否为“通用名称”、与未注册驰名商标“是否容易导致混淆”、是否可能“致使驰名商标注册人的利益可能受到损害”、诉争商标与在先地理标志冲突、在先姓名权的构成、与在先字号的冲突等的认定主体。可以说，在2013年《商标法》实施之后，相关公众同样是混淆可能性和商标淡化的判断主体。根据《商标纠纷解释》的规定，认定商标相同或者近似应“以相关公众的一般注意力为标准”，至于何为“一般注意力”，我国商标法相关规定均未明确，法院在判决中也往往一笔带过，而根据《天津高院发布侵犯商标权纠纷案件的审理指南》的规定，“一般注意力即大多数相关公众通常的、普通的、一般的注意力”。

本书认为，结合上述美国、欧洲和我国商标法商标侵权判断的经验，商标侵权的判断主体可以总结如下。

其一，商标侵权的判断主体是相关公众。相关公众是一种法律上拟制的抽象概念，具体内容需要把握以下几点：

首先，相关公众的范围。相关公众人员范围包括与商标所标识的某类商品或者服务有关的消费者以及与前述商品或者服务的营销有密切关系的其他经营者。由于经营者一般比消费者在相关商品或服务方面的知识、经验、能力均更加专业，在相关公众只有经营者时以经营者为标准确定相关公众，而在既有消费者也有经营者的情况下，以消费者为标准确定相关公众。同样，在相关商品或服务的购买或消费中既有专业人员，也有普通消费者的情况下，以普通消费者为标准确定相关公众，而相关商品或服务的购买和消费中只有专业人员时，以专业人士为标准确定相关公众。相关公众的地理范围是我国。无论是注册商标还是未注册的驰名商标，都要在我国获得保护或者在我国注册，或者在我国达到驰名状态，因此，相关公众的地域范围是我国。当然，这里并不要求我国全国的相关公众均会混淆，只要达到具有商业意义的规模即可，并无最低比例限制。

其次，相关公众中的消费者或经营者均属于相关商品或服务的购买、消费或经营中的普通消费者或经营者。无论是消费者还是经营者，其相关商品或服务的专业知识、经验、

---

① Tobias Cohen Fehoram, Constant van Nispen & Toon Huydecoper, European Trademark Law: Community Trademark Law and Harmonized National Trademark Law, *Kluwer Law International*, 2010, § 5.14.14.

能力均以相关商品或服务购买、消费或经营中的平均或者普通消费者或经营者为准，既不能以最专业的消费者或经营者为准，也不能以最不专业的消费者或经营者为准。

最后，相关公众依商品或服务的不同而不同。相关公众的范围和标准依存于相关商品或服务，不同的商品或服务领域具有不同的消费者和经营者，并不存在适用于一切领域和一切情况的相关公众。

其二，相关公众的注意程度。相关公众的注意程度通常取决于相关购买、消费或经营决策对相关公众的重要性程度，因此，越贵重的商品或服务，相关公众的注意程度越高，对其身体健康和安全影响越大的商品或服务，相关公众的注意程度越高。比如，汽车等商品不仅比较贵重，而且对消费者的安全影响巨大，消费者在购买汽车等商品时注意程度就比较高。再如，普通药品等商品，尽管一般价格并不高，但因药品对人的健康影响巨大，吃错药会严重损害人的健康，所以消费者在购买药品时注意程度就比较高，甚至会携带上次药品包装去购买，从而违背普通商品商标的隔离观察原则。

理论延伸

消费者的注意程度与商标侵权判定

消费者的注意程度，是指消费者在购物过程中对商标及商标所标示的商品所施加的注意力或辨别力程度。在购物之中，不同的消费者面对商标及其标示的商品的注意程度是不同的。在商标侵权判定中，考察消费者混淆可能性是否存在，主要是看购物之中的相关消费者在施加了合理谨慎的注意力的情况下是否极有可能发生混淆。

对消费者注意程度起关键作用的是激励（incentive）和能力（ability），两者缺一不可。“对于个体施加认知努力而言，激励和能力都是必要非充分条件。如果缺乏激励或者能力，个体在进行决策的任务时将会施加较少的认知努力。”[①] 所谓激励，是指是否有条件或因素来刺激、激发、促使人们施加更高的注意程度。日常生活中人们在对事物进行认知时，往往只愿意作出一般的通常的努力，只有在一定因素或条件的激励下才愿意付出更多的注意力，作出更大的努力。对于识别商标也是如此。只有在一定条件或因素的激励之下，消费者才可能在特定的购物过程中对商标及其商品施加较高的注意程度。对消费者注意程度有直接影响的激励因素是卷入程度（level of involvement）。消费者卷入程度，也称为消费者认知卷入（cognition involvement），主要指消费者主观上感受的品牌、商品、消费过程或者消费环境与其自身的相关性。对于高卷入度（high involvement）的商品，消费者一般会施加更高的注意程度，主动了解该商品的性能、价格、服务等，在购买时较为理性，会在审慎分析的基础上作出决策。而对于低卷入度（low involvement）的商品，消费者为追求认知成本的最小化，不会施加太多的注意力，往往是根据自己对某品牌直接的情感反应，在随意、漫不经心的状态下完成消费。可见，商品与消费者的关联度会影响消费者对商品的认知，关联度越高，消费者的学习越主动，认知效果越好。[②] 亦即，关联度

---

① Thomas R. Lee，Glenn L. Christensen，Eric D. DeRosia，Trademarks，Consumer Psychology，and the Sophisticated consumer. *Emory Law Journal*，Vol. 57，Issue 3（2008），p 587.

② 余贤君. 激活消费者心理需求. 北京：机械工业出版社，2011：61.

越高，卷入程度越高，消费者的注意程度越高；关联度越低，卷入程度越低，消费者的注意程度越低。影响到消费者卷入程度的因素包括：物理风险（physical risk）、经济风险（financial risk）、时间风险（time risk）和社会风险（social risk）。[①] 物理风险，指该商品关乎消费者的生命、安全、健康等，如药品、医疗器械、救生设备等。经济风险，是指该商品相对于消费者的收入来说价格较高，如价格较高的珠宝、名贵手表、汽车、住房。时间风险，是指该商品需要使用很长时间，消费者一般不会在短期内替换，如需要长期使用的汽车、家用电器。社会风险，是指商品对于消费者的社交、人际关系至关重要，如送给重要人物的礼品。

对于具有物理、经济、时间和社会风险的高卷入度商品而言，往往价位较高，风险较大，关乎消费者人生健康和切身利益，消费者在选购这些商品一般会收集各方面信息，对不同的商品进行观察和对比，施加更高的注意力，以求购买到理想的商品。这样，理性的消费信息加工和消费决策在高卷入度商品中成为主要的认知模式，消费者在施加高度的注意程度之下，就可能避免混淆。而对于低卷入度商品（一般为日用生活用品），消费者在购买时往往较为匆忙、不会施加太高的注意力。在此情形下，消费者由于时间限制、信息局限或者缺乏动机，往往有着较少的认知资源，主要是依靠诸如情绪冲动（emotional impulse）的启发法（heuristics）来作出购物决策的。[②] 在购买低卷入度商品时，由于注意程度较低，消费者就更可能会发生混淆，误买误购。可见，对某一类商品进行具体分析，就能够一定程度上推测出消费者在购买该类商品时的卷入程度，判断出购买该类商品所谓合理谨慎的消费者所施加的注意程度。

除了激励之外，能力在消费者施加的注意程度方面也占有重要的地位。所谓能力，是指消费者在具备激励因素的前提下是否有资源和有条件实际地实施相应的注意力，包括是否有施展较高程度注意力的机会、环境、时间、精力等。例如，消费者即便在购买昂贵的商品时有提高注意力的激励，但要实施这种激励之下的注意程度，还需要具备实施的条件。如果昂贵的商品在一个环境嘈杂、秩序混淆的购物环境之中出售，则消费者即便有施加高度注意程度的激励，也可能由于分心而没有能力施加高度的注意力，从而更可能发生混淆。再比如，在电视购物和网上购物的环境，消费者由于无法对商标和商品实物进行细致的观察、对比，即便具备了较高注意程度的激励，也可能由于环境的制约而无法施加高度的注意力，导致其更可能发生混淆。这就表明，对具体案件中消费者的注意程度进行判断，不仅需要考察消费者是否具备实施某种注意程度的激励因素，还要看消费者是否会受到各种客观因素的制约，限制其注意力的实施。

在司法实践中，我国法院在商标侵权判定中对消费者注意程度已经有所考虑。例如，在深圳“香榭里花园”商标案中，深圳某房地产公司在深圳开发了名为“香榭里花园”的楼盘，并注册了“香榭里”商标。而上海某房地产公司在上海也开发了名为“香榭里花园”的楼盘。深圳某公司认为上海某公司侵犯了其商标权，遂诉至法院。法院在审理中就

---

① Thomas R. Lee, Glenn L. Christensen, Eric D. DeRosia, Trademarks, Consumer Psychology, and the Sophisticated consumer. *Emory Law Journal*, Vol. 57, Issue 3 (2008), p 592.

② Laura R. Bradford, Emotion, Dilution, and The Trademark Consumer. *Berkeley Technology Law Journal*, Vol. 23, Issue 4 (Fall 2008), pp. 1263 - 1264.

认为，在不动产买卖中，消费者的注意程度较高，会关注楼盘的品质、周边环境、开发商的实力和信誉等，而且商品房的销售要签订书面合同，因此，消费者不会产生混淆。被告使用“香榭里”商标的行为不构成商标侵权。[①] 可见，法院在该案中将消费者的注意程度作为了商标侵权判定的主要考量因素之一，认为商品房对于消费者来说，是价格较高的商品，具有较大的经济风险，消费者在这种情况下就会施加更高的注意力，从而会避免混淆。同样，在南京利源“百家湖”商标案中，被告金兰湾公司在经营中使用了原告注册的“百家湖”标识。法院在该案审理中也认为，一般说来，商品的价值越高，消费者购买时就越谨慎，产生误认的可能性就越小。相关公众在选购商品房时更为谨慎。因此，金兰湾公司为销售商品房之需使用“百家湖”之地名，不会使相关公众对该商品的来源产生混淆和误认。其行为不构成商标侵权。[②]

值得注意的是，消费者注意程度并不必然决定消费者是否会发生混淆，消费者是否会发生混淆受到多种因素的影响，包括商标的相似性、商品的类似性、商标权人商标的显著性、实际混淆、被告的主观意图等，而消费者注意程度仅仅是其中的重要因素之一。法院只能于个案之中，综合考量影响消费者认知的各种因素，才能作出商标侵权与否的正确判断。

二、商标相同与近似的认定

不管是在何种商标侵权的判断标准之下，商标相同或近似、商品相同或类似的判断均是商标侵权判断中的最重要的因素。在我国，商标相同或近似、商品相同或类似不仅是商标侵权的判断标准中的独立要素，同时还是商标侵权的判断标准中的混淆可能性的核心因素。

（一）商标相同与商标近似的界定

顾名思义，商标相同是指两个商标完全相同，不管是商标审查中涉及的在先商标与在后商标，还是商标侵权判断中被控侵权的商标与原告的商标。不过这里的相同并非物理意义上的相同，商标相同是消费者心理上的概念，是建立在消费者的心理认知基础上的。也许正因如此，《商标纠纷解释》第 9 条规定，商标相同“是指被控侵权的商标与原告的注册商标相比较，二者在视觉上基本无差别”。由于 2013 年《商标法》删除了商标构成要素中的可视性条件，这里的商标相同不再限于视觉上基本无差别，而是应该扩展到包括人类的其他感觉，尤其是听觉，因为 2013 年《商标法》明确承认了听觉商标。至于嗅觉、味觉、触觉等感觉是否应该包含于这里，需要以 2013 年《商标法》所规定的商标构成要素的解释为依归。

根据《商标纠纷解释》规定，商标近似，是指被控侵权的商标与原告的注册商标相比较，其文字的字形、读音、含义或者图形的构图及颜色，或者其各要素组合后的整体结构相似，或者其立体形状、颜色组合近似，易使相关公众对商品的来源产生误认或者认为其

---

① 上海市第一中级人民法院（2003）沪一中民五（知）初字第 170 号民事判决书。王迁教授对本案有较为详细的点评。王迁．知识产权法教程．北京：中国人民大学出版社，2009：491.

② 江苏省高级人民法院（2002）苏民三终字第 056 号民事判决书；江苏省高级人民法院（2004）苏民三再终字第 001 号民事判决书。关于本案也可参见孔祥俊．商标与反不正当竞争法原理与判例．北京：法律出版社，2009：294.

来源与原告注册商标的商品有特定的联系。由于 2013 年《商标法》第 57 条第 2 项明确引入了混淆可能性，商标侵权判断中的商标近似就只能是不包含混淆可能性的客观的商标近似。不仅如此，2013 年《商标法》还明确承认了声音商标的可注册性。因此，《商标纠纷解释》所规定的商标近似概念必须被修正为：商标近似，是指被控侵权的商标与原告的注册商标相比较，其文字的字形、读音、含义，其图形的构图及颜色，或者其各要素组合后的整体结构相似，或者其立体形状、颜色组合、声音近似。这种商标近似不仅不考虑混淆可能性，而且也不考虑相关商标的知名度与显著性。[①]

（二）商标相同与商标近似判断的基本原则

《商标纠纷解释》规定，人民法院依据《商标法》第 52 条第 1 项的规定，认定商标相同或者近似按照以下原则进行：（1）以相关公众的一般注意力为标准；（2）既要进行对商标的整体比对，又要进行对商标主要部分的比对，比对应当在比对对象隔离的状态下分别进行；（3）判断商标是否近似，应当考虑请求保护注册商标的显著性和知名度。这就是商标相同与商标近似判断的基本原则。尽管因 2013 年《商标法》对商标侵权判断标准的修改，商标相同、近似的概念已经由主观转变为客观，但除了涉及主观的方面之外，《商标纠纷解释》所规定的商标相同、近似判断的原则基本上仍然能够继续运用。

1. 以相关公众的一般注意力为标准的原则。前文已经单独分析了商标侵权的判断主体及理由，这里重点分析这个原则的主要内容。毫无疑问，不管认为商标侵权判断的主体是相关公众也好还是购买者或顾客也好，其中消费者是最核心的内容，也是最终的决定主体。这里重点解释“一般注意力”。商标侵权判断中之所以要求相关公众的一般注意力，与商标发挥作用的客观环境和过程是分不开的。正如本书第一章所分析的那样，商标是在市场交易中发挥作用的，是消费者购物中了解商品信息的重要工具。之所以强调消费者的一般注意力是商标实践模拟消费者购物的现实环境的结果，也就是说，消费者购物就是在一般注意力的引导下进行的，商标审查和商标侵权判断当然也只能以相关公众的一般注意力为标准。正如消费者的实际购物一样，所购买商品的价格是影响其注意力的重要因素，在购买贵重物品时消费者的注意力会更为集中，所以即便贵重商品的商标比较类似，消费者也不会产生混淆误认，如中国比亚迪蓝白黑车标和宝马车标、中国比亚迪红色车标和韩国起亚车标；尤其是韩国现代车标和日本本田车标，实质上都是一个 H 字母，只不过一个是直立的，一个是斜的，近似度是比较高的，但是显然，你几乎从来没有听说过谁去买宝马车却买回来一辆比亚迪车，也没有听说谁去买本田车而却买回来一辆现代车，反之亦然。这就是因为汽车属于贵重消费品，即便是最低档的车也有几万元，高档的则几百万元，人们在购买汽车时注意力是非常集中的，商标之间的细微差别都很容易被发现，不容易产生混淆误认。但是在购买非常便宜的日用消费品时，消费者的注意力往往是较低的，比如你买一根水笔，你甚至根本不注意它是什么牌子。除了价格影响消费者的注意力之外，商品的重要性往往也会影响消费者的注意力，比如购买药品时，消费者的注意力自然会比购买普通食品时的注意力高，而购买人用食品时的注意力显然又会比购买动物用食品

① 关于主观的商标近似和客观的商标近似概念的区分，参见王太平，卢结华. 商标法中商标近似的界定与判断. 中华商标，2015（3）。

时的注意力高，因为人在购买不同类型的商品时的注意力是不同的，越重要的商品，消费者在购买时的注意力越高，而越不重要的商品，消费者在购买时的注意力会越低。因此，可以说，所谓一般注意力是根据购物环境而言的，不同的购物环境有不同的注意力程度。但是，商标侵权判断中所说的一般注意力是指消费者在特定购物环境下的一般注意力，这里既不考虑那些非常谨慎小心的人的高度的注意力，也不考虑那些非常粗心大意的人的极低的注意力，而是普通人在特定购物环境下的普通注意力。法官在判断商标相同近似时必须模拟一个恰当的消费者的注意力：注意力太高会导致商标权保护范围过窄，不利于激励商标权人的正当经营；注意力太低会导致商标权保护范围过宽，不利于市场的充分自由竞争。

2. 整体观察与要部观察原则。顾名思义，整体观察就是在比较商标是否相同、近似时要从构成商标的全部要素的整体来进行观察和对比，要注意商标给消费者的整体印象。要部观察是指比较商标是否相同近似时，要从构成商标的主要部分来进行观察和对比。判断商标相同、近似时之所以要进行整体观察和要部观察，也是由消费者的认知模式、购物习惯和实际的购物环境决定的，消费者在购物时就是结合商标的整体和要部来进行认知的。对此，我国在商标审判方面最有经验的北京市高级人民法院曾发布《北京市高级人民法院关于审理商标民事纠纷案件若干问题的解答》（下称《北京高院解答》），其中第 13 条规定："商标的主要部分影响相关公众对商标的整体印象，因此在判断商标是否近似时应当以整体比对方法为主，并辅之以主要部分对比方法。注册商标中有放弃专用权的部分的，在比对时仍应当用包括放弃专用权的部分在内的注册商标整体进行比对。"这不仅清楚地揭示了整体观察和要部观察的关系，也揭示了整体观察和要部观察的范围。

3. 隔离观察原则。隔离观察原则就是在比较商标是否相同、近似时要采用隔离的方法观察两个相关的商标，而不是将两个相关商标放在一起进行对比。商标相同、近似判断时之所以要采取隔离观察的原则也是由消费者的认知模式、购物习惯和购物环境决定的，即消费者购物时一般并不会带着所欲购买商品的商标去购买，而是凭着对所欲购买的商品的商标的大致印象来进行识别和购买的。但是，在网络购物非常发达的时代，隔离观察原则的重要性有所降低，因为消费者完全可以通过在网上将所将要购买的两种商品进行直接对比。

根据《商标纠纷解释》第 10 条规定，认定商标相同或近似应当考虑请求保护的注册商标的显著性和知名度。在客观的商标相同近似概念下，判断商标相同、近似考虑商标的显著性和知名度显然是错误的。这可以从下图的商标相同或近似、商标的显著性和混淆可能性的关系得到清晰的解释：A 商标和 B 商标是否相同、近似可以用二者的距离来代表，二者的距离显然不会随着显著性的增强而改变，但显著性程度会影响 A 商标和 B 商标是否会产生混淆，随着 A、B 两商标显著性的增强，两商标各自的影响越来越大。以显著性水平 2 为分界点两商标发生交集，随着其显著性的进一步增强，两商标就很可能混淆，但 A 和 B 之间的原始距离并未改变。同样，当 A、B 两商标的显著性越是确定的时候，A、B 之间的距离越近，二者混淆的可能性越大；距离越远，混淆的可能性越小。但无论如何，商标的显著性和商标的相同、近似程度是互不影响的，它们均是混淆可能性判断的独立因素。也就是说，根据 2013 年《商标法》所规定的商标侵权的判断标准，认定商标相同或近似时不应当考虑请求保护的注册商标的显著性和知名度。

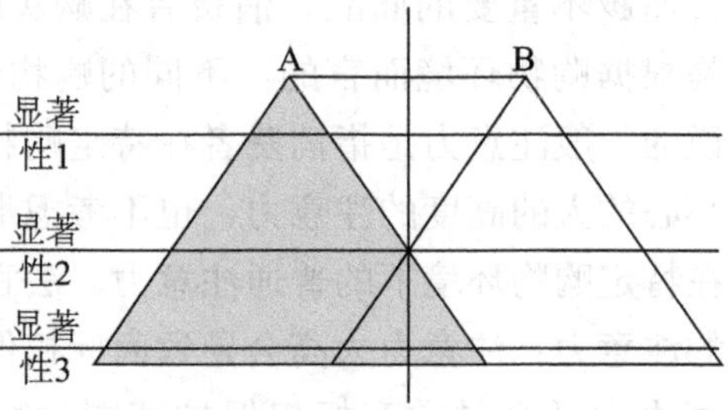

（三）商标相同与商标近似的具体判断

关于商标相同与商标近似的判断，我国商标审查部门是按文字商标、图形商标、组合商标等商标进行商标相同、近似的判断的，这和有些国家或地区商标法按照商标本身的构成要素为基本框架进行判断的做法似乎有所不同。以欧盟《商标审查指南》审查为例，其规定商标相同、近似的是其第C部分“异议”的第2部分第2章第C部分，其第Ⅱ部分规定的是商标相同、近似判断的基本框架，该部分共分为“比较的参考基础”“整体印象”“形、音、义的比较”“涉及不同类型的标志的特殊问题”“组合标志”等五个小部分。其中“形、音、义的比较”确定了商标相同、近似比较的基本框架。美国商标实践中采用的也是“音、形、义三部曲”的方法。本书认为，相比欧盟商标相同、近似判断的基本框架，我国按照商标类型判断商标相同、近似具体有余而抽象不足，难免挂一漏万。尽管商标各种各样而无法穷举，但本质上大部分商标都是以形、音、义为基本要素而构成的，按照商标的“形、音、义”三要素来构建商标相同、近似判断的基本框架可以涵括更多的商标。

在“形、音、义”三要素的商标相同、近似判断的基本框架下，除了需要考虑商标本身的形、音、义三要素以外，还需考虑更多的所有能为人们感知的要素。因为人有五种感觉器官，商标相同、近似自然也可能以五种方式发生，即看起来像、听起来像、闻起来像、尝起来像和感觉起来像。[①] 但因构成现代商标主体的是以视觉为基础的传统商标，商标相同、近似判断主要还是从形、音、义三方面来进行的。不仅如此，商标相同、近似判断的形、音、义各自的重要性各不相同，取决于商标使用的具体环境。因为不同的使用环境下，商标的形、音、义所占的比重各不相同。例如，购买衣服时，视觉要素更为重要，而电话购物时，则是听觉要素更为重要。

还需要注意的是，商标的形、音、义之间并不是孤立存在的，它们之间是一种互相弥补的关系。即较低程度的含义的相似性，可以被较高程度的视觉和听觉的相似性所弥补；相应地，较低程度的视觉和听觉的相似性，也可以被较高程度的含义的相似性所弥补。[②] 当然，这里的弥补并非形的近似度能够代替音、义的近似度，反之亦然，而是指相对于得出整体近似的结论，形的近似度越高，需要的音、义的近似度越低，反之亦然。

在具体判断时，如果两个商标在形、音、义三方面均为相同或相似，则两商标构成相

---

① 李明德．美国知识产权法．北京：法律出版社，2003：301.

② Paul Maeyaert，Jeroen Muyldermans，Likelihood of Confusion in Trademark Law：A Practical Guide Based on the Case Law in Community Trade Mark Oppositions from 2002 to 2012，*103 TMR*，1096－1097（2013）.

同或近似；反之，如果形、音、义均不相似，则两商标不可能构成近似。但如果商标的形、音、义三方面部分相同或相似、部分不相似，那么如何认定两商标是否相同、近似呢？从世界各国或地区商标实践来看，整体评价法是商标相同、近似的基本判断方法。在欧盟，“正如法院在撒贝尔案中（第23段）中所说的那样，商标的近似性必须整体观察，包括形、音、义的判定。所以，判定商标的近似性时不能只观察其中的一些方面。商标的近似性必须总是考虑它们的形、音、义几个方面”①。在美国，商标相同、近似判断时强调商标的“整体商业印象”，“‘商业吸引力’这个短语被用于表示由外形、声音和意义的比较的商标相似或不相似的最终结论。因此，‘商标在整体商业印象方面非常相似’的声明意味着商标在外形、声音和意义方面非常近似”②。总体上，欧盟的“整体观察”法和美国的“整体商业印象”方法本质上是一致的，即商标的形、音、义的某个方面的相似性可能并不一定足以认定商标相同、近似，而是需要根据具体的情况而定，要从商标的形、音、义等方面综合衡量，通过综合平衡形、音、义三因素之间的相似性程度和差异性程度而得出商标整体是否相同、近似的结论。

1. 商标的形。商标的形即商标的视觉或外观。商标的形是商标近似判断的最重要的因素。因为视觉是人类最发达的器官，不仅视觉商标是最重要的商标类型，商标的形也是具有“形”的要素的商标的最重要的因素。商标外观的近似性“应当根据标志的总体效果进行判断，而不是仅比较个别的特征来判定。单个特征可能是不相似的，但整体效果却有可能是相似的。或者单个特征是相似的，但总体效果却有可能是不相似的”③。具体而言，对于文字商标，增加、删除或者交换商标的字母或文字都可能导致商标外观效果上的近似，而且文字的很多非言辞性特征也可能会影响商标的整体外观和商业印象，如间距、位置、强调、规模、布局、设计、色彩、风格、连合活字、醒目性、字体等。④ 对于图形商标，由于一张图片可以表达千言万语，所以几乎不存在可以确定引起消费者混淆可能性的在视觉的相似程度方面的指引准则。⑤ 尽管如此，美国商标局指出：“在进行图形设计商标的比较时，相关公众的心理或反应必须伴随人类记忆的不可靠性、记忆中对该图形的整体印象和商标的相似性一起考虑。”⑥

2. 商标的音。商标的音即商标的语音或听觉。商标的发音是商标判断的重要因素，语音方面的近似性对于通过口头订货而购买的商品尤其重要，正如美国第二联邦巡回上诉法院曾指出的那样，“商标如同小孩子一样，不仅要看而且还要听”⑦。在美国，法院可能会使用复杂的包括押韵、头韵、韵律、节奏和重音模式的语音分析法来进行判断。⑧ 例如，

---

① OHIM, *Opposition Guidelines*, Part 2, Chapter 2C Status, November 2007, p 8.

②⑤ J. Thomas McCarthy, *McCarthy on Trademarks and Unfair Competition*, Fifth Edition March 2020 Update, §23：1, 25.

③ Restatement of Torts, Section 729 (1938), Comment b.

④ Richard L. Kirkpatrick, *Likelihood of Confusion in Trademark Law*, Practising Law Institute 810 Seventh Avenue, NY, USA, 2010, §4：3.

⑥ Fort James v. Royal Paper, 83 U. S. P. Q. 2d 1624, 1628-29 (T. T. A. B. 2007).

⑦ Grotrian, Helfferich, Schulz, Th. Steinweg Nachf. v. Steinway & Sons, 523 F. 2d 1331, 186 U. S. P. Q. 436 (2d Cir. 1975).

⑧ In re Energy Telecomms. & Elec. Ass'n, 222 U. S. P. Q. 350 (T. T. A. B. 1983).

在裁决商标 BONAMINE 与 DRAMAMINE 构成语音近似的过程中，美国第七巡回法院认为："BONAMINE 与 DRAMAMINE 包含了相同的音节数；具有相同的重音模式，即主重音放在第一个音节上同时次重音放在了第三个音节上；并且它们的最后两个音节是相同的。它们的首字母（'B' 和 'D'）发音都被称为'浊塞音'且在听觉上具有相似性；辅音'm'和'n'都是鼻音且在听觉上也具有相似性。在两个商标之中唯一发音不同的是 DRAMAMINE 中的'r'。相似商标在发音上的细微差异将无法赦免侵权者的责任。"[①] 当然，当运用于中文商标时，这种语音分析法应该根据中文发音的基本规律进行相应调整。

3. 商标的义。商标的义即商标的含义或观念。某些情况下，含义的相似性的影响力可能比视觉或语音上的差异性更重要。商标的含义的具体判断应注意以下原则：(1) 文字—图形等效性原则：指示同一事物的文字和图形往往会被认为具有相似的含义。例如，箭头文字商标与箭头图形商标构成近似商标。但需注意的是，美国法院对文字—图形等效性原则的采用是非常严格和谨慎的，如果一项设计图形不属于任何一个特定词的明显等价物，反而容易受多元化的解释的影响，那么它们不可能被认定为相似。[②] (2) 外国文字等效性原则：指将外国文字翻译成本国文字之后，其与本国文字商标是否构成近似的认定原则。外国文字等效性原则的理由是保护使用多种语言的本国普通消费者，防止他们对熟悉的外国文字与本国意义相同的词发生混淆。[③] 因此，翻译外国文字的时候必须注意结合本国普通消费者的认知水平以谨慎地确定其在本国的含义。

三、商品相同与类似的认定

由于商标是由商标标志和商品信息组成的统一体，因此商品相同与类似的判断对于商标侵权判断同样具有非常重要的作用。根据《商标纠纷解释》，类似商品，是指在功能、用途、生产部门、销售渠道、消费对象等方面相同，或者相关公众一般认为其存在特定联系、容易造成混淆的商品。类似服务，是指在服务的目的、内容、方式、对象等方面相同，或者相关公众一般认为存在特定联系、容易造成混淆的服务。商品与服务类似，是指商品和服务之间存在特定联系，容易使相关公众混淆。由于 2013 年《商标法》已经明确引入了混淆可能性，这里的类似商品和类似服务同样应该修正为不包含混淆可能性的客观商品类似、服务类似概念，《商标纠纷解释》中的类似商品和类似服务概念中的"容易造成混淆"应予删除。

(一) 商品相同与类似的判断原则

在我国商标法上，认定商品或服务是否相同与类似主要遵循两个原则：

一是应当以相关公众对商品或者服务的一般认识综合判断。根据最高人民法院知识产权庭前庭长蒋志培先生的说明，这里"所谓相关公众的一般认识，是指相关市场的一般消费者对商品的通常认知和一般交易观念，不受限于商品本身的自然特性；所谓综合判断，是指将相关公众在个案中的一般认识，与商品交易中的具体情形，以及司法解释规定的判

---

① G. D. Searle & Co. v. Chas. Pfizer & Co., 265 F. 2d 385, 121 U. S. P. Q. 74 (7th Cir. 1959).

② Riceland Foods, Inc. v. Pac. E. Trading Corp., 26 U. S. P. Q. 2d 1883, 1885 (T. T. A. B. 1993).

③ J. Thomas McCarthy, *McCarthy on Trademarks and Unfair Competition*, Fifth Edition March 2020 Update, §23: 36.

断商品类似的各要素结合在一起从整体上进行考量”[①]。之所以如此解释是由商品交易的客观状况使然，商标法的规定必须符合客观的商品交易状况。

二是《商标注册用商品和服务国际分类表》《类似商品和服务区分表》可以作为判断类似商品或者服务的参考。根据《商标审查及审理标准》的解释，《尼斯协定》的宗旨是建立一个共同的商标注册用商品和服务国际分类体系，并保证其实施。根据该协定，世界知识产权组织制定了《商标注册用商品和服务国际分类表》，并已为世界上大部分国家采用。采用《商标注册用商品和服务国际分类表》，有利于统一各国在办理商标注册时的商品和服务分类路径，适应国际贸易和商标工作国际交往的需要；对于各国商标主管机关来说，可节约其审查注册申请的时间，减少工作量，易于建立科学的商标档案制度；对于商标注册申请人来说，可简化、便利其申请前的准备工作。也就是说，《商标注册用商品和服务国际分类表》的制定主要是出于技术的考虑，主要是为商标注册工作服务的。因此《商标注册用商品和服务国际分类表》难以避免与商品交易的客观状况不协调之处，更何况不同国家、地区有不同的经济、文化、社会环境，消费者的消费习惯、生活习俗等也有着巨大的不同，统一的《商标注册用商品和服务国际分类表》难以适应商品交易千变万化的客观实际。但是人民法院进行商标侵权判断时却往往是已经发生了实际的纠纷，案件的情况已经是实际的商品交易状况。因此，统一的《商标注册用商品和服务国际分类表》就不能再以其僵化的技术性凌驾于丰富多彩的社会生活之上。由于《类似商品和服务区分表》是以《商标注册用商品和服务国际分类表》为基础的，尽管也是总结了多年的类似商品或者服务划分的实践经验而制定并对外公布的，但却也只能参照使用。

（二）商品相同与类似的具体判断

由于商标法不仅适用于商品，也适用于服务，因此，这里所说的商品相同与类似的判断是广义的，既包括类似商品的判断，也包括类似服务的判断，还包括商品与服务类似的判断。

1. 类似商品的判断。类似商品的判断应当综合考虑下列各项因素：（1）商品的功能、用途。如果两种商品的功能、用途相同或者相近，能够满足消费者相同需求，则该两种商品被判定为类似商品的可能性较大。两种商品如果在功能、用途上具有互补性或者需要一并使用才能满足消费者的需求，则被判定为类似商品的可能性较大。（2）商品的原材料、成分。商品的原材料或者成分，是决定商品功能、用途的重要因素。一般情况下，两种商品的原材料或者成分相同或者相近，该两种商品被判定为类似商品的可能性较大。但随着商品的更新换代，商品的原材料或者成分即使不同，而其原材料或者成分具有可替代性，且不影响商品的功能、用途的，仍存在被判定为类似商品的可能性。（3）商品的销售渠道、销售场所。如果两种商品的销售渠道、销售场所相同或者相近，消费者同时接触的机会较大，容易使消费者将两者联系起来，则被判定为类似商品的可能性较大。（4）商品与零部件。许多商品是由各个零部件组成的，但不能当然认为该商品与各零部件或者各零部件之间都属于类似商品，仍应当根据消费者对两者之间联系的密切程度的通常认知进行判

① 蒋志培. 如何理解和适用《最高人民法院关于审理商标权民事纠纷案件适用法律若干问题的解释》. 科技与法律，2002 (4).

断。如果特定零部件的用途是配合特定商品的使用功能，而该商品欠缺该特定零部件，就无法实现其功能或者严重减损其经济上的使用目的，则该零部件与该商品被判定为类似商品的可能性较大。(5) 商品的生产者、消费者。两种商品由相同行业或者领域的生产者生产、制造、加工的可能性越大，则被判定为类似商品的可能性越大。两种商品如果以从事同一行业的人为消费群体，或者其消费群体具有共同的特点，被判定为类似商品的可能性较大。(6) 消费习惯。类似商品的判定，还应当考虑中国消费者在特定的社会文化背景下所形成的消费习惯。如果消费者在习惯上可将两种商品相互替代，则该两商品被判定为类似商品的可能性较大。

2. 类似服务的判断。类似服务的判断应当综合考虑下列各项因素：(1) 服务的目的。两种服务具有相同或者相近的目的，有可能相互替代，可满足一般服务接受者的相同或者相近的需求的，被判定为类似服务的可能性较大。(2) 服务的内容。提供服务的内容越相近，被判定为类似服务的可能性越大。(3) 服务方式与服务场所。如果服务方式或者服务场所相同，一般服务接受者同时接触的机会较大，则被判定为类似服务的可能性较大。(4) 服务的对象范围。如果服务的接受者来自相同或者相近的消费群体，则被判定为类似服务的可能性较大。(5) 服务的提供者。如果服务的提供者来自相同的行业或者领域，则被判定为类似服务的可能性较大。

3. 商品与服务是否类似的判定。判断商品与服务是否类似，应当综合考虑下列各项因素：商品与服务之间联系的密切程度，在用途、用户、通常效用、销售渠道、销售习惯等方面的一致性。即在商品和服务中使用相同或者近似商标，一致性越强，类似性越高。

典型案例

“啄木鸟”商标案

杭州啄木鸟鞋业有限公司于2000年5月26日向商标局申请注册争议商标，指定使用在第25类2507群的鞋、靴商品，指定使用颜色为啄木鸟通体为黑色，嘴的下部为绿色。商标局于2001年8月7日核准该商标注册。2004年2月3日，七好公司向商标评审委员会提出了撤销争议商标注册申请。七好公司认为，“TUCANO及图”及“鸟图形”品牌是蒙得利家族在1932年时精心设计的，七好公司是“TUCANO及图”及“鸟图形”商标在中国的唯一持有人。争议商标与其商标在外观、结构上相同，且指定使用的商品类似，会引起相关公众混淆。商标评审委员会经审查认为，争议商标指定使用的鞋、靴商品与各引证商标指定使用的服装、领带、皮包等商品所属的范围和领域不同，消费者获取上述商品的渠道有所区别，在《类似商品和服务区分表》中亦不属同一类似群组，不属于类似商品。争议商标与各引证商标使用在非类似商品上，一般不会导致相关公众对商品来源的误认，不属于《商标法》规定的使用在同一种或类似商品上的近似商标。商标评审委员会于2009年2月23日裁定维持争议商标注册。七好公司不服，向北京市第一中级人民法院提起行政诉讼。北京市第一中级人民法院认为：争议商标指定使用的鞋、靴商品与引证商标指定使用的服装、领带、皮包等商品不属于类似商品，争议商标与引证商标使用在非类似商品上，不会导致普通消费者对商品来源的混淆误认，判决维持商评委的裁定。七好公司不服一审判决，向北京市高级人民法院上诉。北京市高级人民法院二审认为，虽争议商标的“啄木鸟图形”与引证商标的“鸟图形”在局部设计上略有差异，但整体造型基本相同，因此在隔离比对的情况下，商标标识的整体外观近似。同时，争议商标与引证商标两者指定使用商品虽不为同一类似群组，但均为穿戴类商品，商品及生产商品的企业关联性极强，因此，二者指定使用的商品应为关联商品；其在市场上的共同使用易使消费者对其商品来源产生混淆、误认。故争议商标与引证商标构成近似商标，判决撤销一审判决和商评委裁定。杭州啄木鸟鞋业有限公司不服，向最高人民法院申请再审，最高人民法院经审理认为，《类似商品和服务区分表》是我国商标主管机关以世界知识产权组织提供的《商标注册用商品和服务国际分类》为基础，因此可以作为判断类似商品或者服务的参考。但是，商品和服务的项目更新和市场交易情况不断变化，商品和服务的类似关系不是一成不变，而商标异议、争议是有别于商标注册申请审查的制度设置，承载不同的制度功能和价值取向，更多涉及特定民事权益的保护，强调个案性和实际情况，尤其是进入诉讼程序的案件，更强调司法对个案的救济性。在这些环节中，如果还立足于维护一致性和稳定性，而不考虑实际情况和个案因素，则背离了制度设置的目的和功能。因此在商标异议、争议和后续诉讼以及侵权诉讼中进行商品类似关系判断时，不能机械、简单地以《类似商品和服务区分表》为依据或标准，而应当考虑更多实际要素，结合个案的情况进行认定。《类似商品和服务区分表》的修订有其自身的规则和程序，无法解决滞后性，也无法考虑个案情况。把个案中准确认定商品类似关系寄托在《类似商品和服务区分表》的修订是不现实和不符合逻辑的，相反，个案的认定和突破才能及时反映商品关系变化，在必要时也可促进《类似商品和服务区分表》的修正。本案中，争议商标指定使用的商品为鞋和靴，引证商标核定使用的商品是服装等。虽然两者在具体的原料、用途等方面具有一些差别，但是两者的消费对象是相同的，而且在目前的商业环境下，一个厂商同时生产服装和鞋类产品，服装和鞋通过同一渠道销售，比如通过同一专卖店、专柜销售的情形较为多见。同时，争议商标与引证商标中的“鸟图形”虽然在细部上略有差异，但两者基本形态相似，且根据查明的事实，引证商标通过使用具有较高的知名度。在这种情况下，如果两商标在服装和鞋类商品上共存，容易使相关公众认为两商品是同一主体提供的，或者其提供者之间存在特定联系，该两商品在法律上即构成类似商品。最终判决维持二审判决，对再审申请予以驳回。①

本案虽然是商标确权授权案件，但是其中对商品相同或类似的判断方法是同样适用于商标的侵权判定的。在本案中，最高人民法院明确指出了《类似商品和服务区分表》在商品类似性判定中的作用。即《类似商品和服务区分表》在商品类似性判断中只具有参考作用。人民法院在商标侵权判断时不能僵化地适用《类似商品和服务区分表》，而应当在具体个案之中考察商品类别的相似性问题。在具体情况下可以突破《类似商品和服务区分表》对类似商品划分的限制，以防止消费者发生混淆，更好地保护商标权。

四、混淆可能性的判断

既然混淆可能性是商标侵权判断标准的重要组成部分，尤其是商标或商品扩大到近似或

---

① 最高人民法院（2011）知行字第37号驳回再审申请裁定书。

类似时商标侵权判断的终极标准，混淆可能性判断就成为商标侵权判断的重要组成部分。混淆可能性判断最重要的内容涉及两个方面：一是混淆可能性的判断方法；二是混淆可能性判断所需考虑的因素，混淆可能性判断就是运用判断方法对全部考虑因素进行综合判断。

（一）混淆可能性的判断方法

世界各国或地区商标法的混淆可能性判断方法是类似的。美国商标法的商标侵权判断标准是混淆可能性，“尽管‘不存在可以为所有案件提供现成指导的石蕊规则’，但是有一个普遍接受的分析混淆可能性问题的方法。这种方法包括适用于案件全部事实的许多不同‘因素’，‘在每一个涉及混淆可能性的案件中，（裁决作出者）有责任在考虑了所有证据后裁决混淆是否看起来很可能”①。这种方法就是多因素测试法。在欧盟，混淆可能性的判断采用的是整体评价法，在佳能案中，欧洲法院明确提出了混淆可能性的整体评价法，“混淆可能性必须整体评价，考虑与案件相关的所有因素。整体评价法意味着认定相关因素之间的某种交互作用，特别是商标之间以及商品或服务之间的相似性。商品或者服务之间较低程度的类似性，可以被商标之间较高程度的近似性所弥补，反之亦然。在先商标越具有显著性，混淆的危险性越大”②。根据欧盟商标审查指南，整体评价法意味着混淆可能性判断中，“第一步是审查与混淆可能性判断相关的所有因素。第二步是在单独的整体观察法中，在综合平衡这些不同的因素后（这些因素可能相互之间补足或者抵消，并且会根据特定的情况有不同等级的相对重要性），判断它们所达到的相关性”③。简言之，混淆可能性的整体评价法就是考虑所有相关的因素并综合平衡它们的等级后得到总体评价。“混淆可能性的事实复杂性的根源在于，必须从‘市场的角度’来看待这个问题，重点是在实际市场条件下使用的商标。……市场的现实控制着，‘因为这是潜在买家会或不会发生混淆的地方。’”“混淆的可能性涉及人们‘可能的或实际的行动和反应’，这使得理解他们如何作出购买或不购买的决定变得至关重要。‘对消费者混淆的现实评估，必须试图重新创造作出购买决定的条件，而法院应该决定的，不是它会做什么，而是在市场条件下一个理性的买家会做什么。’”④ 因此，不管是多因素测试法还是整体评价法，其本质均是对与混淆可能性有关的全部主要因素进行综合评价，是对混淆可能性的市场现实的还原，是评估混淆可能性的恰当方法。

（二）混淆可能性的判断因素

在美国，不同的巡回上诉法院在进行混淆可能性的多因素测试时采用的因素各不相同，第八和第十巡回上诉法院使用的因素最少，只有 6 个因素⑤，而联邦巡回上诉法院使用的因素最多，多达 13 个因素⑥，多数法院使用 7 个或者 8 个因素，前者如第四、第五、

---

① Richard L. Kirkpatrick, *Likelihood of Confusion in Trademark Law*, Practising Law Institute 810 Seventh Avenue, NY, USA, 2010, §2：4.

② Canon Kabushiki Kaisha v. Metro-Goldwyn-Mayer Inc., Case C-39/97, [1998] ECR I-5507 (ECJ, Sept. 29, 1998).

③ EUIPO, *Guidelines for Examination (of European Union Trade Marks)*, Part C, Section 2, Chapter 1, p. 10.

④ Richard L. Kirkpatrick, *Likelihood of Confusion in Trademark Law*, Practising Law Institute 810 Seventh Avenue, NY, USA, 2010, §2：2.

⑤ SquirtCo v. Seven Up Co., 628 F. 2d 1086 (8th Cir., 1980); Utah Lighthouse Min. v. Foundation for Apologetic, 527 F. 3d 1045 (10th Cir. 2008).

⑥ DuPont, 476 F. 2d 1357 (CCPA, 1973).

第七和第十一巡回上诉法院[①]，后者如第一、第二、第六和第九巡回上诉法院。[②] 实证研究表明，这些因素中的"商标的相似性""被告的意图""商品的类似性""原告商标的强度""实际混淆的证据"是混淆可能性判断的多因素测试法中的核心因素。[③]

在欧盟，关于混淆可能性的具体判断应考虑的因素，《欧盟商标指令》立法理由明确指出，"混淆可能性的认定取决于多个因素，特别是商标在市场上的知名度，与其他已使用或已注册的商标相联系的可能，商标和标识的近似程度以及其所识别的商品或者服务的类似程度"。"特别是"一词表明，在混淆可能性判断的过程中可能还需要考虑大量其他相关的因素。在劳埃德制鞋有限公司案中，欧洲法院考虑了消费者在购买争议商品或服务时的注意力水平、商标显著性、商标使用的时间与流通范围及商标所占市场份额等因素。欧盟的商标审查指南则明确规定了以下因素：相关的时间点、审查局的审查方法、商品或服务的比较、商标的比较、商标的显著和主要部分、在先商标的显著性、相关公众的注意力水平、其他因素（如家族商标、共存商标、购买商品或服务的模式等）。[④] 但是，这些因素并非固定的，每个案件都会有无法预料的新情况、新特性出现，各个案件所需考虑的具体因素和侧重点又各不相同，法官只能基于个案加以综合判断。从《欧盟商标指令》立法理由第 10 条中"特别是"的强调、欧盟商标局的审查实践以及欧洲法院的相关司法判决可以明显看出，商品或服务的类似性、商标的近似性、在先商标的显著性或知名度这三个因素在混淆可能性判断中的重要作用。

不管是核心因素还是非核心因素，也不管是在美国还是欧盟，混淆可能性判断的这些因素既不是商标侵权的必要条件，也不是商标侵权的充分条件，它们只不过是一种穿越沼泽地的"实用指南"、一种穿越灌木丛的小径和用来为这种模糊调查添加结构的分析性框架。[⑤] 欧盟商标审查指南也指出，"整体观察法中所考虑的因素会根据特定的情况而不同。例如，在清晰的商品或服务和商标都高度相似甚至相同的情况下，审查局可能直接认定混淆的可能，而不需要考虑所有因素，如商标的显著性、家族商标等。需要注意的是，不可能抽象地说一个因素是否比另一个因素更重要，因为这些因素会根据不同的情况而有不同等级的相关的重要性。例如，对于通常用视觉审查的商品，视觉的相似性会更重要，同样地，对于通常口头命令的商品，听觉的相似性会更具有相关性"[⑥]。混淆可能性判断的这些因素在确定是否存在混淆可能性时具有一定的替代关系，在佳能案中，欧洲法院就明确指

---

① Interpace Corp. v. Lapp, Inc., 721 F. 2d 460 (3d Cir. 1983); The Southern Company v. Dauben Inc., 324 Fed. Appx. 309 (5th. Cir., 2009); Barbecue Max, Incorp. v. 551 Ogden, Incorp., 235 F. 3d 1041 (7th Cir., 2000); Tally-Ho, Inc. v. Coast Community College District, 889 F. 2d 1018 (11th Cir. 1989).

② Astra Pharm. Prods., Inc. v. Beckman Instruments, Inc., 718 F. 2d 1201 (1st Cir. 1983); Polaroid Corp. v. Polarad Electronics Corp., 287 F. 2d 492 (2d Cir.); Wynn Oil Co. v. Thomas, 839 F. 2d 1183 (6th Cir. 1988); AMF Inc. v. Sleekcraft Boats, 599 F. 2d 341 (9th Cir. 1979).

③ Barton Beebe, An Empirical Study of the Multifactor Tests for Trademark Infringement, 94 Cal. L. Rev. 1623, 1642 (2006).

④ EUIPO, *Guidelines for Examination (of European Union Trade Marks)*, Part C, Section 2, Chapter1, pp. 9-11.

⑤ Richard L. Kirkpatrick, *Likelihood of Confusion in Trademark Law*, Practising Law Institute 810 Seventh Avenue, NY, USA, 2010, §2: 4.

⑥ EUIPO, *Guidelines for Examination (of European Union Trade Marks)*, Part C, Section 2, Chapter1, p. 9.

出了其相关关系，“当在（德国）新商标法的意义上评估混淆可能性时，必须在商品的类似程度和商标的相似程度以及寻求保护的商标的显著性之间建立起一种相互关系，即商标与标识彼此越相似，并且寻求保护的商标越显著，对商品之间的类似性程度要求就越低”①。就像高考或者法律职业资格考试一样，只要总分达到录取或者合格分数线就能录取或者通过，而不要求某一门的分数，一个科目考分低可以由另一科目的高分数来弥补。

实务探讨

商标显著性在混淆可能性判断中的作用

在商标侵权的判定中，固有显著性常被视为判断消费者是否会发生混淆的标准之一。法院通常会认为，诸如臆造商标、任意商标，由于和所标示的商品不存在直接的联系，消费者会自动将他们识别为商标，这些商标在市场中就应当获得更宽的保护范围。而暗示性商标、描述性商标，通常与所标示的商品具有一定的联系，则对其保护的范围就较窄。“法院赋予臆造商标和随意商标更宽的、更有力的保护，而给予那些确定或描述商品或他们的特征的词汇所组成的商标更窄的保护或不保护。”② 这种认定方法具有一定的合理性。以臆造商标为例，臆造商标往往是杜撰出的词汇，这种词汇在消费者最初看来并不包括任何含义，就是一个纯粹的符号。将这种符号附着在商品之上投入市场，消费者只要一看到商品之上的这种符号，就很可能将之视为商品的商标。而其他人只要使用了这种商标，消费者就更容易联想到商标权人的商标，更可能发生混淆。“如果一个商标是臆造的或随意的，并没有指示它所标示的商品的本质，由于这种商标选择的任意性，消费者在市场中看到不同的商品上贴附有该商标，就会认为他们来自同一来源。”③

但是，根据认知心理学的原理，在混淆可能性的判定中，固有显著性的作用是有限的。固有显著性所指的情形是某一标识在被选为商标，投入市场之后，消费者就会直接将之视为商标，它代表一个标识所具备的成为商标的潜质。实际上，如果具备固有显著性的标识刚刚投入市场，消费者对这个标识还一无所知，记忆中就并不存在有关该标识的任何信息。只是由于该标识贴附于商品的显著位置，并且与商品的特征不存在直接联系，消费者会直接将之识别为商标，这种具备固有显著性的标识也就可以直接获准注册。可见，商标具备了固有显著性并不表明消费者的记忆中就一定含有关于该商标的认知网络，并不代表消费者的记忆中就存储了该商标的相关信息。由此可见，“标章可能在概念上为强，但因少有广告及销售量低，而在市场上为弱”④。固有显著性虽然在消费者混淆可能性的判定中起到一定的作用，但是这种作用是有限的。它对消费者的影响一般也限制在消费者是否会将之识别为商标的层面。一旦该商标投入市场，在混淆可能性的判定中，固有显著性就不再占据主要的地位。法院在混淆可能性的判断中，也要考虑到固有显著性在消费者识别

---

① Canon Kabushiki Kaisha v. Metro-Goldwyn-Mayer Inc., Case C-39/97, [1998] ECR I-5507 (ECJ, Sept. 29, 1998).

②③ Richard L. Kirkatrick, *Likelihood of Confusion in Trademark Law*, New York: Practising Law Institute, 2010, §3: 4.1.

④ 王敏铨. 美国商标法之混淆之虞及其特殊样态之研究. 智慧财产权月刊，2006 (94).

商标中所起的这种有限的作用，不能仅因为系争商标是固有显著性较强的臆造商标或任意商标，就倾向于认定消费者极有可能发生混淆。

获得显著性，是指商标在市场中实际地发挥标示与区分来源的能力。与拟制的固有显著性不同，获得显著性是真正的显著性，它代表了商标真实的在市场中标示与区分来源的能力。获得显著性才是真正的显著性、在市场中实际发挥作用的显著性，绝不是什么拟制。而一向为人们所看重的固有显著性却与真正的显著性相去甚远，至多只是获得显著性的有利条件。[①] 正因为获得显著性真实地反映或者对应着一个商标在消费者记忆中所占据的地位和对消费者的影响能力，其成为混淆可能性判定中需要重点考量的对象。"商标强度的第二含义，名声，或者'获得显著性'，与消费者混淆相关。如果一个商标在市场中被长久、突出和大量使用，则消费者就很可能认为其来自先前的使用。一个商标在先的使用使其拥有广泛的消费者认知度，易使消费者将后使用者的使用识别为在先熟悉的使用者，如果后使用者在事实上与先使用者并无联系，这就增加了消费者发生混淆的可能。"[②] "越独特、越著名的标章，在消费大众心中所造成的印象越强，所以越可能在大众的心中，与较广范围的商品或服务结合。"[③] 我国台湾地区混淆误认之虞审查基准也指出，"识别性越强的商标，商品/服务之消费者的印象越深，他人稍有攀附，即可能引起购买人产生混淆误认"[④]。可见，真正对消费者识别商标起到重要作用的是获得显著性。在其他条件不变的情况下，商标权人商标的获得显著性越强，消费者发生混淆的可能性越大，而如果获得显著性越弱，则消费者发生混淆的可能性越小。如果系争商标权人商标的获得显著性很强，则对商标相似性、商品类似性的要求就较低，而如果系争商标权人商标的获得显著性较弱，则对商标相似性和商品类似性的要求都会提高。

我国法院在商标案件的审理中，也注意到了显著性在商标侵权判定中的重要意义。在南京利源"百家湖"一案中，被告金兰湾公司使用了原告注册的"百家湖"标识。法院在案件审理中认为，消费者不会发生混淆，被告的行为不构成商标侵权。法院的重要理由即是，南京地区的普通公众对"百家湖"的第一印象首先是地名或湖名。根据再审阶段的随机调查了解，知道"百家湖"商标者极少，说明"百家湖"至少在争议发生之前知名度不高或没有，其显著性较弱或不存在。由于"百家湖"显著性不强，相关消费者就系争商标发生混淆的可能性较小[⑤]，被诉人的行为也就不构成商标侵权。同样，在北京嘉裕长城葡萄酒一案中，最高人民法院也指出，本案讼争的商标"长城"或"长城牌"文字部分因有着较高的使用频率而具有较强的识别力，在葡萄酒市场上与中粮公司的葡萄酒形成了固定的联系，具有较强的显著性。因嘉裕公司使用"嘉裕长城及图"商标与长城公司"长城牌"商标相近似，中粮公司"长城"或"长城牌"文字部分又具有驰名度和显著性，这足

---

① 彭学龙. 商标法的符号学分析. 北京：法律出版社，2007：160-162.

② Virgin Enters. Ltd. v. Nawab，335 F. 3d 141，148（2d Cir. 1）. Richard L. Kirkatrick，*Likelihood of Confusion in Trademark Law*，New York：Practising Law Institute，2010，§3：4. 2.

③ 王敏铨. 美国商标法之混淆之虞及其特殊样态之研究. 智慧财产权月刊，2006（94）.

④ 台湾地区"混淆误认之虞"审查基准. http://www.110.com/fagui/law_12416.html.

⑤ 江苏省高级人民法院（2002）苏民三终字第056号民事判决书；江苏省高级人民法院（2004）苏民三再终字第001号民事判决书。关于本案也可参见孔祥俊. 商标与反不正当竞争法原理与判例. 北京：法律出版社，2009：294.

以使相关公众将使用含有“长城”文字的“嘉裕长城及图”商标的葡萄酒与中粮公司的长城牌葡萄酒产品相混淆，对中粮公司“长城”或“长城牌”应当给予强度较大的法律保护。[①] 在北京“xyc 杏叶村”一案中，北京市高级人民法院同样认为，由于“xyc 杏叶村”与著名酒类品牌“杏花村”相似，鉴于“杏花村”具有较高的知名度，消费者容易对两者发生混淆。被诉人的行为构成商标侵权。[②] 最高人民法院的司法政策指出：“认定商品类似和商标近似要考虑请求保护的注册商标的显著程度和市场知名度，对于显著性越强和市场知名度越高的注册商标，给予其范围越宽或强度越大的保护。”[③] 最高人民法院《关于审理商标授权确权行政案件若干问题的意见》第 16 条规定，人民法院认定商标是否近似，既要考虑商标标志构成要素及其整体的近似程度，也要考虑相关商标的显著性和知名度。可见，我国法院在商标侵权判定中也会考虑商标的显著性问题，根据相关商标固有显著性或获得显著性的情况来判定消费者是否可能发生混淆。

典型案例

“诸葛亮”商标案

1999 年 6 月 18 日，武汉同和公司在 33 类酒类商品上申请注册“诸葛亮”商标，2000 年 12 月 21 日核准注册。1999 年 11 月 12 日，本案原告千年公司成立；2002 年 6 月，千年公司受让“诸葛亮”商标，2002 年 10 月 28 日，千年公司开始使用“诸葛亮”商标；2003 年 6 月 15 日，千年公司许可诸葛亮酒业公司使用“诸葛亮”商标，2003 年 8 月 1 日，诸葛酿酒公司成立。2003 年 11 月 20 日，千年公司许可诸葛酿酒公司使用“诸葛亮”商标。1999 年，江口公司与华军宇公司决定开发“诸葛酿”酒，1999 年 6 月 5 日，江口公司正式生产“诸葛酿”酒，产品销售量与销售金额逐年提高，取得了较高的市场声誉。2004 年 9 月，千年公司、诸葛亮酒业公司、诸葛酿酒公司向法院起诉被告江口公司，要求其停止侵权并赔偿损失。此案历经一审、二审和最高人民法院再审。最高人民法院在审理该案时认为，“诸葛酿”与“诸葛亮”不构成音、形、义上的相同或近似。两者在读音和文字构成上确有相近之处，但是，在字形上及具体的使用方式上存在较为显著的不同。而且，在文字的含义上，“诸葛亮”既是一位著名历史人物，又具有足智多谋的特定含义；“诸葛酿”非单独词汇，是由“诸葛”和“酿”结合而成，用以指代酒的名称，其整体含义与“诸葛亮”不同。这种含义上的差别，可以使相关公众较易于将二者区别开来。“诸葛亮”因其固有的独特含义，在酒类商品上作为注册商标使用时，除经使用而产生了较强显著性以外，一般情况下其显著性较弱。在千年公司受让前，“诸葛亮”注册商标尚未实际使用和具有知名度，且也未经使用后取得了较强的显著性。在此种情况下，“诸葛亮”注册商标对相近似标识的排斥力较弱。“诸葛酿”商品名称与其在读音和文字构成上的近似，并不足以认定构成侵犯注册商标专用权意义上的近似。而且，在“诸葛亮”商标申请

① 最高人民法院（2005）民三终字第 5 号民事判决书。关于本案也可参见孔祥俊. 商标与反不正当竞争法原理与判例. 北京：法律出版社，2009：250.

② 薛红深. 混淆还是联想——也评“xyc 杏叶村”商标确权案. 中国工商管理研究，2005（11）.

③ 最高人民法院关于当前经济形势下知识产权审判服务大局若干问题的意见. 2009-04-21（法发〔2009〕23 号）.

注册前，江口公司已将“诸葛酿”作为商品名称在先使用，不具有攀附“诸葛亮”注册商标的恶意。在“诸葛亮”商标核准注册前，“诸葛酿”酒已初具规模，具有一定的知名度和显著性，经使用获得了独立的区别商品来源的作用。相关公众施以一般的注意力，不会产生混淆和误认。因此，两者不构成侵犯商标专用权意义上的近似。①

本案最高人民法院在认定商标侵权时，实际上采取了本书介绍的多因素测试法，考察了商标标志的近似程度、相关商标的显著性和知名度，以及被告是否具有攀附他人商标的意图等因素，最终认定被告不构成商标侵权。

实务探讨

消费者调查在混淆可能性判断中的运用

诉讼中的消费者调查，也叫市场调查，是指通过对特定对象的访谈、调查、提问，记录和统计特定对象对某一问题的回答，了解其对该问题所持的观点，用以在诉讼中证明某些主张的方法。商标侵权判定以消费者是否极有可能发生混淆为依据。在判断混淆的问题上，多因素测试法有其局限性。它只是从影响消费者认知的各种因素出发，推测消费者对商标的认知，并不能够准确地反映出消费者的认知状况。因此，多因素测试法只是一种间接的，围绕可能影响到消费者认知的各种因素进行混淆可能性判定的方法。消费者调查相对于多因素测试法来说，对消费者认知状态的考察更为直接和直观。它通过对相关消费者的调查，了解消费者对商标的感受，通过调查收集各种数据来推断消费者是否极有可能发生混淆。但是，消费者调查同样也是混淆可能性的间接判定方法，它也存在着固有的缺陷，可能导致判断结果与消费者实际的认知状态不符合。毕竟，消费者调查只是通过问卷、电话、商场拦截等方式对消费者群体认知进行的调查询问，它并不能直接探知到消费者内心的认知状态。正是由于是一种调查和询问，消费者调查对调查的地点、调查的人群、调查的方法、问卷的设计等，都有较高的要求，如果在这些方面出现偏差或错误，则很有可能导致消费者调查的结果与实际情况不符，不利于对混淆可能性的判断。

消费者调查的关键在于设计科学合理的调查方法，探究相关消费者真实的认知状态。法院在商标诉讼中也应对消费者调查的设计进行审查，确定消费者调查证据的证明力。在调查的范围方面，消费者调查需要确定调查的人群，选取适合的调查者。“确定和选取合适的范围被认为是调查的关键。”② 混淆可能性对混淆的主体有所要求。在主体方面，商标混淆可能性所指的混淆一般限制于正在购买商标所标示的商品的消费者或潜在有购买可能的消费者。除此之外，还包括对消费者购物决策有直接影响的主体以及与特定商标的商标权人有直接经济上往来和联系的各类主体。因此，只有这些主体在识别商标和依据商标进行购物的过程中所发生的混淆，才是混淆可能性所针对的混淆。对消费者调查而言，也只有对这些主体进行调查，所取得的调查资料才能够真实地反映出相关消费者对商标的认知状况。例如，对于某些商标所标示的商品，其所针对的消费者群体具有特殊性，如特别针

---

① 最高人民法院（2007）民三监字第37－1号民事裁定书。

② Robert H. Thornburg, Trademark Surveys: Development of Computer-Based Survey Methods, 4 *J. Marshall Rev. Intell. Prop. L.* 91, 97 (2004).

对男性的商品和针对女性的商品，或主要针对28岁到40岁年龄段的中青年消费者的商品。这时，在消费者调查中，就要调查这些相关性别或年龄的消费者，避免将此范围之外的消费者也纳入调查范围之中。美国Chattanooga Manufacturing一案中，法院就认为，系争商标所涉及的商品是女性服饰，因此对包含了男性被访者的消费者调查报告不予认可。①

在调查的方法方面，消费者调查需要采用合理的方法，针对正确的被调查者人群。一般而言，消费者调查主要由两种调查方法：配额采样（Quota sample）和概率采样（Probability sample）。所谓配额采样，就是调查者根据调查的范围，选取被调查者进行访问。调查者可以根据自己的判断在已经划定的范围内任意地选取被调查者。实际上，配额采样就是调查者任意地根据自己的喜好和判断，在既定的范围内选取被调查者进行访问。前文所述的商场拦截式调查，就是一种配额采样调查。这种方法有其缺陷，由于是任意选择被调查者，被调查者在整个被调查人群中是否具有代表性就存在疑问，因此这种调查并不能保证调查结果一定符合消费者真实的认知状态。概率采样是相对于配额采样而言的，概率采样采用了统计学采样技术，通过计算，以一定的概率随机选取被调查者，使调查群体中每一消费者被抽中的概率相等，使被调查者相对于整个调查群体而言具有一定的代表性。例如，在电话调查中，通过电脑技术随机选取消费者名单中的消费者作为被调查者。正是因为概率采样依据了一定的调查技术，使得被调查者更能够代表整个相关群体，被调查者对商标的认知状况也能反映出整个相关消费者群体的认知状况。

在调查的问题设计上，消费者调查应采用合适的提问方式，避免向被调查者提出带有诱导性或误导性的问题。在美国，调查的问题设计方式有词语联想式调查（Word association survey）和埃克森式调查（Exxon survey）。这两种调查代表着不同的问题设计思路。词语联想式调查出现较早，其提问的方式一般是向被调查者展示被诉侵权商标，问被调查者看到该商标后能联想到什么。例如，询问被调查者：当我提出“X”商标时，你能够想到什么？消费者可能会回答，看到这种标识会联想到商标权人的商标。因此，这种提问本意是想考察消费者在看到被诉侵权标识“X”时是否会将其误认为是商标权人的商标或与之存在关联关系。但是这种问题设计实际上并不能调查出消费者是否会发生混淆。消费者即便看到“X”商标后会联想到商标权人的商标，也不能说明消费者发生了混淆。有可能消费者在看到“X”商标之后，确实会联想到商标权人的商标，但是并没有对这两个标识发生混淆。可见，这种提问方式并不科学，不宜在实践中采用。埃克森式调查是埃克森公司在侵权案中提出的，弥补了词语联想式调查的缺陷。在埃克森一案中，被诉侵权人采用了与埃克森商标“EXXON”相似的“TEXON”商标，埃克森公司诉至法院，并提交了消费者调查的证据。在该消费者调查中，埃克森公司向被调查者展示了被诉侵权商标“TEXON”，并提出了四个问题要求被调查者回答。(1) 当看到这个标识时你首先想到的是什么？(2) 你为什么会这样想？(3) 当你看到这个标识的时候，首先想到的公司是什么？(4) 你为什么会这么想？② 这一提问设计不同于词语联想式调查提问的地方在于，它

---

① Chattanooga Manufacturing v. Nike, Inc., 140 F. Supp. 2d 917, 928 (N. D. Ill. 2001).

② Lawrence E. Evans, Jr., David M. Gunn, Trademark surveys, Trademark surveys, *Vol.* 79 *TMR*. 1, 11 (1989).

不仅调查消费者看到被诉侵权标识后会联想到哪一个标识，并且进一步询问消费者为什么会作出这样的联想，这样就能够进一步探知消费者究竟是因为混淆而作出这样的联想，还是因为其他原因作出的联想。因此，埃克森式调查问题的设计避免了词语联想式调查存在的问题，能够调查出消费者对商标的真实的认知状态，更为科学合理。在该案中，法院也接受了埃克森公司的调查，认为它反映出了相关消费者的认知状态，认定被告的行为构成侵权。

在我国，目前商标侵权判定的立法依然停留在对商标的相似性、商品的类似性相关规则进行解释和完善的阶段，并没有将消费者调查引入，没有对消费者调查证据的性质及效力、在商标侵权判定中的适用等问题进行规定。在司法实践中，法院也很少采纳或运用消费者调查证据进行案件审理。我国学者曾经就消费者调查在我国商标审判司法实践中的运用进行过实证研究。在所收集的 4 237 份中商标侵权判决中，只有 49 份判决运用了消费者调查，只占其中的 1.1%。[①] 这表明消费者调查在我国商标司法审判中的运用率较低。

第三节　传统商标侵权的具体表现形式

《商标法》第 57 条规定，有下列行为之一的，均属侵犯注册商标专用权：(1) 未经商标注册人的许可，在同一种商品上使用与其注册商标相同的商标的；(2) 未经商标注册人的许可，在同一种商品上使用与其注册商标近似的商标，或者在类似商品上使用与其注册商标相同或者近似的商标，容易导致混淆的；(3) 销售侵犯注册商标专用权的商品的；(4) 伪造、擅自制造他人注册商标标识或者销售伪造、擅自制造的注册商标标识的；(5) 未经商标注册人同意，更换其注册商标并将该更换商标的商品又投入市场的；(6) 故意为侵犯他人商标专用权行为提供便利条件，帮助他人实施侵犯商标专用权行为的；(7) 给他人的注册商标专用权造成其他损害的。《商标纠纷解释》将“给他人的注册商标专用权造成其他损害”解释为包括“将与他人注册商标相同或者相近似的文字作为企业的字号在相同或者类似商品上突出使用，容易使相关公众产生误认”，“复制、摹仿、翻译他人注册的驰名商标或其主要部分在不相同或者不相类似商品上作为商标使用，误导公众，致使该驰名商标注册人的利益可能受到损害”以及“将与他人注册商标相同或者相近似的文字注册为域名，并且通过该域名进行相关商品交易的电子商务，容易使相关公众产生误认”三种，除了“复制、摹仿、翻译他人注册的驰名商标或其主要部分在不相同或者不相类似商品上作为商标使用，误导公众，致使该驰名商标注册人的利益可能受到损害”属于驰名商标淡化侵权之外，其他两种均属于传统商标侵权行为。2014 年《商标法实施条例》第 76 条还规定，“在同一种商品或者类似商品上将与他人注册商标相同或者近似的标志作为商品名称或者商品装潢使用，误导公众的，属于商标法第五十七条第二项规定的侵犯注册商标专用权的行为”。具体来说，本书将我国商标法上的商标侵权行为归结为以下几种。

---

① 张爱国. 商标消费者调查的正当性研究——从 49 份商标侵权纠纷民事判决书谈起. 知识产权，2011 (2).

一、双相同侵权行为

《商标法》第 57 条第 1 项规定，未经商标注册人的许可，在同一种商品上使用与其注册商标相同的商标的行为属于侵害注册商标专用权的行为。这项商标侵权行为显然构成商标使用，对商标权的侵害是直接的、必然的。也许正因如此，不仅商标法将其规定为商标侵权行为，而且刑法上对于情节严重的这种双相同商标侵权行为会追究刑事责任。由于在相同商品或服务上使用相同商标，这种商标侵权行为基本上不可能不混淆，因此，这种侵权行为不以混淆可能性存在为构成条件。

二、混淆侵权行为

《商标法》第 57 条第 2 项规定，未经商标注册人的许可，在同一种商品上使用与其注册商标近似的商标，或者在类似商品上使用与其注册商标相同或者近似的商标，容易导致混淆的行为属于侵害注册商标专用权的行为。这项商标侵权行为通常也构成商标使用，是商标禁止权扩张到类似商品或服务与近似商标之后的商标侵权行为，这种行为只要是具有混淆可能性的，通常对商标权的侵害也是直接的、必然的。而正由于这种商标侵权行为扩张到了类似商品或服务与近似商标，商标权的边界变得模糊，需要通过混淆可能性条件明确并限定这种侵权行为的范围，以免商标权过分扩张。

事实上，除了《商标法》第 57 条第 2 项规定的这种混淆商标侵权行为之外，《商标法实施条例》第 76 条、《商标纠纷解释》第 1 条第 1 项和第 3 项规定的商标侵权行为也均为构成商标使用的直接商标侵权行为。本质上，这些行为均涉及在相同或类似商品或服务上使用相同或近似商业标志的行为，尽管其分别自称是商品名称、商品装潢、域名、企业字号，但事实上发挥的是商标的作用。因此，这些行为事实上属于混淆侵权行为。

三、销售侵权行为

1982 年《商标法》尚没有关于此项行为的规定，在 1993 年修正《商标法》时，有些委员、地方和部门提出，近年来，假冒他人注册商标的犯罪行为日益增多，为了惩治假冒注册商标的犯罪行为，应当对 1979 年《刑法》第 127 条关于假冒商标罪的规定作适当修改，因此，建议由全国人大常委会制定关于惩治假冒注册商标犯罪的补充规定，同时建议在《商标法修正案（草案）》中增加规定，“销售明知是假冒注册商标的商品的”为侵犯商标专用权的行为。2001 年第二次修正时，《商标法》将该项行为修改为“销售侵犯注册商标专用权的商品的行为”，范围有所扩大，不再限于假冒注册商标行为。同时，由于该条规定的内容的扩大，对于那些销售侵犯他人注册商标专用权但却不是假冒注册商标的商品的人，《商标法》第 56 条第 3 款特别规定，销售不知道是侵犯注册商标专用权的商品，能证明该商品是自己合法取得的并说明提供者的，不承担赔偿责任。2013 年《商标法》第三次修正时，除个别文字外，2001 年《商标法》的这些规定几乎未做修改，分别规定于《商标法》第 57 条第 3 项和第 64 条第 2 款。本书认为，由于销售当然属于商标使用[①]，因

---

① 我国《商标法》第 48 条规定的商标使用中不包括销售是错误的。

此，销售侵权当然应该包含于《商标法》第57条第1项和第2项。当然，鉴于销售行为和其他商标使用行为中行为人的注意义务的不同，商标法对于善意销售免除损害赔偿责任是必要的。

四、预备侵权行为

伪造、擅自制造他人注册商标标识或者销售伪造、擅自制造的注册商标标识的行为本质上可能构成商标侵权的预备行为，是否构成侵犯商标权的预备行为要视这些标识的最终用途而定。即如果伪造、擅自制造的注册商标标识未经商标权人的许可而被运用在商品或服务上，则运用行为本身构成商标侵权行为，伪造、擅自制造行为或者销售行为就构成商标侵权的预备行为；如果伪造、擅自制造的注册商标标识最终并没有未经许可而运用在商品或服务上而是运用在商标标识欣赏方面，则这种运用行为就不构成商标侵权，而伪造、擅自制造行为或者销售行为就不构成商标侵权的预备行为，当然也不构成商标侵权行为。

五、反向假冒侵权行为

反向假冒行为是指未经商标注册人同意，更换其注册商标并将该更换商标的商品又投入市场的行为。反向假冒行为在我国最初是由著名的“枫叶”案提出的问题，最终被2001年《商标法》所吸收。2013年和2019年《商标法》修正时，该条未做变动。2019年《商标法》第57条第5项规定，未经商标注册人同意，更换其注册商标并将该更换商标的商品又投入市场的，属于侵犯注册商标专用权的行为。然而，这种行为的性质到底如何，至今我国学术界也还存在着不同意见。反向假冒行为究竟是否属于间接商标侵权行为在很大程度上取决于商标权的内容到底是什么。即商标权究竟仅仅是利用商标的权利？还是同时包括形成商标的权利？如果商标权仅仅是利用商标的权利，那么这种行为因并未利用商标，因此，甚至连侵权行为都不构成。如果商标权同时还包括形成商标的权利，那么这种行为虽未利用商标，但却因减少了商标暴露于消费者或相关公众面前的机会，使商标的形成受到了影响，故构成商标侵权行为，而且是直接商标侵权行为。

典型案例

“枫叶”商标案

1993年，鳄鱼公司授权同益公司在北京销售“鳄鱼”牌（CROCODILE BRAND）皮革制品和“卡帝乐”牌（CARTELD BRAND）服饰系列等。1994年4月7日，同益公司与百盛购物中心签订合同，百盛购物中心同意同益公司在该中心内设置鳄鱼专卖店。同益公司以每条188元的价格购买服装一厂生产的“枫叶”男西裤26条，随后将其中25条的“枫叶”商标更换为“卡帝乐”商标，在百盛购物中心鳄鱼专卖店以每条560元的价格进行销售，并注明产地为新加坡。1994年4月28日，服装一厂的职工发现百盛购物中心鳄鱼专卖店出售的“卡帝乐”西裤是经过改装的“枫叶”产品。5月3日，服装一厂从该专卖店购买西裤两条，并做公证。5月13日，服装一厂正式向北京市第一中级人民法院起诉，状告百盛购物中心侵权，后又将同益公司、鳄鱼公司追加为共同被告。由案情可知，该案的核心问题即为鳄鱼公司将枫叶公司生产的西裤上的枫叶商标更换为鳄鱼商标并投入市场销售的行为的法律性质。北京市第一中级人民法院经审理认为，服装一厂享有的商业信誉和公平竞争的权利，应受到法律保护。在本案中，已被吊销营业执照的同益公司虽曾得到过被告鳄鱼公司的授权，在北京贩卖“鳄鱼”牌（CROCODILE BRAND）皮革制品和“卡帝乐”牌（CARTELD BRAND）服装、服饰等，但原告并未授权其可以更换原告产品的商标再行销售，且该授权并不意味着同益公司可以自行组织货源而将已进入市场流通中的他人产品的商标撕下，更换成“卡帝乐”商标后高价销售。同益公司是利用原告的优质产品牟取暴利，无偿地占有了原告为创立其商业信誉和通过正当竞争占有市场而付出的劳动。其行为违反了诚实信用、公平竞争的基本原则，妨碍原告商业信誉、品牌的建立，使原告的商业信誉受到损害，正当竞争的权利受到影响。因此，同益公司的行为构成侵权。[①] 从法院的判决来看，由于当时的商标法并没有将这类行为规定为商标侵权，原告在起诉时也是以商誉受损和不正当竞争为依据的，因此法院并没有明确这类行为是否为商标侵权，但是已经指出了此种行为的危害和不正当竞争的性质。2001 年《商标法》第 52 条第 4 项增加了反向假冒行为的规定，从而将这种行为纳入商标法的规制范围。

典型案例

“银雉”商标案

本案中，原告印刷机械厂主要生产“银雉”牌胶印机。2001 年开始，被告轶德物资有限责任公司多次购进原告生产的“银雉”牌旧胶印机进行翻新，将原告胶印机上的“银雉”商标去除后以无任何标识的方式对外销售。原告遂诉至法院。法院审理认为，原告印刷机械厂依法对“银雉”牌商标享有所有权及使用权，并享有禁止他人不适当使用该商标的权利。注册商标中的商品商标，作为商标权人与商品使用者之间的纽带，只有附在核准使用的商品上随着商品流通，才能加强商品的知名度和竞争力，使商品使用者认知商品生产者及其商品的全部价值，增加商品的市场交易机会，满足商标权人实现其最大经济利益的目的。所以，商品商标与商品具有不可分离的属性，商标权人有权在商品的任何流通环节，要求保护商品商标的完整性，保障其经济利益。在商品流通过程中拆除原有商标的行为，显然割断了商标权人和商品使用者的联系，不仅使商品使用者无从知道商品的实际生产者，从而剥夺公众对商品生产者及商品商标认知的权利，还终结了该商品所具有的市场扩张属性，直接侵犯了商标权人所享有的商标专用权，并最终损害商标权人的经济利益。因此，被告轶德物资有限公司在商品交易中擅自将印刷机械厂的“银雉”商标与该商标标识的商品分离，是侵犯印刷机械厂商标专用权的行为。

本案是 2004 年第 10 期最高人民法院公报案例，对于反向假冒行为的认定具有一定的参考价值。现行《商标法》第 57 条第 5 项规定，未经商标注册人同意，更换其注册商标并将该更换商标的商品又投入市场的，属于侵犯注册商标专用权的行为。这一条款所指的是显性反向假冒行为。实践中另有一种隐性反向假冒行为，即将他人商品之上的商标去

---

① 北京市第一中级人民法院（1994）中经知初字第 566 号民事判决书。

除，以无商标的形式再次出售。法院在本案中认为，被告铁德物资有限公司的行为即属于这种隐性反向假冒行为，同样应被纳入反向假冒的侵权行为之列。

六、帮助侵权行为

《商标法》第57条第6项规定，故意为侵犯他人商标专用权行为提供便利条件，帮助他人实施侵犯商标专用权的行为。该条规定最早出现于1988年《商标法实施细则》，在2013年《商标法》修正之前，该条内容一直规定在《商标法实施细则》或者《商标法实施条例》中，2013年《商标法》第三次修正将其吸收进《商标法》中。根据2014年《商标法实施条例》第75条的规定，这里的便利条件包括仓储、运输、邮寄、印制、隐匿、经营场所、网络商品交易平台等。为侵犯他人注册商标专用权行为提供便利条件的行为本质上是商标侵权行为的帮助行为，在民法上属于帮助侵权行为。帮助侵权行为成立的前提条件是需要有直接侵权行为。如果不存在直接侵权行为，则不存在帮助侵权行为。帮助侵权行为在主观方面应该是故意，过失不构成该项侵犯商标权的行为。主观上必须为故意，即明知或应知为侵犯商标专用权的行为仍然提供便利条件。如果是因过失而未能得知为商标侵权行为而提供便利，则不构成这种侵权行为。

典型案例

"鳄鱼"商标案

拉科斯特公司在中国注册了鳄鱼图形及文字系列商标，作为国际著名服装生产商，上述商标在中国具有极高知名度和良好的市场声誉。经调查，拉科斯特公司发现上海龙华服饰礼品市场（以下简称龙华市场）以低廉的价格公开销售带有原告上述注册商标的服装，龙华公司是龙华市场的管理人。拉科斯特公司遂多次致函龙华公司，要求龙华公司采取措施，停止侵犯鳄鱼系列商标专用权的行为，但龙华公司并未停止上述侵权行为，拉科斯特公司遂诉至法院。审理该案的上海市第一中级人民法院认为，商品市场的管理者对市场内商铺销售假冒注册商标商品的行为未尽合理注意义务，为侵权行为提供便利条件的，属于帮助侵权的行为，应当和销售假冒注册商标商品的商铺承担连带责任。本案中，被告作为龙华市场的管理方，虽没有行政执法权，但根据被告与承租商铺经营者的合同及其附件之约定，对于承租商铺经营者出售侵犯注册商标专用权商品的行为具有限期整改、扣减保证金、解除合同直至清退出场的权利，在原告拉科斯特公司多次发函告知在其管理的市场内存在出售侵犯原告注册商标专用权商品的情况下，理应对相关商铺加强监管。但被告仅要求相关商铺经营者出具书面保证书，主观上没有尽到善良管理人的合理注意义务，尤其是原告多次发函后，仍能在同一商铺购买到侵权产品，充分说明被告制止侵权措施不力，客观上为侵权行为提供了便利条件，导致侵权行为反复发生。因此，被告的行为构成帮助相关商铺销售侵权商品的行为，故被告与销售侵权商品的相关商铺经营者应承担连带赔偿责任。①

---

① 上海市第一中级人民法院（2009）沪一中民五（知）初字第211号民事判决书。

本案是2010年第10期最高人民法院公报案例，对于理解和适用《商标法》第57条第6项具有一定的参考意义。法院在审理该案中，实际上运用了民法中“善良管理人”的概念，认为龙华公司作为市场管理者，应附有监管的合理注意义务，但是存在制止侵权措施不力的行为，违反了这种合理注意义务，因而和店铺经营者一起承担共同侵权责任。

七、互联网上的商标侵权行为

随着网络技术的发展和运用，网络不仅成为人们获得信息的重要途径，也成为购买商品的重要方式。这就是“谷歌”“百度”搜索引擎和“淘宝”“易趣”等网络购物平台的兴起与发达。但与之相伴的是“谷歌”和“易趣”在全球因商标侵权纠纷而官司缠身，“百度”“淘宝”则在国内成为多起商标侵权纠纷的被告。

互联网上的商标侵权行为和互联网下的商标侵权行为既具有相似的一面也具有不同的一面，因此将网下的侵权规则直接照搬到网上是行不通的。事实上，对于类似的商标侵权行为，法院已经将网上的商标侵权行为和网下的商标侵权行为进行了区分。比如就初始兴趣混淆来说，美国商标法专家麦卡锡指出：尽管“大多数法院现在承认，初始兴趣混淆理论是一种能够引发侵权裁决的混淆可能性的形式”，“某些法院不承认互联网上的初始兴趣混淆，因为互联网是那么的迅速，重新点击鼠标搜索就能那么容易地返回一个网页”①。

互联网上的信息传递显然不同于网下的信息传递，这种信息传递不仅是网状的和虚拟化的，而且是集中提供的。因此，在网下并行不悖的一些商标使用在网上就可能成为问题。在网下，由于特定商品互相隔离的商品流通渠道以及商品的不同类别，不同商标可以并行不悖地发挥着其传递商品信息的作用。比如，“长城”电脑、“长城”葡萄酒和“长城”润滑油是用同样的商标标志代表着不同的商品信息，在商品流通渠道不同和商品种类不同的情况下，尽管均具有较高的知名度，这些商标也可以并行不悖地发挥其识别商品的作用，但是在网上则不同，同一个网店很可能同时经销这三种商品，即便不是如此，电脑、葡萄酒和润滑油的消费者在使用搜索引擎寻找所需商品时可能均简单地输入“长城”二字，此时代表不同商品的商标就“汇聚”到了一起。不仅如此，在互联网下，不管是商品信息的传递还是商品的实际流通，商标往往是在一个立体的实际环境下发挥作用的，这也使得这些具有共同能指的商标能够并行不悖。但在互联网上，商标往往仅仅是在一张电脑屏幕上发挥作用的，不同的商标被“汇聚”到了同一个平面上，实际的电脑、葡萄酒和润滑油是不出现的，人们见到的仅仅是商标标志，至多是简单商品的图片，也就是说互联网上的商标是在一个平面的虚拟环境下发挥作用的。于是，在互联网上和互联网下，商标的能指和所指的地位会有所变化，互联网上商标能指的重要性无疑会更高，且由于其“平面”使用的状态，在互联网下不容易产生冲突的商标与商标之间产生冲突的可能性大大提高。

不管是搜索服务提供商，还是网络购物平台提供商，它们之所以会成为商标诉讼的被告而承担商标侵权责任是因为它们的活动和商品的流通直接相关，而商品信息是市场交易

① J. Thomas McCarthy, *McCarthy on Trademarks and Unfair Competition*, Fifth Edition March 2020 Update, §23：6.

的重要一环，商标本质上则是一种传递商品信息的工具，因此，不管是传统环境下还是网络环境下，只要涉及与商标相关的商品信息的传递，商标侵权责任就是可能的。搜索服务提供商之所以可能被诉承担商标侵权责任就是其搜索引擎服务利用了他人的商标提供了有关商品或者服务的信息，而网络购物平台提供商之所以可能被诉商标侵权责任是因为他们对直接商标侵权行为提供了帮助或者某种便利，尽管这些网络购物平台提供的主要是信息服务。

（一）搜索服务相关的商标侵权

互联网信息搜索服务，是指运用计算机技术从互联网上搜集、处理各类信息供用户检索的服务。互联网搜索极大地改变了人们的信息和知识的获取途径和速度，改变着企业的商业模式和人们的生活方式，给我们的生活提供了极大的便利。同时，互联网搜索也深刻地改变了商品信息传递的方法，有些商家可能会通过搜索引擎利用他人商标的商誉影响商品信息的传递，搜索服务提供商还会提供具有广告性质的关键词竞价排名的有偿搜索服务。在这种情况下，通过搜索引擎利用他人商标的商誉影响商品信息的传递的商家固然可能承担商标侵权责任，而搜索服务提供商则也可能因给商家提供了帮助或者便利条件而承担商标侵权责任。

通过搜索引擎利用他人商标的商誉影响商品信息传递的商家主要是网站的经营者，网站经营者为提高其网站被搜索服务用户找到的概率，尤其是与其提供的商品或服务直接相关的搜索服务用户找到的概率，往往会利用关键词推广，不管是自然的搜索引擎优化还是人为操作的关键词竞价排名，关键词的选择均是很重要的。除了直接描述网站经营者的产品或服务的词常常被作为关键词之外，同行业的竞争对手的商标，尤其是行业领先的商标也常常被选为关键词，因为这些词或者商标与网站经营者的商品或服务紧密相关，搜索这些词或商标的用户是更可能购买商品或服务的有效用户。然而，不管是哪种形式的使用，当网站经营者使用竞争对手的商标作为关键词时，实质上便是在利用竞争对手商标的商誉，当这种利用存在混淆可能性时，显然便会触发商标侵权责任。

关键词的设置者使用关键词可能有三种形式：第一种是在元标签中使用，即作为元标签中的关键词标签。元标签不会在网页的任何地方显示出来，所以访问者并不会看到关键词标签，但计算机会处理这些标签，即当网络用户使用搜索服务而在搜索框中输入的搜索词与网站经营者设置的关键词标签一致或者包含在其中时，网站或者其网页就会被触发而出现在搜索引擎的搜索结果中。第二种是在网站标题和描述中使用。在搜索优化中，网站的主标题（Meta Title）和元描述（Meta Description）是非常重要的，它们可以让用户快速了解某条搜索结果的内容，常常是决定用户点击哪个搜索结果的主要信息。网站的主标题告诉搜索引擎该网页的标题，搜索引擎在建立索引的时候一般情况下都会采用这个标题，但有时候搜索引擎也会根据一些情况自己匹配出更符合用户需求的标题，在这种情况下，网站页面内容、外部锚文本、H 标签等都有可能影响搜索引擎最终展现出来的标题。也就是说，不管是自己设定的还是搜索引擎匹配的，搜索引擎的搜索结果显示的内容主要取决于网站经营者的设定，因为直接采用的标题显然是网站经营者设定的，而匹配的标题也是搜索引擎根据网站的情况自己匹配的，同样是网站经营者设定的。第三种是在网站页面中使用，即网站经营者在自己的网站或者网页中使用关键词。这些关键词会出现在网站的网页中，当网络用户访问网站的网页时会看到这些关键词。同时，部分关键词还有可能出现在搜索引擎的搜索结果中。其中，仅仅以第一种方式使用关键词的情况被学者称为隐性使用①或者后台型使用②。

据北京市海淀区人民法院的调研，对于同时以上述第一种形式和第二、三种形式之一或全部使用原告商标的情况，基本已经形成共识，即认定被告行为为商标性使用，构成商标侵权。当被告仅进行隐性使用或者后台型使用原告商标时，原告选择主张不正当竞争的情形较多，在商标侵权案件中法院倾向于认定为不构成商标性使用，司法实践多通过反不正当竞争法去解决。③ 对于我国司法实践的这种现状，有学者提出不同意见，认为并非只有商标权人才能使用其商标作为付费搜索广告关键词，使用他人商标作为付费搜索广告的关键词的行为也并不当然构成侵权，而应当根据个案的具体情形进行认定。④

就网络搜索服务来说，网络搜索服务商的商标侵权责任通常和网站经营者的商标侵权责任紧密相关，其商标侵权责任通常取决于网站经营者的直接商标侵权行为。即便搜索服务提供商提供的是基于搜索引擎技术的收费的网络推广服务，目前绝大多数判决认为其本质上仍为信息检索服务，在搜索服务提供商并未直接向竞价者提供关键词的情况下，其仅存在是否构成间接侵权的问题。一般认为：搜索服务提供商对他人参与竞价的关键词不负有事先、主动审查义务，但需要自行提供证据证明已尽到必要的提示、告知义务，如网站中是否有必要的知识产权条款、是否有畅通的侵权通知机制等。在接到权利人通知后及时删除涉嫌侵权信息，避免损害结果进一步扩大的，可以享受避风港规则的庇护。对于将具有很高知名度的商标作为竞价排名的关键词的，搜索服务提供商需承担更高的注意义务；若其未进行必要过滤，可能推定其应当知道涉案关键词构成侵权；搜索服务提供商主动推荐关键词的，可能被推定对侵权行为“明知”或“应知”，可能承担侵权责任。⑤

典型案例

“大众”商标案

原告大众交通公司享有“大众”文字注册商标专有权，并授权大众搬场使用其商标，用于上海市经营搬场业务。被告百度公司是百度网站的所有人和经营者，推出了竞价排名服务。百度网站的“竞价排名”服务是一种收费服务，用户在“竞价排名”栏目注册账号后，需向百度网站支付推广费，自行选定搜索关键词，并自行设定其网站链接每被点击一次需向百度网站支付的费用，该项服务的最终目的是确保以其选定的关键词进行搜索时，付费越多的用户的网站链接排名越靠前。百度公司推出这项服务后，向客户销售原告大众交通公司的“大众”商标关键字。在百度网站界面输入“上海大众物流搬场有限公司”的

① 陶乾. 隐性使用竞争者商标作为付费搜索广告关键词的正当性分析. 知识产权，2017（1）：73.

② 张韬略，张倩瑶. 后台型竞价排名的商标侵权及不正当竞争认定. 同济大学学报（社会科学版），2017（6）：114.

③⑤ 北京市海淀区人民法院课题组. 海淀区人民法院有关网络商标侵权案件的调研报告.（2017－08－28）［2019－10－09］. http://www.chinaipmagazine.com/topics/infoshow.asp?t_id=35&id=1450.

④ 陶乾. 隐性使用竞争者商标作为付费搜索广告关键词的正当性分析. 知识产权，2017（1）：81.

关键字后，在搜索结果页的左侧和右侧，会出现许多包含关键字的网站链接。据公证书显示，搜索结果第一页显示的被链第三方网站均与原告无关，并且显著地标明了“大众搬场”等字样。原告认为被告的行为构成商标侵权和不正当竞争，遂诉至法院。

上海市第二中级人民法院在审理被告是否构成商标侵权时认为，接受“竞价排名”服务的网站未经原告大众交通公司许可在其经营搬场业务的网站网页显著位置突出使用了“上海大众搬场物流有限公司”“大众搬场”等字样作为其企业字号，使相关公众产生了误认，侵犯了原告大众交通公司享有的“大众”注册商标专用权。百度网站作为搜索引擎，其主要功能在于提供网站链接以帮助公众在网上搜索、查询信息，其根据网民输入的关键词而在搜索结果中显示出的内容，不能被视为是百度网站自己提供的内容，因此，百度网站不应被认定为直接实施了商标侵权行为。但是，与搜索引擎通常采用的自然排名相比，“竞价排名”服务不仅需要收取费用，还要求用户在注册时必须提交选定的关键词，因此，百度网站有义务也有条件审查用户使用该关键词的合法性，在用户提交的关键词明显存在侵犯他人权利的可能性时，百度网站应当进一步审查用户的相关资质，例如要求用户提交营业执照等证明文件，否则将被推定为主观上存在过错。百度网站应当知道存在第三方网站侵权的可能性，就此应当进一步审查上述第三方网站的经营资质，但是，百度网站对于申请“竞价排名”服务的用户网站除进行涉黄涉反等最低限度的技术过滤和筛选以外，没有采取其他的审查措施，未尽合理的注意义务进而导致了侵犯原告大众交通公司的注册商标的第三方网站在搜索结果中排名靠前或处于显著位置，使网民误以为上述网站系与原告大众交通公司关联的网站，对原告大众交通公司的商誉造成了一定影响。据此，被告未尽合理注意义务，主观上存在过错，客观上帮助了第三方网站实施了商标侵权行为，并造成了损害结果，因此与直接侵权的第三方网站构成共同侵权，应当承担连带民事责任。①

本案中，百度公司推出的“竞价排名”服务本身是一种搜索引擎技术服务，因此这种服务不构成对原告商标权的直接侵权。但是，百度公司的行为对直接侵权行为起到了帮助的作用，容易导致消费者对搜索结果所呈现的网站链接与大众交通公司之间的关系产生混淆。百度公司作为技术服务提供者，并未尽到合理的注意义务，因此需要为直接侵权行为承担帮助侵权责任。

（二）网络购物平台提供商的商标侵权

对于网络购物平台提供商而言，它们与互联网下的集贸市场非常类似。与集贸市场相同的是它们的基本结构，淘宝公司等网络购物平台提供商类似于集贸市场的市场主办者，而淘宝网上的网店则类似于集贸市场的驻市场商户。与集贸市场不同的是，淘宝网上的驻市场商户是海量的。众多的驻市场商户导致网络购物平台提供商和驻市场商户的关系是间接的，网络购物平台提供商对驻市场商户的监督和控制能力不可能是很强的。当然，网络购物平台和驻市场商户的关系也有不同的类型，前述的类型是那些普通的驻市场商户，除此之外，淘宝公司还建有“天猫商城”，在“天猫商城”中，淘宝公司对驻市场商户的要求更高，对驻“天猫商城”商户的管理更为严格。但即便如此，淘宝公司对“天猫商城”的驻市场商户的管理与普通集贸市场主办者对驻市场商户的管理也不可同日而语，因为其

① 上海市第二中级人民法院（2007）沪二中民五（知）初字第147号民事判决书。

商户仍然非常多，就目前而言，“天猫商城”的驻市场商户已经达数十万家。

典型案例

“Teenie Weenie”商标案

力达公司注册了“Teenie Weenie”文字图形组合商标（以下简称涉案注册商标），核定使用商品为第25类夹克（服装）、短裤、工作服、汗衫、衬衫、内衣、围巾、短统袜、帽子、运动鞋。后涉案注册商标的注册人变更为依兰德公司。依兰德公司将包括涉案注册商标在内的一系列商标在我国大陆享有独占的、不可转让的权利授予衣念公司。2009年11月19日，衣念公司委托代理人戴某某以“m1sn××j2009”名义在店铺地址为“http：shop368××436. taobao. com”的“外贸服饰大搜索”网店上购买了名为“041960－1品牌原单TW小熊（WM）口袋订银熊真毛帽羊毛外套”的涉案商品。该店铺掌柜名为“吴某某vincent”，涉案商品“一口价：210元”，“库存100件”，“30天售出：0件”。涉案商品的“物流信息”显示物流公司为申通E物流、运单号码为2689179033××，“发货信息”有“吴某某vincent”及联系方式，“收货信息”有戴某某及联系方式。涉案商品内衬上方有一蓝色矩形领标，领标上端的正中印有一动物图案，中间两行分别印有大字体的“TEENIEWEENIE”及小字体的“TRADITIONAL”字母，下端则是更小字体的“BeauAtharulic”等。衣念公司以淘宝公司经营的淘宝网站的店铺里销售侵犯其商标专用权的服装，淘宝公司为侵权行为提供了便利，应承担侵权责任为由起诉至法院。

上海市黄浦区人民法院一审认为，淘宝公司作为网络服务提供者已经尽到其应负的合理注意义务。衣念公司关于淘宝公司为吴某某的侵权行为提供便利，故应承担侵权责任的主张，法院不予支持。原审判决后，衣念公司不服，向上海市第二中级人民法院提起上诉，称淘宝公司的行为构成帮助侵权，应当与吴某某共同承担法律责任。上海市第二中级人民法院认为，首先本案被控侵权行为的直接实施者是淘宝卖家吴某某。淘宝公司作为网络服务提供者，对于在淘宝网上销售商品的淘宝卖家，有事先要求其登记信息、实名认证的审查制度，并制定了《淘宝服务协定》《商品发布管理规则》等管理规范，对于接受权利人投诉也有相关的审查制度。在涉诉后，淘宝公司又根据衣念公司的要求保留或删除了相应的卖家信息，故淘宝公司作为网络服务提供者已经尽到了合理的审查义务。其次，淘宝网上的交易信息量十分巨大，而且信息又在不断地更新，客观上淘宝公司无法对所有交易信息是否存在侵权的可能进行判断。且仅凭吴某某在淘宝网上发布的涉案商品信息，亦无从判断该涉案商品是否属于侵权商品。因此，淘宝公司主观上亦不存在明知或应知侵权行为存在的过错，淘宝公司不构成帮助侵权，不应与直接侵权人淘宝卖家吴某某承担连带责任。最终判决驳回上诉，维持原判。①

法院在本案中认为，淘宝公司作为网络服务提供者，对于其淘宝网上存在的海量的店铺和商品，是缺乏甄别侵权与否的能力的。因此，其注意义务不能设定的（得）过高。如果有证据表明淘宝公司已经尽到了合理的审查义务，例如在接到权利人的通知之后及时删

① 上海市第二中级人民法院（2010）沪二中民五（知）终字第39号民事判决书。

除、屏蔽、下架相关商品或关闭、处罚店铺，也无其他的能够表明淘宝公司主观上明知或者应知侵权商品销售的证据，则淘宝公司就不构成帮助侵权。

【本章思考题】

1. 传统商标侵权的判断标准为什么是混淆可能性？

2. 混淆的内涵是什么？混淆包括哪些类型？混淆会造成哪些危害？

3. 如何在一个具体的案件中判断消费者是否具有混淆可能性？

4. 在商标侵权的判断中，商标的相同或近似、商品的相同或类似与混淆可能性是什么关系？

5. 甲公司在其生产的牛奶产品上注册了“晴天”商标，但是在使用该商标时没有在商标上加注“注册商标”字样，甲公司牛奶产品的销量很好。乙公司看到甲公司产品的商标上并未标注“注册商标”字样，以为甲公司的这一商标属于未注册商标，故也在自己生产的牛奶产品上使用了“晴天”商标。丙公司和乙公司签订了运输牛奶产品的协定，负责帮助乙公司运输牛奶产品。丁早餐店将甲公司的牛奶产品买来，倒入其自制容器中，以“蓝天”牌牛奶为名在其早餐店出售。戊购买了乙公司生产的牛奶产品，加价后再次出售。请问乙公司、丙公司、丁早餐店、戊的行为是否构成商标侵权，为什么？

【经典参考文献】

1. 王太平. 商标侵权的判断标准：相似性与混淆可能性之关系. 法学研究，2014（6）.

2. 彭学龙. 商标混淆类型分析与我国商标侵权制度的完善. 法学，2008（5）.

3. 李雨峰. 重塑侵害商标权的认定标准. 现代法学，2010（6）.

4. 邓宏光. 论商标侵权的判断标准——兼论《中华人民共和国商标法》第52条的修改. 法商研究，2010（1）.

5. 姚鹤徽. 商标混淆可能性研究. 知识产权出版社，2015.

6. Richard L. Kirkatrick，Likelihood of Confusion in Trademark Law，New York：Practising Law Institute，2010.

第八章　商标侵权的构成与认定（二）：驰名商标淡化

本章导言

驰名商标是一种具有特殊影响力的商标，也正因其特殊影响力，商标法为驰名商标保护提供了特殊的制度安排。1925 年《巴黎公约》海牙文本第一次提出驰名商标保护问题，但《巴黎公约》却一直将驰名商标保护范围仅限于相同或类似商品，1994 年签署的《TRIPS 协定》将驰名商标的保护范围扩大到不相同或不相类似的商品或服务上，从而导致驰名商标制度和商标法的根本性变化。《巴黎公约》海牙文本及其后的版本对保护驰名商标的条件尚是导致混淆，而 1994 年的《TRIPS 协定》则将保护驰名商标的条件放宽为"暗示该商品或服务与注册商标所有人存在某种联系，从而注册商标所有人的利益可能因此受损"。自此，不仅驰名商标保护成为世界各国或地区商标法的一种重要制度和一个重要课题，商标法的基本面貌也发生了根本性的变化。在驰名商标制度中，导致商标法的基本面貌发生根本性变化的主要是 1994 年《TRIPS 协定》规定的驰名商标淡化制度，因为驰名商标淡化成为一种与传统混淆侵权不同的商标侵权类型。本章将首先界定驰名商标的概念、确定驰名商标制度的基本构造和驰名商标认定的标准，在此基础上，阐述驰名商标反淡化的理论基础、基本模式、侵权判断标准和侵权构成条件。

第一节　驰名商标制度概述

尽管均涉及驰名商标的保护，《巴黎公约》第 6 条之 2 和《TRIPS 协定》第 16 条第 3 款对驰名商标的保护具有基本性质上的根本不同。《巴黎公约》第 6 条之 2 涉及的驰名商标保护问题不过是注册取得商标权体制下例外地保护未注册驰名商标的问题，即在注册取得商标权体制下例外地豁免未注册驰名商标的注册手续要求，使未注册驰名商标无须注册即可取得商标权，驰名成为注册取得商标权体制下未注册商标取得商标权的特殊机制。因此，《巴黎公约》第 6 条之 2 只不过为未注册的驰名商标在注册取得商标权取得体制下赋予了取得商标权的特殊途径而已，实质上并未改变传统商标保护的基本框架，商标权仍然在商标原使用的商品或服务范围内发挥其效力，商标的来源识别功能的保护仍然是未注册驰名商标保护的根本基础。《TRIPS协定》第16条第3款则不同，它将商标权的保护范围从传统的商标注册或使用的商品或服务类别之内突破到不相同、不相类似的商品或服务类别，不仅保护商标的来源识别功能，更保护商标的显著性或吸引力，从而根本上改变了商标保护的基本面貌。因此，规定跨类保护的《TRIPS协定》第16条第3款所规定的驰名商标保护才是真正有特殊意义的驰名商标保护。尽管本书本章内容同样会涉及注册豁免的《巴黎公约》第6条之2意义上的未注册驰名商标的保护问题，但《TRIPS协定》第16条第3款规定的驰名商标的跨类保护才是本章的重点。本节将界定驰名商标的概念，确定驰名商标的性质，并分清两种不同性质的驰名商标制度。

一、驰名商标的概念与性质

（一）驰名商标的概念

《巴黎公约》第6条之2仅仅规定了驰名商标的用语，《TRIPS协定》第16条仅仅进一步明确，“确认某商标是否系驰名商标，应顾及有关公众对其知晓程度，包括在该成员地域内因宣传该商标而使公众知晓的程度”，仍然没有给出驰名商标的定义，许多国家或地区的商标法也仅仅给出了认定驰名商标所需要考虑的因素，如美国《兰哈姆法》第43条第c款第1项等，大多并没有规定驰名商标的概念。我国相关驰名商标的相关规定一直规定有驰名商标的概念。1996年《驰名商标认定和管理暂行规定》第2条规定，驰名商标是指在市场上享有较高声誉并为相关公众所熟知的注册商标。鉴于2001年《商标法》明确规定了未注册驰名商标，2003年《驰名商标认定和保护规定》第2条将驰名商标概念修改为“驰名商标是指在中国为相关公众广为知晓并享有较高声誉的商标”。2009年最高人民法院《关于审理涉及驰名商标保护的民事纠纷案件应用法律若干问题的解释》（以下简称“驰名商标解释”）将驰名商标概念规定为“驰名商标，是指在中国境内为相关公众广为知晓的商标”。鉴于2013年《商标法》将驰名商标的用语表述为“为相关公众所熟知的商标”，2014年《驰名商标认定和保护规定》第2条则将驰名商标概念修改为“驰名商标是在中国为相关公众所熟知的商标”。从我国商标法关于驰名商标相关规定的变化来看，在我国，理解驰名商标概念需要把握以下几点。

第一，商标驰名必须是在中国驰名，在中国不驰名的，不管在其他国家或地区有多么驰名，也不属于中国的驰名商标，不会受到中国《商标法》的保护。根据博登浩森的解释，根据《巴黎公约》第6条之2，成员国并无义务保护在其领域内未曾使用的驰名商标，当然它也可以保护在其领域内未曾使用的驰名商标。[①] 我国《驰名商标认定和保护规定》要求驰名商标在中国驰名并不违反《巴黎公约》的规定。自2001年《商标法》以来我国上述驰名商标的相关规定均将驰名商标的驰名范围规定为“在中国”。那么，这里的“驰名”一定是要在全国各地均达到“驰名”的程度吗？世界各国或地区商标法对驰名商标认定的地域范围有不同要求，欧盟法承认有利基市场声誉足以构成驰名商标，而美国法则要求更宽范围的影响，仅仅有利基市场声誉是不够的。我国商标法原则上要求商标在全国驰

---

① 博登浩森. 保护工业产权巴黎公约指南. 汤宗舜，段瑞林，译. 北京：中国人民大学出版社，2003：60.

名，但却也并无要求在全国各地均达到驰名程度，只要在全国大部分地区达到驰名程度即可。

第二，商标必须为相关公众所熟知。从用语来看，我国 2013 年《商标法》和 2014 年《驰名商标认定和保护规定》将驰名商标为相关公众所认知的程度从“广为知晓”修改为“所熟知”的程度，而且删除了“享有较高声誉”的要求。那么，这是否意味着驰名商标条件有所变化呢？从认知的广度来看，“广为知晓”修改为“所熟知”似乎意味着对认知的公众范围的要求收窄了，而从认知的深度来看，“广为知晓”修改为“所熟知”似乎又意味着对公众的认知深度的要求加深了，因为“熟知”显然比“知晓”的认知深度要深。不过，由于我国商标实践实际上一直采用非常高的驰名商标认定尺度，无论是这里的“广为”的删除，还是“知晓”变为“熟知”，对商标实践恐怕都不会有什么实际影响。

第三，这里的商标不仅包括注册商标，也包括未注册商标。值得注意的是，《驰名商标认定和管理暂行规定》曾经将驰名商标的范围限定为“注册商标”，因 2001 年《商标法》修正时将驰名商标扩大到了未注册商标，2003 年发布的《驰名商标认定和保护规定》也将驰名商标的范围扩大到了未注册商标。2013 年《商标法》和 2014 年《驰名商标认定和保护规定》在这方面的规定上没有任何变化。尽管我国《商标法》中的驰名商标概念既包括了注册商标，也包括了未注册商标，但事实上，享有驰名商标“待遇”即跨类保护的仅是注册商标。这意味着我国《商标法》关于驰名商标的规定不过仅仅增加了一种商标权取得的途径即使用取得途径而已，未注册商标的地位仍然“低人一等”。本书认为，我国《商标法》的这种区分规定即我国《商标法》第 13 条的规定是没有意义的，当事人完全可以人为规避。因为达到驰名程度的商标必定是能够获得注册的商标，商标使用人只要到商标局申请注册一般定会获得注册，从而就成为注册商标，能够获得跨类保护的待遇。

（二）驰名商标的性质

从性质来看，驰名商标不是一种先定的身份，不是一种固定的商标类型，而只是商标的一种特殊状态，因此，准确地讲应该是商标“驰名”而不是驰名商标。商标是动态发展的，会随着商标使用的进行而不断发展变化，商标可以逐渐形成、增强，也可能逐渐减弱、消亡，还可能因通用化而失去商标意义。因此，任何商标均具有成为驰名商标的潜力，均可以通过使用而达到驰名状态，而任何驰名商标也均可能随着使用的减弱而退化，逐渐失去其驰名状态。驰名商标有不同的驰名程度，有些商标仅仅在相关公众中达到驰名状态，而有些驰名商标则在全部公众中达到驰名状态。驰名商标不仅仅是一种事实状态，更是一种法律概念或制度。商标法可以赋予达到某种驰名程度的商标以特殊的效力，商标只要达到法律规定的驰名程度就可以享有某种特殊的保护，而一旦失去其驰名商标程度，相应地也就失去其特殊保护。

二、驰名商标保护的两种动因与两种类型的驰名商标制度

不同的驰名商标的保护动因是不同的，未注册的驰名商标需要在实行注册取得商标权体制的国家豁免注册获得商标权，不管是否已经注册，已经具有跨类影响力的商标需要在其注册或使用的商品或服务范围之外的跨类保护，因此注册豁免和跨类保护是驰名商标保护的两种基本动因。驰名商标保护的这两种基本动因不仅是《巴黎公约》和《TRIPS 协

定》创立驰名商标制度的最初动因，也是商标所有人保护其驰名商标的目标与主要动机。不同的保护动因导致不同性质的驰名商标制度，与注册豁免对应的是作为商标权的非注册取得的驰名商标制度，而与跨类保护对应的则是作为驰名商标特殊保护的驰名商标制度。

（一）注册豁免与作为商标权非注册取得的驰名商标制度

最早涉及驰名商标保护的国际公约是《巴黎公约》，其驰名商标制度主要是保护未注册的驰名商标，其海牙修订版本为未注册驰名商标提供了阻止他人抢注的权利，而里斯本修订版本则最终为未注册驰名商标提供了注册豁免的权利。《巴黎公约》的驰名商标制度既是国际贸易发展的必然要求，也是由当时商标的国际保护格局所决定的。国际贸易的真正发展是从15世纪末至16世纪初的地理大发现开始的，地理大发现推动了国际贸易的发展，18世纪60年代开始的产业革命则大大提高了生产力，至19世纪末，统一的无所不包的世界经济体系和世界市场得以形成。国际贸易的发展要求商标的国际保护，但直到《巴黎公约》建立驰名商标制度，驰名商标的国际保护主要通过不同国家之间签订的双边贸易条约来保护，保护是不充分的。即便是1883年的《巴黎公约》也并未消除商标的地域性，因为在当时许多国家商标并不能自动获得保护，商标要获得保护，必须通过注册，而商标也不是静止的，而是动态发展的，往往具有一个从无到有、从影响较小到影响较大、从一国到多国的发展过程。由于一国注册的商标并不能自动在其他国家获得保护，那些在一国影响已经非常大而在其他国家并未注册的商标面临着被抢注的风险。正因如此，法国于1911年《巴黎公约》华盛顿修订会议上第一次提出在其他国家保护在原属国注册的商标的问题，以防止已经使用但未经注册的驰名商标被竞争者不正当地利用，但因当时有些国家仅仅保护注册商标，允许保护未经注册的商标与注册取得商标权体制相冲突，法国的提议未能通过。[①] 经过1925年海牙修订会议和1934年伦敦修订会议的努力，1958年《巴黎公约》里斯本修订会议终于确立了未注册驰名商标的注册豁免制度。国际贸易发展要求突破商标的地域性和注册原则，要求给予未注册的驰名商标注册豁免的权利，而《巴黎公约》的驰名商标制度则顺应国际贸易发展的客观要求，给未注册的驰名商标提供了注册豁免的权利。

由于除了权利取得不需要注册而需要证明驰名之外，《巴黎公约》对未注册驰名商标的保护和商标法对注册商标的保护并无根本差异，保护基本上限于相同类似商品范围之内，侵权认定标准同样是混淆可能性，因此，从性质上看，《巴黎公约》的驰名商标制度不过是一种商标权取得的特殊途径，是注册取得商标权体制下通过驰名而不是注册取得商标权的驰名商标制度，并未根本上改变商标保护的基本格局。也许正因如此，在采用使用取得商标权体制的国家或者多元取得商标权体制的国家，除非依据《关于驰名商标保护规定的联合建议》（1999年）（以下简称《驰名商标联合建议》）第2条第2款第4项和第3款第2项那样保护未在本国使用的外国驰名商标，《巴黎公约》的驰名商标制度实际上是不发挥作用的，因为驰名条件要比使用条件更为严格，在这些国家，使用就可以取得商标权，而不需要使用达到驰名的更高的知名程度。当然，对于那些依据《驰名商标联合建议》第2条第2款第4项和第3款第2项那样保护未在本国使用的外国驰名商标的国家而

---

① 姚洪军．驰名商标相关法律问题研究．北京：中国社会科学院研究生院，2009年博士论文：8.

言，在《巴黎公约》一个成员国驰名的未注册驰名商标能够在这些国家因注册豁免而取得商标权，这意味着《巴黎公约》在这些国家的范围之内突破了商标保护的地域性原则。

（二）跨类保护与作为驰名商标特殊保护的驰名商标制度

《TRIPS 协定》不仅完全接受了《巴黎公约》的驰名商标保护制度，而且进一步给驰名商标提供了跨类保护的效力，根据其第 16 条第 3 款的规定，一旦在不类似的商品或服务上使用复制或模仿的驰名商标，即会暗示该商品或服务与注册的驰名商标的所有人存在某种联系，从而注册的驰名商标的所有人的利益可能因此受损，注册的驰名商标的所有人原则上就可以在与该驰名商标所标示的商品或服务不类似的商品或服务上阻止或撤销该商标的注册，并禁止该商标的使用。

驰名商标跨类保护是商业实践发展及其导致的商标演变的必然结果。工业革命的完成改变了生产和市场的基本结构，全国甚至全球市场得以形成，商标从商号中独立而真正成为商品的标志，而工业革命的进一步深化把人类社会从生产社会带入了消费社会。在消费社会，社会重心开始从生产转向消费，消费行为开始“从现实利益向符号意义拓展”[①]，“意义是消费者行为的核心”[②]，对意义的消费行为“成为我们进行自我识别和归属，以及对他人进行识别和归类的重要方式”[③]。在消费社会，“当有形产品被其他东西——图像、符号、感知、感觉——所增强，从而产生一个整体概念而不是各部分的总和时，产品就成为一个品牌。一个品牌可能由单一的产品组成，也可能由跨越多个类别的多个产品组成，但其核心仍然是一种与消费者产生共鸣并超越了产品形式的物理表征的灵魂、独特身份和形象”。在这种情况下，商标中无形的意义要素的重要性日益提升，而有形的物理产品要素的重要性则日益降低，消费不再仅仅是对商品的物理性能的消费，还包括对包含于商标的商品的符号价值的消费。于是，商标已经不再仅仅是商品的标志，而是进一步变成了商品本身，不仅商品是消费的对象，商标也成为消费的对象，甚至只有商标才是消费的对象，成为消费的最终目标。商品中无形意义的重要性的提升意味着商标可以脱离具体商品类别而存在，意味着在一种商品类别中使用的商标所产生的无形意义要素可以很容易地被“移植”到其他商品类别，进行品牌延伸。所谓品牌延伸是指借助原有的、已建立的品牌地位，将原有品牌转移使用于新进入市场的其他产品或服务，从而达到以更少的营销成本占领更大市场份额的目的。[⑤] 品牌延伸意味着品牌所有人在原注册或者使用的商品或服务类别之外还具有实质性的商业利益，即将来将品牌延伸到这些商品或服务类别。因此，商标法应该对品牌提供跨类保护，以保护品牌所有人在将来可能延伸的商品或服务类别中的商业利益。开创驰名商标跨类反淡化保护先河的 20 世纪 20 年代德国法院的驰名商标反淡化实践和美国学者 Frank I. Schechter 的经典淡化理论，正是消费社会商标发展演变的必然结果，此后美国和欧盟商标法分别在其商标法中规定了驰名商标反淡化保护制度，则是消费社会商标进一步发展演变的自然结果。

从性质上看，如果说《巴黎公约》对未注册驰名商标的保护仅仅是提供了一种商标权

---

①③ 伍庆. 消费社会与消费认同. 北京：社会科学文献出版社，2009：106，115.

②④ Mark Batey, *Brand Meaning*, New York: Routledge/Taylor & Francis Group, 2008, p Xiii, p 3.

⑤ 丁桂兰. 品牌管理. 武汉：华中科技大学出版社，2008：196.

取得的特殊途径而在一定程度上突破了商标保护的地域性原则的话，《TRIPS协定》对驰名商标的跨类保护则根本上改变了商标保护的基本格局和面貌，因为不同于《巴黎公约》对未注册驰名商标的保护仍然仅仅限于相同类似商品或服务而坚持传统商标保护的按类保护或者专业性原则，《TRIPS协定》对驰名商标的跨类保护已经完全超越了商标原注册或使用的商品或服务范围，突破了传统商标保护的专业性原则，驰名商标的跨类保护是一种完全不同于传统商标侵权救济的保护模式。对此，欧洲学者指出，商标反淡化的“目的是保护商标所有人为创建具有特定品牌形象的商标而进行的投资。反淡化保护不只是着眼于保护消费者免受混淆或市场的正常运行，而是旨在保护商标的‘唯一性’和‘吸引力’。它就是对作为其自己权利中的产品的商标吸引力和销售力的保护。从单纯的来源标志到具有决定性的产品特征，与该商标的这种解放相一致的商标功能是通信、广告和投资的辅助功能”①。

第二节　驰名商标的认定

不管是未注册驰名商标的注册豁免，还是注册驰名商标的跨类保护，驰名商标的认定均是其前提，因此，驰名商标认定是驰名商标制度的重要内容和基础性工作。

一、驰名商标认定的基本原则

1996年之前，我国驰名商标认定并没有具体的规则，1996年，国家工商行政管理总局发布《驰名商标认定和管理暂行规定》明确了驰名商标认定的具体规则，根据其第4条规定：商标注册人可以申请进行驰名商标认定，商标局也可以主动认定驰名商标。2003年，国家工商行政管理总局制定了《驰名商标认定和保护规定》，和《驰名商标认定和管理暂行规定》第4条相比，《驰名商标认定和保护规定》删除了商标局和商标评审委员会主动认定驰名商标的做法，取消了被认定的驰名商标的有效期限，将驰名商标行政认定分为三种情况，即商标审查中的认定、商标评审中的认定以及商标管理中的认定，无论哪种认定均以有关当事人的请求为条件。2009年最高人民法院发布《关于涉及驰名商标认定的民事纠纷案件管辖问题的通知》和《驰名商标解释》，不仅明确了驰名商标认定相关商标纠纷案件的管辖权，也明确了驰名商标司法认定的具体规则。根据该通知的规定，涉及驰名商标认定的民事纠纷案件，由省、自治区人民政府所在地的市、计划单列市中级人民法院，以及直辖市辖区内的中级人民法院管辖。其他中级人民法院管辖此类民事纠纷案件，需报经最高人民法院批准；未经批准的中级人民法院不再受理此类案件。而该《驰名商标解释》则明确规定了驰名商标司法认定的审查范围、举证规则、考虑因素等。2013年《商标法》第三次修正，驰名商标的认定模式成为驰名商标制度完善的重点。2013年《商标法》第14条第1款明确规定了驰名商标认定的模

---

① Annette Kur & Martin Senftleben, *European Trade Mark Law: A Commentary*, Oxford: Oxford University Press, 2017, § 5.1.5.1, para. 5.183.

式，第 2、3、4 款则分别规定了商标局、商标评审委员会和人民法院应申请认定驰名商标的权限。至此，我国驰名商标的“个案认定、被动保护”模式得到法律的明确确认。2013 年《商标法》第 14 条第 1 款规定，“驰名商标应当根据当事人的请求，作为处理涉及商标案件需要认定的事实进行认定”，该规定明确了三点：一是驰名商标应该根据当事人请求认定。这意味着无论是商标局、商标评审委员会还是人民法院，均无权主动认定驰名商标，而是必须根据当事人的请求进行认定。二是驰名商标认定只能在涉及商标案件时才能认定。在没有商标案件即商标纠纷的情况下，即便相关当事人提出认定请求，相关机构也无权进行驰名商标认定。三是明确了驰名商标认定的性质，即案件的事实问题。商标是否驰名仅仅是相关商标纠纷案件中的事实问题，而不是法律问题，必须根据有关证据规则结合相关证据加以认定。驰名商标认定的基本原则的最终确立是由 2009 年 3 月 30 日最高人民法院的《关于贯彻实施国家知识产权战略若干问题的意见》（法发［2009］第 16 号）第 10 条完成的，该条规定：“正确把握驰名商标司法认定和保护的法律定位，坚持事实认定、个案认定、被动认定、因需认定等司法原则，依法慎重认定驰名商标，合理适度确定驰名商标跨类保护范围，强化有关案件的审判监督和业务指导。”从此，事实认定、个案认定、被动认定和因需认定成为驰名商标认定的基本原则。

事实认定原则。事实认定原则是指驰名商标认定是一种事实认定，强调商标是否驰名是一种事实状态，而不是一种先定的身份，驰名商标认定是对商标是否驰名的事实状态的认定，要根据商标使用的客观事实情况进行认定。驰名商标认定的事实认定原则意味着驰名商标认定仅仅是一种事实认定，而不是一种法律适用，因此，在涉及驰名商标保护的民事纠纷案件中，人民法院对于商标驰名的认定，仅作为案件事实和判决理由，不写入判决主文；以调解方式审结的，在调解书中对商标驰名的事实不予认定。

因需认定原则。因需认定原则是指驰名商标认定需要因商标审查、评审和司法保护中处理商标纠纷的需要而认定，只有在商标审查、评审和司法保护中处理商标纠纷时需要认定商标是否驰名的，才予以认定，不能为认定而认定。2013 年 8 月 30 日，《商标法》第三次修正，修正后的《商标法》第 14 条第 2、3、4 款分别规定，“在商标注册审查、工商行政管理部门查处商标违法案件过程中，当事人依照本法第十三条规定主张权利的，商标局根据审查、处理案件的需要，可以对商标驰名情况作出认定”。“在商标争议处理过程中，当事人依照本法第十三条规定主张权利的，商标评审委员会根据处理案件的需要，可以对商标驰名情况作出认定。”“在商标民事、行政案件审理过程中，当事人依照本法第十三条规定主张权利的，最高人民法院指定的人民法院根据审理案件的需要，可以对商标驰名情况作出认定。”从而正式以立法形式全面确立了商标审查、评审和司法保护中驰名商标认定的因需认定原则。因需认定原则意味着驰名商标认定是依附于商标纠纷处理的，以商标纠纷处理需要为前提条件。在司法实践中，因需认定原则通常意味着适用《商标法》第 13 条第 2 款和第 3 款时，应该首先考虑其他构成要件，只有其他构成要件均满足的情况下才需要就引证商标是否构成驰名商标进行认定。比如，在“巨化”商标行政纠纷再审案中，最高人民法院就认为：“如果被异议商标并没有构成对引证商标的复制、摹仿或者翻译，或者被异议商标获准注册的结果并不会导致误导公众并可能损害引证商标权利人利益的结果，即无需对引证商标是否构成驰名的问题作出审查和认定。”①

个案认定原则。个案认定原则是指驰名商标认定仅在个案中进行，仅具有个案效力。《驰名商标解释》第 7 条第 1 款规定，被诉侵犯商标权或者不正当竞争行为发生前，曾被人民法院或者国务院工商行政管理部门认定驰名的商标，被告对该商标驰名的事实不持异议的，人民法院应当予以认定。被告提出异议的，原告仍应当对该商标驰名的事实负举证责任。《驰名商标认定和保护规定》（2014）第 16 条规定，商标注册审查、商标争议处理和工商行政管理部门查处商标违法案件过程中，当事人依照《商标法》第 13 条规定请求驰名商标保护时，可以提供该商标曾在我国作为驰名商标受保护的记录。当事人请求驰名商标保护的范围与已被作为驰名商标予以保护的范围基本相同，且对方当事人对该商标驰名无异议，或者虽有异议，但异议理由和提供的证据明显不足以支持该异议的，商标局、商标评审委员会、商标违法案件立案部门可以根据该保护记录，结合相关证据，给予该商标驰名商标保护。这些规定均表明，不管是在司法保护还是商标审查、商标评审中，已经认定驰名商标的记录在下一次纠纷中并不能当然有效，只要对方当事人提出异议的，驰名商标所有人仍然需要提供商标驰名的证据，商标驰名的认定仅仅在原有案件中有效。个案认定原则是事实认定的自然延伸，正由于驰名商标认定是事实认定，而因时空的不同每一案件的事实又是不同的，因此，驰名商标的认定效力仅限于作出认定的个案。

被动认定原则。被动认定原则是指驰名商标认定要应当事人的申请进行，没有当事人的申请，商标审查和争议处理机关均不得主动进行驰名商标认定。1996 年《驰名商标认定和管理暂行规定》第 4 条曾规定，商标注册人请求保护其驰名商标权益的，应当向国家工商行政管理局商标局提出认定驰名商标的申请。国家工商行政管理局商标局可以根据商标注册和管理工作的需要认定驰名商标。根据该规定，商标局既可以应商标注册人请求认定驰名商标，也可以主动根据商标注册和管理工作的需要主动认定驰名商标。2013 年《商标法》第 14 条第 1 款规定，驰名商标应当根据当事人的请求，作为处理涉及商标案件需要认定的事实进行认定，第 2、3、4 款则均要求“当事人依照本法第十三条规定主张权利的”条件，从而正式从立法上全面确立了驰名商标的被动认定原则。

二、驰名商标认定标准和考虑因素

（一）驰名商标的认定标准

相关国际公约、各国或地区商标法基本上均未规定驰名商标认定的标准，尽管许多国家或地区商标法规定了认定驰名商标可以考虑的因素。《驰名商标联合建议》的规定可资借鉴，其第 2 条第 2 款规定：1. 相关公众应当包括，但不限于：（1）使用该商标的那类商品或服务的实际或潜在的消费者；（2）使用该商标的那类商品或服务的营销渠道所涉及的人员；（3）经营使用该商标的那类商品或服务的商业界人员。2. 如果一商标被某成员国认定至少为该国一个相关领域的公众所熟知，该商标应当被该成员国认定为驰名商标。3. 如果一商标被某成员国认定至少为该国一个相关领域的公众所知晓，该商标可以被该成员国认定为驰名商标。4. 即使一商标未在某成员国中的任何相关公众所熟知，或者未为适用本款第 3

---

① 最高人民法院（2015）知行字第 112 号行政裁定书。

项的成员国中的任何相关公众所知晓，该成员国亦可将该商标认定为驰名商标。

从该规定来看，驰名商标认定标准可以从相关公众的人员范围、相关公众的地域范围和相关公众对商标认知的深度等三个方面加以界定。显然，这种界定驰名商标认定标准的方法是可取的，因为驰名商标是一种事实状态而不是一种先定的身份，商标是否驰名完全取决于商标的影响力，商标的影响力显然包括广度和深度两个方面，其中广度显然又可以包括相关公众的人员范围和地域范围。因此，本书也从这三个方面来确定驰名商标的认定标准。

1. 公众范围标准。我国《商标法》规定，对驰名商标“熟知”的公众为“相关公众”，且统一适用于所有的驰名商标。这里的“相关公众”包括与使用商标所标示的某类商品或者服务有关的消费者，生产前述商品或者提供服务的其他经营者以及经销渠道中所涉及的销售者和相关人员等。从世界上其他国家或地区的商标法来看，虽然有些国家或地区同我国一样对所有驰名商标均采用相关公众标准，但也存在着对寻求跨类保护的驰名商标采用“普通公众”标准的商标立法。比如在美国，享有反淡化待遇的商标必须要达到驰名的状态。而其所谓的驰名的状态是分为两个层次来确定的，或者说具有两个层次的条件要求：一个层次类似于我国的相关公众，另一个层次是商标特殊的跨类保护效力所可能达到的相关公众。《反不正当竞争法重述》认为，商标必须足够强以至于商标意义是明显的，即使当商标在其自己的市场部分之外被遇到：“并非所有商标都成为受保护以免该商标的显著性淡化的根据。在运用反淡化法规时，大多数法院都要求商标拥有符合有效商标保护的标识所需要的显著性程度。作为一个一般问题，只要某商标在商标所有人所使用的商品或服务的背景之外仍具有其来源的意义，该商标就足够显著而为混淆性使用所淡化。——某商标使用于它所识别的特定商品或服务通常不足够显著以享受反淡化保护。”[①] 本书认为，驰名商标保护的不同动因、不同的制度性质和不同的法律效力决定了不能将相关公众标准统一地运用于未注册驰名商标的注册豁免和驰名商标的跨类保护。对于未注册驰名商标的注册豁免，由于其动因是注册豁免，是注册取得商标权体制下例外的驰名取得方式，且其效力仅限于相同类似商品或服务范围，未注册驰名商标的认定标准限定为相关公众是合理的。然而，驰名商标的跨类保护则不同，其实质在于跨越其原本注册或使用的商品或服务类别，如果某商标的影响力仅仅及于其注册或使用的商品或服务类别，而对其他类别的商品或服务没有影响，则其他类别商品或服务领域的经营者就没有可能搭该商标的便车，该商标的效力自然也不应延伸到其他类别商品或服务。我国《商标法》对于未注册商标仅仅要求其在相关公众中驰名是正确的，因为未注册驰名商标的效力也仅限于相关公众的范围，认定标准与效力范围相互协调。然而，我国《商标法》对注册的驰名商标却存在认定标准与保护范围的不协调问题，即认定时仅仅要求相关公众广为知晓或熟知，而在保护时却允许注册的驰名商标的效力扩张到相关公众之外。当然，在实际操作中，请求保护的商品或服务领域相关公众对引证商标的知晓程度是注册驰名商标跨类的重要考虑因素之一[②]，

---

① *Restatement (Third) of Unfair Competition*，§25，comment e (1995).

② 比如《驰名商标解释》第 10 条第 2 项的“该驰名商标在使用被诉商标或者企业名称的商品的相关公众中的知晓程度”和最高人民法院《关于审理商标授权确权行政案件若干问题的规定》第 13 条的“相关公众的重合程度及注意程度”。关于驰名商标认定的公众范围标准的更详细论述参见王太平. 论驰名商标认定的公众范围标准. 法学，2014 (10).

注册驰名商标的公众范围事实上扩大到相关公众范围之外。

2. 相关公众的地域范围标准。在我国，自 2003 年《驰名商标认定和保护规定》发布以来，驰名商标的定义中一直含有“在中国”的用语，而对于申请认定的驰名商标必须全国范围内具有较高知名度还是在部分地区具有较高知名度，《商标法》并无明确规定，今天较为一致的看法是，认定驰名商标，只要在中国境内的大部分地区驰名就可以了，不要求其知名度遍布全国各个角落，仅在小部分地区具有较高知名度的商标不能认定为驰名商标。[①]

3. 相关公众的认知深度标准。从上述《驰名商标联合建议》的规定来看，相关公众对驰名商标的认知深度可以分为“知晓”和“熟知”，我国商标法相关规定也曾经使用过“知晓”的用语，目前的用语是“熟知”。从语义角度来看，“熟知”显然要比“知晓”的认知深度更深。不过，从实际操作来看，由于我国商标主管机关和法院认定驰名商标时采用的标准均非常高，“知晓”和“熟知”的区别恐怕微乎其微。

（二）驰名商标认定的考虑因素

《TRIPS 协定》第 16 条第 2 款规定了认定驰名商标所需要考虑的因素，即“确认某商标是否系驰名商标，应顾及有关公众对其知晓程度，包括在该成员地域内因宣传该商标而使公众知晓的程度”。《驰名商标联合建议》第 2 条第 1 款第 2 项规定了认定驰名商标的因素包括但不限于涉及以下信息的因素：（1）该商标在相关公众中的了解或认知程度；（2）该商标任何使用的持续时间、程度和地理范围；（3）该商标任何宣传的持续时间、程度和地理范围，包括在交易会或展览会上对使用该商标的商品或服务所做的广告、宣传和展示；（4）能反映该商标使用或被认知程度的任何注册或任何注册申请的持续时间和地理范围；（5）该商标成功实施商标权的记录，尤其是为主管机关认定驰名的程度；（6）该商标的相关价值。许多国家或地区商标法规定了认定驰名商标需要考虑的因素，美国《兰哈姆法》第 43 条第 c 款第 1 项规定的因素有：（A）该商标固有的和取得的显著性的程度；（B）该商标在相关的商品或服务上使用的持续时间和广度；（C）该商标的广告宣传的持续时间和广度；（D）该商标使用的贸易地区的地理范围；（E）使用该商标的商品或服务的贸易渠道；（F）该商标在商标所有人和请求禁令针对的人的贸易地区和贸易渠道内的知名度；（G）第三者对该相同或相似商标的使用的性质和范围；以及（H）该商标是否已依据 1881 年 3 月 3 日的法案，或 1905 年 2 月 20 日的法案，或在主注册簿上注册。最高人民法院《驰名商标解释》第 5 条规定，当事人主张商标驰名的，应当根据案件具体情况，提供下列证据，证明被诉侵犯商标权或者不正当竞争行为发生时，其商标已属驰名：（1）使用该商标的商品的市场份额、销售区域、利税等；（2）该商标的持续使用时间；（3）该商标的宣传或者促销活动的方式、持续时间、程度、资金投入和地域范围；（4）该商标曾被作为驰名商标受保护的记录；（5）该商标享有的市场声誉；（6）证明该商标已属驰名的其他事实。前款所涉及的商标使用的时间、范围、方式等，包括其核准注册前持续使用的情形。对于商标使用时间长短、行业排名、市场调查报告、市场价值评估报告、是否曾被认定为著名商标等证据，人民法院应当结合认定商标驰名的其他证据，客观、全面地进行审

---

① 孔祥俊. 商标与不正当竞争法——原理和判例. 北京：法律出版社，2009：411.

查。我国2019年《商标法》第14条第1款规定，认定驰名商标应当考虑下列因素：（1）相关公众对该商标的知晓程度；（2）该商标使用的持续时间；（3）该商标的任何宣传工作的持续时间、程度和地理范围；（4）该商标作为驰名商标受保护的记录；（5）该商标驰名的其他因素。

《驰名商标联合建议》特别指出：以上标准因素是用以帮助主管机关认定商标是否驰名的指导性因素，而非作出认定的前提条件。更确切地说，在每一案例中，驰名商标的认定取决于该案例的特殊情况。在某些案例中，可能全部因素都相关。在另一些案例中，可能部分因素相关。在此外一些案例中，可能一个因素也不相关，而据以作出认定的可能是未在第2条第1款第2项中列举的其他因素。此种其他因素，可能会单独地存在或与第2条第1款第2项中列举的一个或多个因素一起，具有相关性。总体上，由于商标是消费者的心理财产，消费者是商标的基本决定因素，因此，消费者是商标是否驰名的最终因素，上述各种因素对于商标是否驰名可能都是相关的，但却可能都不是决定性的，商标是否驰名要综合多种因素判定。

典型案例

“佐丹奴”商标案

2004年3月，董某提出“佐丹奴 ZUODANNU”商标注册申请，指定使用在第5类卫生巾、消毒棉、医用保健袋等商品上。威腾国际公司于1992年8月申请注册“佐丹奴”商标，于1993年9月被核准注册在第25类夹克衫、牛仔裤、裤子、裙子等商品上。董某申请的“佐丹奴 ZUODANNU”商标通过初审并公告后，威腾国际公司提出异议，认为其“佐丹奴”商标在服装领域内享有较高知名度，已构成驰名商标。董某申请的被异议商标是对其在先驰名商标的抄袭和复制。该异议未获商标局支持。随后，威腾国际公司向商评委提出异议复审申请。商评委审理认为，威腾国际公司提交的证据不足以证明引证商标在被异议商标申请日前已达到驰名程度，而且被异议商标指定使用的商品与引证商标核定使用的商品在功能、用途上存在明显区别，不会导致消费者混淆误认。据此，商评委裁定被异议商标予以核准注册。威腾国际公司不服，向北京市第一中级人民法院提起行政诉讼，向法院提交了“佐丹奴”商标在广州、深圳、上海、北京、武汉等城市的使用、宣传证据，以及威腾国际公司在1993年至2010年与各地经销商所签订的特许转卖店合同、商标许可合同等129份。一审法院审理认为，在案证据足以证明在被异议商标申请日前，威腾国际公司使用在服装类商品上的引证商标构成驰名商标，被异议商标构成对该驰名商标的复制和抄袭。据此，一审法院判决撤销商评委相关裁定，并要求其重新作出商标异议复审裁定。商评委不服一审判决，向北京市高级人民法院提起上诉。北京市高级人民法院认为，威腾国际公司提交的证据可以证明在被异议商标申请日前，引证商标在服装类商品上已经构成驰名商标。被异议商标由字母“ZUODANNU”和汉字“佐丹奴”构成，引证商标由汉字“佐丹奴”构成，两者在汉字字形、读音等方面相似，并且二者均无固定含义，被异议商标构成对威腾国际公司上述商标的摹仿。虽然被异议商标指定使用的商品与引证商标核定使用的商品在原料、功能用途等方面存在较大差异，但是二者均系日常生活用品，在销售渠道、消费对象等方面存在较大关联性，容易造成相关消费者的混淆和误认，减弱威腾国际公司驰名商标“佐丹奴”的显著性，致使其利益可能受到损害。综上，法院维持了一审判决。[①]

依据《商标法》第 14 条第 1 款的规定，相关公众对商标的知晓程度乃认定驰名商标的核心依据。无论是商标使用的持续时间还是宣传工作的情况等，都是为了说明相关公众对该商标的知晓程度。故此，向法院提供商标使用的实际情况证据、广告宣传证据，就成为证明其商标是驰名商标的重中之重。本案中的威腾国际公司提供的证据表明了其“佐丹奴”商标的服装类商品已经行销于中国的各主要城市，并进行了广泛的广告宣传，表明相关公众对该商标广为知晓。法院正是基于这些证据，认定其商标为驰名商标。

三、驰名商标认定的效力

驰名商标的效力包含两层含义：一是驰名商标认定本身的效力，二是被认定为驰名商标的商标享有的保护效力。

（一）驰名商标认定本身的效力

对于驰名商标认定本身的效力而言，由于商标具有动态特征，商标的驰名状态是随时处于变动之中的，今天驰名，明天可能变为不驰名；今天不驰名，明天也可能变为驰名。驰名商标是否驰名只能基于特定时空进行判定，这就意味着不仅驰名商标在认定上应该个案认定、发生纠纷后进行事后认定，而且认定的效力也仅限于个案。对于驰名商标认定的效力来说，《驰名商标认定和保护规定》与《驰名商标解释》均作了规定，尽管二者均明定驰名商标认定只具有个案效力，但由于二者在举证责任分配上的不同，《驰名商标认定和保护规定》使得驰名商标认定事实上具有普遍效力，这是违反商标法的一般原理的。除此之外，2013 年《商标法》第 14 条第 5 款明确规定：“生产、经营者不得将‘驰名商标’字样用于商品、商品包装或者容器上，或者用于广告宣传、展览以及其他商业活动中。”驰名商标的称号不仅不能用于广告宣传，而且都不能被用于商品、商品包装或者容器上。

（二）驰名商标的保护效力

就驰名商标的保护效力而言，驰名商标往往被认为具有特殊效力，对我国商标法而言，驰名商标的特殊效力体现在以下几点：

（1）对未注册的驰名商标在相同或类似商品或服务范围内提供保护。这就是《商标法》第 13 条第 2 款的规定，正如本书前文所谈，《商标法》的该规定事实上不过是增加了一种商标权取得途径。因为在我国，商标法所规定的商标权取得途径只能是注册，使用并不能取得商标权，即便商标已经具有了第二含义而成为实质上的商标。

（2）注册的驰名商标在商品或服务的范围上的效力扩大到不相同或不相类似的商品或服务上。这是最典型的驰名商标的特殊效力，也是驰名商标保护和传统商标保护的最大区别，已经突破了传统商标法的按类保护或专业性原则。值得注意的是，我国《商标法》第 13 条第 3 款规定的驰名商标保护范围扩大到不相同或者不相类似的商品或服务也是有条件

---

① 北京市高级人民法院（2013）高行终字第 26 号行政判决书。

的，即会“误导公众，致使该驰名商标注册人的利益可能受到损害”。

(3) 驰名商标所有人享有特别期限的排他权。《商标法》第45条第1款规定，已经注册的商标，违反本法第13条第2款和第3款、第15条、第16条第1款、第30条、第31条、第32条规定的，自商标注册之日起5年内，在先权利人或者利害关系人可以请求商标评审委员会宣告该注册商标无效。对恶意注册的，驰名商标所有人不受5年的时间限制。对于恶意注册的，只有驰名商标所有人可以不受5年的时间限制，其他在先权利（益）人均仍然要受到5年时间的限制。

需要注意的是，驰名商标的上述保护效力大多会体现在两个方面，即商标权取得阶段和商标权保护阶段，在商标权取得阶段，未注册的驰名商标在其使用的商品或服务的相同或类似商品或服务范围之内，注册的驰名商标在其注册的商品或服务范围之外，可以阻止他人注册，使他人已经注册的商标无效，而在商标权保护阶段，未注册的驰名商标在其使用的商品或服务的相同或类似商品或服务范围之内，注册的驰名商标在其注册的商品或服务范围之外，可以请求禁止他人使用相同或近似标志，可以请求损害赔偿。

第三节 驰名商标跨类保护的理论基础与基本模式

驰名商标是具有比普通商标更大影响力的商标，因此对其进行更大范围和更强的保护似乎也理所当然。《商标法》第13条第3款对注册的驰名商标提供跨越其注册商标指定使用的商品或服务类别之外的保护，尽管该条款有“误导公众”的用语，学术界对于我国商标法是否建立了驰名商标反淡化制度也有争议①，本书仍然认为，我国《商标法》第13条第3款实质上正是驰名商标淡化制度。其根本原因是尽管有“误导公众”的用语，但《商标法》第13条第3款的侵权判断标准和侵权构成条件完全不同于该条第2款以及第57条第1项和第2项规定的双相同侵权或混淆侵权，其保护范围已经跨越了商标原注册或使用的商品或服务类别，关注的重点并非来源混淆，而是对商标显著性的损害，与美国和欧盟商标法的驰名商标反淡化制度更为接近，而不同于传统的混淆侵权。当然，由于驰名商标反淡化保护范围的不确定性，究竟为什么要保护驰名商标、在多大程度上对驰名商标进行更大范围和更强的保护以及如何保护驰名商标却是至今仍未完全解决的问题。因此，仍然有必要探究驰名商标跨类保护的理论基础和基本模式。

一、驰名商标跨类保护概述

驰名商标跨类保护是指当商标达到驰名状态的时候就可以突破商标原注册或使用的商品或服务类别而禁止他人在其他不相同、不相类似的商品或服务类别上有损驰名商标地使用或注册与驰名商标相同或近似的标志的商标保护。驰名商标跨类保护是对传统商标保护的专业性原则的突破，根本改变了商标保护的基本理念和格局。

自产生以来，商标保护一直是按照商品或服务的类别进行保护的，侵权的判断标准

① 邓宏光. 我国驰名商标反淡化制度应当缓行. 法学，2010 (2).

是消费者混淆的可能性。在不同的商品或服务类别上，即便是商标标志非常近似甚至相同，由于不会产生消费者混淆的可能性，这些近似甚至相同商标可以并行不悖地，互不构成侵权。事实上，许多流行的商标标志被同时用于不同的商品或服务类别，如中粮集团有限公司注册于第 33 类白兰地、伏特加酒、黄酒、鸡尾酒、酒精饮料（啤酒除外）、烈酒（饮料）、葡萄酒、烧酒、威士忌、蒸煮提取物（利口酒和烈酒）等商品上的“长城”商标，长城汽车股份有限公司注册于第 12 类大客车、卡车、运货车、越野车、汽车、小汽车、陆地车辆发动机、车辆内装饰品等商品上的“长城”商标，长城人寿保险股份有限公司在第 36 类人寿保险和保险服务上的“长城”商标等，这些“长城”商标中的有些甚至曾经被认定为驰名商标，但并不影响其他商品或服务类别上商标的并行不悖。然而，随着生产力的发达，人类社会进入了消费社会。在消费社会，符号价值成为商品或服务的重要价值，意义消费成为消费的非常重要的组成部分，商品质量已经不仅是或者不主要是现实，而更多的是一种感觉。以汽车市场为例，汽车的内在质量的巨大改善意味着可靠性和功能性不再是差异化的基础，如今，大多数出售的汽车都是做工精良的。美国一家以对新车质量和长期可靠性的客户满意度研究而闻名的营销服务信息公司——Power 公司的一项调查显示，1998 年至 2008 年间，每辆汽车的总体质量从平均有 1.76 个问题提高到了有 1.18 个问题，将表现最好和最差的汽车品牌进行比较可以看出，不同汽车品牌在性能上的差异并不显著，根据 2008 年的调查，吉普每辆车有 1.67 个问题，而保时捷每辆车有 0.87 个问题，这里的问题包括每一个小故障，如汽车座椅加热和其他配件。虽然实际的质量差异可以忽略不计，但它为排名第一的品牌提供了营销机会。这更多的是对质量的感知，而不是实际的差异。当然，感知质量也只是驱动消费者选择汽车的众多因素之一。总体上，在任何给定的汽车类别中，都有足够的选择，不会因质量或其他技术特性而有所不同，它们的不同之处在于潜在买家对它们的看法，而决定购买的正是他们的看法。[①] 商品的无形意义要素的价值的提升意味着“商标已不仅仅是来源标识符，而是具有文化意义的标志”[②]，文化意义的无形性意味着商标意义和商品类别的联系逐渐减弱，而成为一种有一定独立性的东西，即作为“消费者对品牌的联想、信念和感受的描述”[③] 的品牌形象。而“当商标的文化含义被认为是其所有人的财产权的一部分时，它实际上意味着该商标所有人还拥有这种权利，即人们将其商标与构成其‘许可’的意义相联系的权利。这是一种控制人们想法的意义深远的权利”[④]。于是，商标跨类保护成为必然。

不管是反淡化模式还是防护商标制度，商标跨类保护和传统的混淆侵权政策基础不同，保护条件也迥然有异，其根本目的是维护商标的显著性，防止商标淡化。商标淡化意味着著名商标识别和区分商品或服务的能力降低，不管存在或不存在：（1）著名商标所有人和其他当事人之间的竞争；（2）混淆、误解或欺骗的可能性。传统商标法主要基于保护顾客免受误解和欺骗的政策，而反淡化法更类似于保护一种商标中的绝对财产权，并不保

---

① Jan Lindemann, *The Economy of Brands*, Hampshire: Palgrave Macmillan, 2010, p 13.

②④ *Katya Assaf*: *Protection of trade marks against dilution*: *a semiotic perspective*, Journal of Intellectual Property Law & Practice, 2009, Vol. 4, No. 9, p 643, p 656.

③ Mark Batey, *Brand Meaning*, New York: Routledge/Taylor & Francis Group, 2008, p xvi.

护消费者免受欺骗。因此，反淡化法与财产侵害法更相似而与消费者保护法更不相似。淡化原理的基础理由是，由他人使用所导致的商标价值的渐渐减少或缩减，构成对在先使用者的商标中的财产权和商誉的侵犯，并且导致独立的过失，这种过失既不依赖于竞争关系的表现，不依赖于商品的相关，也不依赖于混淆可能性。[①]

《TRIPS 协定》第 16 条第 3 款要求成员国在不相同、不相类似的商品或服务上对驰名商标提供禁止他人注册或使用相同或近似商标的跨类保护，至今世界各国商标法大多遵照《TRIPS 协定》的规定对驰名商标提供跨类保护。

二、驰名商标跨类保护的理论基础

最早提出也是最有影响的学说是斯凯特提出的“独特性说”（the uniqueness），斯凯特认为，“商标独特性的保护应该构成商标保护的唯一的合理基础”，理由是：“从……现代商标保护的必要性以及强调应该给予臆造词而不是普通商标以更大程度保护的判决来看，以下原则必须遵循：（1）现代商标的价值取决于它的促销能力；（2）这种促销能力取决于商标对公众的心理控制，不只是商标使用于其上的商品的优点，而是同样取决于商标的独特性和奇特之处；（3）将商标用于其他相关或非相关商品上会破坏或损害这些独特性和奇特性；以及（4）因此，商标保护的程度将取决于该商标通过商标所有人的努力或巧思而实现的事实上独特和区别于其他商标的程度。”[②]“独特性说”从新时期商标的价值基础出发来解释商标跨类保护的合理性，具有较强的说服力。但斯凯特的“独特性”说的跨类保护的对象仅仅限于臆造商标，这使得“独特性说”在解释今天的驰名商标跨类保护实践上具有相当的局限性，因为今天的驰名商标跨类保护事实上并不限于臆造商标。不仅如此，今天的商标跨类保护不仅针对对驰名商标的弱化的淡化，而且还针对对驰名商标的丑化或者玷污的淡化，这也是斯凯特的“独特性说”所未曾考虑到的。

几乎在斯凯特提出“独特性说”的同时，乔治·戈贝尔和爱德华·卢肯斯几乎同时提出“质量反馈说”、“搭便车说”和“市场先占说”等理论的雏形。乔治·戈贝尔认为，“如果被告的雪茄烟是质量低劣的，原告作为优质商品的生产者的声誉就很有可能受损害”，“并且，阻止了原告延伸进入他本来可以轻而易举地进入的雪茄烟生产的商业领域”，“不仅原告受到了损害，而且被告因为原告的好名声而获得了商业利益”[③]。其中，“质量反馈说”基于商标的质量保障功能而认为，消费者认牌购物是因为商标的质量指示器作用，即同一商标所标识的商品应该具有恒定的质量水平，假如在后商标使用者的商品质量欠佳，消费者会将其负面印象反馈至在先商标所有人的商品上，即便在后商标是使用在不同类别的商品上的。“质量反馈说”立足于商标的质量保障功能和商标所有人对其商誉的控制能力，理论上具有一定的合理性。但实证研究发现，“质量反馈说”似乎并不符合消费

---

① J. Thomas McCarthy, *McCarthy on Trademarks and Unfair Competition*, Fifth Edition March 2020 Update, §24：67-24：71.

② Frank I. Schechter, The Rational Basis of Trademark Protection, *40 Harv. L. Rev.* 813, 830-31 (1927).

③ George W. Goble, Where and What a Trade-Mark Protects, *22 U. Ill. L. Rev.* 379, 385 (1927); Edward C. Lukens, The Application of the Principles of Unfair Competition to Cases of Dissimilar Products, *75 U. Pa. L. Rev.* 197, 203 (1927).

市场的实际情况，“基本没有任何证据可以证明消费者会因为延伸到新的市场上的欠佳的质量来惩罚这个核心的品牌”[①]。换言之，因为在先商标的核心影响力，在后商品的欠佳质量一般不会影响消费者对在先商标的总体评价。与“质量反馈说”不同，“市场先占说”并不考虑现在的损害而是考虑未来利益的损失，即“非竞争性商品上的在后使用可能会阻止在先商标所有人进入在后使用者的商业领域”[②]，在后使用者先占了在先商标所有人本来可能扩张的市场，导致在先商标所有人未来的市场机会丧失。然而，“市场先占说”实际上是简单地预设“我一定会受到损害，因为我不再拥有我曾经拥有的权利”[③]，这里不得不考虑的问题是，在先商标所有人进入另一个市场的可能性有多大？仅仅依据在先商标所有人准备进入一个遥远的市场的可能而赋予他这个权利，这显然不符合市场自由竞争的要求。与“市场先占说”关注未来收益的损失相似，“搭便车说”认为在后使用者通过使用在先商标所有人的商标而搭了其已经建立起来的商誉的便车，从而以较低的成本攫取与在先商标所有人相关联的利润，“这些获利是不正当的，应该偿还这些不义之财给在先商标所有人”[④]。如果法律对此不予以禁止，搭便车的行为最终可能损害在商标上体现出来的信息资本，而且对发生搭便车行为的预期将因此消弭尽早开发出一个有价值的商标的激励。[⑤] 然而，搭便车行为的经验数据却不支持这种结论，“经验主义的数据表明，在不相关的市场上的被告可以通过驰名商标来获利，但商标所有人和消费者都没有从这种使用中受到损害”[⑥]。那么，商标所有人基于没有损害发生而提出的法律主张似乎就是空洞和不充分的。

21世纪以来有学者基于上述理论的不足而提出了一种“商标受损害说”。学者认为，因为实际调查已经证明，以上学说要么是空洞的论证，要么就缺乏实证调查的支持，特别是“市场先占说”和“搭便车说”已经从根本上离开了商标法和商标理论的传统基础，不利于市场自由竞争，简单的解决方法将是彻底抛弃这些学说，创造一种“商标受损害”理论。“商标法需要一种商标受损害的理论，以区分法律应该保护的正当利益的损害和仅仅获得他人享有的利益的要求”，“法院应该要求原告证明商标受到损害作为固定不变的条件”[⑦]。那么，“商标受损害说”所言的损害具体指什么呢？从这种学说的内容来看，它似乎并未脱离传统的混淆理论，因为这种观点认为损害应该是消费者对商品实际来源的混淆，或者质量责任的混淆，或者对消费者购买决定有重大影响作用的其他形式的混淆而导致的损害。然而，假如不存在消费者的混淆呢？事实上，商标淡化保护是不存在混淆的情况下的商标保护，“商标受损害说”中的损害似乎有文不对题嫌疑。

鉴于对“商标受损害说”的不满，本书拟从符号学、心理学和品牌学角度分析商标跨

---

① Mark A. Lemley & Mark McKenna, Irrelevant Confusion, *62 STAN. L. Rev.* 413, 436 - 46 (2010). Mark P. McKenna, Testing Modem Trademark Law's Theory of Harm, *95 IOWA L. Rev.* 63, 114 - 15 (2009).

② Mark P. McKenna, Testing Modem Trademark Law's Theory of Harm, *95 IOWA L. Rev.* 63, 90 (2009).

③ Mark A. Lemley & Mark P. McKenna , Owing Mark (et) s, *109 Mich L. Rev.* 137, 144 (2010).

④ Mark A. Lemley & Mark P. McKenna , Owing Mark (et) s, *109 Mich L. Rev.* 137, 145 (2010).

⑤ William M. Landes and Richard A. Posner, Trademark Law: An Economics Perspective, *30 J. L. & Econ.* 265, 270 (1987).

⑥ Mark A. Lemley & Mark P. McKenna , Owing Mark (et) s, *109 Mich L. Rev.* 137 , 137 (2010).

⑦ Mark A. Lemley & Mark P. McKenna , Owing Mark (et) s, *109 Mich L. Rev.* 137 , 188 (2010).

类使用对驰名商标所有人造成的损害。从符号学的角度来看，商标跨类使用意味着商标将逐渐多义化，逐渐演变成一个多义词或者同形异义词。[①] 从商标使用者的角度来看，商标跨类使用所导致的商标多义化干扰了商标所有人与消费者之间的交流，商标所有人就其所付出的经营努力所应享有的利益将受到损害，消费者所需求的商标的节约搜寻成本目的也将得不到实现。虽然所指的不一致未必是符号的缺陷，而是人类认知与社会发展的必要代价，但是，所指不一致也往往带来理解与交流的歧义或者障碍。这就是从符号学角度来看驰名商标跨类使用所带来的危害。从心理学角度来看，商标跨类使用导致消费者就同一商标形成了多套认知网络，尽管因为使用在不相类似的商品之上而不会导致消费者混淆，但久而久之，多套认知网络的存在的危害在于，“本质上，后来者的使用已经搅浑了水，以至于消费者决定运用哪个认知网络时将需要额外的信息”[②]。也就是说，多套认知网络的存在降低了消费者的认知速度与能力，增加了消费者的内部或精神搜寻成本，这将损害商标的节约搜寻成本的经济功能。此外，多套认知网络的存在使得消费者不能马上回忆起商标所有人的商品或者增加一些负面评价，这将导致商标“弱化”或者“丑化”，进一步损害商标所有人的利益。这就是从心理学角度来看驰名商标跨类使用所带来的危害。从品牌理论角度来看，当商标的无形的精神、价值、文化内涵等意义要素越过其所代表的有形的商品信息而愈加重要，消费者通过商标来表达身份、彰显品位、寻求差异化，经营者通过“移植”这些无形的意义要素来实现品牌延伸、拓展市场、追求利益最大化，这必然意味着存在一些实质性的利益，尽管是无形的、未来的。在这种情况下，跨类保护正满足了商标所有人在将来可能将其业务延伸至新的商品或服务类别中的商业利益诉求。商标所有人为其品牌的塑造付出了巨大的时间与成本，品牌延伸的价值正是其经营努力的回报，同时，品牌延伸所蕴含的强大的商业利益意味着其应用有着高度的盖然性，商业实践也证明了其已成为市场竞争的有力武器。同时，品牌延伸也存在一定的风险，但这种风险性却恰恰给禁止他人在品牌延伸有风险领域跨类使用驰名商标提供了正当理由，因为这种跨类使用会损害驰名商标所有人的利益。因此，品牌延伸意味着商标所有人在原注册或者使用的商品或服务类别之外具有实质性的商业利益。这就是从品牌学角度来看驰名商标跨类使用所带来的危害。

理论延伸

商标淡化发生机理的心理学解读

根据认知心理学的原理，驰名商标在消费者大脑中占据着有利的地位。“世界上最强

① 这里需要指出的是，同形异义词与多义词是两个不相同的概念：多义词是词义在演变中经过裂变后的产物，即一个词由本义引申出多种含义，本义和引申义之间是相互关联的；同形异义词是词汇在演变中经过概括后的产物，即两个或两个以上的词，字形相同，意义无关。但两者往往有交叉现象，某些词兼有同形异义词和多义词的内容［孔德明. 同形异义词和多义词的界限问题. 齐齐哈尔师范学院学报，1984（4）］。巴顿·比毕教授在《商标法的符号学分析》一文中分析商标淡化时采用的是“同形异义词”（homonyms）［Barton Beebe，The Semiotic Analysis of Trademark Law，*51 UCLA L. Rev.* 621，675（2004）］。本书认为，因为商标跨类使用所导致的商标意义的变化既可能是有关联的，也可能是没有关联的，因此，商标跨类使用导致商标可能演变为多义词或同形异义词。

② Jacob Jacoby，The Psychological Foundations of Trademark Law：Secondary Meaning，Acquired Distinctiveness，Genericism，Fame，Confusion and Dilution，*91 TMR*. 1013，1047（2001）.

的商标在消费者的大脑中占据了一席之地。”[①] 驰名商标的显著性较强，消费者的大脑拥有庞大的以驰名商标为节点的认知网络。当消费者看到驰名商标时，就能够迅速激活大脑中储存的有关驰名商标的信息，激发消费者对驰名商标的美好情感。那么，从认知心理学的角度而言，商标淡化中的弱化是如何发生的呢？一般而言要经历三个心理阶段。

其一，在驰名商标被淡化之前，它在市场中具有很强的显著性，能够迅速激活消费者大脑中有关驰名商标的认知网络。这时商标是独特的或者独一无二的，具有很强的销售力。

其二，当他人未经驰名商标权人许可，在不相同或不相类似的商品或服务上使用与驰名商标相同或者近似的商标时，就会在消费者大脑中已有的驰名商标认知网络中添加了新的认知网络。这样，对于同一驰名商标而言，消费者大脑中就形成了两套认知网络。

其三，在消费者大脑中形成以驰名商标为节点的两套认知网络后，消费者将受到侵权人认知网络的干扰，识别驰名商标的速度和精确度将会降低。这是因为，当消费者在市场中遇到驰名商标时，将会同时激活大脑中的两套认知网络，一套是商标权人的认知网络，另一套则是淡化侵权人的认知网络。消费者需要进一步动用认知资源，去判断市场中的商标究竟需要适用于哪一套认知网络，然后才能提取该认知网络所存储的商品信息，为购物决策提供指导。在这种情况下，驰名商标激活消费者大脑中对应的认知网络的能力就受到了损害，驰名商标的显著性和销售力相比淡化之前将有所下降。

淡化中的丑化与弱化的情形相类似，与弱化相比，丑化还兼具有消费者情感的转移和对商标权人驰名商标评价的降低。从认知心理学的角度来看，将商标权人商标使用在污秽、下流、不洁的商品之上，消费者会把对这些商品的厌恶的情感和较低的评价转移到商标权人的驰名商标之上，从而损害驰名商标的声誉。

心理学实验证明了消费者在商标淡化后的心理变化。在该实验中，心理学家预设了两种假设：（1）消费者接触到商标淡化的广告之后，与接触到这种广告之前相比将会发生更多的认知错误。（2）消费者接触到商标淡化的广告之后，与接触到这种广告之前相比其认知的反应时间更慢。[②] 如果这两种假设成立，则说明消费者在商标淡化之后的认知状况确实发生了商标权人不希望看到的改变。在该实验中，心理学家找到了64位大学生，以向其播放的广告的不同将之分为三组，通过向这三组学生播放不同的广告测试其心理状态。心理学家选择了三个驰名商标进行该项实验：歌帝梵巧克力（Godiva Chocolate）、喜力啤酒（Heineken beer）、凯悦酒店（Hyatt hotel）。对于第一组学生，心理学家向其播放了有可能造成商标淡化的广告：歌帝梵狗饼干、喜力爆米花、凯悦法律服务。还有三个与这三个品牌没有任何关系的其他品牌的广告。显然，这是在模拟在真实市场环境中，他人在不相关的商品上使用驰名商标的情景。对于第二组学生，心理学家向其播放了歌帝梵、喜力和凯悦这三个驰名商标的原版广告，同样也播放了三个其他品牌的广告，但是并没有向其播放可能造成商标淡化的广告。对于第三组学生，心理学家既没有播放这三个驰名商标的

① Rebecca Tushnet, Gone in Sixty Milliseconds: Trademark Law and Cognitive Science, *86 Tex. L. Rev.* 507, 515 (2008).

② Maureen Morrin & Jacob Jacoby, Trademark Dilution: Empirical Measures for an Elusive Concept, *19 J. Pub. Pol'y & Marketing* 265, (2000). http://papers.ssrn.com/sol3/papers.cfm?abstract_id=231023, p 10, 2018-04-10.

原版广告，也未播放可能造成淡化的广告，而是播放了任意其他几个品牌的广告。在向这三个小组播放完广告之后，心理学家开始利用计算机来检测商标淡化对大学生的影响。该测试由一个计算机软件来执行。首先，电脑屏幕上会短暂地出现上述驰名商标，如歌帝梵。然后，会出现该驰名商标对应的商品信息，如出现各种巧克力。这时需要测试者确定歌帝梵这一品牌是否与巧克力匹配（Match），并尽可能快速和精准地按下是或者否的按钮。显然，这是测试这些大学生是否在看到驰名商标时能准确地匹配该驰名商标对应的商品。测试结果显示，接触可能造成淡化的广告的第一组无论是反应的精确度还是反应时间都低于第二组和第三组。在精确度方面，第一组的正确率是73.1%，低于第三组的84.3%和第二组的88.9%。在看到驰名商标按动按钮的反应时间方面，第一组耗时770毫秒，长于第二组的675毫秒。[①] 总体而言，该心理学实验证明了心理学家之前关于商标淡化的假设。亦即，消费者受到商标淡化的影响之后，由于增加了认知的负担，对驰名商标进行识别的精确度和反应时间都有所下降。

三、驰名商标跨类保护的基本模式

从世界各国或地区商标法来看，驰名商标跨类保护的具体模式大体有两种，即淡化模式与防护商标制度。

（一）淡化模式

美国商标法是淡化模式的典型代表。一般认为，淡化概念和思想是斯凯特在经典论文《商标保护的合理基础》[②] 中提出的，20年之后，斯凯特的提议终于在美国马萨诸塞州开花结果，1947年马萨诸塞州通过了州反淡化法，又过了将近半个世纪，美国于1995年通过了《联邦商标淡化法》，在此之前，美国半数以上的州通过了自己的州反淡化法。在施行10年之际，由于国会对最高法院所采取的淡化标准不满等原因，2006年，美国修正了其《联邦商标淡化法》。美国《联邦商标淡化法》的立法目的是，保护驰名商标，防止商标驰名以后，因第三人的使用而使该驰名商标的显著特征受到玷污、贬低，即使这种使用不存在公众混淆的可能性。《联邦商标淡化法》规定了两种类型的淡化：模糊和污损。其中"因模糊而淡化（dilution by blurring）"是指商标或商号与著名商标之间的近似所引发的损害著名商标显著性的联想。"因污损而淡化（dilution by tarnishment）"是指商标或商号与著名商标之间的近似所引发的损害著名商标声誉的联想。美国商标法专家麦卡锡认为，1999年《反域名抢注保护法》颁行之前的判例法增加了第三种淡化，即域名抢注。

在淡化模式之下，商标的驰名并不需要注册登记，商标是否驰名需要在进行淡化保护时进行个案衡量和判断，因商标的驰名不需注册登记，淡化模式可以很好地随时对驰名商标予以保护，能够很好地适应商标的动态性，切实保护真正驰名的商标。然而，由于缺乏注册登记的公示，在淡化模式之下，商标是否已经达到驰名状态，公众无法事先察知，同时由于驰名商标反淡化的商品或服务范围的不确定性，公众无法事先得知驰名商标究竟会跨类到哪些

---

① Maureen Morrin & Jacob Jacoby, Trademark Dilution: Empirical Measures for an Elusive Concept, *19 J. Pub. Pol'y & Marketing* 265, (2000). http://papers.ssrn.com/sol3/papers.cfm?abstract_id=231023, p 14, 2019-04-10.

② Frank I. Schechter, The Rational Basis of Trademark Protection, *40 Harv. L. Rev.* 813 (1926).

商品或服务类别。因此，淡化模式下的驰名商标反淡化保护更像一种反不正当竞争保护，而不是设权的保护，“权利”边界模糊，具有一定的反竞争效果，保护范围更应谨慎。

（二）防护商标制度

防护商标，也称为防御商标，是指法律允许商标所有人在初始商标所使用的商品或服务不同类别的商品或服务上注册的与其初始商标标志完全相同的商标。注册防护商标的目的在于保护初始商标，防止他人将其初始商标用于不同的商品或服务上，混淆不同来源的商品或服务，误导消费者误认、购买，实现不当利益。防护商标和普通商标不同，普通商标均要求注册人必须使用，不使用会被撤销注册，但防护商标除初始商标外，其他商品或服务之上注册的商标不需要使用，也不会被撤销。由于防护商标保护范围强大，一般有防护商标制度的商标法会要求防护商标注册的初始商标必须达到驰名的程度。防护商标制度就是利用注册防护商标来保护驰名商标的驰名商标保护制度。日本是采用防护商标制度的典型国家，日本《商标法》第七章专章规定了防护商标。根据该法的规定，防护商标注册的要件有三项：一是商标必须达到驰名的程度，即表示在与自己业务相关的指定商品或服务上的注册商标已广为消费者所知晓；二是当他人在其注册商标指定的商品或服务及与其相类似的商品或服务以外的商品或服务上使用该注册商标，而该商品或服务又有可能与自己业务相关的指定商品或服务产生混淆时，可以在那些可能产生混淆的商品或服务上进行防护商标的注册；三是注册同一的商标标志，即初始商标之外的防护商标必须和初始商标标志同一。

相对于淡化模式，防护商标制度之下的驰名商标需要事先注册登记，公众可以事先察知驰名商标的权利边界，可以事先规避驰名商标，通常不会具有淡化模式下驰名商标跨类保护的反竞争效果。然而，由于需要事先注册登记，防护商标制度不能及时保护实际已经达到驰名状态而没有注册登记的驰名商标。同时，驰名商标是动态发展的，它是一种客观的事实状态，而不是一种先定的身份，注册登记时商标是驰名的并不能保证商标一直是驰名的，因此防护商标的注册登记与驰名商标的性质略有抵牾。

第四节　驰名商标淡化侵权的构成与认定

除了上节所述的驰名商标跨类保护的理论基础不够扎实之外，驰名商标反淡化制度广受质疑和抵制的重要原因是保护范围的不确定，目前略有共识的是，驰名商标反淡化可以跨越商标注册或使用的商品或服务类别，驰名商标反淡化的跨类也不是全类，但驰名商标究竟可以跨类反淡化到什么样的商品或服务范围并不存在共识。因此，我们需要通过驰名商标淡化的判断标准和构成条件来共同限定驰名商标反淡化制度的适用范围。

一、驰名商标淡化概述

驰名商标淡化是指未经权利人许可，将与驰名商标相同或相似的文字、图形及其组合在其他不相同或不相类似的商品或服务上使用，从而减少、削弱该驰名商标的识别性和显著性，损害、玷污其商誉的行为。反淡化保护是驰名商标跨类保护的一种重要模式，公认的是，驰名商标淡化思想源于 20 世纪 20 年代德国法院的实践和美国学者斯凯特的理论，自此之后，世界各国商标实践均渐渐地运用广义混淆、无谓竞争、商标吸引力受冲淡、不正当竞争等理论或理由突破专业性原则对驰名商标提供救济。[①] 1947 年，美国马萨诸塞州制定了第一部商标淡化法，1988 年《协调成员国商标立法 1988 年 12 月 21 日欧洲共同体理事会第一号指令》(89/104/CEE)(以下简称《欧共体商标指令》) 第 5 条第 2 款和 1993 年《欧共体商标条例》第 9 条第 1 款 c 项均将有声誉商标的效力扩张至不相同、不相类似商品或服务，而随着 1994 年《TRIPS 协定》第 16 条第 3 款将驰名商标的跨类反淡化规定于其中后，世界各国商标法大多建立了驰名商标跨类保护制度，其中最为引人注目的无疑是美国 1995 年通过的《联邦商标淡化法》。为了满足加入世界贸易组织的要求，我国《商标法》于 2001 年修正时明确规定了驰名商标的保护，其第 13 条第 2 款对驰名商标提供反淡化的跨类保护。

在美国，驰名商标淡化主要有三种形式：弱化的淡化、玷污的淡化和域名抢注。在欧盟，驰名商标淡化不仅包括美国商标法上的淡化，而且还包括"搭便车"，即不公平利用(takes unfair advantage of) 驰名商标的声誉。根据《驰名商标解释》第 9 条第 2 款的规定，我国驰名商标淡化包括减弱驰名商标的显著性、贬损驰名商标的市场声誉或者不正当利用驰名商标的市场声誉等三种形式。

驰名商标反淡化保护制度从根本上改变了商标保护的基本格局与面貌，传统商标保护的专业性原则被突破，商标保护的基本理念也发生了天翻地覆的变化，商标法从防止消费者混淆转向了保护商标所有人的财产。

二、驰名商标淡化的判断标准

传统商标侵权的目的是制止混淆，其侵权的判断标准可归结为混淆可能性，驰名商标反淡化的目的是制止淡化，防止对商标显著性的侵害或不当利用，驰名商标反淡化的侵权判断标准显然离不开淡化，那么，这里的侵权判断标准究竟是和传统商标侵权判断标准类似的淡化的可能性，还是实际淡化?

《TRIPS 协定》第 16 条第 3 款规定，《巴黎公约》1967 年文本第 6 条之 2，原则上适用于与注册商标所标示的商品或服务不类似的商品或服务，只要一旦在不类似的商品或服务上使用该商标，即会暗示该商品或服务与注册商标所有人存在某种联系，从而注册商标所有人的利益可能因此受损 (are likely to be damaged by such use)。从《TRIPS 协定》的用语来看，驰名商标所有人的受损是可能的即可，不需要实际受损。在美国，驰名商标反淡化的侵权判断标准经历过一个演变过程。1995 年通过的《联邦商标淡化法》对于驰名商标淡化标准的用语是"引起淡化" (causes dilution)，这被 2003 年美国联邦最高法院的"维多利亚的秘密"案[②]解释为"实际淡化" (actual dilution) 标准，

---

① 曾陈明汝. 商标法原理. 北京：中国人民大学出版社，2003：181－188.

② Moseley v. V Secret Catalogue, Inc. (Victoria's Secret), *537 U. S.* 418 (2003). 在此案之前，美国各联邦巡回上诉法院对于驰名商标淡化的侵权判断标准究竟是实际淡化还是淡化的可能性存在分歧，比如第二巡回上诉法院认为驰名商标淡化的侵权判断标准是淡化的可能性［Nabisco, Inc. v. PF Brands, Inc., *191 F. 3d 208*, 223－224 (2d Cir. 1999)］，而第四巡回上诉法院则认为驰名商标淡化的侵权判断标准是实际淡化［Ringling Bros. -Barnum &Bailey Combined Shows, Inc. v. Utah Div. of Travel Dev., *170 F. 3d 449* (4th Cir. 1999)］。

2006 年通过的《联邦商标淡化修正法》对于驰名商标淡化标准的用语则修改为“可能引起淡化”（is likely to cause dilution），目前驰名商标淡化标准一般被认为是“淡化可能性”标准。[①]《欧盟商标条例》和《欧盟商标指令》关于驰名商标淡化标准的用语是“会给商标的显著特征或声誉造成不当利用或损害的”（takes unfair advantage of，or is detrimental to），类似于美国 1995 年《联邦商标淡化法》的用语，而不同于 2006 年《联邦商标淡化修正法》的用语，欧洲法院则并没有明确侵权案件或注册异议中反淡化的原告是否必须证明存在实际的或者可能的损害或不公平优势。[②] 有学者认为，从《欧盟商标条例》和《欧盟商标指令》关于驰名商标淡化标准的用语来看，似乎仅仅存在不公平优势或损害的可能性是不够的，然而这种解读至少会部分违反《 TRIPS 协定》第 16 条第 3 款，该款规定，就驰名商标用于不同商品和服务而言，如果其利益可能受到损害，商标所有人可以反对在后商标的注册和使用。因此，欧洲法院在 Intel v. Intelmark 案中指出了应该如何解释这一条件，欧盟法院根据《欧盟商标指令》第 4 条第 a 款的规定裁定，不要求在先商标所有人证明对其商标的实际的和现存的损害，如果可以预见在后商标的使用会导致这种损害，那么不能要求在先商标所有人等待实际发生损害后才能禁止这种商标的使用。当然，在先商标所有人必须证明将来有发生此类损害的严重风险，在这里，“严重”的意思是并非假设。在 Environmental Manufacturing v. OHIM 案中，欧洲法院确认，允许使用逻辑推论，但应存在严重的损害风险，这种推论绝不能只是假设，而必须以概率分析为基础且考虑到该案件的所有其他情况以及相关商业部门的正常做法。易言之，淡化的风险应建立在明确的迹象上，而不是假想的假设上。[③] 另外，尽管《欧盟商标条例》和《欧盟商标指令》均未规定不公平优势或损害的“联系或联想”（link or association）条件，但欧洲法院却像《TRIPS 协定》第 16 条第 3 款那样要求在后商标的使用“会暗示该商品或服务与注册商标所有人存在某种联系”[④]。和损害仅仅是实际可能的类似，这里的联系或者联想也是实际可能的，即只要是足够的联想可能性就满足要求。正如本书第七章第一节所引的那样，欧洲法院在 Sabèl v. Puma 案中认为的，在严格意义上仅仅“唤起对商标的记忆”的联想在防止混淆方面是不够的。然而，就其本身而言，这种严格意义上的联想却足以援引《欧盟商标条例》第 9 条第 2 款 c 项和《欧盟商标指令》第 10 条第 2 款 c 项的规定来防止淡化，在这种情况下，只要和驰名商标建立联系就足够了。[⑤]

就驰名商标淡化的内容，美国和欧洲商标法有所不同，正如美国联邦商标淡化法的规定，美国商标法上的淡化包括模糊、玷污和域名抢注，而欧盟商标法则不仅包括美国商标

---

① J. Thomas McCarthy，*McCarthy on Trademarks and Unfair Competition*，Fifth Edition March 2020 Update，§23：78.

② Ilanah Simon，*The Actual Dilution Requirement in the United States*，United Kingdom and European Union：A Comparative Analysis，12：2 BUJ Sci & Tech L 271，293（2006）.

③ Charles Gielen，Trademark Dilution under European Law，*104 TMR*. 693，716（2014）.

④ Charles Gielen，Trademark Dilution under European Law，*104 TMR*. 693，712（2014）.

⑤ Annette Kur & Martin Senftleben，*European Trade Mark Law*：*A Commentary*，Oxford：Oxford University Press，§ 5.1.5.6，para. 5.215，2017.

法上的淡化，而且还包括美国商标法上不包含的“搭便车”（free riding），“搭便车”并不会损害驰名商标：它关注被告的不当得利。[①] 根据美国2006年《联邦商标淡化修正法》的规定，“模糊的淡化”是产生于商标或商业名称与著名商标之间的相似性的损害该著名商标的显著性的联想，而“污损的淡化”是产生于商标或商业名称与著名商标之间的相似性的损害该著名商标名誉的联想。“域名抢注”是指为了以某价格将该域名的权利转让回合法所有者而在网络信息中心预订由某公司商标或名称组成的域名的人的行为。[②]“搭便车”是指不正当地利用驰名商标的显著特征或声誉的行为。[③]

我国《商标法》第13条第3款规定，就不相同或者不相类似商品申请注册的商标是复制、摹仿或者翻译他人已经在中国注册的驰名商标，误导公众，致使该驰名商标注册人的利益可能受到损害的，不予注册并禁止使用。从用语来看，我国《商标法》关于驰名商标跨类保护的规定类似于《TRIPS协定》的规定，只不过把其中的“会暗示该商品或服务与注册商标所有人存在某种联系”用“误导公众”替换而已。这可以为《驰名商标解释》第9条第2款的规定所证实，《驰名商标解释》第9条第2款规定，足以使相关公众认为被诉商标与驰名商标具有相当程度的联系，而减弱驰名商标的显著性、贬损驰名商标的市场声誉，或者不正当利用驰名商标的市场声誉的，属于《商标法》第13条第2款规定的“误导公众，致使该驰名商标注册人的利益可能受到损害”。其中，“足以使相关公众认为被诉商标与驰名商标具有相当程度的联系”大体上相当于“误导公众”，“减弱驰名商标的显著性、贬损驰名商标的市场声誉，或者不正当利用驰名商标的市场声誉”可以说就是“致使驰名商标注册人的利益受到损害”。从“足以使相关公众认为被诉商标与驰名商标具有相当程度的联系”和“致使驰名商标注册人的利益受到损害”两个方面来看，我国商标法的驰名商标跨类保护的侵权判断标准类似于欧盟商标法的规定。当然，从《商标法》第13条第3款的“可能”的用语可以看出，和欧盟商标法不甚明确的规定不同，我国商标法在驰名商标淡化侵权的判断标准上采用的是淡化可能性或者损害可能性标准。

从商标法理来看，商标是动态发展的，不容易逆转的，商标侵权比传统民事侵权更为隐蔽，更不容易发现，因此，不管是传统商标侵权还是驰名商标淡化，等到损害实际发生再采取措施往往难以取得理想效果，因此，传统商标侵权的核心标准确定为混淆可能性而不是实际混淆。与此类似，驰名商标淡化侵权的判断标准也应该是淡化可能性或者损害的可能性，而不应该是实际淡化或者实际损害。当然，和传统商标侵权相比，驰名商标淡化是一种更为强大的高标准保护，保护对象和保护范围均具有非常大的不确定性，应该采取适当措施限制驰名商标反淡化的范围。也许正如此，美国商标法专家麦卡锡指出：“为避免淡化原理被著名而显著的商标的原告所滥用，无论该原则存在于何处，都应在其旁边放置大型霓虹灯标志，上面写着：‘淡化规则：只有强商标需适用。’”[④] 而在欧盟，有

---

①② J. Thomas McCarthy, *McCarthy on Trademarks and Unfair Competition*, Fifth Edition March 2020 Update, §24：67，71.

③ C-487/07, L'Oréal v. Bellure, para. 41 (2009).

④ J. Thomas McCarthy, *McCarthy on Trademarks and Unfair Competition*, Fifth Edition March 2020 Update, §24：87，99.

学者认为，在《欧盟商标条例》第9条第2款第c项和《欧盟商标指令》第10条第2款第c项的背景下，“正当理由”的弹性抗辩起着至关重要的作用。因为商标淡化涵盖的商品服务范围宽泛，可以针对从模糊、污损到不公平搭便车的各种行为，采用较低的保护对象标准和仅要求忆起驰名商标的宽大的相似性标准，不要求证明存在混淆可能性，这些导致淡化保护的范围非常宽泛。因此，“在这种背景下，必须提供一个开放的、灵活的平衡措施，以将保护范围保持在合理的范围内”，而“正当理由提供了这种灵活的平衡，它发挥着防止反淡化保护对竞争权利和自由特别是言论自由和竞争自由的侵蚀的作用”[①]。

三、驰名商标淡化的构成条件

在美国，2006年《联邦商标淡化修正法》第c款第1项规定：“具有固有的或者通过使用而获得的显著性的驰名商标所有人，在商标驰名之后，有权禁止他人在商业中作为商标或商业名称的使用，只要这样的使用可能导致商标权人驰名商标的弱化或者污损；而不管是否存在实际或者可能的混淆，或是竞争，或是实际的经济损失。”对此，麦卡锡教授指出，模糊的淡化的构成要件可以总结为：第一，原告是驰名商标所有人。第二，被告作为商标或者商业名称使用被指控的标志。第三，属于州际贸易中的使用。第四，被告的使用是在原告商标驰名之后。第五，被告的使用可能通过模糊而导致淡化。第六，与原告驰名商标的相似性而引起联想的可能性。第七，可能损害原告驰名商标的显著性。[②] 驰名商标淡化显然只适用于驰名商标，商标驰名是驰名商标淡化侵权构成的前提条件，因此，驰名商标条件是不言而喻的。同时，州际贸易是由美国商标法的特殊立法渊源所导致的，并不具有普遍的商标法意义。因此，麦卡锡教授的模糊的淡化的构成要件实质上可以缩减为其余5个。显然，在美国，参照麦卡锡教授的总结，污损的淡化的构成要件也是类似的，只不过需要把其中的模糊替换为污损而已。在欧盟，根据学者的总结，驰名商标淡化侵权的构成条件可以概括为五项：第一，标志的相似性。第二，相同、类似和不类似商品或服务。2009年《欧共体商标条例》第9条第1款第c项曾经将驰名商标淡化侵权限定为不相同不相类似的商品或服务范围[③]，欧洲法院2003年的Davidoff v. Gofkid案明确指出，驰名商标反淡化不限于不相同、不相类似的商品或服务范围，而是可以适用于相同或类似商品，2017年的《欧盟商标条例》第9条第1款第c项规定，驰名商标反淡化可以适用于相同或类似商品或服务、不相同或不相类似的商品或服务。与之相适应，《欧盟商标指令》也经过了一个类似的发展变化过程。第三，足够的联想可能性。第四，可能损害驰名商标的显著性、名誉或不正当利用驰名商标的优势。第五，无正当理由。“无正当理由”看上去很像一种抗辩，特别是因为商标权人难以证明“无正当理由”，因此一般由被告来证明其使用具有正当理由，这与一般的商标权人应对侵权构成要件承担举证责任不同，但“技

---

① Annette Kur & Martin Senftleben, *European Trade Mark Law: A Commentary*, Oxford: Oxford University Press, § 5.1.5.8, para. 5.250, 2017.

② J. Thomas McCarthy, *McCarthy on Trademarks and Unfair Competition*, Fifth Edition March 2020 Update, § 24: 87, 99.

③ C-292/00, Davidoff v. Gofkid, para. 30 (2003).

术上而言，正当理由要求是侵权的构成要件，而不是一种抗辩”[①]。无正当理由是欧盟驰名商标淡化的构成条件中不同于美国商标法的独有之处，其根本原因大概是美国商标法对于构成淡化所要求的驰名商标的知名度要远高于欧盟的，已经对通过入门的高门槛限制了驰名商标反淡化的适用，而也正由于欧盟商标法对驰名商标反淡化中的驰名商标的知名度要求低于美国的，而为了限制驰名商标反淡化的过度适用，欧盟商标法增加了“无正当理由”的条件。

《商标法》第 13 条第 3 款规定，就不相同或者不相类似商品申请注册的商标是复制、摹仿或者翻译他人已经在中国注册的驰名商标，误导公众，致使该驰名商标注册人的利益可能受到损害的，不予注册并禁止使用。就其中的“误导公众，致使该驰名商标注册人的利益可能受到损害”，《驰名商标解释》解释为，足以使相关公众认为被诉商标与驰名商标具有相当程度的联系，而减弱驰名商标的显著性、贬损驰名商标的市场声誉，或者不正当利用驰名商标的市场声誉的。《商标审查与审理标准》规定，适用《商标法》第 13 条第 3 款的条件包括：(1) 他人商标在系争商标申请日前已经驰名且已经在中国注册；(2) 系争商标构成对他人驰名商标的复制、摹仿或者翻译；(3) 系争商标所使用的商品/服务与他人驰名商标所使用的商品/服务不相同或者不相类似；(4) 系争商标的注册或者使用，误导公众，致使该驰名商标注册人的利益可能受到损害。结合这些内容，本书认为，我国驰名商标反淡化侵权适用的条件可以总结为以下几个方面。

第一，商标在侵权诉讼提起前已经驰名且已经在中国注册。我国商标法只对注册的驰名商标提供反淡化保护，因此，引证商标必须是注册商标。商标只有在达到驰名状态之后才享有反淡化保护，因此，引证商标在侵权诉讼提起之前必须已经驰名。当然，从理论上说，未注册商标并非不能享受反淡化保护。因为驰名商标是否能够享受反淡化保护主要取决于它的影响力，而不是它是否已经注册，只要达到应该享受反淡化保护的影响力和条件，就应该受到反淡化保护。事实上，作为驰名商标反淡化立法开端的美国商标法对于驰名商标的反淡化保护并不限于注册商标，而是不管是注册商标还是未注册商标均可以享有反淡化保护，因为众所周知，规定驰名商标反淡化的美国《兰哈姆法》第 43 条正是保护未注册商标的。

第二，系争标志属于对驰名商标的复制、模仿、翻译。这里的“复制、模仿、翻译”大体上类似于《商标法》第 57 条第 1 项和第 2 项中的商标相同、商标近似，其判断方法也类似。鉴于《商标法》第 13 条第 3 款并不需要混淆要件，这里的“复制、模仿、翻译”即商标相同、商标近似也应该是不包含混淆的客观概念。另外，尽管“复制、模仿、翻译”大体上类似于《商标法》第 57 条第 1 项和第 2 项中的商标相同、商标近似，判断方法也类似，但鉴于驰名商标反淡化保护的极强的效力，这里的“复制、模仿、翻译”应该作略严格于商标相同、商标近似的解释，以防止驰名商标反淡化保护的过分泛化。

第三，系争标志所使用的商品/服务与他人驰名商标所使用的商品/服务不相同或者

---

① Ilanah Simon Fhima, *Trade Mark Dilution in Europe and the Uited States*, Oxford: Oxford University Press, 2011, 228.

不相类似。如上所述，对于驰名商标反淡化究竟仅适用于不相同、不相类似商品或服务还是可以同时适用于相同类似商品或服务，美国和欧盟做法不同，本书认为，尽管相同类似商品或服务范围之内的混淆侵权同样会损害商标的显著性，具有和驰名商标淡化类似的效果，但因混淆标准下的保护不仅更容易判断、确定性较强，而且同样可以达到驰名商标反淡化的目的，因此，驰名商标反淡化应该仅仅适用于不相同、不相类似商品或服务。

第四，系争标志的使用可能损害驰名商标所有人的利益。这里的损害驰名商标商标所有人的利益包括三种情况，即减弱驰名商标的显著性、贬损驰名商标的市场声誉，或者不正当利用驰名商标的市场声誉，大体相当于欧盟商标法上的模糊、玷污和搭便车。

《驰名商标解释》第 10 条还规定，原告请求禁止被告在不相类似商品上使用与原告驰名的注册商标相同或者近似的商标或者企业名称的，人民法院应当根据案件具体情况，综合考虑以下因素后作出裁判：（1）该驰名商标的显著程度；（2）该驰名商标在使用被诉商标或者企业名称的商品的相关公众中的知晓程度；（3）使用驰名商标的商品与使用被诉商标或者企业名称的商品之间的关联程度；（4）其他相关因素。

典型案例

“柯达”商标案

伊士曼公司是生产传统和数码影像产品、医疗影像产品、商业摄影产品、光学元器件和显示器的知名跨国公司。早在 1888 年，伊士曼公司将“KODAK”作为商标使用在照相机上，至今已有 117 年的悠久历史。作为世界知名企业，伊士曼公司在 150 多个国家和地区注册了将近 1 700 件“KODAK”商标或以“KODAK”文字为主体的商标，具有极高的知名度和良好的市场声誉。在中国，伊士曼公司的“KODAK”商标早在 1982 年就已在第 1 类“有机化学品和无机化学品”上核准注册，注册号为 154121，在此基础上，伊士曼公司又在第 1 类、第 9 类商品上注册了多个“KODAK”商标。2005 年 6 月，伊士曼公司在某家具广场、某商城发现其使用的自动扶梯上带有“Kodak”标识，经调查，发现该电梯为被告生产、销售，另外，被告及其北京分公司、广州分公司还在其企业网站、工厂大门、公司门牌、员工名片、产品介绍、宣传资料上使用“Kodak”标识。同时，被告及其北京分公司还将“Kodak”商标注册成其网站域名 kodaklift. com. cn，kodak-bj. com，并加以使用。伊士曼公司认为，被告的上述使用侵犯了其“Kodak”商标的专用权，向江苏省苏州市中级人民法院提起诉讼。法院经审理认为，原告伊士曼公司所有的“KODAK”注册商标属在市场上享有较高声誉并为相关公众所熟知的商标，在司法保护中，应认定该注册商标为驰名商标，并依法予以跨商品或服务领域的高水平保护。被告科达电梯公司使用“Kodak”标识，显然是模仿原告伊士曼公司所有的“KODAK”驰名商标，并借此攀附该商标的良好商誉，以取得不正当的商业利益。从保护驰名商标专有性的角度看，科达电梯公司使用“Kodak”标识必然会降低伊士曼公司所有的“KODAK”驰名商标的显著性，损害其商誉价值，给伊士曼公司所有的“KODAK”驰名商标的专有性及其形象利益造成实质性损害。因此，科达电梯公司未经“KODAK”驰名商标权利人同意而使用

"KODAK"商业标识的行为，构成商标侵权。[①]

本案是涉及驰名商标跨类保护的典型案例，2008年入选最高人民法院知识产权司法保护典型案例，也是《最高人民法院》2008年第5期公报案例。本案中法院并没有考察消费者的混淆可能性问题，而是运用了反淡化的概念，认为科达电梯公司的行为将会淡化伊士曼公司"KODAK"驰名商标的显著性，从而认定科达电梯公司的行为构成商标侵权。

【本章思考题】

1. 驰名商标认定的基本原则是什么？为什么驰名商标的认定并非一种荣誉称号的授予？

2. 我国的驰名商标跨类保护的模式是什么？

3. 商标反淡化保护的理论基础是什么？

4. 商标淡化的判断标准是什么？

【经典参考文献】

1. 杜颖. 商标淡化理论及其应用. 法学研究，2007（6）.

2. 邓宏光. 我国驰名商标反淡化制度应当缓行. 法学，2010（2）.

3. 王太平. 论驰名商标认定的公众范围标准. 法学，2014（10）.

4. 李友根. "淡化理论"在商标案件裁判中的影响分析——对100份驰名商标案件判决书的整理与研究. 法商研究，2008（3）.

5. Schechter，Frank I.，Rational Basis of Trademark Protection，40 Harv. L. Rev.，813（1927）.

6. Clarisa Long，Dilution，106 Colum. L. Rev.，1029（2006）.

7. Ilanah Simon Fhima，Trade Mark Dilution in Europe and the United States，Oxford：Oxford University Press，2012.

8. Hannelie Kruger，Trademark and brand dilution：An empirical investigation，Thesis presented to the University of Stellenbosch Business School of Stellenbosch University，2014，https://scholar.sun.ac.za/handle/10019.1/86565.

---

① 江苏省苏州市中级人民法院（2005）苏中民三初字第0213号民事判决书。

第九章　商标侵权的抗辩事由

本章导言

由于罗马法对抗性诉讼及其区分控和辩的思维方式的影响①，法律在赋予原告以诉权的同时，也赋予被告针对原告的诉讼主张进行抗辩的权利。就其字面意义而言，所谓抗辩就是对抗并说明对抗的理由。但在法律上尤其是在诉讼中，抗辩②是能够对抗对方当事人主张的法律事由。总体上，针对商标侵权，普通民事诉讼中的抗辩在商标侵权诉讼中同样也可以运用，比如普通民事诉讼中的管辖权异议、时效抗辩、合同抗辩等在商标侵权诉讼中同样可以提出。当然，能够对抗商标权人侵权指控的商标法上特有的主张更可以作为抗辩事由，比如违反商标法所规定的商标权取得的绝对条件和相对条件、违反商标权取得的程序条件、商标因不使用或不当使用而应被撤销、商标权效力所不及等。本章的重点是以下几种商标法上特有的商标侵权抗辩事由，主要包括：商标权用尽；商标的正当使用；自己商标权（益）抗辩；善意销售责任抗辩。

第一节　商标权用尽

商标权用尽是商标侵权诉讼的一种重要抗辩事由，它主要用于针对商标权所有人不正当控制经其同意流入市场的商品的进一步流通而提起的商标侵权诉讼。由于商标权具有地域性，商标法规定的商标权用尽的地域范围的不同又在很大程度上决定了平行进口是否合法。因此，商标权用尽和平行进口也存在着紧密的联系。

一、商标权用尽的概念和立法意蕴

商标权用尽，又称首次销售、商标权穷竭，是指当商标商品经商标权所有人或其授权的人同意而投入市场之后，商标商品被首次销售的受让人再次销售时商标权所有人无权禁

---

① 迪特尔·梅迪库斯. 德国民法总论. 邵建东，译. 北京：法律出版社，2000：92.

② 在法律上，严格地说，抗辩可以分为抗辩和抗辩权，二者的主要区别是，在诉讼中，抗辩权必须由享有抗辩权的人提出法院才能审查，而抗辩可以由法院主动审查。本书不严格区分二者，而是采广义的抗辩概念。

止其继续使用原商标。许多国家或地区的商标法规定了商标权用尽。比如,《欧盟商标条例》第15条规定了"欧盟商标的权利耗尽",该条第1款规定:"欧盟商标所有人无权禁止由其、或经其同意,已投放欧盟市场的标有该商标的商品使用欧盟商标。"由于坚持商标权的地域性原则,且商标权用尽的地域范围与各国贸易政策紧密相关,商标相关国际公约并未明确规定商标权用尽的地域范围,而是授权各国自行规定。

从历史上看,商标权用尽原则可以追溯到19世纪晚期,当时前所未有的经济变革导致了产品制造的兴起和商品的日益普及,因之,产品分销也变得越来越复杂,在传统的产品营销渠道上增加了新的中间商。面对商标所有人试图控制已经进入市场的产品的销售,英美法院得出相同的结论,制造商不能使用作为商标权约束其商品的购买者即零售商和消费者所期望的后续销售的条件,如不能为零售商确定价格或阻止使用过的商品的二级市场。这一立场直接回应了迫切需要——划定生产者的知识产权和购买产品的所有者的普通所有权之间的必要分界线。为避免扩张的商标权超出传统的商标保护的范围即保护消费者和市场竞争,法院和商标理论家认为,商品的财产所有者应该保持自由享受其传统所有权的具体特权,即他应该能够自由转售或以其他方式处置其财产。至今,尽管国际范围内商标权用尽原则尚存争议,但对于未经授权销售原产自国内市场的真货,很少有人对该原则提出质疑。[①] 采用商标权用尽原则的理由可以概括为三种:第一,商标权用尽原则的目的在于为已经在知识产权人控制下分销的商品的自由商业化创造空间(商业理由);第二,第一次销售商品时,权利人已经有足够的机会从其知识产权中获得经济利益(奖励理由);第三,有必要平衡知识产权持有者的利益与买方充分享有其(实物)财产权的利益(财产权理由)。[②] 商标权用尽制度在很大程度上将商标权的效力限制于第一次销售之时,合理地平衡了商标所有人和商标商品的经销商或所有人的利益,有利于建立统一的市场,有利于促进自由竞争。

二、商标权用尽的构成条件

世界各国或地区商标法规定的商标权用尽的条件是类似的,基本上多从积极和消极两个方面进行规定,其中积极方面主要是对投入市场的商标商品的规定,是适用商标权用尽的前提条件,消极方面主要是适用商标权用尽的例外条件。

(一)商标权用尽的积极条件

由于我国《商标法》没有明确规定商标权用尽,而我国商标权用尽的商标实践也不够成熟,本书以商标法上进行了明确规定的比较典型的欧盟商标法为主,介绍商标权用尽的条件,同时兼顾其他国家或地区商标法、商标实践以及我国商标实践。《欧盟商标条例》第15条第1款规定,"欧盟商标所有人无权禁止由其、或经其同意,已投放欧盟市场的标有该商标的商品使用欧盟商标"[③]。根据该规定,商标权用尽的积极条件包括两项。

---

① Irene Calboli, Market Integration and (the Limits of) the First Sale Rule in North American and European Trademark Law, *51 Santa Clara L. Rev.* 1241, 1251-1252 (2011).

② Annette Kur & Martin Senftleben, *European Trade Mark Law: A Commentary*, Oxford: Oxford University Press, § 6.2.1.2, para. 6.83, 2017.

③ 英国《商标法》(1994)第12条第1款;《德国商标和其他标志保护法》(1998)第24条第1款;法国《知识产权法典》(2007)第713—4条第1款;等等。

1. 商品必须在商标下投放市场。这里的投放市场必须经过销售，商标所有人仅仅将商品放在其附属商店供消费者购买或者仅仅将商品进口到某个国家而商品尚未售出，则不属于投放市场。[①] 因为此时商品尚未转移至第三方，商标所有人并未实现其商标的经济价值。另外，商品必须是在商标之下转移至第三方的，否则也不能适用商标权用尽原则。

2. 投放市场的行为必须由商标所有人或经其同意进行。投放市场的行为或者是由商标所有人亲自进行的，比如他直接将商标商品转让给他人而供他人经销，也可以由商标所有人能够控制相关产品的销售的、与其在经济上有联系的个人或实体执行，比如经商标所有人许可的被许可人将商标商品转让给他人而供他人经销。商标法上并无真假商标商品之分，只有是否经过商标所有人同意投入市场的商品之分，商标所有人并无义务证明没有经其同意，证明同意的义务是由进一步经销商标商品的人承担的。这里的同意既可以是明示的同意，也可以是默示的同意。如果商标所有人通过向买方出售商品而将商标商品投放到市场上，则即使销售协定中已规定该相关商品只能在限定市场上销售，该协定也不能约束第三方，商标所有人不能阻止第三方在限定市场之外销售此类商品。当然，该合同规定对原买方具有约束力，如果买方将商标商品在限定市场之外投放市场，则可以被起诉以赔偿商标所有人的损失。[②]

（二）商标权用尽的消极条件

世界各国商标法在规定商标权用尽原则的同时往往又对该原则的适用施加了一定的限制，一般是对转售时的商品进行限制，这就是商标权用尽的消极条件。如《欧盟商标条例》第 15 条第 2 款规定：“欧盟商标所有人有合法理由反对商品继续销售的，尤其是商品在投放市场后，商品质量发生变化或损坏的，上述第 1 款不适用。”《德国商标和其他标志保护法》第 24 条第 2 款、英国《商标法》第 12 条第 2 款、法国《知识产权法典》第 713—4 条第 2 款、丹麦《商标法》第 6 条第 2 款均有类似规定。

商标权用尽主要是从限制商标权的角度出发的，主要涉及商标商品转售时是否能够使用原商标的问题，世界各国或地区商标法则主要从转售是否会损害商标功能的角度来限定商标权用尽的适用范围。由于商标包括商标标志与商品信息两个方面，是两个方面的统一体，商标权用尽也应该考虑这两个方面。因此，商标权用尽的消极条件也可以从以下两个方面来考虑。

（1）商标标志没有发生变化。商标标志没有发生变化意味着再次销售时商品上的商标标志和首次销售时商品上的商标标志必须相同，其判断规则和前文商标侵权判断中商标相同的判断标准和判断方法相同。一般而言，仅有商标标志的大小、颜色、文字商标的字体等的变化，两商标标志原则上仍视为相同商标标志。当再次销售时商品上的商标标志近似于或者完全不同于首次销售时商品上的商标标志时，尽管此时商品是“真”品，即由商标所有人或经其同意投放市场的，商标所有人已经实现了其商标商品的价值，但因商标标志是近似或不同的而不是相同的，原商标标志无法进一步积累原商标商品的商誉，即原商标

---

① 查尔斯·吉伦，韦蕾娜·博哈德. 简明欧洲商标与外观设计法. 李琛，赵湘乐，汪泽，译. 北京：商务印书馆，2017：96.

② Tobias Cohen Jehoram, Constant van Nispen and Tony Huydecoper, European Trademark Law: Community Trademark Law and Harmonized National Trademark Law, *Kluwer Law International*, 2010, § 9.3.3.

的商誉积累功能会受到影响。因此，在这种情况下同样不应适用商标权用尽原则。再次销售时商品上的商标标志完全不同于首次销售时商品上的商标标志的，构成反向假冒行为，根据我国《商标法》的规定构成商标侵权行为。

(2) 除商标标志之外的商品本身的条件没有发生变化，至少是没有变劣。这也是世界各国或地区商标法所规定的内容。不过，由于商品流通形态千差万别，商品本身的“条件没有变化”仍需要清晰界定。比如，商品分装后销售、商品经过加工后销售、旧商品翻修等，这些情况下商品的物理条件发生了部分改变，这种情况下是否不适用商标权用尽原则？商品本身的物理条件没有发生变化，但商品的说明改变了，这种情况下是否适用商标权用尽？本书认为，之所以商标法规定在商品发生变化之后不适用商标权用尽，是因为尽管此时的商品基本上仍然是商标权人提供的商品，但商品条件的变化，已经超出了商标权人对其商品质量的控制权，最终可能会损害商标本身的存续，破坏商标权人与消费者之间关于商品信息的通信系统和通信过程。因此，上述各种形态是否是商标侵权的关键在于商标对商品信息的传递是否正常发挥，只要商标仍然正常发挥着传递商品信息的功能，上述各种情况就不属于商标侵权行为，反之就属于商标侵权行为。

三、平行进口背景下的商标权用尽

商标权用尽与平行进口存在着紧密的联系，大体上说，商标权用尽的不同地域范围基本上决定了平行进口是否合法。同时，平行进口毕竟涉及的是不同国家或地区之间的商标商品的流通，不同国家或地区之间在自然环境和人文环境方面的巨大差异必定会对商标商品产生巨大的影响。因此，平行进口背景下的商标权用尽规则和同一法域内的商标权用尽规则又不完全相同，平行进口是否合法则也不应一概而论，而应该具体问题具体分析。

(一) 平行进口的概念与实质

商标法上的平行进口行为，又称真正商品平行进口行为，是指在国际贸易中当某一商标获得两个或两个以上的国家的保护，且这两个或两个以上的国家的商标权属于同一个商标权人所有或者商标权人之间有许可或控制关系，未经进口国商标所有人或者其授权人的许可，第三人进口并销售使用注册商标的商品的行为。由于平行进口中涉及的商品既不是违法假冒的黑色市场商品，也不同于完全不存在商标权争执的白色市场商品，在进口国市场上销售的平行进口商品又被称为灰色市场商品。出现灰色市场商品和平行进口问题的主要原因是进口国与出口国的同一种商品存在着价格差，从而在进口国可以获得高于在出口国销售同一种商品的利润。

商标的平行进口问题与商标权的地域性和商标权用尽原则有着紧密的联系：坚持绝对的地域性原则会导致绝对禁止平行进口，商标权只在一国范围内用尽，商标权仍然能够阻止外国商品的进口；坚持相对的地域性原则会导致允许某些类型的进口，商标权可能在一定范围内用尽，如欧盟基本上采用的就是商标权欧盟范围内用尽；完全取消地域性原则会导致允许所有的平行进口，商标权在全球用尽，商标权不能阻止国外商品的进口。

关于商标权用尽的地位范围，《TRIPS协定》授权成员国自行规定。从世界各国或地区商标法来看，商标权全球用尽似乎是一种趋势，许多原本采用商标权国内用尽的国家逐渐采用商标权全球用尽，对平行进口的态度日渐宽松。代表商标权人的国际商标协会（INTA）

提倡在平行进口商品中使用国家（或地区）商标权用尽原则，INTA 认为，在没有明确证据证明商标所有人明确同意此类进口的情况下，全球用尽不应对平行进口适用，举证责任应由寻求证明同意的当事方承担。而在那些目前遵循全球用尽状态且在政治或其他条件下极不可能实施国家用尽状态的国家中，应该采用“实质性差异”标准，以便排除与商标所有人授权在国内市场销售的产品有实质区别的平行进口。[①] 商标权人当然渴望更强的商标权，追求对商标商品的更多控制，但为了平衡商标权人的利益和社会公共利益之间的平衡，商标权人所追求的，可能恰恰是法律所需要规制的，且与商标权人的追求方向相反。

同时，在一定程度上，表面上属于商标法问题的平行进口问题本质上却涉及一个国家的对外贸易政策，国家往往将商标的平行进口作为执行对外贸易政策的工具，越强调商标的地域性的国家是贸易保护越严重的国家，因为强调商标的地域性就意味着商标可以成为阻止进口的工具。在加入世界贸易组织之前，我国税率相对较高，加之对外贸进出口进行管制，没有外贸进出口权的进口商还要支付委托代理费用，从而使进口商无利可图，平行进口也就没有产生的现实基础。但是随着我国加入世界贸易组织以来关税的逐步降低，阻碍平行进口产生的成本问题逐步消除，平行进口会日益增多，我国对平行进口采取何种政策成为一个必须解决的问题。

（二）合法平行进口的条件

正由于平行进口涉及不同国家或地区之间的商标权用尽，且不同国家或地区的商标商品可能存在相当大的差异，即便是采用商标权全球用尽的国家或地区商标法，对于商标商品的平行进口也存在着一定的规制。也就是说，只有符合法定条件的平行进口才是合法的平行进口，不符合法定条件的平行进口不是合法的平行进口，构成商标侵权行为。结合世界各国商标实践来看，合法平行进口一般需符合以下条件。

第一，商标商品属于平行进口商品。合法的平行进口的商品首先必须是平行进口商品，如果仅仅是商标相同而不同国家或地区的商标权归属于不同主体且这些主体之间没有任何经济或法律上的联系，根据商标权的地域性原则，内国商标权人当然有权阻止这些商标商品的进口，因为尽管商标相同，但这些商标商品并非平行进口商品，进口商不能以商标权用尽原则对抗内国商标权人。

第二，平行进口商品和内国商标商品没有实质性差异。即便是承认商标权国际用尽的国家，其商标法也要求平行进口商品和内国商标商品没有实质性差异。这是因为不同国家或地区自然或人文环境差异巨大，在一国或地区质量优良的商品到另一国则未必，从而平行进口到另一国的话会危害内国商标权，甚至会导致内国商标的毁灭。比如，尽管美国《海关实施条例》第 133.21 条明确了平行进口的合法性，但在 Gamut Trading Co. 案中，KUBOTA 拖拉机的美国独占被许可人根据《关税法》向联邦贸易委员会投诉，并获得了禁止进口带有 KUBOTA 商标的日本二手拖拉机的排除令，并停止销售已经进口到美国的此类拖拉机。其根本原因是在很大程度上，由于打算使用拖拉机的地形不同，日本型号拖

---

① INTA Parallel Imports Committee, A “Material Differences” Standard for International Exhaustion of Trademark Rights, May 2, 2015. [2019-11-20]. https://www.inta.org/Advocacy/Documents/2015/Board%20Res%20Parallel%20Imports%20Material%20Differences%20Standard%20053115.pdf.

拉机在结构强度、速度能力以及轴距和轮胎胎面尺寸等方面都和美国的拖拉机商品存在实质性差异。这些商品还使用日语标签，在美国很难维修，其中某些部件不可用。联邦巡回法院在确认反对进口和销售的命令时强调了实质性差异。法院还表明，联邦贸易委员会拒绝了进口商提出的为日本型号贴标签以告知消费者差异的提议，因为标签可能在出售前被移除。[①] 国际商标协会认为，任何可能影响消费者购买产品的意愿，或者可能在购买后引起消费者不满的事情都应该被视为实质的。实质差异在本质上并不一定是物理上的，因为许多非物质上的差异（例如缺少产品支持、保修或消费者母语的说明）对消费者来说可能是实质的。[②]

第三，平行进口商品进口人是诚信的，不存在欺骗的故意。平行进口商品进口人不得进行故意欺骗，比如故意涂抹产品型号、来源信息等。

典型案例

“J. P. CHENET”商标案

大酒库公司系成立于1979年6月7日的法国公司，该公司经营葡萄酒。2011年2月7日，其“J. P. CHENET”商标经我国商标局核准注册。2009年3月9日，大酒库公司同天津王朝公司订立独家销售合同，授权天津王朝公司为中国境内的独家经销商，独家销售大酒库公司的涉案品牌葡萄酒。天津慕醍公司从案外人英国CASTILLON公司处购得涉案“J. P. CHENET”商标的葡萄酒共7 506瓶，其中干白葡萄酒1 302瓶、桃红葡萄酒1 302瓶和干红葡萄酒4 902瓶。该批葡萄酒系大酒库公司合法出售于其英国经销商AMPLEAWARD公司，再由AMPLEAWARD公司转售于英国CASTILLON公司。后该批葡萄酒由天津慕醍公司在天津东疆保税港区海关申报进口。大酒库公司认为，天津慕醍公司未经原告授权，擅自从英国进口“J. P. CHENET”商标葡萄酒进入中国，与原告大酒库公司在中国所售“J. P. CHENET”商标葡萄酒在质量等级、品质、成分、保质期、价格和服务等方面存在重大差别，会对原告及其国内经销商和消费者的利益造成损害，该行为构成商标侵权，遂诉至法院。天津市第二中级人民法院一审判决驳回大酒库公司的诉讼请求，大酒库公司随即向天津市高级人民法院提起上诉。

天津市高级人民法院在审理中认为，根据本案已查明事实，天津慕醍公司从英国进口的三种葡萄酒均为大酒库公司生产并销售给其英国经销商的产品，产品上所附着的商标也是来源于大酒库公司的商标，天津慕醍公司在进口中对涉案三种葡萄酒未进行任何形式的重新包装或改动，两者之间在质量等级和品质上，不存在大酒库公司所主张的“重大差别”。天津慕醍公司从英国进口的葡萄酒与大酒库公司在我国销售的葡萄酒的质量等级和品质并不存在实质性差异，且本案中进口商品的原来状况未被改变，即对消费者作出是否购买的决定具有影响的因素没有发生变化。故天津慕醍公司的进口行为并不足以造成消费

① Gamut Trading Co. v. U. S. International Trade Commission, 200 F. 3d 775 (Fed. Cir. 1999).

② INTA Parallel Imports Committee, A “Material Differences” Standard for International Exhaustion of Trademark Rights, May 2, 2015. [2019-11-20]. https://www.inta.org/Advocacy/Documents/2015/Board%20Res%20Parallel%20Imports%20Material%20Differences%20Standard%20053115.pdf.

者对商品来源的混淆和对信任度的破坏，进而大酒库公司在我国的商誉及利益也不会受到危害。天津市高级人民法院最终判决驳回上诉，维持原判。[①]

本案是有关商标平行进口的典型案件，在这一案件中，天津市高级人民法院以平行进口的商品与在我国销售的商品之间是否存在实质性的差异作为认定平行进口是否会损害商标权人利益的标准。如果平行进口的商品与在我国销售的商品并不存在任何实质性的差异，则该商品的商标的质量保证功能和商誉积累功能并不会受到影响，商标仍然正常发挥着传递商品信息的功能，因此这种平行进口行为就不构成商标侵权。

典型案例

“米其林”商标案

米其林公司是世界著名的轮胎生产商和全球500强企业之一，早在19世纪末20世纪初，米其林公司就已在相关商品上使用“轮胎人图形”与“MICHELIN”系列商标。在中国，“轮胎人图形”与“MICHELIN”系列商标已经在轮胎与车辆等产品上获得注册。2008年4月，米其林发现胡某经营销售侵犯原告注册商标专用权的产品，遂诉至法院。经查，胡某销售的轮胎为米其林公司在日本的工厂生产的正品轮胎，系在日本购入后再进口至中国销售的产品。但是，该轮胎在中国销售时进行了改动。在未经米其林公司许可的情况下，胡某将米其林同型号低速度级别的轮胎改成Y级轮胎进行销售。湖南省长沙市中级人民法院经审理认为，将不属于Y级轮胎标记为高等级的Y级轮胎，使相关公众误认为该Y级轮胎为原告生产的同级轮胎，破坏商标注册人、注册商标和商品的真实联系。因此，法院认为本案所涉及的这种改变速度级别的轮胎产品，产品上标注了米其林商标，而使相关公众将该轮胎误认为原告生产的Y级轮胎，使消费者对于产品的来源产生混淆，同时也危及了商标注册人对于产品质量保证产生的信誉，构成商标侵权。

本案亦是关于商标平行进口的典型案例：在这一案件中，湖南省长沙市中级人民法院认为改胎的行为不仅欺骗了消费者，更重要的是这种行为危害到了商标权人的信誉。实际上，湖南省长沙市中级人民法院也是从商标的质量保证功能和商誉积累功能出发来认定平行进口的行为性质的。改胎这种行为不仅使米其林这一商标指示稳定商品质量的功能受到损害，而且在消费者购买了这种改胎轮胎之后，有对商标权人的商标作出负面评价的风险，危害商标权人的信誉。正是考虑到这些因素，法院认定商标侵权成立。

第二节 商标的正当使用

商标正当使用（fair use）是对商标权效力的重要限制之一，是保障商业活动中言论自由的重要工具，构成商标侵权的重要抗辩事由。世界各国或地区商标法大多有明确规定，如《欧盟商标条例》第14条、《德国商标法》第23条、美国《兰哈姆法》第33条b款第

① 天津市高级人民法院（2013）津高民三终字第24号民事判决书。

4 项、日本《商标法》第 26 条等的规定。我国 2001 年之前的《商标法》没有明确规定商标正当使用，而仅仅在《商标法实施条例》第 49 条规定了这一制度。2013 年《商标法》新增第 59 条，其第 1 款和第 2 款规定了两种类型的商标正当使用。

一、商标正当使用的概念与价值意蕴

商标的正当使用是指竞争者以其本来意义使用某些已经成为他人商标权的保护对象的标志来描述他自己的产品而不构成商标侵权的行为。除了那些纯粹臆造的商标之外，大部分商标标志在被用作商标之前总是具有一定的初始含义的，这些商标标志原本属于公共领域。商标保护的本质并不是对这种标志的原始含义的保护，也不是对标志本身的保护，商标保护的本质在于对因使用而产生的第二含义即消费者对有关商品信息的记忆与认识的保护。这种第二含义才是商标权人因使用商标附加给商标标志的，才是商标权人能够独占使用的对象，商标权人不能独占商标标志的那些原属于公共领域的初始含义。在美国，商标正当使用是商标侵权的一项重要的抗辩事由。正当使用抗辩的理由在于“允许竞争者自由使用英语语言以描述其商品的公共利益”。“合理使用抗辩禁止商标注册人因其独占使用而占有一个描述性词汇并从而禁止他人精确地描述他们的商品的特点。”①

二、商标正当使用的类型和条件

在美国，商标的正当使用可以分为两种类型：一种是经典正当使用（classical fair use），是指在非商标意义上善意使用他人的具有描述性的商标标志描述自己的商品或服务的商标使用，也被称为描述性正当使用；另一种是指示性正当使用（nominative fair use），是指在商标意义上使用他人的商标标志描述自己的商品或服务的商标使用。在美国，两种正当使用在作为商标侵权抗辩时的地位是有差异的，即经典正当使用抗辩是一种确定的抗辩，而指示性正当使用的抗辩则不是一种确定的抗辩，可能因存在混淆可能性而构成商标侵权。②

我国 2013 年《商标法》第 59 条第 1 款和第 2 款分别规定：“注册商标中含有的本商品的通用名称、图形、型号，或者直接表示商品的质量、主要原料、功能、用途、重量、数量及其他特点，或者含有的地名，注册商标专用权人无权禁止他人正当使用。”“三维标志注册商标中含有的商品自身的性质产生的形状、为获得技术效果而需有的商品形状或者使商品具有实质性价值的形状，注册商标专用权人无权禁止他人正当使用。”其中《商标法》第 59 条第 1 款规定的正当使用属于美国的经典正当使用，即描述性正当使用。关于这种类型的商标正当使用，《北京高院解答》规定了其条件和类型。《北京高院解答》规定，构成正当使用商标标识的行为应当具备以下要件：（1）使用出于善意；（2）不是作为自己商品的商标使用；（3）使用只是为了说明或者描述自己的商品。满足上述规定要件的下列行为，属于正当使用商标标识的行为：（1）使用注册商标中含有的本商品的通用名

---

① Uche U. Ewelukwa, Comparative Trademark Law: Fair Use Defense in the United States and Europe——The Changing Landscape of Trademark Law, 13 *Widener L. Rev.* 110 (2006).

② J. Thomas McCarthy, *McCarthy on Trademarks and Unfair Competition*, Fifth Edition March 2020 Update, §23: 11.

称、图形、型号的；（2）使用注册商标中直接表示商品的性质、用途、质量、主要原料、种类及其他特征的标志的；（3）在销售商品时，为说明来源、指示用途等在必要范围内使用他人注册商标标识的；（4）规范使用与他人注册商标相同或者近似的自己的企业名称及其字号的；（5）使用与他人注册商标相同或者近似的自己所在地的地名的；（6）其他属于正当使用商标标识的行为。至于《商标法》第59条第2款规定的正当使用，本书认为，尽管也有国家商标法做过相关规定，如日本《商标法》第26条第5项的规定，但本质上这类商标正当使用的规定与商标的非功能性规定有重叠之处，因为功能性的标志不能取得商标权，当然无权阻止他人使用。

我国商标法没有规定指示性正当使用，但司法实践是承认的。不过，目前指示性正当使用的构成条件并无统一认识。根据“New Kids”案判决，商标指示性正当使用的条件有三项：第一，所涉产品或服务必须是不使用商标而不易识别的；第二，被告使用该商标是否超过合理必要识别原告；第三，用户不能做任何与商标有关的暗示商标所有人保证或背书的事。[①] 在欧盟，商标指示性正当使用的构成条件可以概括为三个方面：第一，使用的必要性，即使用他人商标进行指称性使用（referential use）是否是唯一方式。第二，使用是否符合诚实商业惯例。第三，使用是否造成了商标使用者和商标所有人之间存在商业联系的印象，以及不公平地利用商标的声誉或显著特征的优势。[②] 根据我国台湾地区“智慧财产局”的解释，商标指示性正当使用的条件包括：符合商业交易习惯的诚实信用方法；使用他人商标为必要行为；使用结果不会造成相关消费者对于商品或服务来源，产生混淆误认之虞。[③]

结合世界各国或地区商标实践，商标指示性正当使用的构成条件可以概括为以下三点：第一，使用的必要性。商标的使用是“必要的”，只要“在实践中，商标是向公众提供可理解的、完整的有关有意目的的信息的唯一手段，以便维护该产品市场上不受扭曲的竞争体系”[④]。不仅使用商标必须是必需的，交流特定目的也必须是必需的。[⑤] 第二，遵守诚实商业习惯。诚实商业习惯并没有一个统一的标准，欧洲法院在一些案件中提到了一些涉及商标指示性使用的不诚实使用的例子：不公平地利用了商标的优势或者损害了商标的显著性和声誉的商标使用不构成诚实的使用；在贸易或商业中，如果商标使用可能造成第三方与商标所有人之间存在商业关系的印象，则使用不构成诚实使用；如果相关公众开始将经营者产品的声誉归因于竞争产品的声誉，则这种使用不构成诚实使用[⑥]；等等。第三，不存在较大的消费者混淆的可能性，包括关联关系混淆。之所以说不存在较大的消费者混

① New Kids on the Block v. News Am. Pub., Inc., *971 F. 2d 302* (9th Cir. 1992).

② Tobias Cohen Jehoram, Constant van Nispen and Tony Huydecoper, European Trademark Law: Community Trademark Law and Harmonized National Trademark Law, *Kluwer Law International*, § 9.1.3 (2010).

③ 台湾“经济部智慧财产局”. 商标法逐条释义. [2017-09-07]. https://www.tipo.gov.tw/public/Attachment/712616433350.pdf.

④ C-228/03, Gillette v. L. A.-Laboratories, para. 39 (2005).

⑤ Tobias Cohen Jehoram, Constant van Nispen and Tony Huydecoper, *European Trademark Law*: Community Trademark Law and Harmonized National Trademark Law, *Kluwer Law International*, § 9.1.3 (2010).

⑥ Tobias Cohen Jehoram, Constant van Nispen and Tony Huydecoper, European Trademark Law: Community Trademark Law and Harmonized National Trademark Law, *Kluwer Law International*, § 9.1.4 (2010).

淆的可能性是由指示性正当使用作为一种侵权抗辩的性质决定的，因为既然商标指示性正当使用是一种侵权抗辩，商标所有人就必须要证明存在消费者混淆的可能性，商标使用人才有必要提起抗辩，如果商标所有人根本不能证明存在消费者混淆的可能性，商标使用人显然是无须抗辩的。

三、商标指示性正当使用与商标权用尽的区分

我国商标法尽管并未明确承认商标指示性正当使用，但和商标权用尽一样，均为商标实践所承认。由于《商标法》没有予以明确规定，我国商标实践对商标权用尽制度和商标指示性正当使用制度的运用均不够充分，不仅制度适用不够成熟①，甚至还混淆二者的适用。② 事实上，尽管在性质上均为对商标权的限制，互相具有一定的联系③，但商标指示性正当使用和商标权用尽的缘起与价值意蕴均不相同，立法安排和构成条件迥异。

（一）商标指示性正当使用与商标权用尽的不同的缘起和价值意蕴

尽管商标指示性正当使用与商标权用尽性质类似且有紧密的联系，但二者的缘起和价值意蕴均是不同的。美国创立商标指示性正当使用的“New Kids”案中法院的判决很好地说明了商标指示性正当使用的缘起。法院认为，在整个商标法的发展过程中，商标的目的不仅始终保持不变，而且是有限的，即识别商品的制造商或主办者（sponsor）或服务的提供者。传统上，商标保护所针对的不良行为也同样是有限的，主要是防止生产商搭竞争对手的便车。商标是对特定文字、短语或符号的有限的财产权，当商标用于描述一类商品而不是单个产品时，该商标的使用和通用性、描述性词的使用类似，并不意味着原始所有人对该产品的保证（sponsorship）或背书，如果允许商标所有人拥有这种使用的独占权，这种语言就会像可保护的通用词语一样被耗尽。有时，许多商品和服务只能通过其商标被有效地辨认，没有用于描述的替代词语。在这种情况下，商标的使用并不意味着对产品的

---

① 有学者认为，我国商标“指示性相关案件目前仍处于‘原则裁判’模式，无法提供准确的关于指示性构成要件的总结”。钟鸣. 商标法上指示性使用的实践与问题（二）.［2019-03-16］. https://mp.weixin.qq.com/s/zE2yOB3-vHVCx-_NHD1BOLA.

② 比如，在普拉达有限公司诉天津万顺融和商业管理有限公司侵害商标权及不正当竞争纠纷案中，天津市滨海新区人民法院和天津市第二中级人民法院均认为，“虽然欧贸中心所售产品不是直接通过原告或者其授权中国销售的经营者取得，但是相关公众对于欧贸中心销售进口商品这一事实广泛知晓，以上指示性使用行为（即被告销售平行进口商品时在灯箱广告、货柜上方、室外广告使用原告商标的行为）不会让消费者对于二者进入中国市场的不同途径产生混淆或者误认，不会使到欧贸中心购买涉案品牌商品的消费者产生欧贸中心与原告之间存在某种关联关系的误认”［天津市第二中级人民法院（2017）津02民终671号民事调解书和天津市滨海新区人民法院（2015）滨民初字第1515号民事判决书］。这显然是将商标权用尽误当成了商标指示性正当使用。另参见浙江省杭州市中级人民法院（2016）浙01民终5552号民事判决书；重庆市渝北区人民法院（2015）渝北法民初字第11375号，等等。

③ 北京市高级人民法院认为，“关于平行进口是否构成侵害商标权的问题”，“商标法虽未将‘指示性使用’明确列为不侵权的抗辩事由，但是考虑到商标法所保护的是标志与商品来源的对应性，而商标禁用权也是为此而设置的，绝非是为商标权人垄断商品的流通环节所创设，即商标权利用尽规则应当是市场自由竞争所必须存在的基本规则之一。在此基础上，若被控侵权商品确实来源于商标权人或其授权主体，此时商标权人已经从‘第一次’销售中实现了商标的商业价值，而不能再阻止他人进行‘二次’销售或合理的商业营销，否则将阻碍市场的正常自由竞争秩序建立的进程，因此‘平行进口’应被司法所接受，不认定构成侵害商标权”。北京高院整理发布当前知识产权审判中需要注意的若干法律问题（商标）政策精神.（2016-05-17）.［2019-03-17］. http://www.chinaiprlaw.cn/index.php? id=4102. 这似乎在暗示着商标指示性正当使用与商标权用尽的紧密联系。在分装和旧货翻新的情况下，分装人和翻新人使用商标权人的商标几乎就介于商标指示性正当使用与商标权用尽之间，凸显出二者的紧密联系。

保证或背书，因为商标仅仅用于描述产品，而不是识别其来源，商标的使用并不是试图利用消费者的混淆或者将一种产品的声望用于另一种产品。因此，商标的这种指示性使用——唯一合理可行的描述某一特定事物的词——不受商标法的限制：因为它不涉及属于商标目的的来源识别功能，所以不构成不公平竞争；这种使用是正当的，因为它不意味着商标所有人的保证或背书。从而，该案中的商标使用构成指示性正当使用而不构成侵权。[①]理论上，商标的侵权性使用与商标的指示性使用的基础分别是商标的两种功能，即“发信号”功能和“表达性”功能，前者指“识别商品或服务并将其和他人制造或销售的商品区分开来”的功能，而后者指描述商品或服务、传递商品或服务的属性信息而不是来源信息的功能。[②] 的确，商标一旦使用，就必定产生意义，从而就会成为语言的一部分，除了能够识别商品或服务而有助于商品的销售和服务的提供之外，同样是商业信息交流的工具，甚至是构造复杂相互依赖的现代商品社会必需的信息交流工具。商标保护的本意是而且仅仅是对有助于商品销售和服务提供的商标的识别商品或服务的功能的保护，而不是对商标的一切方面的保护，商标权人之外的其他商事主体为了描述其商品或服务所必需的商标的“表达性”功能并不在商标权的控制之下。商标权用尽原则则可追溯到 19 世纪晚期，主要解决商标权人与商标商品购买人的所有权之间的利益平衡问题。商标权用尽原则在很大程度上将商标权的效力限制于第一次销售之时，合理地平衡商标权人和商标商品的经销商或所有人的利益，目的是建立统一的市场，而商标指示性正当使用制度则将商标的表达性功能置于公共领域，给予其他商主体使用商标的表达性功能的自由，目的是确保正常的商业信息交流。因此，尽管商标权用尽与商标指示性正当使用均可归为对商标权的限制，但二者的价值意蕴是完全不同的。

（二）商标指示性正当使用与商标权用尽的不同的立法安排和构成条件

不仅商标指示性正当使用与商标权用尽的缘起不同，具有不同的价值意蕴，二者的立法安排和构成条件也是不同的。在立法安排上，在明确规定了商标指示性正当使用和商标权用尽的立法例中，这两种制度多是分别规定的。比如，《欧盟商标条例》关于商标指示性正当使用的内容规定于第 14 条“欧盟商标效力的限定”中的第 3 项，而商标权用尽的内容则规定于第 15 条的“欧盟商标的权利耗尽”。再如，我国台湾地区“商标法”关于商标指示性正当使用和商标权用尽的内容尽管均规定在第 37 条的“不受他人商标权效力拘束之情形”，但却分别规定于第 1 款和第 2 款，其中，商标指示性正当使用规定于第 1 款第 1 项的正当使用，商标权用尽则单独规定于第 2 款。在构成条件上，指示性正当使用的构成条件为使用的必要性、遵守诚实商业习惯以及不存在较大的消费者混淆的可能性三点，强调的是诚实使用他人商标描述自己的商品或服务，而商标权用尽的条件则包括积极条件和消极条件，积极条件是指商标商品必须是由商标所有人或经其同意投放市场的，消极条件则包括商标商品本身和表示商标商品的关键信息的相关标签均没有实质改变，强调的是商标所有人对商标商品的质量控制，防止非因商标所有人原因的商标商品质量劣化被

---

① New Kids on the Block v. News Am. Pub., Inc., *971 F. 2d 302* (9th Cir. 1992).

② Rochelle Cooper Dreyfuss, Expressive Genericity: Trademarks as Language in the Pepsi Generation, *65 Notre Dame L. Rev.* 397, 400 - 401 (1990).

归属于商标所有人，二者的构成条件是完全不同的。

总体来说，商标指示性正当使用和商标权用尽的最明显的区别标志是：商标指示性正当使用是使用他人商标描述自己的商品或服务，是商标的“表达性”使用，而商标权用尽是使用他人商标指示他人商品或服务的来源，是商标的“发信号”功能的使用。需要注意的是，在商品重新包装、加工和修理中，由于重新包装、加工和修理在不同程度上会改变商品，因而，重新包装、加工和修理过的商品究竟是否仍然还可以说是原商标权人的商品变得不太确定，此时重新包装人、加工人和修理人无疑仍然有权使用原商标，不过其究竟是以商标指示性正当使用还是以商标权用尽的理由使用原商标则值得进一步探讨。本书认为，这种情况下，以商标权用尽加以规范更有利于平衡相关各方利益，有利于统一市场和生产体系的形成。当然，这种情况下，包装人、加工人和修理人有义务显著表明自己对商品进行包装、加工和修理的实际情况，以免损害商标权人的商标权益。

典型案例

“茅山”商标案

原告是句容市联友卤制品厂（以下简称联友厂），享有“茅山”注册商标的专用权，核定使用在板鸭、死家禽等商品类别上。被告柏某经营美食饭店，位于句容市茅山风景区内，以“茅山老鹅”“茅山草鸡”字样的包装盒或包装袋销售咸鸡、咸鹅等卤制家禽。原告认为被告用于包装的“茅山老鹅”“茅山草鸡”包装盒与包装袋上，使用原告的“茅山”文字商标，侵犯了其注册商标专用权。一审江苏省镇江市中级人民法院认为，原告联友厂合法取得的“茅山”注册商标专用权，应该依法予以保护。被告柏某在同类商品上突出使用“茅山”字样，构成对联友厂注册商标专用权的侵害。二审江苏省高级人民法院认为，“茅山”二字是因地知名，不是因作为商标而知名。上诉人柏某经营的美食饭店位于茅山地区，该店腌制的咸鹅、咸鸡，均来源于当地农家自养的草鹅、草鸡。柏某在自己的商品名称前冠注“茅山”二字，不是将其作为区别其他相同类商品的商业标识使用，只是要标明自己商品的产地。在上诉人联友厂申请注册“茅山”商标之前，柏某就已在自己的商品上使用“茅山”字样，以此表明自己商品与“茅山”这一地方之间的客观联系。“茅山”商标获准后，柏某只是在自己商品的包装上延续使用“茅山”二字。在茅山地区，腌制与出售鹅、鸡食品的商家众多，人们有腌制和品尝此类食品的生活习惯与经验；当地消费者在选择此类食品时，往往会结合生产者及商品上的其他相关标识加以判断，不会因柏某的商品上有“茅山”二字，而将该商品与联友厂的商品混淆、误认。考虑到这些因素，应当认定柏某在其生产、销售的商品包装上使用“茅山”二字，不存在侵犯他人注册商标专用权的主观恶意，不会误导公众，是对注册商标中含有地名的善意使用，因而是正当使用，不构成对联友厂注册商标专用权的侵犯。

本案是2005年第8期《最高人民法院公报》案例，对于理解商标的正当使用问题有所启示。“茅山”文字既是句容市当地地名，又是注册商标，本身是带有地名描述性意义的，故此，“茅山”被注册为商标并不意味着其他所有位于茅山风景区的经营者和生产者都无法再使用“茅山”文字来销售其商品；相反，其他主体依然可以在地名这种描述性的意义上来使用“茅山”文字。本案被告是在地名这种描述性的意义上使用“茅山”文字的，意在表明自己的商品产自句容市茅山风景区，是一种对商标的正当使用行为。

典型案例

“片仔癀”商标案

片仔癀公司拥有第701403号、第562754号、第358318号、第358317号注册商标。原告注册并使用在药品商品上的“片仔癀 PIEN TZE HUANG”商标被国家商标局认定为驰名商标，注册商标“片仔癀”被国家商务部认定为“中华老字号”。宏宁公司未经片仔癀公司同意，在其生产的“片仔癀珍珠霜”等27种化妆品及日化用品上，将与片仔癀公司注册商标相同的标志作为商品名称、商品包装装潢使用，并在其包装装潢上明显突出“片仔癀”的识别效果。片仔癀公司认为此举侵犯了其注册商标专用权，于2007年4月20日向福建省漳州市中级人民法院起诉。一审漳州市中级人民法院认定侵权成立，二审福建省高级人民法院判决驳回上诉、维持原判，宏宁公司向最高人民法院申请再审。最高人民法院认为，《商标法实施条例》（2002年）第49条规定，注册商标中含有的本商品的通用名称、图形、型号，或者直接表示商品的质量、主要原料、功能、用途、重量、数量及其他特点，或者含有地名，注册商标专用权人无权禁止他人正当使用。片仔癀是一种药品的名称，如果被控产品中含有片仔癀成分，生产者出于说明或客观描述商品特点的目的，以善意方式在必要的范围内予以标注，不会导致相关公众将其视为商标而导致来源混淆的，可以认定为正当使用。判断是否属于善意、是否必要，可以参考商业惯例等因素。宏宁公司如果是为了说明其产品中含有片仔癀成分，应当按照商业惯例以适当的方式予以标注。但是本案中，宏宁公司却是在其生产、销售商品的包装装潢显著位置突出标明“片仔癀”“PIEN TZE HUANG”字样，该标识明显大于宏宁公司自己的商标及其他标注，并且所采用的字体与片仔癀公司的注册商标基本一致。该种使用方式已经超出说明或客观描述商品而正当使用的界限，其主观上难谓善意，在涉案商标已经具有很高知名度的情况下，客观上可能造成相关公众产生商品来源的混淆，因此宏宁公司关于其使用是正当使用的主张不能成立。裁定驳回宏宁公司的再审申请。①

本案中，法院提炼出了判断商标正当使用行为的基本标准，即从被诉行为的主观意图和客观行为两个方面予以考察。对主观意图可以从被诉行为本身以及商业惯例等因素予以判断。对客观行为可以从行为的必要性和合理性角度进行判断。综合这方面的证据，法院认为宏宁公司在主观上难谓善意，在行为上难谓正当，因而不构成正当使用。

理论延伸

商标的正当使用与混淆可能性的关系

当被诉侵权人使用他人商标的行为可能造成一部分消费者发生混淆时，其商标正当使

① 最高人民法院（2009）民申字第1310号驳回再审申请裁定书。

用的主张是否成立，学界及实务界一直存在不同的看法。一种观点认为，正当使用和混淆可能性标准两者彼此排斥。商标法的目的在于防止消费者混淆。当可能造成消费者混淆时，就说明被告的使用并不合理，构成商标侵权。“混淆可能性的成立就排除了合理使用的抗辩。”① 另一种观点却认为，即便被告在正当使用他人商标的过程中造成了一些消费者发生混淆，正当使用的抗辩也能成立。“如果正当使用的抗辩在存在混淆可能性时无法适用，那么就说明正当使用从未被考虑过。”②

美国联邦最高法院审理的 KP Permanent Make-Up，Inc. v. Lasting Impression I，Inc. 一案，是关于商标正当使用和混淆可能性标准适用冲突与协调方面的经典案例，对于探究两者之间的关系具有启发意义。该案中的双方当事人 KP Permanent Make-up，Inc. 公司（简称 KP 公司）与被告 Lasting Impression I，Inc. 公司（简称 L 公司）均为化妆品的制造和销售商，且为直接竞争关系。L 公司于 1992 年开始使用“micro colors”商标，于 1993 年获准商标局注册。而 KP 公司则在 L 公司使用“micro colors”商标之前开始使用该商标，但是并未申请注册。在 1999 年，KP 公司大量使用“micro colors”投入产品广告，于是 L 公司在 2000 年向 KP 公司发出警告函，要求其停止使用该商标。KP 公司遂诉至法院，要求法院确定其对“micro colors”商标享有习惯法上的商标权，并且其行为构成正当使用。地方法院在一审中认为，KP 公司的行为构成正当使用。L 公司随后向第九巡回上诉法院提起上诉，第九巡回上诉法院在上诉审中认为，商标正当使用与混淆可能性标准是相互排斥的关系，当被告的行为可能造成消费者混淆之时，被告的行为就不构成正当使用。除非 KP 公司证明其使用“micro colors”并不会造成消费者对 KP 公司和 L 公司提供的产品来源发生混淆，否则就不能够运用正当使用抗辩。据此，上诉法院认为初审法院的判决有误，因为并未证明混淆可能事实这一关键问题③，故撤销了地方法院的判决。KP 公司不服，上诉至联邦最高法院。

联邦最高法院在审理该案中认为，美国国会在立法时并未在《兰哈姆法》中要求被告在主张正当使用时需要证明其对商标的使用不会造成混淆可能性。被告要主张正当使用，仅需要证明：(1) 被告并非以商标使用的方式使用；(2) 被告使用他人商标仅是为了描述自身的商品；(3) 被告的使用善意且合理。可见，该条文并不要求被告在主张正当使用时证明不存在混淆可能性。而根据美国《兰哈姆法》侵权判定条款第 32 条 a 款第 1 项的规定，原告应当在诉讼中证明混淆可能性的存在，该项举证责任并不在被告主张正当使用时转移。为了防止商标权的过度强化，保障公众合理使用他人商标表达信息的权利，一定程度的消费者混淆和商标正当使用是可以共存的。正当使用的抗辩必须容忍一些程度的混淆。当原告无法证明混淆可能性的存在时，被告不需要进行自我辩护。④

在我国，北京市高级人民法院在 2004 年颁布的《关于审理商标民事纠纷案件若干问题的解答》第 19 条中规定了商标正当使用的构成要件，其中明确规定“使用不会造成相关公众的混淆、误认”，表明此时北京市高级人民法院认为正当使用不能允许消费者混淆

---

① PACCAR，Inc. v. Telescan Tech.，L. L. C.，*319 F. 3d* 243，256 (6th Cir. 2003).

② Shakespeare Co. v. Silstar Corp. of Am.，*110 F. 3d* 234，243 (4th 1997).

③ KP Permanent Make-Up，Inc. v. Lasting Impression I，Inc.，*328 F. 3d* 1061，1072 (9th Cir. 2003).

④ KP Permanent Make-Up，Inc. v. Lasting Impression I，Inc.，*125 S. Ct.* 542，549 (2005).

可能性的存在。然而，北京市高级人民法院在2006年修订颁布的《关于审理商标民事纠纷案件若干问题的解答》第26条有关商标正当使用构成要件的规定，删去了“使用不会造成相关公众的混淆、误认”。可以认为这是观点发生了转变，不再坚持正当使用不能允许混淆可能性存在的观点。

本书赞同商标的正当使用可以适度容忍消费者混淆可能性的观点：当被诉侵权人以正当使用的方式使用他人商标时，要考察被诉侵权人的行为在客观上造成消费者混淆的范围和程度。假如被诉侵权人的使用行为仅仅造成一小部分或少部分消费者混淆，或消费者很容易就能消除这种混淆，同时被诉侵权人的使用方式是合理的，使用目的是善意的，则其行为并不构成商标侵权。亦即，正当使用需要容忍少量或适度的消费者混淆。但是，虽然在正当使用抗辩的适用中，可以容忍一定范围和程度的消费者混淆，但并不意味着混淆在正当使用的判断中没有意义。如果被诉侵权人声称其使用他人商标的行为构成正当使用，但实际上这种行为很可能造成大面积甚至全部相关消费者的混淆，则这种使用方式本身是否真的正当就值得探讨了。美国颇具权威的《不正当竞争重述》就直接规定，正当使用的成立需要考察混淆可能性的程度，即“原告商标的强度和混淆可能性或实际混淆的程度是决定一个使用是否正当的重要因素。调查和有关于潜在消费者认知的其他证据也与适用正当使用抗辩相关，一种使用如果很有可能造成实质性的混淆（substantial confusion），通常将不会被认为是正当使用。被告在本条规定下承担证明正当使用抗辩的举证责任”[①]。由此可见，消费者混淆如果达到了一定的程度，实际上可能预示着被诉侵权人使用他人商标的行为偏离了正当的轨道。在这种情况下，就有必要进一步探讨被诉侵权人的行为究竟是否合理。例如，被诉侵权人是否为避免消费者混淆采取了一定的措施。采取一定的措施，如不仅以描述性的方式使用了他人商标，同时也在显著的位置标示上了其自己的商标，两者具有很强的区分性。“在描述性使用他人商标时突出地使用被告自己的商标，就会减少潜在的混淆，是善意的强有力的证据。”[②] 再比如，被诉侵权人虽然以描述性的方式使用了他人商标，但其产品的包装、标识的方式、产品的外观等是否与商标权人的产品存在显著的差异。如果被诉侵权人不仅使用了原告的商标，而且连包装、标识的方式、产品外观等都与商标权人的产品相同或相类似，则其主观上的恶意或者过失就很大，当造成消费者混淆时，其正当使用成立的可能性就小。可见，被诉侵权人即便需要通过他人的商标来表达信息和言论，其使用的方式也是多种多样的，从使用的方式中就可以看出其是否尽到了一定的避免消费者混淆的注意义务，这关系到其行为最终是否会被认定为正当使用。

第三节 商标侵权的其他抗辩事由

除了上述最主要的商标权用尽和正当使用之外，商标法上特有的商标侵权抗辩事由还

---

① Restatement (Third) of Unfair Competition § 28 cmt. b (1995).

② Stephanie Greene, Sorting Out “Fair Use” and “Likelihood of Confusion” in Trademark Law, *43 Am*, *Bus. L. J.* 43, 68 (2006).

包括自己商标权（益）抗辩和善意销售的损害赔偿责任抗辩。

一、自己商标权（益）抗辩

商标侵权人的自己商标权（益）抗辩包括两种类型，一种是自己的注册商标侵权抗辩，另一种是商标法明确规定的商标先用权抗辩。

（一）自己注册商标侵权抗辩

根据商标法的规定，商标权人对自己的商标具有专有使用的权利。因此，当他人指控商标权人商标侵权的时候，商标权人当然可以以在行使商标权来进行抗辩。我国《商标法》没有明确规定自己注册商标侵权抗辩，不过，最高人民法院的《商标冲突规定》第1条第2款规定，原告以他人使用在核定商品上的注册商标与其在先的注册商标相同或者近似为由提起诉讼的，人民法院应当根据《民事诉讼法》第111条第3项的规定，告知原告向有关行政主管机关申请解决。但原告以他人超出核定商品的范围或者以改变显著特征、拆分、组合等方式使用的注册商标，与其注册商标相同或者近似为由提起诉讼的，人民法院应当受理。这在一定程度上意味着只要商标注册人正常使用自己的注册商标，其他人指控其商标侵权时，人民法院是不受理的。可以说，这在一定程度上赋予了商标注册人用自己注册商标进行侵权抗辩的权利。2009年4月22日最高人民法院通过的《驰名商标解释》第11条规定了注册商标与驰名商标之间的权利冲突的处理方案，即被告使用的注册商标违反商标法的规定，复制、摹仿或者翻译原告的驰名商标，构成侵犯商标权的，人民法院应当根据原告的请求，依法判决禁止被告使用该商标，但有以下两种例外情形：(1) 已经超过商标法规定的请求撤销[①]期限的；(2) 被告提出注册申请时，原告的商标并不驰名的。与《商标冲突规定》相比，《驰名商标解释》对注册商标之间的权利冲突的处理发生了一定的变化，即不再要求向有关行政主管机关申请解决，而是可以直接判决禁止被告使用其注册商标。

然而，商标的动态性和模糊性、商标审查制度的固有缺陷等因素导致注册商标之间冲突的现象不可避免，直接在商标侵权纠纷案件中简单地判决相互冲突的注册商标中的一方的使用构成商标侵权不仅对该注册商标所有人不公平，尤其是该注册商标的使用符合商业惯例且无明显恶意时，而且也必定破坏我国久已形成的商标全国集中授权制度，甚至颠覆商标注册制度。不仅如此，商标的动态性意味着市场本身有一定的净化能力，随着时间的经过注册商标之间的冲突可能消除。因此，在注册商标之间出现权利冲突时，应该有条件允许被控侵权的注册商标使用人以其注册商标抗辩商标侵权，而不是一味地直接判决侵权。

第一，商标的动态性是自己注册商标侵权抗辩的客观基础。商标的动态性意味着商标之间冲突的状况不是一成不变的，商标使用可能导致商标显著性增强，从而导致原本不存在冲突的商标之间产生冲突。反过来，随着两个相互冲突的商标的显著性的增强，消费者原本不能区分的两个冲突商标也可能变得能够区分，从而不再冲突。比如在著名的"黑人牙膏"与"白人牙膏"商标纠纷中，尽管在中国大陆（内地）的异议案件以及在新加坡、泰国、马来西亚及中国香港等国家和地区的注册情况足以证明"黑人牙膏"和"白人牙

---

① 现行商标法是请求无效宣告。

膏”之间的冲突，但因长期的共存使用，我国台湾地区行政法院认定：“二者商标在市场上已长期并存各自使用多年，已各自建立信誉，难谓一般消费者对二商标所表彰商品之性质及生产主体，有致混淆误认之虞。”[①]“白人牙膏”在我国台湾地区的获准注册表明了下文所述的商标审查制度的必然漏洞，而“白人牙膏”和“黑人牙膏”长期共存后评定的结果则表明商标的动态性导致时间的经过消除了原本冲突商标之间的冲突。

第二，商标审查制度的必然漏洞是自己注册商标侵权抗辩的制度原因。根据《商标法》第30条的规定，我国商标法采用商标局主动审查注册商标冲突并驳回与在先注册商标冲突的商标注册申请的商标审查制度，即当申请注册的商标同他人在同一种商品或者类似商品上已经注册的或者初步审定的商标相同或者近似时，由商标局驳回申请，不予公告。尽管如此，我国商标审查制度也不可能完全避免冲突商标的存在，不仅商标的模糊性和商标审查制度本身的有限性不可能避免冲突商标的存在，而且完全避免冲突商标存在的商标审查制度必然也是不经济的。

第三，信赖保护原则是自己注册商标侵权抗辩的法理基础。信赖是我们“社会生活的基础”，信赖（保护）原则不仅已经成为“私法制度体系中重要的法律原则”[②]，而且“在许多国家和地区的行政法中已得到确认”[③]。基于信赖保护原则，注册商标的有效性不应该轻易被否定，商标注册人可以以其注册商标在商标侵权案件中进行抗辩。首先，无论是基于商标局作为专业的审查机构还是基于其作为具有公信力的行政机关，除非证明当事人有明显的主观过错，注册商标所有人均有理由信赖商标局的审查结果。一方面，商标局是专业的商标审查机构，具有专业的商标审查能力，既然作为专业商标审查机构的商标局都未能避免冲突商标的存在，那么凭什么要求普通的注册商标所有人避免冲突商标的存在呢？基于商标局的专业能力，商标注册人可以信赖商标局的审查结果。另一方面，商标局不仅是专业商标审查机构，也是专门负责商标审查的国家行政机关，具有商标审查的法定职责和公信力，基于商标局作为行政机关的公信力，商标注册人可以信赖商标局的审查结果。其次，商标注册人基于对商标局的商标审查结果的信赖而使用注册商标所获得的利益就应该受到保护。既然商标注册人可以信赖商标局的审查结果，商标注册人基于对商标局的商标审查结果的信赖而使用注册商标所形成的利益也就应该受到保护，否则，不仅对商标注册人是不公平的，甚至还有可能危及整个商标注册制度的公信力。简言之，信赖保护原则决定了商标注册人在商标侵权案件中可以以其自己的注册商标进行侵权抗辩。

第四，禁止重复诉讼是自己注册商标侵权抗辩的程序法理由。今天，禁止重复诉讼已经是我国民事诉讼法的一项重要原理，在商标法中也有明显的体现，1982年《商标法》第28条即规定：“对核准注册前已经提出异议并经裁定的商标，不得再以相同的事实和理由申请裁定。”此后，尽管商标注册程序几经调整，但禁止重复评审裁定的规定一如其旧。商标注册程序中禁止重复评审意味着，经历过商标注册的全部程序（包括诉讼程序）的注册商标已经无法再以相同的理由被宣告无效。因此，在商标侵权案件中，不允许这种注册

---

① 中国台湾地区“行政法院”判决2000年度判字第一二二四号。

② 马新彦．信赖原则在现代私法体系中的地位．法学研究，2009（3）：104.

③ 黄学贤．行政法中的信赖保护原则．法学，2002（5）：25.

商标的所有人用自己的注册商标进行商标侵权抗辩而直接判决这种注册商标的使用行为构成侵权显然不仅意味着法院在该案中审理了该注册商标的效力，而且还作出了否定这种注册商标的效力的判决，从而违反了禁止重复诉讼原理。对于并未经历商标注册的全部程序的注册商标，即便在商标侵权案件中审查注册商标的效力，也不构成重复诉讼。不过，对于那些注册已经超过 5 年的注册商标，由于商标权效力基本已经确定而“不可争辩”[①]，此时，即便在商标侵权案件中审查注册商标的效力不构成重复诉讼，但这种做法本质上也与禁止重复诉讼的原理相违背。因此，禁止重复诉讼原理是自己注册商标侵权抗辩的程序法理由。

本书认为，自己注册商标侵权抗辩应该符合以下四个条件。

第一，注册商标与他人的注册商标存在冲突。注册商标与他人的注册商标存在冲突是注册商标侵权抗辩的前提。因为如果注册商标与他人的注册商标不存在冲突则无商标侵权，而无商标侵权则无须商标侵权抗辩，这里注册商标之间冲突的标准是存在消费者混淆的可能性。这里商标冲突的时间是本案商标侵权纠纷发生当时，至于双方的商标注册时是否存在冲突在所不论，这里的他人的商标必须为注册商标。因为在我国商标法的注册取得商标权体制下，注册商标是商标法优先保护的商标，对未注册商标的保护仅仅是有限保护[②]，其典型体现是《商标法》第 59 条第 3 款的规定，根据该规定，即便他人的未注册商标在先使用，但相对于注册商标，他人的未注册商标不仅不能禁止相冲突的注册商标的使用，而且还需要附条件地继续使用，不仅需要附加区别标志，而且还只能在原有范围内使用。这里的他人的注册商标原则上应该已经使用并产生了一定影响。因为从商标法理来看，没有一定影响也没有使用的商标事实上尚不是商标，即便他人使用该“商标”，事实上也不会“侵犯”注册商标所有人的利益。也就是说，从商标法理来看，此时对注册商标的使用行为根本不构成商标侵权，从而注册商标所有人无须进行商标侵权抗辩。

第二，用以进行商标侵权抗辩的注册商标有效，且在注册时商标注册申请人是善意的或者已经超过了商标法规定的无效宣告的时间限制。首先，用以进行商标侵权抗辩的注册商标在进行商标侵权抗辩时必须是有效的，无效的注册商标是不能进行商标侵权抗辩的。其次，用以进行商标侵权抗辩的注册商标在注册时其申请人是善意的或者已经超过了商标法规定的无效宣告的时间限制。这里又分两种情况：一种情况是，用以进行商标侵权抗辩的注册商标在注册时其申请人是善意的。只要商标注册申请人申请注册商标时是善意的，不管最终其注册商标的前途如何，只要符合其他条件，在注册商标被无效宣告之前都可以进行商标侵权抗辩；另一种情况是：尽管用以进行商标侵权抗辩的注册商标在申请注册时其申请人不是善意的，但根据我国商标法的规定，除恶意复制、模仿、翻译驰名商标之外，超过注册之日起 5 年的注册商标均将无法被无效宣告。在这种情况下，由于注册商标已经无法被无效宣告，如果任何情况下都不允许这种注册商标进行商标侵权抗辩，那事实上跟无效宣告还有何区别？商标法规定的 5 年期限岂不落空？不仅如此，商标的动态性意

---

① “不可争辩”是美国商标法上的概念，我国商标法并无这种概念，不过对于注册已经超过 5 年的注册商标，其效力在很大程度上已经“不可争辩”。

② 王太平，袁振宗. 反不正当竞争法的商业标识保护制度之评析. 知识产权，2018 (5)：5.

味着商标先前的缺陷可能会被较长时间、较大规模的使用“治愈”，因此，尽管其曾经能够依法被无效宣告或者撤销，但后来却进行了较长时间、较大规模的真实使用，其原有的缺陷已经被“治愈”。同时，在商标法提供了救济手段、在先商标注册人本可采取行动但却不采取行动的情况下，超过 5 年不对其提供救济类似于诉讼时效的原理，即法律不保护在权利上睡觉的人，有其合理性。不仅如此，在这种情况下不允许以注册商标进行商标侵权抗辩固然惩罚了在后注册人的恶意，但却也有可能助长在先商标注册人的投机行为，有厚此薄彼之嫌。

第三，注册商标在被控侵权之前已经实际使用并有一定影响。根据我国商标法的规定，注册商标连续 3 年不使用的，可以被撤销。在商标侵权诉讼中，只要被告提出抗辩，注册商标专用权人不能证明此前 3 年内实际使用过该注册商标，也不能证明因侵权行为受到其他损失的，被控侵权人就不承担赔偿责任。这些规定意味着仅仅注册而没有使用的注册商标在效力上是有瑕疵的，是不完整的商标。不仅如此，从商标法理来看，仅仅使用而没有一定影响的商标仍然不能用以识别商品或服务，本质上仍然不是商标。既然未经使用的注册商标不能用以指控他人商标侵权，当然相应地也就难以作为对抗商标侵权的抗辩，尤其是难以作为对抗停止侵权请求的抗辩。

第四，注册商标的使用是善意的，且使用方式符合商业习惯。这里的善意是注册商标注册人使用注册商标的主观心理状态，主要是指注册商标的使用不是为了利用他人注册商标的商誉的主观状态。主观的心理状态往往难以察知，因此需要通过外在行为来表现和显示。由于注册商标侵权抗辩中双方当事人的商标均为注册商标，双方互相了解是很正常的，尤其是有时在后商标申请注册时可能经过了在先注册商标注册人的异议或者无效宣告而最终并未影响在后注册商标的注册或者有效维持。因此，此时不能仅仅以被告已知或者应知原告的注册商标来判定被告使用自己的注册商标是否善意，而必须通过注册商标使用的客观行为来判断。本书认为，这里最重要的是注册商标的使用方式是否符合商业习惯，通常应该重点观察用以进行侵权抗辩的注册商标的注册状态与被控侵权标识的使用情况之间的关系，以及被控侵权标识的使用情况和原告注册商标的注册状态之间的关系，后者通常是商标侵权判断的标准和考虑因素，而前者在很大程度上则可以揭示注册商标使用人的主观状态。通常情况下，由于商业现实的多变性，注册商标的实际使用状态和注册状态有一定差异是正常的，也就是说，应该允许商标注册人在基本不改变自己商标的显著性的情况下根据商业现实随时调整自己的商标实际使用情况，但用以进行侵权抗辩的注册商标的实际使用状态不能过于偏离商标的注册状态。尤其是在可能与他人注册商标存在冲突的情况下，用以进行侵权抗辩的注册商标在实际使用时不得随意变形，不得随意扩大所使用的商品或服务范围，以至于加重与他人注册商标的混淆。只有使用是善意的，使用方式符合正常的商业习惯，自己的注册商标才能够用来进行商标侵权抗辩，否则无异于允许注册商标成为商标侵权的工具。

（二）商标先用权抗辩

《商标法》第 59 条第 3 款规定：“商标注册人申请商标注册前，他人已经在同一种商品或者类似商品上先于商标注册人使用与注册商标相同或者近似并有一定影响的商标的，注册商标专用权人无权禁止该使用人在原使用范围内继续使用该商标，但可以要求其附加适当区别标识。”该条款是2013年修正中新增的内容，类似于专利法中的先用权，其本意显然和专利法中的先用权是类似的，即出于公平考虑，赋予那些使用在先的商标继续使用的权利。

需要注意的是，尽管名称上同为先用权，立法目的也有类似之处，但相对于世界各国或地区专利法对先用权的较为一致的态度，世界各国或地区商标法对商标先用权的态度则有所不同，即便是在注册取得商标权体制下的国家或地区也是如此。比如，日本和法国均采用注册取得商标权原则，但日本《专利法》和《商标法》均规定有先用权制度，法国《知识产权法典》则仅仅规定了专利的先用权（第L613－7条），而没有规定商标先用权。本书认为，其根本原因在于专利权与商标权客体的根本不同。专利权的客体是发明，专利有效期内其社会价值基本上是恒定的，而商标权的客体是商标，其价值是动态性的，随着商标使用的状况而变化。尽管均出于公平考虑，但专利先用权只不过涉及社会价值较为恒定的发明的市场份额在先用权人和专利权人之间的分割问题，而商标先用权则不仅仅存在商标的市场份额在先用权人和商标权人之间的分割问题。由于相同或近似商标的使用，很可能会带来商标的最终消亡，其结果是两败俱伤。

我国台湾地区“商标法”第30条第1款第3项规定：“在他人商标注册申请日前，善意使用相同或近似之商标于同一或类似之商品或服务者。但以原使用之商品或服务为限；商标权人并得要求其附加适当之区别标示。”台湾“经济部智慧财产局”编写的“商标法逐条释义”指出，该项系所谓的善意先使用。善意先使用商标，但未申请注册，仍得于他人取得注册商标后继续使用其在先商标，此乃注册制度之例外，但其适用必须符合：(1) 使用在先之事实必须发生于他人商标申请注册前；(2) 继续使用之范围以原使用之商品及服务为限；(3) 商标权人可以要求该在先使用人附加适当区别标示。根据（84）台商字第225379号判决，台湾地区在新增该规定时，“行政院”函送“立法院”的修正草案中的“以原使用商品为限”的原用语是“以原使用商品及产销规模为限”，而“立法院”在二读时删除“原产销规模”的用语，是立法过程有意删除，因此难说“原使用商品为限”可以再扩及产销或经营规模的限制。另据（84）台商字第200767号判决，所谓“附加适当之区别标示”，系指附加足以为一般消费者借以区辨商品来源而得以避免引起混淆误认之虞之标示，例如，为不同之包装或标示制造厂商及产地等均可。

2019年9月，最高人民法院在其首次涉及商标先用权的“理想空间”案中认定，在先使用人不侵权抗辩成立，应当同时满足以下条件：第一，使用相同或者近似商标时间在先。在先使用人对相关标志的使用，应当早于该商标注册人申请商标注册的时间，同时亦必须早于该商标注册人使用该商标标志的时间。第二，在相同或者类似商品上在先使用。在先使用人必须是在与注册商标核定使用的商品或服务相同或者类似的商品和服务上使用该未注册商标，在不相同或者不类似商品或服务上的商标使用行为，不属于不侵权抗辩事由的范畴。第三，在先使用相同或者近似的标志。在先使用人使用的未注册商标必须是与注册商标相同或者近似的商标标志。第四，在先使用具有一定影响。在先使用人对该未注册商标的使用，必须在商标注册人申请商标注册日和使用日之前就已经具有一定影响。商标注册人提出商标注册申请之后或者商标注册人使用该商标之后，在先使用人继续使用该商标的证据不应作为“一定影响”的考量因素。第五，属于在原有范围内使用。在先使用人必须在其使用该未注册商标的原有范围内使用该商标，而原有范围的判断，应以在先使用人使用其未注册商标所形成的商誉所及的范围为主要判断依据。关于原有范围，最高人民法院特别指出：商标法强调的是使用范围而非使用规模，因此，在确定原有范围时，应当主要考量商标使用的地域范围和使用方式。一般而言，在先仅通过实体店铺销售商品或者提供服务，在商标注册人申请商标注册或使用该商标后，又在原实体店铺影响范围之外的地域新设店铺或者拓展到互联网环境中销售商品、提供服务的，则应当认定为超出了原有范围。此外，使用该商标的商品产能、经营规模等也可以在个案中作为考量因素予以考量。①

典型案例

“启航”商标案

贵阳市云岩区启航英语培训学校于 2003 年在第 41 类学校（教育）、教育、教学、讲课等服务上注册了“启航学校 Qihang School”商标，并将商标许可给北京中创东方教育科技有限公司（以下简称中创公司）独占使用。中创公司发现北京市海淀区启航考试培训学校（以下简称启航考试学校）及北京市启航世纪科技发展有限公司（以下简称启航公司）在共同运营的启航世纪网站、发放的宣传材料、名片、教材等上以及对外加盟行为中使用与涉案商标相近似的“启航考研”等标识，认为上述行为侵犯其享有的涉案商标专用权，遂诉至法院。1998 年 2 月 5 日，启航考试学校成立，2003 年 8 月 19 日，启航公司成立。1998 年至 2001 年间，启航考试学校编写了由中国人民大学出版社出版的各类考研书籍。

一审北京市海淀区人民法院认为，启航考试学校使用“启航考研”的使用较早，在涉案商标申请注册前，启航考试学校已经通过自身努力在全国范围考研培训领域使用“启航考研”，具有一定的知名度和影响力。因此，中创公司无权禁止启航考试学校使用“启航考研”，但可以要求其附加适当标识。对于启航考试学校在经营活动中使用“启航及图”标识、“启航教育”、“启航”，因缺乏证据证明启航考试学校曾于涉案商标申请注册之前进行商标使用，故启航考试学校及启航公司在涉案商标获得核准注册后，未经该注册商标专用权人许可，突出使用包含“启航”文字的“启航及图”标识、“启航教育”、“启航”等行为侵害了涉案商标专用权。中创公司不服，向北京知识产权法院提起上诉。北京知识产权法院经审理认为，涉案商标的申请日为 2001 年 10 月 18 日，但被上诉人启航考试学校在该日期前已经组织编写并出版了多本考研图书，并进行考研招生宣传报道。上述证据证明，在涉案商标申请日之前，被上诉人启航考试学校在考研等教育服务上存在在先使用“启航”商标的行为。被上诉人启航考试学校、启航公司在经营活动中使用“启航考研”的行为均符合《商标法》第 59 条第 3 款的适用要件，未构成对注册商标专用权的侵犯。②

---

① 最高人民法院民事判决书（2018）最高法民再 43 号。

② 北京市海淀区人民法院（2014）海民（知）初字第 27796 号民事判决书；北京知识产权法院（2015）京知民终字第 588 号民事判决书。

二、善意销售抗辩和原告未实际使用抗辩

《商标法》第 64 条第 2 款规定："销售不知道是侵犯注册商标专用权的商品，能证明该商品是自己合法取得并说明提供者的，不承担赔偿责任。"这就是善意销售抗辩。这里需要指出两点：一是这种抗辩只能针对损害赔偿的侵权主张提起，而不能针对停止侵害的侵权主张而提起，也就是说即便是符合该款规定的抗辩理由，被指控侵权的人也只能免于损害赔偿责任，而不能免于停止侵权的责任，销售不知道是侵犯注册商标专用权的商品的人要停止继续销售商标侵权商品；二是这种抗辩是有一定条件的，即销售不知道是侵犯商标专用权的商品的人必须证明该商品是自己合法取得的。根据《商标法实施条例》第 79 条的规定，这里所谓"能证明该商品是自己合法取得的情形"包括：（1）有供货单位合法签章的供货清单和货款收据且经查证属实或者供货单位认可的；（2）有供销双方签订的进货合同且经查证已真实履行的；（3）有合法进货发票且发票记载事项与涉案商品对应的；（4）其他能够证明合法取得涉案商品的情形。

《商标法》第 64 条第 1 款规定："注册商标专用权人请求赔偿，被控侵权人以注册商标专用权人未使用注册商标提出抗辩的，人民法院可以要求注册商标专用权人提供此前三年内实际使用该注册商标的证据。注册商标专用权人不能证明此前三年内实际使用过该注册商标，也不能证明因侵权行为受到其他损失的，被控侵权人不承担赔偿责任。"该条规定即为原告未实际使用抗辩，该规定是 2013 年《商标法》第三次修正时新增的，是规范商标申请、使用，维护公平竞争的市场秩序的措施之一。尽管我国采用的是注册取得商标权体制，但注册的目的是使用。因此，《商标法》规定了 3 年不使用撤销制度。但商标的撤销是需要一定的程序的，程序拖沓，花费时间很长。因此，2013 年《商标法》在规定 3 年不使用撤销制度的同时还规定了原告未实际使用的抗辩，有利于促进商标注册人使用商标，也有助于涉及未实际使用商标的商标纠纷的快速处理。

需要注意的是，善意销售和原告注册商标未实际使用抗辩所抗辩的仅仅是损害赔偿责任，而不能抗辩停止侵权责任。事实上，在善意销售和原告注册商标未实际使用的情况下，被告行为仍然构成商标侵权行为，不过商标法基于销售侵权和其他使用侵权中侵权人的不同注意义务以及鼓励商标注册人使用注册商标的目的而作了特别规定。

【本章思考题】

1. 什么是商标权用尽？如果将他人的商品买来，进行分装后再次销售，这种行为能否适用商标权用尽抗辩？

2. 什么是平行进口？我国立法与司法实践对待平行进口是什么态度？平行进口的合法性与非法性的认定依据应当是什么？

3. 商标的正当使用包括哪几种类型？如何理解商标的正当使用与混淆可能性之间的关系？

4. 商标先用权抗辩的构成要件是什么？

5. 甲经营一家专门从事 BMW 宝马汽车修理和维护保养的公司，甲在其公司门店招牌上以显著的字体写明"本店专业修理维护 BMW 宝马"，请问这种行为是否构成商标权侵

权？为什么？

【经典参考文献】

1. 张鹏.《商标法》第 59 条第 3 款"在先商标的继续使用抗辩"评注. 知识产权，2019（9）.

2. 杜颖. 商标先使用权解读——《商标法》第 59 条第 3 款的理解与适用. 中外法学，2014（5）.

3. 熊文聪. 商标合理使用：一个概念的检讨与澄清——以美国法的变迁为线索. 法学家，2013（5）.

4. 王太平. 自己注册商标侵权抗辩研究. 现代法学，2020（1）.

5. Dreyfuss，Rochelle Cooper，Expressive Genericity：Trademarks as Language in the Pepsi Generation，65 Notre Dame L. Rev.，397（1990）.

第十章　商标侵权的法律救济

本章导言

“无救济则无权利。”没有救济同样没有商标权，救济是商标权实现的重要途径和基本保障。根据我国《商标法》及相关法规的规定，商标权的救济手段包括民事救济、行政救济和刑事救济三大类。民事救济是商标侵权救济的主要途径，包括停止侵害、损害赔偿、消除影响、销毁侵权商品和工具等救济措施。行政救济是商标侵权救济的重要方式，包括我国市场监督管理部门对商标侵权的查处以及我国海关对商标权的保护。刑事救济是对严重侵犯商标权行为的刑事制裁措施，我国刑法规定了假冒注册商标罪、销售假冒注册商标的商品罪和非法制造、销售非法制造的注册商标标识罪这三种罪名来制裁商标刑事犯罪。本章将详细介绍这三种类型的法律救济。

第一节　商标侵权的民事救济

民事救济是商标侵权的最重要的法律救济，是世界各国或地区商标法上均有的一种法律救济。根据《商标法》及相关法规的规定，商标权被侵犯后可能的民事救济类型主要包括：停止侵害、损害赔偿、消除影响、销毁侵权商品和工具等。

一、停止侵害

停止侵害是商标侵权民事救济中最重要的一种手段，因为商标权的本质在于商标权人对其商标的控制权，这种控制权不仅是商标权人通过自己使用、许可他人使用而获取收益的重要依据，更是维护商标存续的根本保障，没有这种权利，商标权人不仅无法通过利用其商标获取收益，甚至可能会导致商标的死亡。《TRIPS 协定》第 16 条规定：“注册商标所有人应享有专有权防止任何第三方未经许可而在贸易活动中使用与注册商标相同或近似的标记去标示相同或类似的商品或服务，以造成混淆的可能。如果确将相同标记用于相同商品或服务，即应推定已有混淆之虞。”这里防止使用显然既包括预先禁止使用，也包括事后禁止使用。日本《商标法》第 36 条第 1 项规定：“商标权者或专用使用权者对侵害或有可能侵害自己的商标权或专用使用权者，可以请求其停止或预防这种侵害。”其他国家或地区商标法也均规定了停止侵害救济。

我国《商标法》中涉及停止侵害的规定有第 65 条规定的诉前停止侵权行为和第 60 条规定的由市场监督管理部门责令停止侵权行为。其中诉前停止侵权行为是 2001 年我国为了加入 WTO 而增加的规定，由工商行政管理部门责令停止侵权行为则是 1982 年《商标法》制定时就有的规定。不过有意思的是，我国商标法规定的责令停止侵权行为的规定是间接的，即商标法规定的有权责令停止侵害行为的机构是工商行政管理部门，那么，人民法院判决商标侵权案件时是否有这种权力呢？事实上，该条规定并不明确。明确适用停止侵害救济的是《商标纠纷解释》，其第 21 条规定：人民法院在审理侵犯注册商标专用权纠纷案件中，依据《民法通则》第 134 条、《商标法》第 53 条（2013 年修正《商标法》第 60 条）的规定和案件具体情况，可以判决侵权人承担停止侵害、排除妨碍、消除危险、赔偿损失、消除影响等民事责任，还可以作出罚款、收缴侵权商品、伪造的商标标识和专门用于生产侵权商品的材料、工具、设备等财物的民事制裁决定。

根据我国《商标法》的规定，商标法上的停止侵害有不同的类别。按照停止侵害的时间划分，我国《商标法》所规定的停止侵害包括三种：诉前停止侵害商标权行为、诉中停止侵害商标权行为和诉终停止侵害商标权行为。按照效力和性质划分，我国《商标法》所规定的停止侵害包括两种：暂时停止商标侵权行为和永久停止商标侵权行为。尽管在时间上有重叠，但诉前或者诉中停止侵害商标权行为的临时禁令不同于《商标法》第 65 条所规定的财产保全。财产保全的目的是确保判决的执行，是就被告的有价值的财产采取的措施。因此，财产保全不能针对侵权物品而采取，因为侵权物品最终可能因侵权而被销毁，达不到财产保全的目的。诉前或者诉中停止侵害商标权行为的临时禁令也不同于《商标法》第 66 条所规定的证据保全。尽管证据保全客观上可能导致侵害商标权行为的暂时停止，比如就商标侵权商品进行证据保全时，商标侵权商品显然是无法继续销售的，客观上阻止了商标侵权行为，但证据保全却无法阻止所有的商标侵权行为，比如制造商标侵权商品的行为或者提供商标侵权服务的行为就不一定能够完全为证据保全措施所涵盖。2012 年《民事诉讼法》第 100 条和第 101 条统一规定了行为保全和诉前行为保全。2018 年 11 月 26 日最高人民法院通过《关于审查知识产权纠纷行为保全案件适用法律若干问题的规定》（以下简称《知识产权行为保全规定》），将《民事诉讼法》第 100 条和第 101 条规定的行为保全和诉前行为保全专门运用于知识产权诉讼，建立了统一的知识产权行为保全制度，财产保全、诉前和诉中停止知识产权侵权行为的知识产权行为保全规则得以明确。

不过，需要注意的是，尽管字面上均含有停止侵害商标权行为的表述，也均具有对当事人进行救济的法律效果，但诉前停止侵害商标权行为、诉中停止侵害商标权行为和诉终停止侵害商标权行为在法律性质上是不同的。诉前停止侵害商标权行为和诉中停止侵害商标权行为本质上为一种行为保全，是一种程序性的措施；而诉中停止侵害商标权行为则是一种民事责任方式，是一种实体性的处理。因此，三者的构成条件有所不同，法律后果也有差异。同时，《民事诉讼法》第 100 条和第 101 条以及《知识产权行为保全规定》将财产保全和临时禁令性质的行为保全统一规定在一定程度上消弭了三者的区别，但却将同为临时禁令性质的诉中停止知识产权侵权行为与诉前停止知识产权侵权行为分别规定。本书接下来根据停止商标侵权行为的效力和性质分暂时停止商标侵权行为与永久停止商标侵权行为进行阐述。

(一) 暂时停止商标侵权行为

《商标法》第 65 条规定："商标注册人或者利害关系人有证据证明他人正在实施或者即将实施侵犯其注册商标专用权的行为，如不及时制止将会使其合法权益受到难以弥补的损害的，可以依法在起诉前向人民法院申请采取责令停止有关行为和财产保全的措施。"由于诉前法院对商标侵权行为还没有进行实质审查，因而，此时的责令停止商标侵权行为的措施就是一种暂时停止商标侵权行为的临时措施，这种临时措施类似于美国商标法上的临时禁令。根据该规定，暂时停止商标侵权行为不仅适用于正在实施的商标侵权行为，也适用于即将实施的商标侵权行为。暂时停止商标侵权行为是商标权人的有力武器，但对竞争者则是一种巨大的威胁，暂时停止商标侵权行为适用不当会产生遏制竞争的不良后果。因此，世界各国对其适用均规定有严格的条件限制。美国商标法专家麦卡锡指出：初步禁令是一种非常有效的救济措施，是一种非常的救济。美国最高法院法官曾说过："初步禁令是一种非常严厉的救济，除非通过清楚的证明，使申请禁令的当事人承担说服的责任，否则不应予以批准。"授予初步禁令被定性为"例外，而不是规则"。初步禁令代表了一种"最好谨慎行事"的司法权。[①] 在美国，初审法官在决定是否授予初步禁令时通常考虑五个基本标准：(1) 根据案情，原告是否有可能在最后的审讯中胜诉？(2) 原告能否证明，在根据案情进行全面审判之前，它将遭受"无法弥补的伤害"？(3) 初步禁令会维持争端之前的"现状"吗？(4) 衡平对原告有利吗？(5) 初步禁令对保护第三方是否必要？[②]

根据我国《商标法》第 65 条、最高人民法院《关于诉前停止侵犯注册商标专用权行为和保全证据适用法律问题的解释》(以下简称《诉前保全解释》) 和《知识产权行为保全规定》的规定，适用临时禁令的条件如下。

1. 商标注册人或者利害关系人的申请。《商标法》该条规定将申请临时禁令的主体范围限定为"商标注册人或者利害关系人"，其中，提出申请的利害关系人包括注册商标使用许可合同的被许可人、注册商标财产权利的合法继承人。注册商标使用许可合同被许可人中，独占使用许可合同的被许可人可以单独向人民法院提出申请；排他使用许可合同的被许可人在商标注册人不申请的情况下，可以提出申请。不仅如此，这里的商标注册人或者利害关系人必须是确定无疑的，即不存在争议的，如果有关当事人对商标注册人或者利害关系人的身份存在合理的怀疑，则也不能颁发临时禁令。比如影响巨大的深圳唯冠与美国苹果之间的纠纷中，深圳唯冠在上海市浦东区人民法院提起的临时禁令申请就被驳回，其根本原因就是尽管深圳唯冠仍然是"iPad"商标的注册人，但深圳唯冠和美国苹果之间就"iPad"商标权存在争议。

2. 有证据证明他人正在实施或者即将实施侵犯其注册商标专用权的行为。申请人必须有确实的证据证明他人正在实施或者即将实施侵犯其注册商标专用权的行为，不仅如此，这里的证据必须是非常确实的，申请人具有胜诉的高度可能性，尽管不是胜诉的必然

---

①② J. Thomas McCarthy, *McCarthy on Trademarks and Unfair Competition*, Fifth Edition March 2020 Update, §30: 30, 31.

性。需要注意的是，这里暂时停止商标侵权行为的适用对象不仅是正在实施的侵犯商标专用权的行为，也包括即将实施的侵犯注册商标专用权的行为。这种即将实施的侵犯注册商标专用权的行为即通常所说的“即发侵权”，根据《北京高院解答》的规定，具有以下行为的可以认定为即将实施侵犯注册商标专用权的行为：（1）以销售为目的持有侵权商品；（2）以销售为目的发布侵权商品宣传广告；（3）以制造或者销售侵权商品为目的，持有侵权标识或者带有侵权标识的包装物；（4）其他可以认定为即将实施的侵权行为。

3. 不及时制止将会使商标注册人或者利害关系人的合法权益受到难以弥补的损害。难以弥补的损害是对暂时停止商标侵权行为最为严格的限定条件，该项限制条件意味着即便商标注册人或者利害关系人能够证明其胜诉的高度可能性，如果不责令暂时停止商标侵权行为不会导致难以弥补的损害，则仍然不会责令暂时停止商标侵权行为。本书认为，该项条件也是暂时停止商标侵权行为与永久停止侵权行为在颁发条件上的不同之处。暂时停止商标侵权行为的目的就在于救济难以弥补的损害，因为如果损害能够通过损害赔偿的方式进行救济，案件审理之后通过损害赔偿的方式进行救济对申请人也并无不利。相反，在暂时停止商标侵权行为申请和决定之时，尽管证据已经证明了申请人胜诉的高度可能性，但暂时停止商标侵权行为申请和决定时案件的实体审查尚未进行，案件结论并未终局确定，申请人仍有败诉的可能性。在申请人败诉的情况下，责令暂时停止商标侵权行为会对被申请人造成不可估量的损失。因此，除了具有胜诉的高度可能性外，还必须能够证明损害的难以避免。不仅如此，由于暂时停止商标侵权行为往往是在诉前或者诉中进行的，暂时停止商标侵权行为条件过于宽松不仅会鼓励申请人滥诉，也可能导致案件的不公平处理，因为暂时停止商标侵权行为对被申请人是严厉的限制，可能会逼迫那些厌恶风险的被申请人与申请人和解。这不仅会扰乱整个竞争秩序，对被申请人也是不公平的。

暂时停止商标侵权行为的目的是及时制止侵权行为，以免带来不可避免的损害。因此，不管是诉前暂时停止商标侵权行为还是诉中暂时停止商标侵权行为，暂时停止商标侵权行为申请应该及时，而申请人的延误“削弱了通常伴随初步救济动议的紧迫感，并表明实际上不存在不可弥补的损害”①。

4. 申请人提供担保。担保的目的不仅在于对申请人申请的限制，也在于弥补错误申请和颁发对被申请人带来的损害。因此，担保数额必须科学合理，应该是充分的，能够弥补申请人败诉对被申请人带来的损害。

（二）永久停止商标侵权行为

我国《商标法》尽管规定了永久停止商标侵权行为，但却并未对其适用条件作出明确规定。本书认为，我国《商标法》的这种规定也是科学合理的。因为只要商标侵权案件最终判决商标侵权行为成立，则停止侵权是当然的结果。这一点和专利法、著作权法中停止侵权的适用有所不同，其根本原因是商标权和专利权、著作权在性质上的不同。专利权、著作权的保护对象是发明和作品，侵权人非法使用发明和作品导致的结果无非是权利人市场份额的减少，通过损害赔偿完全能够对权利人实现充分的救济。因此，法律可能会出于

---

① Le Sportsac, Inc. v. Dockside Research, Inc., *478 F. Supp.* 602, 609, (S. D. N. Y. 1979).

侵权人和权利人情况的不同而作出不同的判决。以美国专利法为例，一项研究显示，在eBay案[①]裁决1年之后，初审法院共发布了23件在专利永久禁令背景下适用eBay案裁决的判例。基于案件样本，eBay案对永久禁令案件的结果具有重大影响。最重大的后果是对授予或者拒绝永久禁令的裁决中当事人之间的竞争的影响。在涉及竞争相关损害的案件中——诸如失去市场份额、失去利润和价格磨损，法院常常会裁决具有不可弥补的损害并颁发禁令。相反，在不涉及竞争相关损害时，禁令常常被拒绝。[②] 美国法院之所以如此判决，是因为对于侵犯专利权而言，有些侵权行为会导致不可挽回的损害，而有些侵权行为则不一定会导致不可挽回的损害。但在商标领域，由于商标本质上的动态性特征，商标侵权行为所造成的总是不可挽回的损害。因此，只要判决侵权行为成立，永久禁令的颁发总是必要的，除非涉及重大的公共利益。[③] 也就是说，例外的情况下，商标侵权案件也可能不会判决停止侵权，比如在"权利人长期放任侵权、怠于维权，在其请求停止侵权时，倘若责令停止侵权会在当事人之间造成较大的利益不平衡，可以审慎地考虑不再责令停止行为，但不影响依法给予合理的赔偿"[④]。

二、损害赔偿

损害赔偿是商标侵权时救济商标权的另一种重要手段，是指侵权人以相应价值的财产弥补被侵权人的损失的民事救济方式，也是商标侵权行为人承担民事责任的一种主要方式。

（一）损害赔偿责任的类型和构成要件

损害赔偿可以分为普通损害赔偿和惩罚性损害赔偿。普通损害赔偿是一种弥补性的损害赔偿，其主要目的是填补受害人的损害。传统民法认为，损害赔偿的功能在于弥补受害人的损害，"损害—补救"过程是一个受损害的权利的恢复过程。赔偿制度的宗旨并不是惩罚行为人。[⑤] 因此，传统民法中的损害赔偿主要是普通损害赔偿。惩罚性损害赔偿，也称示范性的赔偿或报复性的赔偿，是指由法庭所作出的赔偿数额超出实际的损害数额的赔偿，它具有补偿受害人遭受的损失、惩罚和遏制不法行为等多重功能。惩罚性损害赔偿的主要目的是惩罚和制裁严重过错行为，当加害人主观过错较为严重，尤其是动机恶劣、具有反社会性和道德上的可归责性时，法官和陪审团可以适用此种赔偿。惩罚性损害赔偿注重惩罚，同时通过惩罚以达到遏制不法行为的作用。[⑥] 尽管如此，惩罚性损害赔偿制度自诞生以来就受到激烈质疑，"最主要的批评是惩罚性损害赔偿大违常规，它混淆了民法与刑法的作用，前者的作用是补偿，而后者是惩罚与威慑"[⑦]。

---

① eBay Inc. v. MercExchange, L. L. C., *126 S. Ct.* 1837 (2006).

② Darryl J. Adams and Victoria Wicken, Permanent Injunctions After eBay v. MercExchange: The Year in Review, *15 Tex. Intell. Prop. L. J.* 417 (2007).

③ 当然，在美国，法院却似乎并未区分专利和商标案件，从而导致eBay案被无差别地适用于商标案件。参见Voice of the Arab World, Inc. v. MDTV Medical News Now, Inc., 2011 U. S. App. LEXIS 10882 (1st Cir. May 27, 2011). 本书认为，这是不恰当的。

④ 奚晓明. 充分发挥司法保护知识产权主导作用为实践科学发展观和建设创新型国家提供坚强有力的司法保障. 在全国法院知识产权审判工作座谈会上的讲话，2008-11-28.

⑤⑥ 王利明. 惩罚性赔偿研究. 中国社会科学，2000（4）.

⑦ P. R. 甘地. 英国侵权法中的惩罚性损害赔偿. 乔棣，孔祥俊，译. 环球法律评论，1991（6）.

在商标法中，大多数国家的商标法并不承认惩罚性损害赔偿，承认惩罚性损害赔偿的主要是美国等少数国家。在美国，损害赔偿是商标侵权的主要救济手段之一，根据《兰哈姆法》第 35 条的规定，商标侵权诉讼中可能采用金钱救济，不仅包括普通的损害赔偿（a 款），而且在证明被告不诚实的情况下，损害赔偿可能会加高到三倍（b 款）。不仅如此，美国商标法还区分不同的商标侵权类型而采用不同的救济手段。根据《兰哈姆法》第 43 条 c 款的规定，在商标淡化诉讼中，损害赔偿只有当被告在使用标志时故意利用原告的商誉时才是可用的。不然的话，原告在淡化诉讼中的救济仅限于禁令救济。我国《商标法》在 2013 年修正之前仅仅规定了普通损害赔偿而没有规定惩罚性损害赔偿。2013 年《商标法》"针对实践中权利人维权成本高、往往得不偿失的现象"[①] 而引入了惩罚性赔偿制度。

就普通损害赔偿责任的构成要件来说，各国商标法的规定有着较大的差异，主要就是对故意的不同态度。在美国，尽管联邦法院认为，被告的"坏的"混淆意图的证明对于混淆可能性和禁令与损害赔偿的条件是相关的[②]，但法律却并未对损害赔偿责任的主观方面提出要求，而仅仅要求证明有实际混淆。[③] 而日本商标法则明确要求承担损害赔偿责任的故意或过失条件，尽管其主观条件是通过推定确定的。[④] 我国商标法规定的大多数商标侵权行为并未要求有主观条件要求，只有个别商标侵权行为如故意为侵犯他人注册商标专用权行为提供仓储、运输、邮寄、隐匿等便利条件的行为有主观方面的要求。至于损害赔偿责任的其他构成要件，诸如违法行为、损害事实、违法行为与损害事实之间的因果关系则与传统民法侵权责任法中规定的侵权赔偿责任的构成要件并无二致，本书不再赘述。

对于惩罚性损害赔偿的适用，我国《商标法》规定了两个特殊要件，即恶意和情节严重。由于恶意是相对于善意而言的，仅仅规定恶意并不明确。侵权责任法理论认为，只有那些主观过错较为严重的行为才能适用惩罚性损害赔偿，因此应以故意和重大过失作为适用惩罚性损害赔偿的主观要件。[⑤] 关于其中的情节严重，《商标法》和《商标法实施条例》都没有明确规定，有学者认为，这里的情节严重包括："涉及食品安全、药品安全、儿童用品的""造成人身伤害的""侵权规模大、持续时间长的""侵犯多个权利人权利的""五年以内实施两次以上侵权的""造成重大社会影响的"[⑥]。本书认为，这种观点可资借鉴。

（二）损害赔偿额的范围和计算

损害赔偿额的范围与计算是适用损害赔偿责任中最重要的实际问题，它不仅关涉受害人损害的弥补，更是商标侵权责任的重要调控机制，损害赔偿额的范围和确定的方法会极

---

① 周伯华. 关于《中华人民共和国商标法修正案（草案）》的说明——2012 年 12 月 24 日在第十一届全国人民代表大会常务委员会第三十次会议上. [2014－08－30]. http://www.npc.gov.cn/wxzl/gongbao/2013-11/25/content_1823283.htm.

② J. Thomas McCarthy, *McCarthy on Trademarks and Unfair Competition*, Fifth Edition March 2020 Update, §23：108.

③ 要求实际混淆而不是仅仅要求混淆可能性是损害赔偿救济和禁令救济之间的最大差别。

④ 参见日本《商标法》第 38 条。

⑤ 张新宝，李倩. 惩罚性赔偿的立法选择. 清华法学，2009（4）.

⑥ 赵雷. 加大商标保护力度的新突破——新《商标法》中确立对恶意侵权进行惩罚性赔偿制度解析. 中国工商报，2013－09－12（B03）.

大地影响商标侵权行为所涉及的相关当事人的行为选择。在商标法中，世界各国均允许商标侵权损害赔偿，但是损害赔偿额的范围和计算方法却各不相同。美国大概是损害赔偿范围最宽的国家，其《兰哈姆法》第 35 条规定，原告有权获得的损害赔偿包括 a 项规定的普通损害赔偿：被告的收益、原告蒙受的损害和诉讼费（请注意，其法律规定的是“和”，这就意味着原告有可能共同获得这三项赔偿）；b 项规定的三倍金额的惩罚性赔偿；c 项规定的法定赔偿额。在损害赔偿的计算方面，由法官进行估量，法官有较大的自由裁量权。日本和我国类似，其《商标法》第 38 条规定的损害赔偿基本上是侵害者的获益和受害者的受损两种计算方法，且两种赔偿不能同时适用。同时，法院在确定损害赔偿额时可以考虑侵权人的非故意或重大过失，这意味着法院可以减轻赔偿。

我国 2013 年和 2019 年《商标法》第 63 条规定了商标侵权损害赔偿的范围和计算方法，该条规定：“侵犯商标专用权的赔偿数额，按照权利人因被侵权所受到的实际损失确定；实际损失难以确定的，可以按照侵权人因侵权所获得的利益确定；权利人的损失或者侵权人获得的利益难以确定的，参照该商标许可使用费的倍数合理确定。对恶意侵犯商标专用权，情节严重的，可以在按照上述方法确定数额的一倍以上五倍*以下确定赔偿数额。赔偿数额应当包括权利人为制止侵权行为所支付的合理开支。”“人民法院为确定赔偿数额，在权利人已经尽力举证，而与侵权行为相关的账簿、资料主要由侵权人掌握的情况下，可以责令侵权人提供与侵权行为相关的账簿、资料；侵权人不提供或者提供虚假的账簿、资料的，人民法院可以参考权利人的主张和提供的证据判定赔偿数额。”“权利人因被侵权所受到的实际损失、侵权人因侵权所获得的利益、注册商标许可使用费难以确定的，由人民法院根据侵权行为的情节判决给予五百万元以下的赔偿。”相对于 2001 年《商标法》第 56 条的规定，2013 年和 2019 年《商标法》第 63 条的规定不仅加大了损害赔偿的力度，损害赔偿额的确定规则也更加精细。具体来说其不同主要表现在以下几点：第一，明确规定了各种损害赔偿确定方法适用的先后顺序。2001 年《商标法》第 56 条确定的损害赔偿额的各种计算方法是没有先后顺序的，而且根据《商标纠纷解释》第 13 条的规定，确定侵权人的赔偿责任时，可以根据权利人选择的计算方法计算赔偿数额。而 2013 年《商标法》第 63 条则明确了各种损害赔偿额确定方法的适用顺序：首先，是权利人因被侵权所受到的实际损失；其次，是侵权人因侵权所获得的利益；最后，是该商标许可使用费的合理倍数。第二，增加了惩罚性损害赔偿的规定。2013 年《商标法》第 63 条规定，对恶意侵犯商标专用权，情节严重的，可以在按照上述方法确定数额的 1 倍以上 3 倍以下确定赔偿数额，2019 年《商标法》将 3 倍进一步提升为 5 倍，这就是针对恶意侵权人规定的惩罚性赔偿。第三，赔偿的力度加大。这不仅体现在损害赔偿计算方法的增加，而且体现在法定赔偿额的增加上。2001 年《商标法》规定的损害赔偿额计算方法只有权利人受到的实际损失和侵权人因侵权所获得的利益，而 2013 年《商标法》则增加了商标许可费的合理倍数。这在有些情况下会增加损害赔偿额。因为有些商标侵权行为对权利人并未造成实际损害，而侵权人因侵权也没有获得多少利益，此时根据商标许可使用费的合理倍数确定事实上增加了损害赔偿额。不仅如此，2013 年《商标法》第 63 条还把 2001 年《商标

---

* 2013 年《商标法》的规定为“三倍”——编辑注。

法》第56条规定的法定赔偿额从“五十万元以下”提高到“三百万元以下”，而2019年《商标法》第63条进一步将法定赔偿额的上限提升为“五百万元”。第四，明确了损害赔偿额计算的举证责任。2013年《商标法》第63条第2款规定，人民法院为确定赔偿数额，在权利人已经尽力举证，而与侵权行为相关的账簿、资料主要由侵权人掌握的情况下，可以责令侵权人提供与侵权行为相关的账簿、资料；侵权人不提供或者提供虚假的账簿、资料的，人民法院可以参考权利人的主张和提供的证据判定赔偿数额。这在一定程度上将损害赔偿额计算的举证责任转移到了侵权人。

损害赔偿额的范围与计算主要包括以下几种。

1. 权利人所受损失。大多数情况下，商标侵权行为会导致受害人的损失。相对而言，这也是商标权人比较容易证明的。《商标纠纷解释》规定：“因被侵权所受到的损失，可以根据权利人因侵权所造成商品销售减少量或者侵权商品销售量与该注册商标商品的单位利润乘积计算。”就损害的证明来说，这里无论是商品销量减少量、侵权商品销售量，还是单位利润，显然都应该由原告证明。

2. 侵权人的获益。有些商标侵权行为并不会导致商标权人实际销量的下降，当商标权人所在市场属于卖方市场时，商标侵权行为并不一定会导致商标权人实际销量的下降，尤其是当侵权人的商品质量和商标权人的商品质量差别不大时，对商标权人的商标的损害也微乎其微。但毕竟商标侵权行为干扰了商标权人对其商标的控制，将其商标置于不受控制的危险之中，商标法同样也不允许这种行为。此时，商标权人就会选择侵权人的获益。根据《商标纠纷解释》的规定，对于侵权人获益的计算，“可以根据侵权商品销售量与该商品单位利润乘积计算；该商品单位利润无法查明的，按照注册商标商品的单位利润计算”。对于这种计算方法，我国商标法并未规定具体的利润证明方法，对此可以参照美国《兰哈姆法》第35条的规定，即“在评估收益时，应只要求原告证实被告的销售额；被告必须证实全部成本要素或要求扣除额”。

3. 商标许可使用费的合理倍数。在权利人的损失和侵权人因侵权所获收益无法确定时，可以采用商标许可使用费的合理倍数确定损害赔偿额。商标许可使用费是商标许可合同中被许可人向许可人支付的使用许可人商标的代价。既然商标侵权行为是侵权人在相同或类似商品上使用与权利人的商标相同或近似的商标的行为，在商标使用上，权利人与侵权人之间的关系就非常类似于商标许可合同中许可人与被许可人之间的关系。因此，权利人所受实际损失或者侵权人所获收益无法确定的情况下，商标法就拟制权利人和侵权人之间存在一种商标许可使用关系，从而根据商标许可使用费的合理倍数确定损害赔偿额。

4. 惩罚性赔偿额。根据我国《商标法》的规定，商标侵权的惩罚性损害赔偿是指对情节严重的恶意侵犯商标专用权行为，可以在按照上述三种方法确定的数额的1倍以上5倍以下确定赔偿数额。惩罚性损害赔偿的本质特征是惩罚性，即赔偿数额高于通常的赔偿标准，体现出对侵权行为人的惩罚性。

5. 法定标准以内的酌定赔偿额。法定标准以内的酌定赔偿额是没有办法确定收益、损失或者许可费时的一种变通计算方法，在这种损害赔偿额的计算方法中，法律通常确定一个最高赔偿额，由法院根据侵权行为的情节确定一个赔偿额。《商标纠纷解释》规定：“人民法院在确定赔偿数额时，应当考虑侵权行为的性质、期间、后果，商标的声誉，商标使用许可费的数额，商标使用许可的种类、时间、范围及制止侵权行为的合理开支等因素综合确定。”不仅如此，《商标纠纷解释》还允许当事人协定赔偿数额。

三、消除影响

尽管商标权属于财产权，但消除影响却能够适用于商标侵权救济。不过，从世界各国或地区商标法来看，规定消除影响责任的却并不多见，商标法上明确规定消除影响的就更加少见。我国台湾地区“商标法”第 64 条规定：“商标权人得请求由侵害商标权者负担费用，将侵害商标权情事之判决书内容全部或一部登载新闻纸。”这就是关于消除影响的规定。美国《兰哈姆法》并未规定消除影响，但自 1969 年起，美国联邦贸易委员会有时会要求进行欺诈性广告的当事人不仅停止侵权，而且要散发新的广告以纠正消费者所留的最初误导宣传的印象。联邦贸易委员会的这种消除影响的做法在 1977 年的 Warner Lambert Co. v. F. T. C. 案①中被质疑，但最终获得法院认可。②

我国《商标法》并未明确规定消除影响的救济，但是《民法典》第 179 条均规定了消除影响的民事责任方式，《商标纠纷解释》第 21 条根据《民法典》第 179 条的规定，将消除影响规定为商标侵权的民事救济措施之一。需要指出的是，消除影响的民事救济措施不同于赔礼道歉的民事救济措施，《北京高院解答》正确地指出：注册商标专用权是一种具有财产价值的权利。因此在商标侵权案件中，不应判令侵权人承担赔礼道歉的民事责任。

四、销毁侵权商品和工具

销毁侵权商品和工具是世界大多数国家或地区商标法规定的一种商标侵权救济措施，如《德国商标和其他标志保护法》第 18 条、英国《商标法》第 15～19 条、美国《兰哈姆法》第 36 条、日本《商标法》第 36 条第 2 款等的规定。销毁侵权商品和工具是排除侵害的重要措施，因为如果不销毁这些侵权商品和工具，这些侵权商品和工具就难免继续被使用而继续侵权。我国《商标法》第 60 条规定了工商行政管理部门有权“没收、销毁侵权商品和主要用于制造侵权商品、伪造注册商标标识的工具”，《商标纠纷解释》则规定人民法院有权作出“收缴侵权商品、伪造的商标标识和专门用于生产侵权商品的材料、工具、设备等财物的民事制裁决定”。

需要注意的是，这里的侵权商品和工具的概念应合理界定，销毁侵权商品和工具的适用也应确定合理的条件，适用过于严格达不到保护商标权的目的，而适用过于宽松则不仅可能对侵权人不公平，也可能导致过分浪费。总的说来，对侵权商品或者工具的销毁要达到制止进一步侵权行为的目的，在此基础上尽量避免浪费和损失。

就侵权商品的概念来说，我国《商标法》没有明确界定。英国《商标法》第 17 条对“侵权商品”进行了详细界定。其中，与一个注册商标有关的商品是“侵权商品”，如果这些商品或其包装上带有与该商标相同或近似的标记，而且（a）此标记在这些商品或其包装上的使用已构成对该注册商标的侵权，或（b）这些商品欲向英国进口，并且，在英国，

---

① *562 F. 2d.* 749（D. C. Cir. 1977）.

② Paul Heald，Money Damages and Corrective Advertising：An Economic Analysis，*55 U. Chi. L. Rev.* 629（1988）.

该标记在这些商品或其包装上的使用将构成对该注册商标的侵权，或（c）该标记已以一种侵犯该注册商标的方式使用于有关商品上。除“侵权商品”之外，英国还界定了与其紧密相关的“侵权材料”。与一个注册商标有关的材料属“侵权材料”，如果材料上带有与该商标相同或近似的标记，或具备下列之一：（a）该材料以侵犯该注册商标的形式用于商业文书的商品标签或商品包装，或者用作商品或服务的广告，（b）意欲这样使用，并且这种使用将构成对该注册商标的侵权。

从世界各国商标法的规定来看，销毁侵权商品大部分都有一定的条件限制。如《德国商标和其他标志保护法》第18条规定了销毁请求权，该条规定：“商标或商业标志的所有人可以要求销毁由侵权人占有的或其财产中含有的非法标记的产品，除非可以以其他方式去掉该产品的侵权特征，并且在具体案件中，对于侵权者或所有权人，这种销毁是不适宜的。”这意味着并非判定侵权一律销毁侵权产品，如果能够去掉该产品的侵权特征且对于侵权者或者所有权人这种销毁是不适宜的，则并不销毁。再如英国《商标法》的规定，其第19条尽管允许发布销毁侵权商品的命令，但却施加了限定条件，即“法院应考虑在注册商标侵权的诉讼案中其他可获得的救济措施是否足够赔偿注册商标所有人和受让人并且保护他们的利益”。

对销毁侵权工具来说，世界各国商标法大多也有一定的限制条件，如《德国商标和其他标志保护法》第18条将侵权工具限定为“作为侵权人财产并且用于或意图专用于或几乎专用于非法标记一项产品的器具”，英国《商标法》第17条将侵权工具命名为“侵权物品”，“侵权物品”也被限定为“专门设计或经改造用于制造与该商标相同或近似的标记的物品”且“拥有、保管或控制这些物品者，明知或有理由相信这些物品已经或将要用于生产侵权商品或材料”。我国《商标法》所加的限定条件是“专门”，即是专门为侵犯商标权所用的工具。

实务探讨

侵犯未实际投入商业使用的注册商标的民事责任

实践中，有一些商标在通过注册之后，并未实际投入商业使用。这类商标由于已经通过了商标注册，享有注册商标专用权，他人如果未经许可在相同或类似的商品上使用与注册商标相同或近似的标志，自然可能构成商标侵权，注册商标权利人可以向法院提起诉讼，要求其承担侵权责任。然而，这些注册商标并未投入市场经营，没有实际的商业使用行为，并未产生市场影响力或声誉。那么，如果侵犯了并未实际使用的注册商标的权利，是否与侵犯了实际投入使用的注册商标权利的情形一样，也需要承担商标法所规定的所有侵权责任呢？

为了更好地促使注册商标权利人将商标投入市场，进行实际的商业使用，避免商标囤积现象的发生，我国立法与最高人民法院司法审判的意见等规定均对侵犯未实际使用的注册商标的民事责任进行了限制。最高人民法院《服务大局意见》第7条规定：妥善处理注册商标实际使用与民事责任承担的关系，使民事责任的承担有利于鼓励商标使用，激活商标资源，防止利用注册商标不正当地投机取巧。请求保护的注册商标未实际投入商业使用的，确定民事责任时可将责令停止侵权行为作为主要方式，在确定赔偿责任时可以酌情考虑未实际使用的事实，除为维权而支出的合理费用外，如果确无实际损失和其他损害，一般不根据被控侵权人的获利确定赔偿；注册人或者受让人并无实际使用意图，仅将注册商标作为索赔工具的，可以不予赔偿；注册商标已构成商标法规定的连续三年停止使用情形的，可以不支持其损害赔偿请求。我国2013年《商标法》第64条规定：注册商标专用权人请求赔偿，被控侵权人以注册商标专用权人未使用注册商标提出抗辩的，人民法院可以要求注册商标专用权人提供此前3年内实际使用该注册商标的证据。注册商标专用权人不能证明此前3年内实际使用过该注册商标，也不能证明因侵权行为受到其他损失的，被控侵权人不承担赔偿责任。

根据以上规定可以发现：如果注册商标没有投入实际使用，对损害赔偿责任的承担是有影响的。具体表现为如果注册商标连续3年不使用，并无法证明因侵权行为受到其他损失的，被控侵权人就不需要承担赔偿责任。如果注册商标权利人的主观状态是使注册商标作为索赔和投机取巧的工具，没有实际使用的意图，则可以不支持其损害赔偿请求。

典型案例

“豹子图形”商标案

波马公司在我国享有豹子图形的注册商标专用权，商标注册证号第76559号。该商标核定使用商品为运动衣、运动裤、运动袜、便鞋、运动鞋等商品。2007年11月12日，波马公司在位于北京市丰台区六里桥的亿客隆商场购买到“足奇威”牌运动鞋一双，价格为96元，获得发票一张，该发票上加盖有“北京六里桥广客宇商贸有限责任公司”（以下简称广客宇公司）的发票专用章，发票上记载的商品名称是“鞋”。该款鞋的鞋帮外侧有一豹子图案，鞋的吊牌上有“ZUQIWEI”、“美国足奇威体育用品发展有限公司（授权）”字样以及生产厂商福建省晋江市钱鹏鞋塑有限公司的厂名、厂址、电话。经比对，该款鞋的鞋帮外侧的豹子图案与涉案商标基本相同。2008年7月，波马公司以侵犯注册商标专用权为由向法院提起诉讼，请求判令广客宇公司停止侵权行为并赔偿损失。一审北京市第二中级人民法院和二审北京市高级人民法院均认为，广客宇公司销售侵犯涉案注册商标专用权的商品的行为构成侵权，判令广客宇公司立即停止销售侵犯涉案注册商标专用权的涉案鞋类商品，赔偿波马公司经济损失人民币1 000元及合理诉讼支出人民币700元，驳回波马公司其他诉讼请求。波马公司不服，向最高人民法院申请再审。最高人民法院经审理认为，根据查明的事实，广客宇公司是销售商，而非制造者，在未与制造者构成共同侵权、需要承担连带责任时，广客宇公司仅就其销售行为承担相应的责任，而不一并承担制造者应当承担的责任，更不能由某一销售商赔偿权利人因侵权而受到的所有损失。销售侵犯注册商标专用权商品，并需要承担赔偿责任的某一销售商的赔偿数额，同样需要根据2001年修正的《商标法》第56条第1、2款的规定确定，即为该销售商销售期间因销售所获得的利益，或者被侵权人在被侵权期间因该销售商的销售行为所受到的损失，包括被侵权人为制止侵权行为所支付的合理开支。如果销售商因销售侵权产品所得利益或者被侵权人的损失难以确定，由人民法院根据销售行为的情节确定赔偿数额。在确定销售商的赔偿数额时，要综合考虑注册商标的知名度，侵权行为人的主观恶意，销售侵权商品的数量、价格以及销售持续时间等因素。本案中，波马公司虽主张广客宇公司销售规模较大，但没有提供相应的证据，相反广客宇公司提交了进货单等证明及销售情况说明，证明其销售行为规模小、数量少。同时，被控商品使用了与注册商标相近似的标志，广客宇公司的此种销售行为与销售假冒注册商标商品不同，其主观过错较小。而且本案中，被控侵权产品上已经标注了产品的制造者，广客宇公司也提交了制造者的营业执照等相关证据，在这种情况下，波马公司完全可以另行向制造者主张权利，获得相应的救济。因此，原审判决广客宇公司赔偿波马公司经济损失 1 000 元和合理诉讼支出 700 元并无不妥，裁定驳回再审申请。[①]

第二节 商标侵权的行政救济

在我国商标侵权的行政救济主要有两种，一种是工商行政管理部门[②]的查处，另一种是海关的知识产权保护。

一、工商行政管理部门查处

工商行政管理部门的查处是我国注册商标保护的独有制度，是所谓我国知识产权制度的特色。根据《商标法》第 60 条第 1 款和第 61 条的规定，发生商标侵权行为后，商标注册人或者利害关系人可以请求工商行政管理部门处理，工商行政管理部门也可以主动依法查处。根据《商标法实施条例》第 77 条的规定，对侵犯注册商标专用权的行为，任何人可以向工商行政管理部门投诉或者举报。

工商行政管理部门在处理时，认定商标侵权行为成立的，责令立即停止侵权行为，没收、销毁侵权商品和主要用于制造侵权商品、伪造注册商标标识的工具，违法经营额 5 万元以上的，可以处违法经营额 5 倍以下的罚款，没有违法经营额或者违法经营额不足 5 万元的，可以处 25 万元以下的罚款。对五年内实施两次以上商标侵权行为或者有其他严重情节的，应当从重处罚。销售不知道是侵犯注册商标专用权的商品，能证明该商品是自己合法取得并说明提供者的，由工商行政管理部门责令停止销售。对侵犯商标专用权的赔偿数额的争议，当事人可以请求进行处理的工商行政管理部门调解，也可以依照《民事诉讼法》向人民法院起诉。经工商行政管理部门调解，当事人未达成协定或者调解书生效后不履行的，当事人可以依照《民事诉讼法》向人民法院起诉。

县级以上工商行政管理部门根据已经取得的违法嫌疑证据或者举报，对涉嫌侵犯他人注册商标专用权的行为进行查处时，可以行使下列职权：（1）询问有关当事人，调查与侵犯他人注册商标专用权有关的情况；（2）查阅、复制当事人与侵权活动有关的合同、发

---

① 最高人民法院（2009）民申字第 1882 号驳回再审裁定书。

② 2018 年 3 月，第十三届全国人大第一次会议第四次全体会议上，根据国务院机构改革方案显示，不再保留国家工商行政管理总局、国家质量监督检验检疫总局、国家食品药品监督管理总局，组建国家市场监督管理总局。据此，工商行政管理职责现由市场监督管理部门承担。

票、账簿以及其他有关资料；(3) 对当事人涉嫌从事侵犯他人注册商标专用权活动的场所实施现场检查；(4) 检查与侵权活动有关的物品；对有证据证明是侵犯他人注册商标专用权的物品，可以查封或者扣押。

二、知识产权海关保护

知识产权海关保护，是指海关对与进出口货物有关并受中华人民共和国法律、行政法规保护的商标专用权、著作权和与著作权有关的权利、专利权实施的保护。1994 年《TRIPS 协定》第三部分“知识产权执法”专门规定了第四节“有关边境措施的专门要求”，知识产权国际公约首次规定了知识产权海关保护。1995 年 7 月 5 日，国务院制定《知识产权海关保护条例》，条例于 1995 年 10 月 1 日开始实施，我国建立了符合世界贸易组织规则的知识产权边境保护制度。知识产权海关保护是由海关执行的知识产权保护措施，显然属于知识产权行政保护。

根据《知识产权海关保护条例》的规定，注册商标所有人为得到海关保护，可以将其注册商标向海关总署申请备案，申请备案应当提交申请书。注册商标海关备案有效期为 10 年，可以在有效期届满前 6 个月内申请续展，每次续展备案的有效期为 10 年。备案并非海关保护的前提条件，但很显然，备案后有助于海关主动发现涉嫌侵权商品，有利于保护注册商标。

根据《知识产权海关保护条例》的规定，注册商标的海关保护可以应商标注册人申请进行，也可以由海关主动依法进行。权利人发现侵权嫌疑货物即将进出口的，可以向货物进出境地海关提出扣留侵权嫌疑货物的书面申请。商标注册人请求海关扣留侵权嫌疑货物的，应当提交申请书及相关证明文件，并提供足以证明侵权事实明显存在的证据。海关发现进出口货物有侵犯备案注册商标嫌疑的，应当立即书面通知商标注册人，商标注册人自通知送达之日起 3 个工作日内可以提出扣留侵权嫌疑货物的书面申请。

权利人请求海关扣留侵权嫌疑货物的，应当向海关提供不超过货物等值的担保，用于赔偿申请不当可能造成的损失，支付仓储、保管和处置等费用。权利人直接向仓储商支付仓储、保管费用的，从担保中扣除。不提供担保的，海关将驳回权利人扣留侵权嫌疑货物的申请，并不得扣留侵权嫌疑货物。商标注册人的扣留侵权嫌疑货物的申请符合《知识产权海关保护条例》规定并依法提供担保的，海关应当扣留侵权嫌疑货物，书面通知商标注册人，并将海关扣留凭单送达收货人或者发货人。收货人或者发货人认为其货物未侵犯知识产权权利人的知识产权的，应当向海关提出书面说明并附送相关证据。

海关发现进出口货物有侵犯备案注册商标专用权嫌疑并通知商标注册人后，商标注册人请求海关扣留侵权嫌疑货物的，海关应当自扣留之日起 30 个工作日内对被扣留的侵权嫌疑货物是否侵犯注册商标专用权进行调查、认定；不能认定的，应当立即书面通知商标注册人。

在下列情况下，海关应该放行侵权嫌疑货物。第一，海关应商标注册人申请而扣留后，20 个工作日内未收到法院协助执行通知的；第二，海关通知商标注册人并经其申请而扣留后，50 个工作日内未收到法院协助执行通知，并且经调查不能认定侵权的；第三，海关认为收、发货人有充分的证据证明其货物未侵权的；第四，在海关认定被扣留的侵权嫌疑货物为侵权货物之前，商标注册人撤回扣留侵权嫌疑货物的申请的。被扣留的侵权嫌疑货物，经海关调查后认定侵犯注册商标专用权的，由海关予以没收。海关没收侵犯注册商标专用权货物后，应当将侵犯注册商标专用权货物的有关情况书面通知商标注册人。

第三节　商标侵权的刑事救济

由于严重的商标侵权不仅侵害商标权利人的私人商标权，也会危害社会主义市场经济秩序，我国刑法规定了对于严重商标侵权行为的刑事制裁，共规定了假冒注册商标罪、销售假冒注册商标的商品罪和非法制造、销售非法制造的注册商标标识罪等三种罪名。

一、假冒注册商标罪

根据《刑法》第213条的规定，假冒注册商标罪，是指违反国家商标管理法规，未经注册商标所有人许可，在同一种商品上使用与其注册商标相同的商标，情节严重的行为。从构成要件来看，假冒注册商标罪的犯罪主体为一般主体，任何企业、事业单位或者个人假冒他人注册商标，情节严重达到犯罪标准的，均可构成本罪；假冒注册商标罪侵犯的客体为复杂客体，既侵犯他人合法的注册商标专用权，也破坏国家商标管理秩序；假冒注册商标罪的主观方面为故意，过失不构成本罪；假冒注册商标罪的客观方面为行为人实施了刑法所禁止的假冒注册商标行为且情节严重。①

认定假冒注册商标罪最关键的是客观方面，即未经注册商标所有人许可在同一种商品上使用与其注册商标相同的商标，情节严重的，具体包括以下几个方面：（1）未经注册商标所有人的许可（这里的许可必须是注册商标所有人的明示许可）。（2）必须是在同一种商品上使用与注册商标所有人的注册商标相同的商标。根据相关司法解释的规定，名称相同的商品以及名称不同但指同一事物的商品，可以认定为“同一种商品”。“名称”是指国家工商行政管理总局商标局*在商标注册工作中对商品使用的名称，通常即《商标注册用商品和服务国际分类》中规定的商品名称。“名称不同但指同一事物的商品”是指在功能、用途、主要原料、消费对象、销售渠道等方面相同或者基本相同，相关公众一般认为是同一种事物的商品。认定“同一种商品”，应当在权利人注册商标核定使用的商品和行为人实际生产销售的商品之间进行比较。具有下列情形之一，可以认定为“与其注册商标相同的商标”：1）改变注册商标的字体、字母大小写或者文字横竖排列，与注册商标之间仅有细微差别的；2）改变注册商标的文字、字母、数字等之间的间距，不影响体现注册商标显著特征的；3）改变注册商标颜色的；4）其他与注册商标在视觉上基本无差别、足以对公众产生误导的商标。不过，由于2013年《商标法》将声音商标纳入商标法的保护范围，这里的视觉上基本无差别已经不再适用，除视觉上无差别之外还应该包括听觉上无差别。

---

① 陈兴良．罪名指南：上册．北京：中国人民大学出版社，2008：546－549；谢望原，赫兴旺．刑法分论．北京：中国人民大学出版社，2011：149－150．

* 最高人民法院、最高人民检察院、公安部《关于办理侵犯知识产权刑事案件适用法律若干问题的意见》。

尽管《刑法》第213条用语仅是“同一种商品”，但根据最高人民法院刑事审判第二庭《关于集体商标是否属于我国刑法的保护范围问题的复函》，因商品商标、服务商标和集体商标、证明商标均属于《商标法》规定的注册商标，因此，商品商标、服务商标和集体商标、证明商标均应属于假冒注册商标罪的保护对象。(3) 情节严重。根据相关司法解释的规定，“情节严重”通常指：1) 非法经营数额在5万元以上或者违法所得数额在3万元以上的；2) 假冒两种以上注册商标，非法经营数额在3万元以上或者违法所得数额在2万元以上的；3) 其他情节严重的情形。“情节特别严重”通常是指：1) 非法经营数额在25万元以上或者违法所得数额在15万元以上的；2) 假冒两种以上注册商标，非法经营数额在15万元以上或者违法所得数额在10万元以上的；3) 其他情节特别严重的情形。假冒注册商标罪和普通商标侵权的不同主要体现在两个方面：普通商标侵权不仅包括假冒注册商标行为，也包括混淆性的商标侵权行为。而假冒注册商标罪仅仅针对假冒注册商标行为，混淆性的商标侵权行为不构成刑事犯罪；只有“情节严重”的假冒注册商标行为才构成假冒注册商标犯罪。在计算制造、储存、运输和未销售的假冒注册商标侵权产品价值时，对于已经制作完成但尚未附着（含加贴）或者尚未全部附着（含加贴）假冒注册商标标识的产品，如果有确实、充分证据证明该产品将假冒他人注册商标，其价值计入非法经营数额。

根据《刑法》第213条的规定，构成假冒注册商标罪的，处3年以下有期徒刑或者拘役，并处或者单处罚金，情节特别严重的，处3年以上7年以下有期徒刑，并处罚金。

二、销售假冒注册商标的商品罪

根据《刑法》第214条的规定，销售假冒注册商标的商品罪，是指违反商标管理法规，销售明知是假冒注册商标的商品，销售金额数额较大的行为。从构成要件来看，销售假冒注册商标的商品罪的主体为一般主体，企业、事业单位和个人均可能构成本罪；销售假冒注册商标的商品罪侵犯的客体为复杂客体，即他人合法的注册商标专用权和国家商标管理秩序；销售假冒注册商标的商品罪的主观方面是故意，即明知是假冒注册商标的商品而销售的。如果行为人不知道所销售的商品是假冒他人注册商标商品，不构成本罪；销售假冒注册商标的商品罪的客观方面必须是销售假冒注册商标的商品，并且销售金额较大的行为。①

认定销售假冒注册商标的商品罪最关键的同样是该罪的客观方面，即销售明知是假冒注册商标的商品，销售数额较大的。是否构成假冒注册商标的商品根据上文假冒注册商标罪认定。“销售数额较大”是指销售明知是假冒注册商标的商品，销售金额在5万元以上的，“销售数额巨大”是指销售明知是假冒注册商标的商品，销售金额在25万元以上的。销售明知是假冒注册商标的商品，具有下列情形之一的，依照《刑法》第214条的规定，以销售假冒注册商标的商品罪（未遂）定罪处罚：(1) 假冒注册商标的商品尚未销售，货值金额在15万元以上的；(2) 假冒注册商标的商品部分销售，已销售金额不满5万元，

---

① 陈兴良. 罪名指南：上册. 北京：中国人民大学出版社，2008：552－554；谢望原，赫兴旺. 刑法分论. 北京：中国人民大学出版社，2011：151.

但与尚未销售的假冒注册商标的商品的货值金额合计在15万元以上的。假冒注册商标的商品尚未销售，货值金额分别达到15万元以上不满25万元、25万元以上的，分别依照《刑法》第214条规定的各法定刑幅度定罪处罚。销售金额和未销售货值金额分别达到不同的法定刑幅度或者均达到同一法定刑幅度的，在处罚较重的法定刑或者同一法定刑幅度内酌情从重处罚。

根据《刑法》第214条的规定，构成销售假冒注册商标的商品罪的，处3年以下有期徒刑或者拘役，并处或者单处罚金；销售金额数额巨大的，处3年以上7年以下有期徒刑，并处罚金。

三、非法制造、销售非法制造的注册商标标识罪

根据《刑法》第215条的规定，非法制造、销售非法制造的注册商标标识罪是指违反商标管理法规，伪造、擅自制造他人注册商标标识或者销售伪造、擅自制造的注册商标标识情节严重的行为。从构成要件来看，非法制造、销售非法制造的注册商标标识罪的主体为一般主体，企业、事业单位和个人均可能构成本罪；非法制造、销售非法制造的注册商标标识罪侵犯的客体为复杂客体，即他人合法的注册商标专用权和国家商标管理秩序；非法制造、销售非法制造的注册商标标识罪的主观方面是故意，即明知是他人的注册商标而伪造、擅自制造他人的注册商标标识或者明知道是伪造、擅自制造的注册商标标识而销售的。如果行为人不知道所制造的标识是他人的注册商标标识或者不知道销售的是伪造、擅自制造的他人的注册商标标识，不构成本罪；非法制造、销售非法制造的注册商标标识罪的客观方面必须是伪造、擅自制造他人注册商标标识或者销售伪造、擅自制造的注册商标标识且情节严重的行为。①

客观方面同样是认定非法制造、销售非法制造的注册商标标识罪的关键。根据《刑法》第215条的规定，非法制造、销售非法制造的注册商标标识罪的客观方面的关键有两点：(1)违反商标印制规定、未经注册商标所有人的许可且无其他合法理由而制造他人注册商标标识。如今，随着复制技术的发达，复制已经变得非常容易，国家对商标印制的管理也有放松趋势。因此，这里的关键主要是未经注册商标所有人的许可且无其他合法理由。需要注意的是无合法理由，因为有时候尽管未经注册商标所有人许可而制造注册商标标识，但只要有合法理由的，即便制造注册商标标识，连民事商标侵权都不构成，更遑论刑事犯罪。比如，经销合法商标商品的经营者为广告宣传和销售便利而制造含有注册商标标识的宣传品、包装袋等，这些情形本质上属于商标权用尽，不构成商标侵权和刑事犯罪。(2)“情节严重”。根据相关司法解释的规定，伪造、擅自制造他人注册商标标识或者销售伪造、擅自制造的注册商标标识，具有下列情形之一的，属于《刑法》第215条规定的“情节严重”：1)伪造、擅自制造或者销售伪造、擅自制造的注册商标标识数量在2万件以上，或者非法经营数额在5万元以上，或者违法所得数额在3万元以上的；2)伪造、擅自制造或者销售伪造、擅自制造两种以上注册商标标识数量在1万件以上，或者非法经

① 陈兴良．罪名指南：上册．北京：中国人民大学出版社，2008：556-558；谢望原，赫兴旺．刑法分论．北京：中国人民大学出版社，2011：152.

营数额在 3 万元以上，或者违法所得数额在 2 万元以上的；3）其他情节严重的情形。具有下列情形之一的，属于《刑法》第 215 条规定的“情节特别严重”：1）伪造、擅自制造或者销售伪造、擅自制造的注册商标标识数量在 10 万件以上，或者非法经营数额在 25 万元以上，或者违法所得数额在 15 万元以上的；2）伪造、擅自制造或者销售伪造、擅自制造两种以上注册商标标识数量在 5 万件以上，或者非法经营数额在 15 万元以上，或者违法所得数额在 10 万元以上的；3）其他情节特别严重的情形。关于销售他人非法制造的注册商标标识犯罪案件中尚未销售或者部分销售情形，具有下列情形之一的，依照《刑法》第 215 条的规定，以销售非法制造的注册商标标识罪（未遂）定罪处罚：(1) 尚未销售他人伪造、擅自制造的注册商标标识数量在 6 万件以上的；(2) 尚未销售他人伪造、擅自制造的两种以上注册商标标识数量在 3 万件以上的；(3) 部分销售他人伪造、擅自制造的注册商标标识，已销售标识数量不满 2 万件，但与尚未销售标识数量合计在 6 万件以上的；(4) 部分销售他人伪造、擅自制造的两种以上注册商标标识，已销售标识数量不满 1 万件，但与尚未销售标识数量合计在 3 万件以上的。

根据《刑法》第 215 条的规定，构成非法制造、销售非法制造的注册商标标识罪的，处 3 年以下有期徒刑、拘役或者管制，并处或者单处罚金；情节特别严重的，处 3 年以上 7 年以下有期徒刑，并处罚金。

【本章思考题】

1. 商标侵权的民事救济方式有哪些类型?
2. 商标侵权的损害赔偿数额应如何计算?
3. 商标侵权的普通损害赔偿、惩罚性损害赔偿和法定损害赔偿在适用上是什么关系?
4. 适用诉前临时禁令的条件是什么?
5. 商标的行政救济途径有哪些?
6. 哪些严重的商标侵权行为构成刑事犯罪?

【经典参考文献】

1. 吴汉东. 知识产权损害赔偿的市场价值分析：理论、规则与方法. 法学评论，2018 (1).
2. 罗莉. 论惩罚性赔偿在知识产权法中的引进及实施. 法学，2014 (4).
3. 舒媛. 商标侵权惩罚性赔偿适用情形研究. 法学评论，2015 (5).
4. 宋鱼水，杜长辉，冯刚，蒋利玮. 知识产权行为保全制度研究. 知识产权，2014 (11).

第十一章 商标权的国际保护

本章导言

经济全球化的发展要求企业不仅能够在本国取得和保护商标权，而且还必须能够在全球取得和保护商标权。然而，作为知识产权的一种，商标权具有地域性，在一国取得的商标权只在一国范围内有效，并不能在其他国家发挥效力。因此，要在其他国家取得和保护商标权或者通过直接到其他国家通过法定程序和条件取得商标权，或者通过商标国际注册程序在其他国家取得商标权，这就是商标的国际注册和保护问题。

第一节 关于商标的国际公约

商标权不同于传统物质财产权，并非自然权利，不能自然在其他国家获得保护，甚至难以像其他国家国民一样通过法定程序而获得保护，除非国家与国家之间有保护对方国民商标权的国际公约。因此，无论是在其他国家通过法定程序获得商标权，还是通过国际注册程序获得商标权，国与国之间的商标权国际公约总是不可或缺的。

商标保护的国际公约共有三类：一是规定商标保护的实体制度的国际公约，主要有《巴黎公约》《TRIPS协定》；二是规定商标保护的程序制度的国际公约，主要有《马德里协定》、《商标国际注册马德里协定有关议定书》（以下简称《马德里议定书》）、《商标法条约》、《商标法新加坡条约》；三是规定商标注册用商品分类法的国际公约，主要有《尼斯协定》。

一、《巴黎公约》

《巴黎公约》是第一个知识产权国际公约，于 1883 年 3 月 20 日在法国巴黎签订，1884 年 7 月 7 日生效，后经布鲁塞尔、华盛顿、海牙、伦敦、里斯本、斯德哥尔摩、日内瓦等多次修订，公约保护范围包括了与工业产权相关的权利，涉及发明专利、实用新型、工业品外观设计、商标、服务商标、厂商名称、产地标记或原产地名称以及制止不正当竞争等。至 2019 年 12 月，公约有 177 个成员国。我国于 1985 年 3 月 19 日加入《巴黎公约》1967 年斯德哥尔摩文本，成为该公约的成员国。

《巴黎公约》规定了包括商标保护在内的工业产权保护的三项基本原则：国民待遇原则、优先权原则和商标独立保护原则。其中，国民待遇原则是指，在商标保护方面，公约各成员国必须在法律上给予公约其他成员国相同于该国国民的待遇；即使是非成员国国民，只要他在公约某一成员国内有住所，或有真实有效的工商营业所，亦应当给予相同于该国国民的待遇。优先权原则是指，凡在一个缔约国申请注册的商标，可以享受自初次申请之日起为期 6 个月的优先权，即在这 6 个月的优先权期限内，如申请人再向其他成员国提出同样的申请，可以将首次申请日期（优先权日）作为在另一成员国提出的在后申请的申请日。商标独立保护原则是指，申请和注册商标的条件由每个成员国的法律决定，各自独立，当一缔约国对某一商标的申请予以驳回，或对某一已注册的商标予以无效宣告或撤销，或对保护期已届满的注册商标不予以续展时，不能要求公约的其他成员国也按该缔约国的要求对该商标的申请予以驳回，或对某一已注册的商标予以无效宣告或撤销，或对保护期已届满的商标不予以续展。对一个公约成员国商标注册申请人提出的申请，不能以未在所属国申请、注册或续展为理由加以拒绝或使其注册无效。

关于商标保护的具体规则，《巴黎公约》主要就以下方面作了规定：第一，已注册商标在其他同盟成员国享受与商标原籍国同等保护规则（同等或者原样保护规则）。《巴黎公约》第 6 条之 5 第 1 项规定，“在原属国正规注册的每一商标，除应受本条规定的保留条件的约束外，本联盟其他国家也应按照原属国注册原样接受申请和给予保护。”第二，国徽等官方标记禁止。《巴黎公约》第 6 条之第 3 项规定，未经主管机关许可，将各成员国的国徽、国旗和其他国家徽记，各成员国用以表明监督和保证的官方符号和检验印章，各成员国参加的政府间国际组织的徽章、旗帜、其他徽记、缩写和名称用作商标或商标的组成部分，或将上述标记的仿制标记用作商标或商标的组成部分，成员国应拒绝其注册或宣告注册无效。如果将上述标记用作商标不致引起对商品原产地发生误解或经主管当局批准而使用，不在禁止之列。第三，驰名商标的特殊保护。《巴黎公约》1925 年在海牙修订时增加了对驰名商标的保护，驰名商标可以阻止他人的商标注册或者使他人的商标注册无效。第四，商标转让。《巴黎公约》第 6 条之第 4 项规定，当依照一个成员国的法律，商标转让只有连同该商标所属厂商或牌号同时转让方为有效时，则只需将该厂商或牌号在该国的部分连同带有被转让商标的商品在该国制造或销售的独占权一起转让给受让人，就足以承认其转让为有效。在某一商标转让后，受让人使用该商标将在事实上，特别在使用商标的商品的原产地、性质或主要品质方面，迷惑公众时，则不须承认其转让为有效。第五，代理人、代表人的抢注。《巴黎公约》第 6 条之第 7 项规定：“如果成员国的商标所有人的代理人或代表人，未经该所有人许可，以自己的名义向本联盟一个或一个以上的国家申请注册该商标，该所有人有权反对该注册申请或要求撤销该注册，或者，如该国法律允许，该所有人可以要求将该项注册转让给自己，除非该代理人或代表人能证明其行为是正当的。”除此之外，《巴黎公约》还对服务商标、集体商标、商标共有等作了规定。

二、《TRIPS 协定》

《TRIPS 协定》是关贸总协定乌拉圭回合谈判的最后文件之一，于 1994 年 4 月 15 日由关贸总协定各成员签订，成为世界贸易组织的三大支柱之一，至 2016 年 7 月 29 日，世界贸易组织共有 164 个成员。我国于 2001 年加入世界贸易组织，成为世界贸易组织的成员。《TRIPS 协定》的出现是经济全球化、一体化发展的需求、知识产权在国际贸易中的地位日益突出、其他已经存在的知识产权保护多边国际公约不能适应和满足特别是发达国家保护其与贸易有关知识产权的要求以及发达国家推动共同作用的结果。《TRIPS 协定》是世界贸易组织而不是世界知识产权组织管理的知识产权国际公约，和世界知识产权组织下的知识产权国际体制不同的是，《TRIPS 协定》下的知识产权国际体制尤其在以下方面引人注目：第一，将贸易和知识产权问题挂起钩来；第二，最惠国待遇原则的引入推动着知识产权国际保护水平逐步提高；第三，规定了最低保护水平；第四，规定了有效的执行机制；第五，也是最重要的，建立了有效的争端解决机制。《TRIPS 协定》将世界贸易组织的争端解决机制适用于知识产权冲突，从而使得从前难以实施的知识产权国际立法变得更具有可实施性，对此学者形象地说《TRIPS 协定》为知识产权国际保护“安上了世界贸易组织争端解决机制的牙齿”[①]。

《TRIPS 协定》建立在《巴黎公约》的基础之上而又强化了《巴黎公约》的规定，《TRIPS 协定》第 2 条第 2 款特别规定：“本协定第一至第四部分之所有规定，均不得有损于成员之间依照巴黎公约、伯尔尼公约、罗马公约及集成电路知识产权条约已经承担的现有义务。”

在基本原则方面，《TRIPS 协定》新规定了《巴黎公约》未曾规定的最惠国待遇原则。《TRIPS 协定》是世界上第一个引入最惠国待遇原则的知识产权国际公约，最惠国待遇原则的引入对知识产权国际立法产生了极大的影响，因为最惠国待遇原则和双边自由贸易协定共同形成了一种全球知识产权棘轮（the global intellectual property one-way ratchet）效应，这种棘轮效应推动着国际知识产权保护水平不断提高。[②]

在具体规则方面，《TRIPS 协定》不仅比《巴黎公约》规定得更具体，保护水平也更高。《巴黎公约》没有具体规定商标定义和某些具体条件，而《TRIPS 协定》则明确规定了商标定义，明确成员可以规定商标的“可视性”条件。《巴黎公约》仅仅规定了未注册驰名商标的注册豁免，且并没有强制要求保护驰名的未注册服务商标[③]，而《TRIPS 协定》则不仅将注册的驰名商标的效力扩张到不相同、不相类似商品，而且强制要求保护服务驰名商标等。

三、《马德里协定》和《马德里议定书》

《马德里协定》和《马德里议定书》是关于商标国际注册程序问题的国际公约。《马德

① Tuan N. Samahon, TRIPS Copyright Dispute Settlement After the Transition and Moratorium: Nonviolation and Situation Complaints Against Developing Countries, *31 Law & Pol'y Int'l Bus*. 1055 (2000).

② 对全球知识产权棘轮的详细阐述请参见 Drahos Peter. Expanding Intellectual Property's Empire: the Role of FTAs. [2007-06-14]. http://www.grain.org/rights_files/drahos-fta-2003-en.pdf。

③ 博登浩森. 保护工业产权巴黎公约指南. 汤宗舜，段瑞林，译. 北京：中国人民大学出版社，2003：60.

里协定》于1891年4月14日在西班牙马德里签订，至2019年年底共有成员55个，中国于1989年7月4日加入。《马德里议定书》于1989年6月27日在马德里签订，1995年12月1日生效，旨在让马德里体系更加灵活，并与尚无法加入《马德里协定》的某些国家或政府间组织的国内法更加协调，至2019年年底共有成员106个，中国于1995年9月1日加入。尽管有紧密联系，《马德里协定》和《马德里议定书》是并行不悖和相互独立的，各国可加入这两项条约中的任何一项，也可以同时加入两项条约。①

《马德里协定》和《马德里议定书》旨在解决商标的国际注册问题，通过马德里体系，只要取得在每一被指定缔约方均有效力的国际注册，即可在数量众多的国家中保护商标。

根据《马德里协定》的规定，凡成员国的国民，须在本国注册商标后，才可以向设在日内瓦的世界知识产权国际局申请国际注册。注册经批准后，由该国际局公布，并通知申请人要求保护的那些成员国，这些成员国可以在1年内声明对该商标不予保护，但需要说明理由；申请人就此可向该国主管机关或法院提出申诉，如果1年内该国未作出上述声明，则国际注册就在该国具有国内注册的效力，期限为20年。在国际注册5年内，原先国内注册如予撤销即可导致国际注册的撤销。②《马德里议定书》与《马德里协定》区别在于：（1）原属国注册由为国际注册前提改为不为国际注册前提；（2）延伸国异议期由1年延长至18个月或更长；（3）收费更为合理；（4）因国际注册之日起5年内基础申请被驳回或者基础注册被宣告无效等原因，国际注册应原属局的要求被注销或宣告无效的，可以在国际注册曾经有效的各缔约方申请转变为在国家（或地区）申请，这些申请均可享受国际注册日期，适用时还享受优先权日期；（5）语言由法语扩大到英语。

四、《商标法条约》和《商标法新加坡条约》

《商标法条约》于1994年10月27日在日内瓦签订，并于1996年8月1日生效。该条约对商标注册程序进行了原则规定，主要包括主管机关不得要求申请人提供商业注册证明，申请人可以在一份申请书上申请多个类别的注册以及变更、转让，注册及续展注册的有效期统一为10年，不必就每一份申请提交一份代理人委托书，不得对签字要求进行公证、认证、证明、确认。这一系列的规定极大地简化了商标申请人在各成员国之间进行申请注册和保护的程序和手续。至2019年年底该条约共有54个成员国，中国尚未加入该条约（是签字国）。

《商标法新加坡条约》于2006年3月28日在新加坡签订，并于2009年3月16日生效。该条约的目标是，为协调商标注册的行政程序创建一个现代化的能动国际框架。它以《商标法条约》为基础，但适用范围更广，而且还处理通信技术领域新出现的一些问题。《商标法新加坡条约》可以适用于某一具体缔约方法律规定可以注册的一切类型的商标，缔约方可以自由选择与主管局之间的通信手段（包括以电子形式或通过电子传送手段进行

---

① 在2016年10月3日至11日马德里联盟大会在其第五十届会议第29次特别会议决定冻结《马德里协定》第14条第1款和第2款a项的适用，于2016年10月11日生效。这种冻结将使得新缔约方不能仅批准或加入协定，但可以同时批准或加入协定和议定书。马德里协定和马德里议定书商标国际注册指南（2019）.［2019－12－08］. https://www.wipo.int/edocs/pubdocs/zh/wipo_pub_455_2019.pdf.

② 此即所谓的《马德里协定》的“中心打击”原则。

通信)。该条约增加了期限方面的救济措施和关于商标使用许可备案的规定，设立了缔约方大会。《商标法条约》和《商标法新加坡条约》两部条约相互独立，可以分别批准或加入。至2019年年底《商标法新加坡条约》共有50个成员国，《商标法条约》共有54个成员国，中国尚未加入这两个条约。

五、《尼斯协定》

《尼斯协定》于1957年6月15日在法国尼斯签订，于1961年4月8日生效，后经斯德哥尔摩、日内瓦（两次）共三次修订。《尼斯协定》主要规定的是商标注册用商品与服务分类法，它将商品分为34大类，服务项目分为11大类，该分类为商标检索、商标管理提供了很大方便。尼斯分类的第一版于1963年发布，至2011年发布第十版，自2013年以来，每版每年都发布新文本，目前的版本是第十一版，于2017年1月1日生效。我国于1994年5月5日加入该协定。

第二节 商标权的国际获得与保护

尽管关于商标的国际公约为在其他国家取得和保护商标权提供了基本的法律基础，甚至还为在其他国家或地区取得商标权提供了具体途径，但关于商标的国际公约并不能使商标权人的商标权自动在其他国家或地区获得保护，要在其他国家或地区保护自己的商标权，商标所有人还必须通过一定的途径在其他国家或地区取得商标权。

一、在其他国家（地区）获得商标权的方式

在其他国家或地区取得商标权的方式主要有两种：一是直接在一个国家或地区取得商标权；二是通过马德里体系的国际注册制度较为便捷地在多个国家或地区取得商标权。

（一）直接在一个国家或地区取得商标权

《巴黎公约》和《TRIPS协定》的国民待遇原则为在其他国家或地区取得商标权提供了基本的法律基础。《巴黎公约》第2条规定，本同盟任何成员国的国民，在保护工业产权方面，应在本同盟其他成员国内享有各该国法律现在或今后给予各该国国民的各种利益；本公约所特别规定的权利不得受到任何侵害。从而，他们只要遵守各该国国民应遵守的条件和手续，即应受到与各该国国民同样的保护，并在他们的权利遭到任何侵害时，同样依法律纠正。第3条规定，非本同盟成员国的国民，在本同盟一个成员国的领土内有住所或有真实、有效的工商企业的，都应享有与本同盟成员国国民同样的待遇。《TRIPS协定》第3条规定，除《巴黎公约》1967年文本、《伯尔尼公约》1971年文本、《罗马公约》及《集成电路知识产权条约》已规定的例外以外，各成员在知识产权保护上就本协定第3条、第4条而言，所谓“保护”，既应包括涉及本协定专指之知识产权之利用的事宜，也应包括涉及知识产权之效力、获得、范围、维护及行使的诸项事宜。对其他成员之国民提供的待遇，不得低于其本国国民。由于我国已经是《巴黎公约》和《TRIPS协定》成员，而世界上大多数国家或地区同样是《巴黎公约》和《TRIPS协定》成员国，这就意味着我国公

民和企业可以在世界大多数国家或地区享有国民待遇，可以直接在这些国家或地区取得商标权。

由于世界各国或地区商标法的规定不同，我国公民和企业在这些国家或地区取得商标权时要遵循其法律规定。比如，美国商标法采用使用取得商标权体制，在美国取得商标权必须实际使用，日本商标法采用注册取得商标权体制，在日本取得商标权必须进行注册。

同时，由于有些地区具有区域性知识产权组织，在这些区域的相关国家取得商标权时可以取得区域商标权而在区域内相关国家得到保护。目前世界上主要有两个区域性知识产权组织提供区域性商标权。一个是非洲知识产权组织提供的非洲知识产权组织商标权。非洲知识产权组织共有喀麦隆、贝宁、布基纳法索、中非共和国、刚果、乍得、加蓬、几内亚、几内亚比绍、科特迪瓦（象牙海岸）、马里、毛里坦尼亚、尼日尔、塞内加尔、多哥、赤道几内亚、科摩罗等 17 个成员国，非洲知识产权组织在喀麦隆的雅温得设立了统一的办公室，在该组织注册的商标在所有成员国都有效。非洲知识产权组织各成员国均放弃了自主审查商标的权利，没有自己的商标审查部门，所有成员国的法院都适用统一的商标法律制度，因此，若希望商标在这些国家获得保护，申请人需要在非洲知识产权组织申请商标注册。[①] 另一个是《欧盟商标条例》提供的欧盟商标权。《欧盟商标条例》创立了统一适用于欧盟成员国的欧盟商标，目前欧盟共有罗马尼亚、保加利亚、奥地利、比利时、丹麦、芬兰、法国、德国、希腊、爱尔兰、意大利、卢森堡、荷兰、葡萄牙、西班牙、瑞典、塞浦路斯、捷克、爱沙尼亚、匈牙利、拉脱维亚、立陶宛、马耳他、波兰、斯洛伐克、斯洛文尼亚和克罗地亚 27 个成员国，因此，成功授权后，欧盟商标即可在 27 个成员国内同时享受与各国单一注册等同的保护。当然，在欧盟，除了申请注册欧盟商标之外，还可以在各成员国单独取得商标权而受到保护。[②] 也就是说，在欧盟，要在各成员国取得商标权有两种途径，一是直接到各成员国取得该国的商标权，二是通过取得欧盟商标权而在成员国获得保护。

显然，不管是通过注册还是通过使用，由于需要一一在相关国家或地区取得商标权，直接在一国或地区取得商标权的成本是较高的，程序是较复杂的，花费的时间可能也是较多的，因为要一一在相关国家或地区缴纳规费，要符合相关国家的语言要求而需要翻译，要了解不同国家的不同的商标权取得程序。当然，如果仅仅在少数国家或地区取得商标权，直接在一国或地区取得商标权的成本和程序的复杂性就不会很高，时间不会很长，还是可以采用的。

（二）通过马德里体系在其他国家或地区取得商标权

通过马德里体系在其他国家或地区取得商标权是在其他国家或地区取得商标权的另一种途径，如前所述，马德里体系旨在解决商标的国际注册问题，通过该体系，只要取得在每一被指定缔约方均有效力的国际注册，即可在数量众多的国家中保护商标。马德里体系对商标所有人提供了诸多好处，取得国际注册就无须再向每个有关国家按照不同的国家或地区的程序规则、使用多种不同的语言、分别提交国家申请并缴纳数种不同的且往往更高

---

① 王洪燕. 商标在非洲知识产权组织的保护. 中华商标，2013（1）.

② 朱刚琴. 欧盟组织和欧盟成员国商标注册的互补和转化. 中华商标，2017（12）.

的规费，而只需通过本国主管局以一种语言（英语或法语）向国际局提交一项申请，并缴纳一套规费即可。同样，如果向第三方转让国际注册或进行诸如更改名称和/或地址之类的其他变更，可以通过单一的程序步骤进行登记，并对所有被指定的缔约方具有效力。为便利马德里体系用户的工作，世界知识产权组织出版了《马德里协定和马德里议定书商标国际注册指南》[①]（以下简称《马德里注册指南》）。

二、马德里商标国际注册的程序

根据《商标法实施条例》第 34 条的规定，商标国际注册，是指根据《马德里协定》《马德里议定书》及《商标国际注册马德里协定及该协定有关议定书的共同实施细则》的规定办理的马德里商标国际注册。马德里商标国际注册申请包括以中国为原属国的商标国际注册申请、指定中国的领土延伸申请及其他有关的申请。

（一）以中国为原属国的马德里商标国际注册申请

以中国为原属国的商标国际注册申请是《商标法实施细则》规定的最重要的一种马德里商标国际注册申请，主要是中国企业和公民使用的马德里商标国际注册申请。其他国家企业和公民进行马德里商标国际注册申请时同样要运用这一程序，当然，他们运用的是他们各自国家商标法规定的程序，其程序和我国《商标法实施条例》规定的这种程序类似，但也会有一些细微的差异。

1. 以中国为原属国申请商标国际注册的主体资格。《商标法实施条例》第 35 条规定，以中国为原属国申请商标国际注册的，应当在中国设有真实有效的营业所，或者在中国有住所，或者拥有中国国籍。除此之外，《马德里注册指南》规定的主体还包括在《马德里议定书》成员的一个政府间组织的领土上有真实有效的工商营业场所或者有住所的人，或者是该组织一个成员国的国民，这是《马德里议定书》第 2 条第 1 款第 2 项的要求，我国为《马德里议定书》成员国，当然应该适用该规定。

2. 以中国为原属国申请商标国际注册的条件。《商标法实施条例》第 36 条规定，具有以中国为原属国申请商标国际注册的主体资格的申请人，其商标已在商标局获得注册的，既可以根据《马德里协定》申请办理该商标的国际注册，也可以根据《马德里议定书》申请办理该商标的国际注册，而已向商标局提出商标注册申请并被受理的，只可以根据《马德里议定书》申请办理该商标的国际注册。这正是《马德里议定书》相对于《马德里协定》的优越之处之一。

3. 以中国为原属国申请商标国际注册的具体程序。这里的具体程序包括：

（1）申请。根据《商标法实施条例》的规定，以中国为原属国申请商标国际注册的，应当通过商标局向世界知识产权组织国际局（以下简称国际局）申请办理。以中国为原属国的，与《马德里协定》有关的商标国际注册的后期指定、放弃、注销，应当通过商标局向国际局申请办理；与《马德里协定》有关的商标国际注册的转让、删减、变更、续展，可以通过商标局向国际局申请办理，也可以直接向国际局申请办理。以中国为原属国的，与马德里议定书有关的商标国际注册的后期指定、转让、删减、放弃、注销、变更、续

① [2019-12-08]. https://www.wipo.int/edocs/pubdocs/zh/wipo_pub_455_2019.pdf.

展，可以通过商标局向国际局申请办理，也可以直接向国际局申请办理。通过商标局向国际局申请商标国际注册及办理其他有关申请的，应当提交符合国际局和商标局要求的申请书和相关材料。商标国际注册申请指定的商品或者服务不得超出国内基础申请或者基础注册的商品或者服务的范围，通过商标局申请商标国际注册及办理其他有关事宜的，可以使用国际局提供的英文或者法文书式填写，也可以使用商标局制定的中文书式填写，但需向商标局缴纳翻译费。

(2) 受理。根据《商标法实施条例》的规定，商标国际注册申请手续不齐备或者未按照规定填写申请书的，商标局不予受理，申请日不予保留。申请手续基本齐备或者申请书基本符合规定，但需要补正的，申请人应当自收到补正通知书之日起 30 日内予以补正，逾期未补正的，商标局不予受理，书面通知申请人。通过商标局向国际局申请商标国际注册及办理其他有关申请的，应当按照规定缴纳费用。申请商标国际注册及办理其他有关事宜的，除按共同实施细则缴纳规定的费用外，还应当向商标局缴纳手续费。申请人应当自收到商标局缴费通知单之日起 15 日内，向商标局缴纳费用。期满未缴纳的，商标局不受理其申请，书面通知申请人。

(3) 转交申请与国际注册。商标局在收到如数的款项后，向国际局递交国际申请。国际局认为国际申请符合有关要求时，将把商标在国际注册簿上注册。国际注册的日期为原属国收到国际申请的日期，条件是国际局在该日起两个月内收到国际申请。国际局还将把国际注册通知各个被指定缔约方的主管局，告知原属局，并向注册人发出注册证。“国际注册证”由国际局直接寄送给商标局国际注册处，再由商标局国际注册处转寄给申请人或商标代理机构。需要注意的是，“国际注册证”仅仅表示该马德里申请已在国际注册簿上登记，并不代表在各指定缔约方已注册成功。各指定缔约方的商标主管机关在收到国际局通知之后，将会依据本国商标法律规定进行审查，核准注册或驳回申请都会在驳回期限内向国际局发相应通知，由国际局登记后转发申请人。

(4) 后期指定。仅仅将商标在国际注册簿上进行注册并不能使商标注册人取得在某些缔约方的实际保护，在缔约方取得实际保护是通过领土延伸申请进行的，领土延伸申请可以在递交国际申请时同时进行，即递交商标国际注册申请的同时指定某些缔约方进行领土延伸申请，也可以在国际注册之后的任何时间指定缔约方进行领土延伸申请。由于后一种情况是在商标获得了国际注册后进行的，因而也被称为后期指定或者后期领土延伸申请。后期指定的程序和前述马德里国际注册申请的程序基本相同，此处不赘述。

不管是国际注册申请同时进行的领土延伸申请还是后期领土延伸申请，相关被指定缔约方主管局可以在《马德里协定》或《马德里议定书》规定的 1 年时限或者 18 个月时限内声明对该商标不予保护，但需要说明理由；申请人就此可向该国主管机关或法院提出申诉，如果 1 年内或者 18 个月内该国未作出上述声明，则国际注册就在该国具有国内注册的效力，根据《马德里协定》注册的商标的有效期为 20 年，根据《马德里议定书》注册的商标的有效期为 10 年。

(二) 指定中国的领土延伸申请

指定中国的领土延伸申请是《商标法实施条例》规定的第二种马德里商标国际注册申请，它是指非以中国为原属国的马德里商标国际注册申请已经成功进行了马德里商标国际注册，在进行马德里商标国际注册申请同时或其后，为在中国获得商标保护而指定中国进行领土延伸申请所适用的程序。以中国为原属国的马德里商标国际注册申请在成功进行了马德里商标国际注册之后，在进行马德里商标国际注册申请同时或其后要在其他国家或地区获得商标保护同样要经过这一程序。当然，这些商标国际注册申请运用的是其他国家或地区商标法规定的程序，其程序和我国《商标法实施条例》规定的这种领土延伸申请程序类似，但也有一些细微差异。

非以中国为原属国的马德里商标国际注册申请在国际注册申请的同时或其后指定中国进行领土延伸申请的，国际局将把国际注册通知中国商标局。根据《商标法实施条例》第42条规定，商标局在《马德里协定》或者《马德里议定书》规定的驳回期限（以下简称驳回期限）内，依照《商标法》和《商标法实施条例》的有关规定对指定中国的领土延伸申请进行审查，作出决定，并通知国际局。商标局在驳回期限内未发出驳回或者部分驳回通知的，该领土延伸申请视为核准。商标局对指定中国的领土延伸申请的审查类似于国内的商标注册申请的审查，只是根据《商标法实施条例》第50条的规定，其办理不适用《商标法》第28条、第35条第1款关于审查和审理期限的规定，也不适用《商标法实施条例》第22条的分割申请的规定和第30条第2款的变更商标注册人名义或者地址的规定。另外，根据《商标法实施条例》第43条的规定，指定中国的领土延伸申请人，要求将三维标志、颜色组合、声音标志作为商标保护或者要求保护集体商标、证明商标的，自该商标在国际局国际注册簿登记之日起3个月内，应当通过依法设立的商标代理机构，向商标局提交《商标法实施条例》第13条第3、4、5、6款规定的相关材料，未在上述期限内提交相关材料的，商标局驳回该领土延伸申请。

对指定中国的领土延伸申请，自世界知识产权组织《国际商标公告》出版的次月1日起3个月内，符合《商标法》第33条规定条件的异议人可以向商标局提出异议申请。商标局在驳回期限内将异议申请的有关情况以驳回决定的形式通知国际局。被异议人可以自收到国际局转发的驳回通知书之日起30日内进行答辩，答辩书及相关证据材料应当通过依法设立的商标代理机构向商标局提交。其后的异议、评审、无效程序类似于国内商标注册的相应程序。

在中国获得保护的国际注册商标，有效期自国际注册日或者后期指定日起算。在有效期届满前，注册人可以向国际局申请续展，在有效期内未申请续展的，可以给予6个月的宽展期。商标局收到国际局的续展通知后，依法进行审查。国际局通知未续展的，注销该国际注册商标。

（三）其他有关的申请

除了以上两种马德里商标国际注册程序之外，还可以将指定中国的领土延伸申请进行转让、办理删减、撤销国际注册商标、宣告国际注册商标无效。指定中国的领土延伸申请办理转让的，受让人应当在缔约方境内有真实有效的营业所，或者在缔约方境内有住所，或者是缔约方国民。转让人未将其在相同或者类似商品或者服务上的相同或者近似商标一并转让的，商标局通知注册人自发出通知之日起3个月内改正；期满未改正或者转让容易引起混淆或者有其他不良影响的，商标局作出该转让在中国无效的决定，并向国际局作出声明。根据《商标法实施条例》第47条规定，指定中国的领土延伸申请办理转让不适用商标转让由转让人和受让人共同申请并办理手续的规定。指定中国的领土延伸申请办理删减的，删减后的商品或者服务不符合中国有关商品或者服务分类要求或者超出原指定商品或者服务范围的，商标局作出该删减在中国无效的决定，并向国际局作出声明。依照《商标法实施条例》第 49 条第 1 款规定申请撤销国际注册商标的，应当自该商标国际注册申请的驳回期限届满之日起满 3 年后向商标局提出申请；驳回期限届满时仍处在驳回复审或者异议相关程序的，应当自商标局或者商标评审委员会作出的准予注册决定生效之日起满 3 年后向商标局提出申请。依照《商标法实施条例》第 49 条第 2 款规定申请宣告国际注册商标无效的，应当自该商标国际注册申请的驳回期限届满后向商标评审委员会提出申请；驳回期限届满时仍处在驳回复审或者异议相关程序的，应当自商标局或者商标评审委员会作出的准予注册决定生效后向商标评审委员会提出申请。依照《商标法实施条例》第 49 条第 3 款规定申请宣告国际注册商标无效的，应当自该商标国际注册申请的驳回期限届满之日起 5 年内向商标评审委员会提出申请；驳回期限届满时仍处在驳回复审或者异议相关程序的，应当自商标局或者商标评审委员会作出的准予注册决定生效之日起 5 年内向商标评审委员会提出申请。对恶意注册的，驰名商标所有人不受 5 年的时间限制。

【本章思考题】

1. 如何在其他国家或地区取得商标权？
2. 商标国际注册的基本程序是什么？

【经典参考文献】

1. 薛源. 后 TRIPS 时代国际商标立法：从最低保护到规则统一. 政法论坛，2011 (4).

2. 张宇、文学. 马德里商标国际注册必读. 中国工商出版社，2009.

3. Nuno Pires de Carvalho，The TRIPS Regime of Trademarks and Designs，Fourth Edition，Kluwer Law International B. V.，2019.

第十二章　其他商业标志的法律保护

本章导言

《商标法》主要保护的对象是商标，但除了商标尤其是注册商标之外，还有许多发挥识别作用的商业标志，如未注册商标、地理标志、商号、奥林匹克标志等特殊标志、域名等。这些商业标志同样发挥着重要的作用。在市场经营中，这些商业标志也可能同商标一样，发挥着同样的识别商品或服务来源的作用。于是，这些商业标志的保护就成为重要的问题。因此，本章主要讲解包括未注册商标、地理标志、商号、奥林匹克标志、域名在内的其他商业标志的法律保护。

第一节　未注册商标的法律保护

我国保护未注册商标的法律主要有商标法和反不正当竞争法，二者均对未注册商标提供一定的保护。不过，尽管商标法对未注册商标提供一定的保护，但除驰名的未注册商标之外，商标法并不对未注册商标提供侵权救济性的保护，我国对普通未注册商标提供侵权救济性保护的法律是反不正当竞争法。可以说，在我国未注册商标和注册商标的法律保护存在相当大的差异，需要我们正确把握，以恰当保护未注册商标。

一、我国保护未注册商标的主要法律及其价值取向

顾名思义，未注册商标是指已经被选定为商标但却没有在商标局注册的商标。对于那些已经使用并有一定影响的商标而言，尽管其没有注册，但因已经能够识别商品或服务，事实上已经具有了一定的经济价值，值得法律保护。然而，法律对未注册商标的保护不仅仅取决于未注册商标的影响力和经济价值，还取决于一个国家或地区商标相关法律制度的整体构造尤其是其商标权取得体制。正由于商标权取得体制不同，不同国家或地区法律对于未注册商标的态度迥然有异，采用使用取得商标权体制的国家几乎保护全部已经实际使用的商标，不管是否已经注册，而采用注册取得商标权体制的国家则往往主要保护注册商标，对未注册商标仅仅提供相对有限的保护。

我国商标保护的法律主要由商标法和反不正当竞争法共同构成，其中商标法主要保护注册商标，除了已经达到驰名状态的未注册商标之外，商标法仅仅对注册商标提供侵权救济，换言之，对于除驰名商标之外的未注册商标，商标法仅仅提供禁止他人抢注和有条件继续使用的保护，不提供侵权救济的保护。反不正当竞争法是未注册商标保护的主要法律，对除驰名商标之外的未注册商标提供侵权救济。同时需要注意的是，在我国商标法律保护制度中，反不正当竞争法的未注册商标保护制度仅仅是我国商标法律保护制度的一个补充性的组成部分，是一种为弥补《商标法》不足而对未注册商标进行的有限保护，对未注册商标的保护具有非设权性、补充性和有限性的特点。①

就价值取向而言，不管是商标法还是反不正当竞争法，我国法律对未注册商标的保护体现出一种对未注册商标的适当保护和对注册取得商标权体制的维护。一方面，对未注册商标提供与其影响力相适应的保护，追求法律的正义价值。商标法和反不正当竞争法对已经使用的具有实际经济价值的未注册商标提供与其影响力和经济价值相适应的保护强度，影响力越大、价值越大的未注册商标受到的保护越强，影响力越小、价值越小的未注册商标受到的保护越弱。比如，对于具有极大影响力和经济价值的未注册驰名商标提供注册豁免待遇，其保护几乎相当于对注册商标的保护，而对于没有影响力和经济价值的商标原则上不提供保护，只有在双方当事人之间具有代理、代表特殊关系时才予保护。另一方面，维护注册取得商标权体制。我国商标法对未注册商标的保护是逐步增强的，普通未注册商标阻止他人抢注的效力、未注册驰名商标注册豁免的待遇、普通未注册商标的先用权效力等通过各次商标法修改逐步被赋予未注册商标。尽管如此，对未注册商标的保护也不能从根本上冲击注册取得商标权体制。以 2013 年《商标法》引入商标先用权为例，在解释该次修改引入商标先用权的《商标法》第 59 条第 3 款时，立法机关的专家指出，我国商标法仍“以商标注册制度为主，虽然法律上有必要给予在先使用的未注册商标一定保护，但保护水准不宜过高，以免冲击到注册制这一商标管理中的基本制度”②。

二、未注册商标的类型及我国法律所提供的保护

根据其影响力的不同，未注册商标大体上可以分为三种类型：已经达到驰名程度的未注册商标；没有达到驰名程度，但已经能够用来识别商品或服务来源的未注册商标，本书称之为普通未注册商标；仅仅被选定为商标，因尚未使用或使用的规模和范围很小，从而还不能够用来识别商品或服务来源的未注册商标。对于不同类型的未注册商标，我国法律提供了不同类型的保护。

第一，未注册驰名商标的法律保护。未注册驰名商标是一种特殊类型的未注册商标，它不仅能够用来识别商品或服务来源，而且识别商品或服务来源的能力特别强，属于识别力最强的商标类型，甚至已经超过了大多数普通注册商标。对于这种未注册商标，我国《商标法》第 13 条第 2 款给予其注册豁免的权利，即不通过注册而通过驰名就可以取得商标权，除了在请求保护时需要通过证明驰名而不是用注册证证明权利之外，未注册驰名商

---

① 王太平，袁振宗. 反不正当竞争法的商业标识保护制度之评析. 知识产权，2018（5）.

② 郎胜. 中华人民共和国商标法释义. 北京：法律出版社，2013：114.

标在其他方面和注册商标所受到的保护完全相同，甚至还优于注册商标。比如，当以未注册驰名商标作为在先权利无效他人的注册商标时，如果他人为恶意，那么即便他人商标注册已经超过5年，只要他人的商标注册时注册人有恶意而且该未注册商标已经驰名，该未注册驰名商标所有人可以不受5年时间限制请求无效他人的注册商标。

第二，普通未注册商标的法律保护。我国法律保护普通未注册商标的相关规定共包括《商标法》第32条后半段规定的“不得以不正当手段抢先注册他人已经使用并有一定影响的商标”、第59条第3款规定的“商标先用权”以及《反不正当竞争法》第6条规定的“有一定影响的商业……标识”的保护，其中《商标法》第32条后半段规定的“不得以不正当手段抢先注册他人已经使用并有一定影响的商标”使普通未注册商标可以阻止他人抢注、可以无效他人已经抢注的商标。《商标法》第59条第3款规定的“商标先用权”使普通未注册商标在他人注册之后，不管他人是否是抢注的，可以附条件即附加区别标志地继续使用。《反不正当竞争法》第6条规定的“有一定影响的商业……标识”的保护则使普通未注册商标的权益人可以针对未经授权的行为寻求侵权救济。需要注意的是，鉴于我国法律对未注册商标保护的基本价值取向及我国商标法与反不正当竞争法在未注册商标保护上的分工格局①，在无法依据《商标法》第32条后半段使他人在后的注册商标无效的情况下，在先商标使用人只能根据《商标法》第59条第3款的规定享有商标先用权的待遇，而不能根据《反不正当竞争法》第6条的规定禁止在后注册人的使用和请求损害赔偿。

第三，特殊关系下对不能够识别商品或服务来源的未注册商标的法律保护制度。我国法律对于不能够识别商品或服务来源的未注册商标的唯一保护是在代理或代表关系下的保护，只有在代理或代表关系下，代理人、代表人抢注被代理人、被代表人的未注册商标的情况下，商标法才给予被代理人、被代表人以制止代理人、代表人抢注，使其抢注无效并禁止其使用的权利，被代理人、被代表人的这种制止抢注、使其抢注无效并禁止其使用的权利只能针对代理人、代表人行使，而不能针对其他人行使。因此，可以说，只有在存在代理、代表关系的情况下，我国商标法才对不能识别商品或服务来源的未注册商标提供保护。

典型案例

“晨光”商品装潢案

2002年7月19日，中韩晨光公司向国家知识产权局申请了名称为“笔（事务笔）”的外观设计专利。中韩晨光公司生产的晨光牌K-35型按动式中性笔的外观由揿头、笔套夹、装饰圈、笔杆、笔颈、护套、尖套组成。揿头是直径为6毫米、顶部为圆球状的圆柱体空心零件，采用透明塑料制造，可以看到内部按动结构零件的颜色。笔套夹为圆柱体与半圆梯形组合成的三维立体形状，半圆梯形的最高处连接有一个7毫米宽的笔夹，笔夹面呈弧

---

① 王太平. 我国未注册商标保护制度的体系化解释. 法学，2018（8）；王太平，袁振宗. 反不正当竞争法的商业标识保护制度之评析. 知识产权，2018（5）.

形曲面向内收敛，笔套夹上部有两条半环形镂空，套身上有大圆弧缺口，笔夹与半圆梯形结合处有一个6.5毫米长的腰形孔，笔套夹的颜色与笔芯颜色相同，笔夹面上印有“M & G”及产品型号“K-35”等字样。装饰圈位于笔套夹下方，其弧度与笔套夹和笔杆的曲线相吻合，材质为经过电镀处理的工程塑料。笔杆是直径为11.6毫米的空心圆柱体，由透明塑料制造，在其与笔颈连接处贴有环形不干胶，上面印有注册商标“晨光”、产品型号“K-35”等字样。笔颈是一个上端与笔杆连接，下端与尖套连接的空心圆柱体状零件。笔颈外套有护套，该护套外形呈中间小两头略大的哑铃型，护套颜色与笔芯墨水颜色相同。尖套为弧形圆锥体状零件，其表面经过电镀，颜色与装饰圈的色泽相同。微亚达制笔公司和微亚达文具公司同样生产文具用品，其生产、销售的一种笔的结构与上述K-35型按动式中性笔相同，笔夹上印有“WEIYADA”“681”等字样，环形不干胶上印有“WEIYA-DA”“E681”等字样，从整体上看，两者外观基本相同。中韩晨光公司认为其晨光牌K-35型按动式中性笔是知名商品，成硕工贸公司销售的由微亚达制笔公司和微亚达文具公司生产、销售的681型水笔仿冒了K-35型按动式中性笔的特有装潢，构成不正当竞争行为，遂向上海市第二中级人民法院起诉。

上海市第二中级人民法院一审认为K-35型按动式中性笔外观中的笔套夹和装饰圈部分构成知名商品的特有装潢，微亚达制笔公司和微亚达文具公司的行为构成不正当竞争。上海市高级人民法院二审维持原判。微亚达制笔公司不服上述判决，向最高人民法院申请再审。最高人民法院再审认为，如果一种外观设计专利因保护期届满或者其他原因而专利权终止，该外观设计就进入了公有领域，任何人都可以自由利用。但是，在知识产权领域内，一种客体可能同时属于多种知识产权的保护对象，其中一种权利的终止并不当然导致其他权利同时也失去效力。同时，反不正当竞争法也可以在知识产权法之外，在特定条件下对于某些民事权益提供有限的、附加的补充性保护。就获得外观设计专利权的商品外观而言，外观设计专利权终止之后，在使用该外观设计的商品成为知名商品的情况下，如果他人对该外观设计的使用足以导致相关公众对商品的来源产生混淆或者误认，这种在后使用行为就会不正当地利用该外观设计在先使用人的商誉，构成不正当竞争。具体而言，由于商品的外观设计可能同时构成商品的包装或者装潢，因而可以依据反不正当竞争法关于知名商品特有包装、装潢的规定而得到制止混淆的保护。此时，该外观设计应当满足以下条件：(1) 使用该设计的商品必须构成知名商品；(2) 该设计已经实际具有区别商品来源的作用，从而可以作为知名商品的特有包装或者装潢；(3) 这种设计既不属于由商品自身的性质所决定的设计，也不属于为实现某种技术效果所必需的设计或者使商品具有实质性价值的设计；(4) 他人对该设计的使用会导致相关公众的混淆或者误认。与此同时，最高人民法院也明确指出，与外在于商品之上的文字图案类装潢相比，内在于商品之中的形状构造类装潢构成知名商品的特有装潢需要满足更严格的条件。这些条件一般至少包括：(1) 该形状构造应该具有区别于一般常见设计的显著特征；(2) 通过在市场上的使用，相关公众已经将该形状构造与特定生产者、提供者联系起来，即该形状构造通过使用获得了第二含义。也就是说，一种形状构造要成为知名商品的特有装潢，其仅仅具有新颖性和独特性并对消费者产生了吸引力是不够的，它还必须能够起到区别商品来源的作用。只要有充分证据证明该形状构造特征起到了区别商品来源的作用，该形状构造就可以作为知名商品的特有装潢获得保护。最终，微亚达制笔公司撤回再审申请，最高人民法院予以准许。[①]

本案入选最高人民法院公布的2010年中国法院知识产权司法保护50件典型案例。本案中，中韩晨光公司生产的K-35型按动式中性笔外观，被认定为是知名商品的特有装潢。2017年《反不正当竞争法》第6条第1项规定："经营者不得实施下列混淆行为，引人误认为是他人商品或者与他人存在特定联系：（一）擅自使用与他人有一定影响的商品名称、包装、装潢等相同或者近似的标识……"可见，这种知名商品的特有装潢具有标示商品来源的功能，本质上是有一定影响的商业标识，受到《反不正当竞争法》的保护。当他人未经许可，在相同或类似的商品类别上使用他人有一定影响的商业标识时，容易导致消费者混淆，商业标识的权益人可以针对未经授权的行为寻求《反不正当竞争法》的救济。

第二节　地理标志的法律保护

地理标志是一种重要的识别性商业标志，尤其是对于那些历史悠久、自然资源优越的国家或地区，地理标志保护是保护其传统文化和自然资源的重要手段。据统计，2018年3月国务院机构改革之前，原质检总局授予的地理标志保护产品有1 192个，原农业部授予的地理标志农产品有2 594个，原工商总局商标局核准注册的地理标志商标有4 867件，这些地理标志的认定和保护对促进区域经济发展发挥了重要的作用，地理标志相关产值已经超过了一万亿元，成为不少地方发展区域特色经济、实施精准脱贫的主要途径之一。[②]

一、地理标志的法律保护概述

自1883年签署之时起，地理标志（货源标记）就是《巴黎公约》规定的工业产权的保护对象，1958年的《保护原产地名称及其国际注册里斯本协定》（以下简称《里斯本协定》）进一步规定了地理标志中最重要的原产地名称的国际注册与保护，1994年的《TRIPS协定》同样将地理标志作为一种重要的知识产权类型。

（一）地理标志的概念和性质

地理标志（Geographical Indication）又译为地理标识、地理标记等，是用来表示产品或服务的地理来源的名称、标记或符号。广义的地理标志包括货源标记（Indications of Source）和原产地名称（Appellations of Origin），世界知识产权组织及其管理的知识产权国际公约就是在广义上使用地理标志这一概念的。事实上，货源标记和原产地名称是不同的，主要体现在构成条件上：货源标记几乎没有任何条件，仅仅"标记"与商品的"地理来源"之间的联系即可，通常由名称、标记或符号构成，如"中国制造""Made in U. S. A"等。原产地名称则具有相当严格的条件，《里斯本协定》第2条第1款规定，"在本协定中，原产地名称系指一个国家、地区或地方的地理名称，用于指示一项产品来源于该地，其质量和特征完全或主要归因于其地理环境，包括自然和人文因素"，如"香槟"

---

① 最高人民法院（2010）民提字第16号民事裁定书。

② 何可. 我国地理标志相关产值已超万亿元成为富农强农重要抓手. 中国质量报，2019-05-09（2）.

"波尔多葡萄酒""哈瓦那雪茄""茅台酒"等。货源标记是用于标识产品或服务产于某个国家、某国的某个地区或特定地方的表示或标记；原产地名称除标识产品或服务产于某个国家、某国的某个地区或特定地方外，还表明其特有的品质完全或基本上取决于该地域的自然的、人文的或两者兼有的因素在内的地理环境。原产地名称要求产品与其出产的地区之间存在质量上的紧密联系，这种质量上的联系包括该产品的特殊品质完全或主要归因于该地理来源的特殊气候、土壤或传统生产方式等特殊因素，而货源标记只要该产品出产于其所标识的地区即可。从某种意义上可以说，原产地名称也是一种特殊的货源标记，但在一般情况下，货源标记仅表示那些不能被当作原产地名称使用的地理来源。需要注意的是，《TRIPS 协定》规定的地理标志的概念和《里斯本协定》规定的原产地名称概念是不同的。《TRIPS 协定》规定，本协定的地理标志系指下列标志：其标示出某商品来源于某成员地域内，或来源于该地域中的某地区或某地方，该商品的特定质量、信誉或其他特征，主要与该地理来源相关联。《里斯本协定》强调商品的"质量和特征"完全或主要归因于其包括自然和人文因素的地理环境，而《TRIPS 协定》则除商品的质量和特征之外，增加了"信誉"。信誉本质上是一种消费者认知与评价，因此，《TRIPS 协定》增加的商品的"信誉"要素使地理标志与产地之间的关联性从客观关联性转向了主观关联性[①]，在一定程度上已经背离了原产地名称保护的初衷。

无论是哪种地理标志，均有三个共同点：(1) 地理标志均与地理名称有关。无论是货源标记还是原产地名称，均与一定的地理名称有关，其差别不过在于，前者仅仅表明该产品生产于某地，而后者不仅要求某产品生产于某地，而且该产品的特殊质量还与该地区的自然或人文环境有关，差别仅仅是信息量上的。原产地名称比货源标记内涵更为丰富。(2) 地理标志均是识别性的工商业标记，而区别于创造性智力成果。知识产权的客体可以被分为创造性智力成果和识别性的工商业标记。无论是货源标记还是原产地名称均是一种识别性的工商业标记，而不是创造性智力成果。因为各种地理标志均是用来表示某种商品的（或者是其来源，或者是其质量上的地理特色），而不包含什么创造性。(3) 地理标志本质上是一种符号。作为一种符号，地理标志的能指通常是地理名称或包含地理名称的图形，地理标志的所指是指一类与该地理区域的自然或人文因素有关的产品。

（二）地理标志与相关概念的关系

地理标志通常也出现在商品或产品之上，与商标具有紧密的联系，但又不同于商标。地理标志和商标的相同点是均由标志与标志所代表的信息二要素组成，是二者的统一体，是一种符号；其功能相似，均是传递信息，消除信息不对称，减少搜寻成本。地理标志虽然是一种识别性的工商业标记，它却是一种不同于商标的符号。(1) 识别对象不同。商标用来识别在市场中提供某种特定产品或服务的企业，地理标志则用来识别一个或几个使用这种地理标志的产品的企业坐落其中的地理区域。因此，在某人或企业能够排除其他人或企业使用地理标志意义上说，地理标志没有所有人，而坐落在地理标志所指的该地区的任何一个企业由于产品来源于该地区从而均有权使用所说的标记，当然一般需要符合某种特定的如管理原产地名称使用的行政命令所规定的质量要求。因此，当在商务中把地理标志

---

① 王笑冰. 关联性要素与地理标志法的构造. 法学研究，2015 (3).

看作为一种特殊种类的特征符号而其因此成为知识产权的一个特别种类时，把它们同商标区分开来是很重要的。(2) 地理标志是一种“规约性”符号。在符号学上，符号包括符号内容（所指）与符号形式（能指），二者共同构成了符号。比如“李世民”这个符号，其能指就是“李世民”这三个字的图形和读音，而所指就是“李世民”这个人所代表的信息或意义（如他是唐朝第二位皇帝、杰出的政治家、战略家、军事家、诗人、“贞观之治”的开启者等)。符号还被分为“规约性的”与“非规约性的”两类，前者如拟声词，能指受所指所制约，而后者则包括大多数符号。恩格斯曾谈到非规约性语言符号的特点，他说：正和负。也可以颠倒过来称呼……北和南也一样，如果颠倒过来，并且把其余的名称相应地加以改变，那么一切仍然是正确的。这时，我们就可以称西为东，称东为西。太阳从西边升起，行星从东向西旋转等，这只是名称的变更而已。[①] 虽然，恩格斯的话一般而言仅仅适用于符号初创阶段，但是它无疑生动地说明了“非规约性”的符号的特点。而“规约性”的符号则不能随意替代，如拟声词。由于地理标志必然与地理有某些联系，显然，地理标志就是“规约性”的符号，即地理标志的名称是事先确定下来的，例如绍兴黄酒、茅台酒等酒就不能叫其他名字。规约性的符号其“能指”与“所指”的关系比非规约性的符号的“能指”与“所指”的关系密切得多。地理标志与使用地理标志的产品之间不仅有生产地的联系，即该产品是在该地生产的，而且对于传统的原产地名称这种地理标志来说，联系还不仅于此，地理标志所标记的地方实实在在与产品有必然的联系，因为正是地理环境决定了产品的特殊质量。因此在某种程度上可以说，地理标志本身就是产品的一种要素。在这里，符号的“能指”与“所指”之间的距离更近了，甚至连为了一体。因此，如果把商标这种完全是“以此事物（商标标记）表示彼事物（产品或商品)”的最典型的识别性工商业标记作为一端，把产品或商品这种“自身表示自身”的东西作为另一端的话，地理标志就可以说是介于两者之间的一种东西。

二、地理标志的法律保护模式

世界各国或地区对地理标志的国内法保护主要有三种模式：第一种模式是通过商标法保护地理标志，即通过将地理标志注册为证明商标或集体商标的方式加以保护，美国和一些欧洲国家采取的就是这种保护模式；第二种模式是通过专门立法的方式保护地理标志，如法国制定的《原产地名称保护法》；第三种是通过反不正当竞争法保护制止伪造、冒用地理标志的不正当竞争行为。我国法律对地理标志的保护主要是商标法和原产地域产品保护（专门法）模式，反不正当竞争法对地理标志也起着辅助保护作用。

(一) 地理标志的商标法保护

现行《商标法》第 16 条规定了地理标志，地理标志成为注册商标的在先权利，该条第 2 款规定：“地理标志，是指标示某商品来源于某地区，该商品的特定质量、信誉或者其他特征，主要由该地区的自然因素或者人文因素所决定的标志。”《商标法实施条例》第 4 条第 1 款规定：“商标法第十六条规定的地理标志，可以依照商标法和本条例的规定，作为证明商标或者集体商标申请注册。”

---

① 恩格斯. 自然辩证法//马克思恩格斯选集：第 4 卷. 北京：人民出版社，1995：320.

1985年我国加入《巴黎公约》，理论上地理标志成为我国法律的保护对象，然而直到1993年《商标法实施细则》修订时规定了集体商标和证明商标之后，我国地理标志的保护才有了具体规则，1994年《集体商标、证明商标注册管理办法》第2条第2款规定证明商标可以“用以证明该商品或服务的原产地”，次年3月1日起商标局正式受理国内外地理标志证明商标的注册申请。2001年《商标法》第16条第一次在商标法中明确规定了地理标志，次年的《商标法实施条例》第6条第1款规定，地理标志可以依照商标法和本条例的规定，作为证明商标或者集体商标申请注册，2003年《集体商标、证明商标注册管理办法》则明确规定了以地理标志作为证明商标或者集体商标注册的具体办法。

用商标法保护地理标志的优点是商标注册审查体制已经非常成熟完善，无须再建立一套独立的体系。同时，用商标注册审查体制审查地理标志在确定地理标志的商品类别、解决商标和地理标志之间的权利冲突等方面都更为简单。不仅如此，将地理标志注册为证明商标或集体商标还可以通过国际局进行国际注册，给予地理标志更广泛的保护。因此，许多国家都采取商标法的保护模式。

（二）地理标志的专门法保护

除商标法对地理标志提供保护外，地理标志的专门法保护是我国法律保护地理标志的第二种重要模式和制度，目前我国地理标志专门法保护制度由两部分组成：一部分是现有国家知识产权局管理的地理标志产品制度，另一部分是农业农村部管理的农产品地理标志制度。

1999年8月17日，国家质量技术监督局发布《原产地域产品保护规定》，我国开始建立地理标志专门法保护制度，2001年3月5日国家出入境检验检疫局发布的《原产地标记管理规定》《原产地标记管理规定实施办法》，尽管该管理规定及其实施办法主要是从原产地规则角度进行规范的，但也将地理标志纳入其中，提供一定的保护。2001年4月10日，国家出入境检验检疫局和国家质量技术监督局合并为国家质量监督检验检疫总局，于是出现一个机构两套地理标志管理与保护制度的现象。2005年6月7日，国家质量监督检验检疫总局发布了《地理标志产品保护规定》，取代并统一了《原产地域产品保护规定》《原产地标记管理规定》《原产地标记管理规定实施办法》的地理标志管理与保护制度。鉴于2018年国务院机构改革中国家质量监督检验检疫总局并入新设的国家市场监督管理总局，《地理标志产品保护规定》下的地理标志产品目前由国家知识产权局负责认证、管理与保护。2007年12月25日，农业部发布《农产品地理标志管理办法》，2008年2月1日起施行。从此，我国针对农产品又建立了一套农产品地理标志保护制度。至此，我国存在着两种并行的地理标志专门法保护制度。鉴于2018年国务院机构改革中农业部的职责整合进了农业农村部，农产品地理标志保护制度的运行由农业农村部负责。2019年4月25日，农业农村部修正了《农产品地理标志管理办法》，其第4条规定，农业部（应是农业农村部，下同）负责全国农产品地理标志的登记工作，农业部农产品质量安全中心负责农产品地理标志登记的审查和专家评审工作。省级人民政府农业行政主管部门负责本行政区域内农产品地理标志登记申请的受理和初审工作。农业部设立的农产品地理标志登记专家评审委员会，负责专家评审。农产品地理标志登记专家评审委员会由种植业、畜牧业、渔业和农产品质量安全等方面的专家组成。总体来看，“地理标志产品保护和农产品地理标志保护为专门保护制度，其概念和制度设计明显受到欧盟特别是法国的影响”①。

(三) 地理标志的反不正当竞争法保护

除了前述两种制度外，反不正当竞争法对地理标志也起着辅助保护作用，主要从禁止虚假表示或虚假宣传的角度来保护地理标志。1993年《反不正当竞争法》第5条将“伪造产地，对商品质量作引人误解的虚假表示”作为一种不正当竞争行为加以禁止，当然，2017年《反不正当竞争法》删除了伪造产地的规定，但仍然有禁止“虚假或者引人误解的商业宣传，欺骗、误导消费者”的规定。同时，反不正当竞争法作为知识产权专门法的补充或兜底保护方法，总是能够在商标法和地理标志专门法之外对地理标志提供一定的保护。

(四) 地理标志保护制度的特点

由于地理标志具有不同于商标的特征，地理标志法律保护制度具有和普通商标法保护制度不同的制度特点，即便是证明商标和集体商标保护地理标志的商标法保护模式，其在制度设计上也和普通商标的法律保护模式有着非常大的差别。

1. 权利取得条件。在权利取得条件上，地理标志的非规约性使得地理标志介于商标与产品之间，这就导致地理标志权的取得不仅需要地理标志要有标记的形式条件，更有对其产品的实质性条件的要求。世界各国的地理标志专门法莫不如此。如法国原产地名称监督制对葡萄酒原产地名称取得条件的规定就非常严格，其内容包括：(1) 地理范围：有权获得原产地名称命名的市镇或某一市镇的一个区域；(2) 特别规定的葡萄品种；(3) 每公顷基本的葡萄产量；(4) 酒精含量；(5) 葡萄种植的方法和葡萄酒酿造的方法；(6) 有关标签的情况。除此之外还要执行严格的检验。这些条件中除了第6项是标签的形式规定，其他则全部是与使用该地理标志的葡萄酒的质量有关的条件。而严格的检验则更是地理标志这种特殊的工商业识别标记的独特之处。即便是注册集体商标和证明商标的地理标志保护模式，对检验的要求也同样严格。我国《集体商标、证明商标注册和管理办法》第4条规定，申请集体商标注册的，应当附送主体资格证明文件并应当详细说明该集体组织成员的名称和地址；以地理标志作为集体商标申请注册的，应当附送主体资格证明文件并应当详细说明其所具有的或者其委托的机构具有的专业技术人员、专业检测设备等情况，以表明其具有监督使用该地理标志商品的特定品质的能力。第5条规定，申请证明商标注册的，应当附送主体资格证明文件并应当详细说明其所具有的或者其委托的机构具有的专业技术人员、专业检测设备等情况，以表明其具有监督该证明商标所证明的特定商品品质的能力。这两条规定和普通商标的保护显然有着极大的差别。

2. 权利内容。由于地理标志的规约性特征，地理标志与它所标记的产品是一体的，因而地理标志注册人原则上是无法转让其地理标志的，于是地理标志权中一般不包含转让权或处分权。我国《集体商标、证明商标注册和管理办法》尽管规定集体商标和证明商标可以转让，但是转让却有着严格的限定，其第16条规定，申请转让集体商标、证明商标的，受让人应当具备相应的主体资格，并符合《商标法》、实施条例和本办法的规定。集

---

① 王笑冰. 经济发展方式转变视角下的地理标志保护. 北京：中国社会科学出版社，2019：137. 天芙蓉. 地理标志法律保护制度研究. 北京：知识产权出版社，2009：246.

体商标、证明商标发生移转的，权利继受人应当具备相应的主体资格，并符合商标法、实施条例和本办法的规定。而1994年的《集体商标、证明商标注册和管理办法》第12条曾规定，集体商标不得转让。当然如果注册人连同它的企业和业务一同转让的话，地理标志的使用权当然也发生转让。

3. 权利期限。由于地理标志权的取得不像商标权那样主要是因使用而取得的（当然使用也是它的一个必要条件，但却不是充分条件），它是地理特征与产品特性关联的结果，因而只要这种地理特征不发生变化，产品的特性与该地理特征的关系不发生变化，那么地理标志的使用就没有问题。因此，各国地理标志法律一般并不对地理标志规定保护期限。所以，地理标志就具有了类似于物权一样的自然寿命期限，而不同于其他知识产权的法定的期限。

4. 注册取得与使用相分离。地理标志的注册主体和使用主体往往是分离的，注册主体往往仅仅承担管理职责，而使用主体则必须按照使用规则使用。如《集体商标、证明商标注册和管理办法》第20条规定："证明商标的注册人不得在自己提供的商品上使用该证明商标。"这和普通商标注册主体与使用主体往往是同一的是非常不同的。

5. 管理与监督。正是由于地理标志的规约性特征，地理标志象征质量与产品特色的作用比一般商标更为明显，同时地理标志的使用人往往并不像商标使用人那样是特定的某人或企业，而是由一定数量的人或企业在使用，于是对地理标志的监督与管理就成为必要。这不仅表现在地理标志权的取得上，更表现在地理标志的存续上。这实际上是前述的地理标志与商标相比，公共产品色彩更为浓厚，而公共产品或者由政府提供，或者通过某种方法使其投入与产出内部化。地理标志的保护是对两种方法兼而用之。

典型案例

"金华火腿"商标案

1979年10月，浙江省浦江县食品公司在第33类商品（火腿）上申请注册了注册证号为第130131号商标。商标注册证记载"商标：金华牌"，中间是"金华火腿"字样。2000年10月7日，商标注册人变更为原告浙江省食品有限公司。2003年7月，原告发现被告正在销售的火腿使用了原告的注册商标"金华火腿"，该火腿的生产单位是永康火腿厂。原告遂发函给泰康公司，告知其"金华火腿"是原告的注册商标，要求其停止销售侵权商品。原告认为，原告从未许可永康火腿厂使用"金华火腿"商标，因此，永康火腿厂擅自使用"金华火腿"字样，侵犯了原告的注册商标专用权。被告泰康公司明知并销售侵犯他人注册商标专有权的商品，也侵犯了原告注册商标专用权。据此，原告食品公司请求法院判令两被告停止侵权、赔礼道歉并赔偿原告经济损失。

法院经审理查明，2002年8月28日，国家质检总局通过了对"金华火腿"原产地域产品保护申请的审查，批准自公告日起对金华火腿实施原产地域产品保护。2003年4月21日，永康火腿厂在核定使用的第29类商品（火腿、肉等）上申请注册了"真方宗"注册商标。2003年9月24日，国家质检总局通过了对永康火腿厂等55家企业提出的金华火腿原产地域产品专用标志使用申请的审核。自该日起，上述55家企业可以按照有关规定在其产品上使用“金华火腿”原产地域产品专用标志，获得原产地域产品保护。法院认为，原告注册商标专用权保护范围的核心是金华火腿，其专用权受法律保护。侵犯原告注册商标专用权的，应依法承担法律责任。但是，原告无权禁止他人正当使用。金华火腿经国家质检总局批准实施原产地域产品保护，被告永康火腿厂获准使用金华火腿原产地域专用标志。同时，被告在其火腿外包装显著位置标明了自己的注册商标“真方宗”，同时也标明了企业名称、厂址、联系方式等信息。被告在火腿腿皮上标注的“金华火腿”字样下端标明了“原产地管委会认定”，在腿皮上端还标有“真方宗”注册商标。因此，从上述使用方式可以认定，永康火腿厂标注“金华火腿”目的是表明原产地域产品。因此，永康火腿厂的上述行为属于正当使用。但是，被告永康火腿厂今后应当规范使用原产地域产品标志。原、被告之间均应相互尊重对方的知识产权，依法行使自己的权利。原告指控两被告侵犯其注册商标专用权的依据不足，法院不予支持。

本案是《最高人民法院公报》2007年第11期案例，是关于商标权与地理标志权相互冲突的典型案例。本书在第二章已经介绍，我国《商标法》明确禁止注册县级以上行政区划地名。本案中，原告享有商标专用权的“金华火腿”商标含有“金华”字样，正属于县级以上行政区划。那么，这一注册商标是否有效呢？实际上，原告的这一商标注册于1979年，先于我国1983年商标法，在当时的商标法里，并未有禁止注册地名的规定，因而这一商标得以注册。同时，我国现行《商标法》也明确规定，已经注册的使用地名的商标继续有效。故此，原告的这一注册商标是有效的。但是，原告商标有效并不代表在金华市这一地域范围内只有原告能够使用“金华火腿”名称。金华火腿是浙江省金华市的著名传统特产，距今已经有800多年的历史。很多金华本地生产火腿的厂商有着合法使用金华火腿这一地理名称的需求。如果原告仅因“金华火腿”商标是有效商标，就有权禁止本地其他厂商使用金华火腿这一地理名称，则无疑将给金华市这一传统特产行业带来毁灭性打击。本案中，金华火腿经国家质检总局批准实施原产地域产品保护，被告永康火腿厂获准使用金华火腿原产地域专用标志。这表明，永康火腿厂可以在地理标志的意义上使用“金华火腿”名称，不构成商标侵权。

第三节 商号的法律保护

商号（也称为“字号”）是商主体名称中的核心部分，是一种重要的识别性商业标志，它不仅是商主体的名称的组成部分，具有人身性，而且具有重要的财产价值，具有财产性。

一、商号的概念与法律性质

商号（Trade Name）是将一个企业及其经营活动与另一个企业及其经营活动区别开来的标志。商号是企业名称中独具的有识别性的核心部分。在我国法律中，企业名称是比商号出现频率更高的一个词。我国最早涉及法人人身权的法条——《民法通则》第99条所用的词语就是“名称权”，而相关的企业登记条例或办法所用的词语基本上都是“企业名称”，如《企业法人登记管理条例》《公司登记管理条例》《企业名称登记管理规定》等。根据《企业名称登记管理规定》第7条的规定，企业名称由字号（或者商号，下同）、行业或者经营特点、组织形式组成，由于企业通常还要登记所属的行政区划，企业名称通常是由行政区划、字号（商号）、行业或经营特点、组织形式四个基本部分构成的。其中行政区划、行业或经营特点、组织形式均属于通用称谓，可以将不同地区、不同行业和不同组织形式的企业区别开来，但不能作为特定企业之间的区别标志，将特定企业区别开来的标志主要是商号或者字号。因此商号是企业名称的核心要素，是一个企业区别于其他企业的重要标志。在企业名称中，也只有商号才是可以由企业自主选择并专有使用的部分。

商号具有人身和财产的双重属性：一方面，商号是企业名称的重要组成部分，是企业名称中独有的识别性的部分，是企业名称的核心，对于识别商主体的身份具有重要的作用，因此，商号具有一定的人身性；另一方面，商号是商主体商誉的主要载体，本身具有非常重要的财产价值。不仅如此，当商号出现在商品上的时候其也可以发挥商标的作用。比如“阿司匹林（Aspirin)”曾是著名的拜耳（Bayer）公司的商标，拜耳公司生产的阿司匹林上在使用“Aspirin”的同时一直使用着“Bayer”，而在“Aspirin”因通用化而失去商标保护之后，“Bayer”事实上一直发挥着商标的作用。

二、商号权的取得和法律效力

《巴黎公约》第8条规定：“商号应在本同盟一切成员国内受到保护，无须申请或注册，也不论其是否为商标的组成部分。”这表明商号应当受到保护，且无须申请或注册就受到保护，也就是说，商号权可以因使用而取得。我国法律规定的商号权的取得体制是登记生效主义，即商号只有经过登记才可以使用，才具有排他性的专有权。《企业名称登记管理规定》第3条规定，企业名称经核准登记注册后方可使用，在规定的范围内享有专用权。第26条第1项规定，使用未经核准登记注册的企业名称从事生产经营活动的，责令停止经营活动，没收非法所得或者处以罚款。

作为企业名称的一部分，商号登记的主管机关是国家市场监督管理总局和地方各级市场监督管理局，不同规模的企业分别在国家市场监督管理总局、省级市场监督管理局、市级市场监督管理局和县级市场监督管理局进行登记，取得企业名称权，并对在后申请登记的相同或近似的商号产生一定的对抗效力。根据《企业名称登记管理规定》的规定，在先登记的商号仅可在登记主管机关的辖区内、在与其登记注册行业相同的行业范围内起到阻止相同或近似商号登记注册的效力。这就意味着商号的对抗效力是非常有限的。

典型案例

“星巴克”商标案

星源公司创立于1971年，1976年在美国西雅图开设了第一家“STARBUCKS”咖啡店。经过30多年的发展，星源公司已成为全球著名的咖啡连锁经营企业，“STARBUCKS”已经是全球闻名的咖啡品牌。“STARBUCKS”商标在全球享有较高的知名度及良好的声誉，是广大消费者认可和熟知的驰名商标。星源公司作为“STARBUCKS”商标权人，在全球许多国家及地区注册了“STARBUCKS”商标。1999年，原告星源公司进入中国大陆市场，1999年至2000年，星源公司在中国大陆注册了“星巴克”商标，核定使用于5个商品及服务类别。2000年3月2日，经星源公司授权原告统一星巴克成立了。统一星巴克成立后，陆续在上海、杭州、宁波等城市的黄金地段开设了多家星巴克咖啡连锁店。“STARBUCKS”、“星巴克”和“STARBUCKS”文字及图形商标在中国同样具有极高的知名度。星源公司、统一星巴克发现，被告上海星巴克于2000年3月9日设立，公司名称以“星巴克”为字号。被告上海星巴克分公司于2003年7月1日设立，隶属于上海星巴克。上海星巴克、上海星巴克分公司在仙霞店和南京路分店的咖啡经营中，在店内的移动灯箱、灯箱、座位隔离板、咖啡菜单、发票、收银条、名片等处均使用了与“STARBUCKS”、“星巴克”和“STARBUCKS”文字及图形商标相同或近似的标识。星源公司、统一星巴克认为这种行为构成侵权，遂诉至法院。一审上海市第二中级人民法院认为，原告星源公司对“星巴克”文字在先使用。被告上海星巴克将“星巴克”文字作为企业名称中的字号进行登记具有攀附他人驰名商标的主观恶意。最高人民法院《商标纠纷解释》第1条规定：“下列行为属于商标法第五十二条第（五）项规定的给他人注册商标专用权造成其他损害的行为：（一）将与他人注册商标相同或者相近似的文字作为企业的字号在相同或者类似商品上突出使用，容易使相关公众产生误认的……”故被告上海星巴克的行为属于《商标法》第52条第5项规定“给他人的注册商标专用权造成其他损害的”的行为，违背了民事活动应当遵循公平、诚实信用的原则，侵犯了原告星源公司“STARBUCKS”“星巴克”驰名商标（均为第42类）专用权。经营者在市场交易中，应当遵循自愿、平等、公平、诚实信用的原则，遵守公认的商业道德。被告上海星巴克系经营咖啡馆、提供咖啡服务的企业，与原告星源公司存在同业竞争关系。上海星巴克登记的“星巴克”字号是其企业名称中的核心部分，与星源公司享有并许可原告统一星巴克使用的“星巴克”商标在文字上完全相同，其登记行为具有攀附他人驰名商标的明显恶意，并已造成相关公众对商标注册人与企业名称所有人的误认或者误解，构成对星源公司的不正当竞争。上海星巴克依法应承担停止侵害、消除影响、赔礼道歉、赔偿损失的民事责任。二审上海市高级人民法院驳回被告的上诉，维持原判。①

本案是《最高人民法院公报》2007年第6期案例，是关于商号权与商标权冲突的典型案例。

本书已经介绍，商号是重要的识别性商业标志，在市场经营中，商号不仅是企业名称中的核心部分，同时也可能发挥着标示商品或服务来源的功能。在保护模式上，商号权和商标权本为各自独立的权利类型，分别有着各自的权利范围和效力。但是，注册和使用商号不得侵犯他人在先的注册商标权。同理，注册和使用商标也不得侵犯他人在先的商号权。法院认定本案中被告的做法是在主观恶意的支配之下，将与他人注册商标相同或者相近似的文字作为企业的字号在相同或者类似商品上突出使用。这种行为是对他人注册商标的“搭便车”行为，容易造成消费者混淆，属于商标侵权和不正当竞争行为。

---

① 上海市第二中级人民法院（2004）沪二中民五（知）初字第1号民事判决书。

典型案例

“正野”商号商标案

广东伟雄集团的前身顺德市伟雄集团公司于1996年获准注册“正野GENUIN”商标，在第6、7、9、11、28、32、39、42类商品上使用，且许可高明正野公司、广东正野公司作商标和企业名称中的字号使用。顺德市伟雄集团公司、高明正野公司、广东正野公司通过长期、大量的宣传，使“正野”商标及其产品在市场上具有较高的知名度、信誉度、美誉度。本案的第一被告顺德正野公司明知“正野”是前述三公司创立的知名商标和商号，在原告下属顺德市正野电器实业公司于1998年5月14日从顺德市搬迁到高明市时，成立了与原告原顺德市正野电器实业公司名称完全相同的公司。第二被告顺德光大集团公司于1997年6月在开关插座等商品上申请注册“正野ZHENGYE”商标，并许可第一被告使用。第一被告自1999年起一直在其产品、包装、宣传资料、广告等方面使用正野电器有限公司（中日合资）商标，引起相关公众的误认。顺德市伟雄集团公司、高明正野公司、广东正野公司遂诉至法院。本案历经一审、二审，在最高人民法院再审审理中，最高人民法院认为，受反不正当竞争法保护的企业名称，特别是字号，不同于一般意义上的人身权，是区别不同市场主体的商业标识，本质上属于一种财产权益。根据原审法院查明的事实，1994年5月，原顺德市正野电器实业公司开始使用正野字号，高明正野公司于1996年5月成立。1998年4月30日，原顺德市正野电器实业公司并入高明正野公司，其债权债务均由高明正野公司承继，字号所产生的相关权益也可由高明正野公司承继。原顺德市正野电器实业公司于1994年5月即开始使用“正野”字号，且于1995年1月获得顺德市伟雄集团公司的授权，使用“正野GENUIN”商标。高明正野公司成立后，也根据与顺德市伟雄集团公司的商标许可合同，使用“正野GENUIN”商标。通过原顺德市正野电器实业公司和高明正野公司的广告宣传和相关商品的销售，“正野”字号及相关产品已具有一定的市场知名度，为相关公众所知悉。1999年2月，顺德光大集团公司将“正野ZHENGYE”注册商标许可顺德正野公司使用，生产经营家用电风扇、插头插座、空调器等。顺德正野公司在其开关插座的宣传资料、宣传报刊、经销场所、价目表、包装盒、包装袋等的显著位置上使用“正野ZHENGYE”字样。顺德光大集团公司、顺德正野公司使用“正野ZHENGYE”商标的行为，足以使相关公众对商品的来源产生误认，侵犯高明正野公司在先“正野”字号权益，构成不正当竞争。不仅如此，顺德正野公司与顺德市伟雄集团公司、原顺德市正野电器实业公司均在同一地区，知道“正野”商标和“正野”字号的知名度，却使用与高明正野公司企业名称字号相同的“正野”字号，生产经营电风扇、插头插座、空调器等，足以使相关公众对商品或者服务的来源产生混淆，构成不正当竞争行为。最高人民法院最终判决顺德光大集团、顺德正野公司立即停止使用侵犯高明正野公司“正野”字号权益的“正野ZHENGYE”商标和在其企业名称中使用的“正野”字号，并赔偿相应损失。①

本案中，被告的行为涉嫌侵犯原告的两种权利：即原告的“正野”商号权和“正野

① 最高人民法院（2008）民提字第36号民事判决书。

GENUIN”的商标权。就“正野”商号权而言，我国现行《反不正当竞争法》第6条规定：“经营者不得实施下列混淆行为，引人误认为是他人商品或者与他人存在特定联系：……（二）擅自使用他人有一定影响的企业名称（包括简称、字号等）、社会组织名称（包括简称等）、姓名（包括笔名、艺名、译名等）……”据此，被告的行为是典型的不正当竞争行为，容易导致消费者发生混淆。就“正野GENUIN”商标权而言，最高人民法院《商标纠纷解释》第1条规定：“下列行为属于商标法第五十二条第（五）项规定的给他人注册商标专用权造成其他损害的行为：（一）将与他人注册商标相同或者相近似的文字作为企业的字号在相同或者类似商品上突出使用，容易使相关公众产生误认的……”现行《商标法》第58条规定：“将他人注册商标、未注册的驰名商标作为企业名称中的字号使用，误导公众，构成不正当竞争行为的，依照《中华人民共和国反不正当竞争法》处理。”可见，被告的行为既属于侵犯商标权的行为，也属于不正当竞争行为。

第四节　奥林匹克标志的法律保护

竞技运动是体育运动的主体，而奥林匹克运动是竞技运动的核心。奥林匹克运动不仅具有重要的经济价值，而且具有重要的文化价值，对于社会进步具有重要的影响。[①] 奥林匹克标志是奥林匹克运动的重要组成部分，对于奥林匹克运动的正常开展具有重要的影响，具有重要的经济价值。因此，奥林匹克标志逐渐成为知识产权的保护对象。《奥林匹克宪章》即涉及奥林匹克标志的保护，国际上更制定了专门保护奥林匹克标志的《保护奥林匹克标志内罗毕公约》，世界各国也多通过传统知识产权法或者建立奥林匹克标志专门保护制度来保护奥林匹克标志。因2001年北京获得第29届夏季奥运会主办权，我国于2002年制定了《奥林匹克标志保护条例》，因2015年北京获得2022年冬季奥运会主办权，我国于2018年修正了《奥林匹克标志保护条例》，确立了我国奥林匹克标志专门保护制度。

一、奥林匹克标志概念与范围

对奥林匹克标志有广义和狭义两种定义，狭义上的奥林匹克标志就是《奥林匹克宪章》所指的奥林匹克五环图案标志，而广义上的奥林匹克标志则不仅包括了《奥林匹克宪章》的相关描述，还包括了同各国家奥委会、各届奥运会有关的标志、专有名称及简称。[②] 我国《奥林匹克标志保护条例》采用广义定义，其第2条规定，本条例所称奥林匹克标志，是指：（1）国际奥林匹克委员会的奥林匹克五环图案标志、奥林匹克旗、奥林匹克格言、奥林匹克徽记、奥林匹克会歌；（2）奥林匹克、奥林匹亚、奥林匹克运动会及其简称等专有名称；（3）中国奥林匹克委员会的名称、徽记、标志；（4）中国境内申请承办奥林匹克运动会的机构的名称、徽记、标志；（5）在中国境内举办的奥林匹克运动会的名称及其简称、吉祥物、会歌、火炬造型、口号、“主办城市名称＋举办年份”等标志，以及其组

---

① 卢元镇. 奥林匹克运动与社会进步. 中国体育科技，2001（3）：2.

② 裴洋. 论奥林匹克标志的法律保护——国际法与比较法的角度. 法学评论，2008（2）：152.

织机构的名称、徽记；(6)《奥林匹克宪章》和相关奥林匹克运动会主办城市合同中规定的其他与在中国境内举办的奥林匹克运动会有关的标志。可以说，我国《奥林匹克标志保护条例》规定的奥林匹克标志的范围是相当宽泛的，甚至连会歌都被列入了奥林匹克标志。

二、奥林匹克标志的权利人及其权利

《奥林匹克标志保护条例》第 3 条规定，本条例所称奥林匹克标志权利人，是指国际奥林匹克委员会、中国奥林匹克委员会和中国境内申请承办奥林匹克运动会的机构、在中国境内举办的奥林匹克运动会的组织机构。奥林匹克标志的权利人主要是国际和中国奥林匹克委员会，也包括申请承办和举办机构，如奥林匹克运动会申办委员会、奥林匹克运动会组织委员会等机构。

《奥林匹克标志保护条例》第 4 条规定："奥林匹克标志权利人依照本条例对奥林匹克标志享有专有权。未经奥林匹克标志权利人许可，任何人不得为商业目的使用奥林匹克标志"。这里的"商业目的使用""是指以营利为目的，以下列方式利用奥林匹克标志：（一）将奥林匹克标志用于商品、商品包装或者容器以及商品交易文书上；（二）将奥林匹克标志用于服务项目中；（三）将奥林匹克标志用于广告宣传、商业展览、营业性演出以及其他商业活动中；（四）销售、进口、出口含有奥林匹克标志的商品；（五）制造或者销售奥林匹克标志；（六）其他以营利为目的利用奥林匹克标志的行为"。这里的"使用"的规定类似于《商标法》第 48 条规定的"商标的使用"，但其范围明显更宽，包括了销售、进口、出口含有奥林匹克标志的商品以及制造或者销售奥林匹克标志等行为。当然，由于奥林匹克标志和商标作用的差异，奥林匹克标志的使用不需要识别商品来源的要素。根据《奥林匹克标志保护条例》第 6 条的规定，除上述权利之外，利用与奥林匹克运动有关的元素开展活动，足以引人误认为与奥林匹克标志权利人之间有赞助或者其他支持关系，构成不正当竞争行为的，依照《反不正当竞争法》处理。

奥林匹克标志权利究竟是何种性质的权利？《奥林匹克标志保护条例》第 16 条规定，奥林匹克标志除依照本条例受到保护外，还可以依照《著作权法》《商标法》《专利法》《特殊标志管理条例》等法律、行政法规的规定获得保护。的确，从《奥林匹克标志保护条例》规定的保护对象范围来看，其中某些保护对象可能用商标法保护，有些保护对象可能用著作权法保护，甚至可能用专利法保护。同时，该条规定似乎也意味着奥林匹克标志权利在性质上属于知识产权。对此，有学者指出，《奥林匹克标志保护条例》所规定的奥林匹克标志知识产权是建立在一个比较完整的法律制度中的，尤其是已经建立起来的知识产权制度。《奥林匹克标志保护条例》不仅通过创设新类型权利——商品化权而强化了奥林匹克标志权利，而且需要其他知识产权法律制度的配合才能更好地发挥作用。[①] 从世界各国法律来看，商标法是保护奥林匹克标志的最主要的法律，也多有通过专门法创设专门权利的做法。[②] 本书认为，奥林匹克标志权利是一种特殊的商业标志权，它类似于《商标法》第 13 条第 3 款规定的注册驰名商标的反淡化保护，但却不需要认定驰名商标。商品

---

① 韦之. 论《奥林匹克标志保护条例》. 科技与法律，2004 (4)：85-86.

② 裴洋. 论奥林匹克标志的法律保护——国际法与比较法的角度. 法学评论，2008 (2)：153-155.

化权的观点并不可取，因为至少在目前，我国法律上并没有明确规定商品化权，用一种法律上并不确定的权利来解释奥林匹克标志权利达不到明确这种权利性质的目的。

《奥林匹克标志保护条例》第 8 条规定，奥林匹克标志权利人应当将奥林匹克标志提交国务院知识产权主管部门，由国务院知识产权主管部门公告。这意味着奥林匹克标志权利的取得既不同于著作权的自动取得，也不同于注册商标专用权的注册取得，注册商标专用权的注册尚需要申请和审查，而取得奥林匹克标志权利仅仅需要权利人的提交和国务院知识产权主管部门的公告，似乎采用一种备案取得制度。《奥林匹克标志保护条例》第 9 条规定，奥林匹克标志有效期为 10 年，自公告之日起计算。奥林匹克标志权利人可以在有效期满前 12 个月内办理续展手续，每次续展的有效期为 10 年，自该奥林匹克标志上一届有效期满次日起计算。国务院知识产权主管部门应当对续展的奥林匹克标志予以公告。从其可以续展且续展并无次数限制来看，奥林匹克标志权利类似于商标权，实质上可以无限期存续。

三、奥林匹克标志侵权的构成与法律救济

《奥林匹克标志保护条例》第 4 条第 2 款规定："未经奥林匹克标志权利人许可，任何人不得为商业目的使用奥林匹克标志。"依此规定，未经许可商业使用奥林匹克标志即构成侵权。然而，《奥林匹克标志保护条例》第 12 条又规定："未经奥林匹克标志权利人许可，为商业目的擅自使用奥林匹克标志，或者使用足以引人误认的近似标志，即侵犯奥林匹克标志专有权。"从而，奥林匹克标志权的禁止权扩大到近似标志，商业使用足以引人误认的近似标志同样构成侵权。根据这些规定，构成奥林标志侵权需要具备两个条件：其一，未经授权使用，这一点和普通商标侵权相同；其二，商业性使用奥林匹克标志或者商业性使用足以引人误认的与奥林匹克标志近似的标志。鉴于奥林匹克标志权利人的特殊性质，这里的引人误认和传统商标侵权判断标准中的来源混淆是不同的，而只是引人误认为与奥林匹克标志权利人有许可、认可等关联关系，更类似于驰名商标淡化中的搭便车行为。由于奥林匹克标志权利不像普通商标权一样有商品或服务类别限制，甚至不像注册的驰名商标一样可以跨类到某些不相同、不相类似商品或服务范围，而是可以覆盖全部 45 类商品或服务类别，因此，可以说奥林匹克标志的权利是非常强的。

尽管如此，奥林匹克标志的权利也会受到某种类型的限制，以维护公共利益。比如，在美国，即便最高法院认为对"奥林匹克"一词的保护是绝对的，给予美国奥委会使用奥林匹克的文字和标志的保护在两个方面不同于普通商标保护，即美国奥委会不需要证明，有争议的使用很可能会导致混淆，以及未经授权的奥林匹克的使用者没有正常的法定抗辩。立法仍然于 1998 年增加了一种特殊的抗辩，即当"奥林匹克"指的是华盛顿州的叫作"奥林匹克"的山或地理区域，则如果使用开始于 1998 年 2 月 6 日之前，且在华盛顿州西部的喀斯喀特山脉经营、销售和营销商品或服务，而这个区域以外的经营、销售和营销不是实质性的，则允许使用"奥运"这个词来识别一个企业或者商品或服务。[①] 在我国，

---

① J. Thomas McCarthy, *McCarthy on Trademarks and Unfair Competition*, Fifth Edition March 2020 Update, §25：61.

《奥林匹克标志保护条例》第 11 条规定，本条例施行前已经依法使用奥林匹克标志的，可以在原有范围内继续使用。第 15 条第 2 款规定，销售不知道是侵犯奥林匹克标志专有权的商品，能证明该商品是自己合法取得并说明提供者的，不承担赔偿责任。国家工商行政管理总局商标局也曾在 2003 年 10 月 9 日复函新闻出版总署政策法规司时指出：国际数学奥林匹克、国际物理奥林匹克和国际化学奥林匹克是世界上规模和影响较大的中学生学科竞赛活动，该名称经过长期使用，与奥林匹克运动会及奥林匹克标志有明显的区别。因此，在书籍上把“奥林匹克”或“OLYMPIC”等字样与“数学”“物理”“化学”（含英文）连用，不构成侵犯奥林匹克标志专用权的行为。① 同样，根据前述奥林匹克标志侵权的构成条件，非商业性使用奥林匹克标志显然同样也不构成奥林匹克标志侵权。

构成奥林匹克标志侵权的，要承担民事、行政甚至刑事责任。根据《奥林匹克标志保护条例》的规定，侵犯奥林匹克标志专有权，引起纠纷的，由当事人协商解决；不愿协商或者协商不成的，奥林匹克标志权利人或者利害关系人可以向人民法院提起诉讼，也可以请求市场监督管理部门处理。市场监督管理部门处理时，认定侵权行为成立的，责令立即停止侵权行为，没收、销毁侵权商品和专门用于制造侵权商品或者为商业目的擅自制造奥林匹克标志的工具。违法经营额 5 万元以上的，可以并处违法经营额 5 倍以下的罚款，没有违法经营额或者违法经营额不足 5 万元的，可以并处 25 万元以下的罚款。利用奥林匹克标志进行诈骗等活动，构成犯罪的，依法追究刑事责任。对侵犯奥林匹克标志专有权的行为，市场监督管理部门有权依法查处。进出口货物涉嫌侵犯奥林匹克标志专有权的，由海关参照《海关法》和《知识产权海关保护条例》规定的权限和程序查处。侵犯奥林匹克标志专有权的赔偿数额，按照权利人因被侵权所受到的损失或者侵权人因侵权所获得的利益确定，包括为制止侵权行为所支付的合理开支；被侵权人的损失或者侵权人获得的利益难以确定的，参照该奥林匹克标志许可使用费合理确定。

第五节 域名的法律保护

域名或域名地址是网络时代出现的特有的标记，本为门牌号码性质的技术地址，但因其对信息传递的巨大影响而成为具有实质经济价值的商业标志，成为法律的调整对象。当然，和传统商业标志不同的是，域名的法律保护同样体现出网络时代鲜明的技术特征。

一、域名的概念和性质

因特网上有成千上万台主机，这些主机是通过具有唯一性的网络地址来标记自己的，这就是 IP 地址。所谓 IP 地址就是 IP 协定为标识主机所使用的地址，它是由 32 位二进制数所构成的数值，分为四个字节，以 X. X. X. X 表示，每个 X 为 8 位，对应的十进制取值为 0～255，如 202.96.0.132。这种编址方法使得因特网可以容纳 40 台计算机，每一部连

① 关于《奥林匹克数学》一书使用“奥林匹克”字样的函［商标函（2003）50 号］.

上因特网的主机的 IP 地址都是唯一的。尽管 IP 地址能够唯一地标记网络上的计算机，但 IP 地址是一长串数字，不直观，用户记忆十分不便，于是人们又发明了另一套便于记忆的字符型的地址方案，即域名地址。IP 地址和域名是一一对应的，这份域名地址的信息存放在一个提供 IP 地址和域名之间的转换服务的叫作域名服务器的主机内，使用者只需了解易记的域名地址，其对应转换工作是由域名服务器承担的。[①] 域名是指互联网上识别和定位计算机的层次结构式的字符标识，与该计算机的 IP 地址相对应。域名是由“.”隔开的有意义的字符串，如中国互联网信息中心的域名为“cnnic. net. cn”，世界知识产权组织的域名为“wipo. int”，广东外语外贸大学的域名为“gdufs. edu. cn”，中国人民大学的域名为“ruc. edu. cn”，域名的最后一部分是第一层，称为顶级域名。顶级域名有两类，一类是国家地区顶级域名，由国家和地区的标准国家代码构成，代表不同的国家和地区，如 cn 代表中国，us 代表美国，uk 代表英国，hk 代表中国香港等；另一类是机构性质顶级域名，由代表不同性质的机构的英文缩写构成，如 com、gov、edu、net、org、int、info 等。域名中的顶级域名只代表机构性质或者国家、地区，同样性质的机构或者同一国家、地区的机构的顶级域名是相同的，比如广东外语外贸大学和中国人民大学均是中国的大学，因此，其顶级域名均为“cn”，二级域名均为“edu”，只有自身代码是由域名使用者自己设计的，能够体现使用者自己的特殊性，并据以同其他人的域名相区别，比如“gdufs”是广东外语外贸大学域名中的特有的自身代码，“ruc”是中国人民大学域名中的特有的自身代码。许多域名中的自身代码是其自己机构名称的缩写，比如“gdufs”是“Guangdong University of Foreign Studies”（广东外语外贸大学）的缩写，“ruc”是“Renmin University of China”（中国人民大学）的缩写，“WIPO”是“World Intellectual Property Organization”（世界知识产权组织）的缩写。

作为一种计算机主机地址，域名的功能和 IP 地址的功能完全相同，可以使人们通过域名找到域名所代表的主机或网络。同时，域名和 IP 地址不仅是一一对应的，而且对于计算机来说是无差别的，不会因为地址的不同就导致计算机识别的差异。因此，域名本质上是技术性的。然而，网络用户却不像计算机那样，其不仅记忆力有限，而且识别精度不高，往往根据其对现实世界的原有认知来利用网络。而为了便于人们的记忆与查找，网站常常选择与网站主办者的商号、商标等识别性标志相关的域名。于是，域名的选择就不再仅仅是技术性的，而是成为人们获得网站信息的重要途径与中介。截至 2019 年 6 月，我国网民规模达 8.54 亿人，互联网普及率达到 61.2%，我国域名总数为 4 800 万个，其中含“. cn”的域名总数为 2 185 万个，搜索引擎用户规模 6.95 亿，手机搜索用户规模 6.62 亿，网络新闻用户规模 6.86 亿，手机网络新闻用户规模 6.60 亿，网络购物用户规模 6.39 亿，手机网络购物用户规模 6.22 亿，2018 年，我国数字经济规模 31.3 万亿元，占国内生产总值的比重达 34.8%，数字经济已成为我国经济增长的重要引擎。[②] 可以说，时至今日，没有网络人们将寸步难行。而没有域名，人们将无法查找网络信息，无法利用网络，

---

① 王协瑞. 电子信息技术. 济南：山东科学技术出版社，2013：201-202.

② 中国互联网信息中心. 第 44 次《中国互联网络发展状况统计报告》.（2019-08-30）. [2019-12-14]. http://www.cac.gov.cn/2019-08/30/c_1124938750.htm.

因此域名在很大程度上成为经济活动和经济行为的重要环节。因此，在网络时代的今天，不管怎样强调域名的重要性均不过分。不过尽管有重要的价值，目前还很难说域名本身已经形成了独立的权利，我国法律也并没有明确确立域名权。①

二、域名纠纷的类型及其处理

（一）域名纠纷的类型及其处理的法律依据和途径

基于域名涉及的相关利益，域名纠纷大体可以分为两种类型：第一种域名纠纷是域名注册或使用时侵犯他人在先商标、商号、姓名等在先权利而引发的纠纷。这种类型的纠纷又可以分为两种：一种是域名注册或使用时侵犯他人在先的商标或服务标记权利的纠纷，主要是指域名注册人或者持有人在申请注册或者使用域名时所选择注册域名中的自身代码可能侵犯他人在先的商标或服务标记权利而产生的纠纷；另一种是侵犯商标或服务标记权利之外的他人的其他在先权利的纠纷，主要是指域名注册人或者持有人在申请注册或使用域名时所选择注册域名中的自身代码可能侵犯他人的商标或服务标记之外的其他在先权利而产生的纠纷，比如侵犯他人在先的商号权、姓名权等权利的纠纷。这两种类型的纠纷除侵犯的在先权利的内容不同外，纠纷本身并无根本性质上的差异。这种类型的域名纠纷之所以分成两种，主要是因为《统一域名争议解决政策》将这两种纠纷中的前一种纠纷规定为强制性行政程序解决的争议类型，这种争议将由《统一域名争议解决政策》规定的一个争议解决机构来处理，而后一种纠纷则是不适用强制性行政程序解决的争议类型。第二种域名纠纷是他人侵害域名相关权益而产生的纠纷。域名本身即有一定的经济价值，使用与他人域名相同或近似的域名可能因影响域名注册人或持有人的利益而构成侵权。同时，域名经过一定时间的使用之后也会产生类似于商标的识别性，他人未经许可使用也可能侵害域名注册人或使用人对于域名的权益。

对于前一种纠纷，在先权益人可以依据最高人民法院《关于审理涉及计算机网络域名民事纠纷案件适用法律若干问题的解释》（2001 年）（以下简称《域名纠纷解释》）提起诉讼，由人民法院裁判，也可以依域名的不同类型选择根据《统一域名争议解决政策》或者《国家顶级域名争议解决程序规则》（2019 年）（以下简称《域名争议解决程序》），由这些政策或办法规定的机构裁决解决。不管是司法裁判还是裁决解决，其裁判或裁决结果均会得到域名注册机构的认可，争议域名可能会被取消注册或者转让给原告或裁决申请人。对于后一种纠纷，域名注册人或持有人可以依据《反不正当竞争法》向人民法院提起诉讼，由人民法院裁判。在域名经过一定时间的使用并有一定影响的情况下，可以依照《反不正当竞争法》第 6 条第 3 项请求保护，而在域名没有经过一定时间的使用或者经过使用但未产生一定影响的，在域名注册人或使用人的域名权益受有损害的，可以依据《反不正当竞争法》第 2 条第 1 款请求保护。由于第一种纠纷中的司法裁判和传统民事纠纷并无实质区别，而第二种纠纷和传统反不正当竞争纠纷并无实质区别，本书仅仅讲解由相关争议解决

---

① 当然，根据《反不正当竞争法》第 6 条第 3 项规定，“擅自使用他人有一定影响的域名主体部分”“引人误认为是他人商品或者与他人存在特定联系”的，构成不正当竞争行为，应受反不正当竞争法的规制。不过，此时已经经过使用并有一定影响的域名本质上是一种未注册商标，很难说是域名本身的权利（益）。

机构进行的域名纠纷的强制解决。

(二) 域名纠纷的强制解决

由于《域名争议解决程序》基本上借鉴自《统一域名争议解决政策》，本书以《统一域名争议解决政策》为主介绍域名纠纷的强制解决。

1. 提起域名争议的条件。《统一域名争议解决政策》第 4 条第 a 款规定，在一个第三方（投诉方）依据程序规则，向适格争议解决机构对域名注册人提起指控之时，域名注册人即应被要求加入这种强制性的域名争议解决程序。同时，还应满足以下三个条件：(i) 被提起争议的域名与投诉人所持有的商标或服务标记相同或具有误导性的相似；且 (ii) 域名注册人对该域名本身并不享有正当的权利或合法的利益；且 (iii) 域名注册人对域名的注册和使用均为恶意。目前，互联网名称与数字地址分配机构（the Internet Corporation for Assigned Names and Numbers，ICANN）规定的适格争议解决机构有阿拉伯域名争议解决中心、亚洲域名争议解决中心、加拿大国际互联网争议解决中心、捷克仲裁法院互联网争议仲裁中心、美国国家仲裁论坛、世界知识产权组织，主要适用于解决“. com”“. net”“. org”结尾的域名以及某些国家顶级域名（如“. nu”“. tv”“. ws”等）的争议，中国互联网络信息中心规定的适格争议解决机构有世界知识产权组织仲裁与调解中心、中国国际经济贸易仲裁委员会、香港国际仲裁中心，主要适用于解决由中国互联网络信息中心负责管理的“. cn”“. 中国”域名的争议。《域名争议解决程序》规定的提起域名争议的条件与此类似，主要差异在于《域名争议解决程序》的争议不限于投诉人所持有的商标或服务标记，而是扩大到投诉人享有民事权益的名称或者标志。就这里的域名注册人对该域名本身享有正当的权利或合法的利益，《统一域名争议解决政策》规定，正当的权利或合法的利益包括但不限于：(i) 在得知发生了域名争议之前，域名注册人已将域名或与域名相关的名称用于，或可以被证明准备将之用于善意地提供的合法的商品或服务之上；或者 (ii) 域名注册人虽然没有拥有与域名相应的商标或服务标记，但因所持有的域名已被广为人知；或者 (iii) 合理使用域名或出于非商业目的合法地使用域名，同时不存在误导消费者或玷污相关商品商标或服务标志的企图。就这里的恶意，《统一域名争议解决政策》规定，恶意注册和使用域名的行为包括但不仅限于以下几类：(i) 有证据证明，域名注册人注册或获得域名的主要目的是向商标或服务标记的所有者或所有者的竞争者出售、出租或其他任何形式转让域名，以期从中获取扣除了与你方持有域名的相关费用之后的额外收益；或者 (ii) 根据域名注册人自身的行为，即可以证明：域名注册人注册或获得域名的目的是阻止商标和服务标记的持有人通过一定形式的域名在互联网络上反映其商标；或者 (iii) 域名注册人注册域名的主要目的是破坏竞争对手的正常业务；或者 (iv) 以牟取商业利益的目的出发，域名注册人故意以连接源、赞助者或连接者的形式造成与投诉人所持有的商品或服务标记间的混淆，从而诱使互联网络用户访问域名注册人的网站或者其他联机地址，以及订购域名注册人的产品或服务。《统一域名争议解决政策》没有规定域名争议的期限，《域名争议解决程序》规定，所争议域名注册期限满三年的，域名争议解决机构不予受理。

2. 争议的提起及裁决。符合争议提起的条件的，投诉人可以依据《统一域名争议解决政策》及其程序规则向经 ICANN 认可的任一争议处理机构提出投诉，启动行政程序，投诉书及所有附件应以电子形式提交，争议处理机构在收到投诉后应该向注册商提交一份验证请求，其中包括请注册商对相关域名进行锁定的要求。注册商应在收到争议处理机构验证请求的2个工作日内向争议处理机构提供验证请求中要求的信息，并确认已锁定相关域名，注册商应在执行锁定操作后再通知被投诉方行政程序的事实。在域名争议解决办法程序未决期间，应确保争议域名始终处于锁定状态，域名争议处理机构应立即通知投诉方、被投诉方、相关注册商和ICANN行政程序的开始日期。被投诉方应在自行政程序开始之日起20日内向争议处理机构提交回应，回应文件及所有附件同样应以电子形式提交。如被投诉方在无特殊情形的情况下未能提交回应，专家组应依据投诉书裁决争议。争议解决机构受理投诉后，应当按照程序规则的规定组成专家组，并由专家组根据争议解决政策或办法及程序规则，遵循“独立、中立、便捷”的原则，在专家组成立之日起14日内对争议作出裁决。当投诉人和域名注册人之间存在多个域名争议时，投诉人和域名注册人均有权向一个单独的专家组申请合并解决争议，并由最初任命的专家组负责域名争议的裁定，只要争议适用《统一域名争议解决政策》或者《域名争议解决程序》。投诉人通过专家组的裁定可以获得的救助仅限于将被诉域名注册人的域名予以撤销或将其转让给投诉人。《域名争议解决程序》还规定了域名反向劫持，规定如果专家组在审阅当事方提交的材料后认为该投诉属恶意投诉，例如企图反向劫持域名或主要是为了骚扰域名持有者等情形，专家组应在其裁决中宣布该投诉属恶意投诉，构成行政程序滥用，而《统一域名争议解决政策》没有规定反向劫持。

3. 司法程序。《统一域名争议解决政策》第4条第k款规定，无论是在强制性的域名争议解决行政程序发起之前，还是在已经依据这一程序作出裁定以后，域名争议当事人均可以就同一域名争议提起司法诉讼，这一诉讼将具有独立的法律效力。对于专家组作出域名的撤销或转让裁定，域名注册机构在接到争议解决机构通知之日起10个工作日（以域名注册机构主要办公所在地时间为准）后对其加以执行。在这期间，如果域名注册机构收到域名注册人提起司法诉讼的正式文件（如盖有法院公章的起诉书复印件）时（通常地，该诉讼的管辖权归属于ICANN主营业机构所在地或域名注册人居所地所在的法院），域名注册机构将暂停执行该裁定直至：（1）域名注册机构确信争议在双方之间得以圆满解决；（2）域名注册机构确信起诉已被法院驳回或被撤回；（3）域名注册机构收到法院驳回起诉的判定通知或法院判定域名注册人无权继续使用域名的通知的复印件。《域名争议解决程序》同样有类似规定。

【本章思考题】

1. 为什么要保护未注册商标？我国保护哪些类型的未注册商标？

2. 地理标志与商标的区别是什么？我国是如何对地理标志进行保护的？

3. 商标权和商号权的联系与区别是什么？如何认定在后商标权侵犯在先商号权？又如何认定在后商号权侵犯在先商标权？

4. 我国是如何对奥林匹克标志进行保护的？

5. 域名与商标权发生冲突应如何处理？

【经典参考文献】

1. 李友根. 论企业名称的竞争法保护——最高人民法院第 29 号指导案例研究. 中国法学，2015（4）。

2. 李雨峰. 未注册在先使用商标的规范分析. 法商研究，2020（1）.

3. 张鹏. 我国未注册商标效力的体系化解读. 法律科学，2016（5）.

4. 王太平. 我国未注册商标保护制度的体系化解释. 法学，2018（8）.

5. 王笑冰. 关联性要素与地理标志法的构造. 法学研究，2015（3）.

6. 裴洋. 论奥林匹克标志的法律保护——国际法与比较法的角度. 法学评论，2008（2）.

图书在版编目（CIP）数据

商标法/王太平，姚鹤徽著. --北京：中国人民大学出版社，2020.10
ISBN 978-7-300-28602-0

Ⅰ.①商… Ⅱ.①王… ②姚… Ⅲ.①商标法-中国-高等学校-教材 Ⅳ.①D923.43

中国版本图书馆 CIP 数据核字（2020）第 181359 号

普通高等学校知识产权专业系列教材
总主编 吴汉东
商标法
王太平 姚鹤徽 著
Shangbiaofa

出版发行	中国人民大学出版社		
社　　址	北京中关村大街 31 号	**邮政编码**	100080
电　　话	010－62511242（总编室）		010－62511770（质管部）
	010－82501766（邮购部）		010－62514148（门市部）
	010－62515195（发行公司）		010－62515275（盗版举报）
网　　址	http：//www.crup.com.cn		
经　　销	新华书店		
印　　刷	固安县铭成印刷有限公司		
开　　本	787 mm×1092 mm　1/16	**版　　次**	2020 年 10 月第 1 版
印　　张	18.75　插页 1	**印　　次**	2025 年 2 月第 6 次印刷
字　　数	433 000	**定　　价**	52.00 元

《　　　　　　》※任课教师调查问卷

为了能更好地为您提供优秀的教材及良好的服务，也为了进一步提高我社法学教材出版的质量，希望您能协助我们完成本次小问卷，完成后您可以在我社网站中选择与您教学相关的1本教材作为今后的备选教材，我们会及时为您邮寄送达！如果您不方便邮寄，也可以申请加入我社的**法学教师QQ群：83961183（申请时请注明法学教师）**，然后下载本问卷填写，并发往我们指定的邮箱（cruplaw@163.com）。

邮寄地址：北京市海淀区中关村大街31号中国人民大学出版社806室收

邮　　编：100080

再次感谢您在百忙中抽出时间为我们填写这份调查问卷，您的举手之劳，将使我们获益匪浅！

基本信息及联系方式：※

姓名：__________ 性别：__________ 课程：____________________

任教学校：____________________ 院系（所）：________________

邮寄地址：____________________ 邮编：____________________

电话（办公）：__________ 手机：__________ 电子邮件：____________

调查问卷：※

1. 您认为图书的哪类特性对您选用教材最有影响力？（　　）（可多选，按重要性排序）

   A. 各级规划教材、获奖教材　　B. 知名作者教材

   C. 完善的配套资源　　D. 自编教材

   E. 行政命令

2. 在教材配套资源中，您最需要哪些？（　　）（可多选，按重要性排序）

   A. 电子教案　　B. 教学案例

   C. 教学视频　　D. 配套习题、模拟试卷

3. 您对于本书的评价如何？（　　）

   A. 该书目前仍符合教学要求，表现不错将继续采用

   B. 该书的配套资源需要改进，才会继续使用

   C. 该书需要在内容或实例更新再版后才能满足我的教学，才会继续使用

   D. 该书与同类教材差距很大，不准备继续采用了

4. 从您的教学出发，谈谈对本书的改进建议：____________________

____

____

选题征集：如果您有好的选题或出版需求，欢迎您联系我们：

联系人：黄　强　宁丹丽　联系电话：010-62515955/5536

索取样书：书名：______________________________

书号：________________________________

备注：※ 为必填项。